LE MOUVEMENT OUVRIER

AU DÉBUT DE LA MONARCHIE DE JUILLET

(1830-1834)

PAR

OCTAVE FESTY

LE MOUVEMENT OUVRIER
AU DÉBUT DE LA MONARCHIE DE JUILLET
(1830-1834)

PRÉFACE

La période restreinte que couvre le présent ouvrage n'a pas été arbitrairement fixée. Il y a quelques années, le hasard me fit rencontrer divers documents dont il semblait résulter que le mouvement ouvrier avait présenté une activité exceptionnelle, notamment à Paris, durant les mois d'octobre et de novembre 1833. En cherchant à déterminer les limites et le sens de cette agitation, je me suis trouvé amené, d'une part, à remonter jusqu'à la Révolution de Juillet 1830, et, de l'autre, à pousser jusqu'au vote de la loi sur les associations (10 avril 1834), par conséquent à étudier le mouvement ouvrier en dehors de Paris, et spécialement à Lyon. En même temps, l'unité de cette période m'apparut, à travers bien des variations dans l'importance de l'action ouvrière.

Les journées de Juillet, au cours desquelles le peuple conquit un nouveau roi et une nouvelle charte, furent suivies d'une agitation ouvrière due à l'excitation du moment et à l'espoir que la monarchie de Louis-Philippe allait s'occuper, sans tarder, des besoins économiques des travailleurs. En novembre, le gouvernement, puissamment servi par la crise industrielle et commerciale, acheva d'étouffer des velléités dont, dès le mois d'août, il s'était déclaré l'adversaire. Mais des idées nouvelles était nées, qui, malgré la situation misérable des prolétaires pendant les mois suivants, se développèrent. La première insurrection de Lyon (novembre 1831) précipita l'évolution sociale des corps d'état les plus avancés, et on vit certains d'entre eux faire cause commune avec les républicains lors des funérailles du général Lamarque en 1832. A la fin de l'année, la reprise industrielle, retardée par le choléra, s'accusa définitivement; elle eut pour résultat, quelques mois plus tard, une action générale des ouvriers pour l'amélioration de leur condition; simplement corporative dans certaines de ses parties, cette action eut ailleurs un caractère social marqué, et même un caractère politique. La monarchie, se considérant comme menacée dans son existence, entra en lutte avec les ouvriers organisés: à Paris, elle parvint, par des arrestations en masse et des condamnations sévères, à enrayer l'agitation, plus ou moins favorisée par le parti républicain, dont peu de corps d'état avaient été indemnes de septembre à novembre 1833. Estimant que de nouvelles armes lui étaient nécessaires pour venir à bout des menées « anarchistes » de ses adversaires, le gouvernement demanda aux Chambres une loi qui renforçât l'article 291 du Code pénal, relatif aux associations. En même temps que le parti républicain, directement visé par le projet de loi, les travailleurs formés en sociétés s'émurent : à Lyon notamment, l'Association mutuelliste des ouvriers en soie, qui montrait depuis plusieurs mois des exigences sociales et des tendances politiques inquiétantes, s'entendit avec les ouvriers des autres corps d'état également formés en sociétés, et avec les républicains, pour résister par la force à la loi sur les associations. Au moment du vote l'insurrection éclata : à Lyon et à Saint-Étienne, sous la direction à la fois des organisations ouvrières et des organisations politiques, ailleurs (autant que nous le sachions) sous la direction des organisations politiques seules.

L'écrasement, qui s'en suivit, du parti républicain, eut pour conséquence un arrêt du mouvement politique et social, très marqué déjà dans certains corps d'état. Mais l'idée de la réforme sociale ne fut pas étouffée ; comprimée, elle reparut plus tard et dans d'autres conditions.

Cette esquisse rapide du sujet traité permettra au lecteur de comprendre pourquoi je désire faire certaines réserves sur deux des chapitres de ce livre : l'introduction et la conclusion. J'ai écrit l'une et l'autre sans recherches spéciales, en me servant presque uniquement des renseignements, fort insuffisants en de nombreux points, que nous possédons sur le mouvement ouvrier avant 1830 et après avril 1834.

En ce qui concerne l'introduction, je ne suis pas sûr qu'il n'y ait pas eu, avant la Révolution de Juillet, des formes de groupement, ou quelques idées sociales purement ouvrières, analogues aux formes et aux idées qui paraissent n'avoir surgi qu'après 1830. Mais je ne pense pas que ces formes et ces idées aient pu exister autrement qu'à titre exceptionnel.

De même pour la conclusion : le laps de temps considéré est trop court pour lui fournir les larges bases qui sont la condition de la solidité ; elle aura besoin de retouches plus ou moins considérables le jour où l'on aura écrit une histoire du mouvement ouvrier de 1834 à 1840, par exemple. Malgré tout le soin que j'ai pu mettre à l'écrire, je ne puis la considérer que comme provisoire, au moins en partie.

Précisément encore parce que la période envisagée est fort restreinte, et, d'autre part, parce que les événements qu'elle renferme étaient pour la plupart inconnus, je n'ai pu donner à mon travail un caractère synthétique ; je m'en suis tenu à une *description* aussi complète, aussi claire et aussi scientifiquement honnête que possible ; ce sera, je l'espère, une contribution utile pour cette histoire du mouvement ouvrier dont la mise au point demandera tant d'années et tant de peines [1].

La difficulté principale résulte de l'insuffisance des sources. Les archives sont, en ce qui concerne les questions ouvrières (et je ne parle pas seulement de la période 1830-34), d'une désolante pauvreté ; le nombre des dossiers détruits ou perdus est incalculable : il n'y a, pour s'en assurer, qu'à parcourir les chapitres de ce livre qui traitent du Mutuellisme lyonnais ou de l'agitation ouvrière à Paris de septembre à novembre 1833, et l'on verra quelle maigre moisson m'ont donnée, sur ces deux sujets importants, les Archives nationales et les archives lyonnaises.

On trouvera plus loin la nomenclature des archives dans lesquelles j'ai fait des recherches. Je ne ferai ici de mention spéciale que pour la Section historique du Ministère de la guerre (correspondance générale). J'y ai rencontré nombre de documents, non pas d'une valeur capitale, mais intéressants : ce sont des rapports de police, sur l'esprit public ou sur des événements déterminés, envoyés au ministre par les lieutenants-généraux ou par des officiers commandant des unités. Le classement des pièces (d'après leur date et, dans chaque dossier journalier ainsi constitué, par division militaire) rend les recherches malaisées ; ces archives ne peuvent être fouillées avec fruit que par le travailleur dont l'étude est déjà presque achevée.

1. Cette histoire a déjà été jalonnée par l'Office du travail dans les quatre volumes de ses *Associations professionnelles ouvrières*, qui renferment une masse précieuse de documents sur le mouvement ouvrier depuis 1791 ; le premier volume contient une étude d'ensemble qui, en donnant aux travailleurs à venir une connaissance générale de la matière, leur permettra de mieux « situer » les questions ou les époques particulières à l'examen desquelles ils voudront se consacrer.

De mes sources imprimées, j'ai peu à dire, sauf que c'est la presse qui m'a fourni la plus grande somme de renseignements. Pour Lyon, j'ai trouvé une mine précieuse dans les quinze volumes qui forment le compte rendu général de l'affaire des événements d'avril 1834 : en dehors de la partie la plus connue, qui est le rapport de Girod (de l'Ain), on y rencontre de nombreux documents qui n'ont pas été utilisés par l'accusation, ou bien dont elle n'a pas compris l'intérêt : tels, par exemple, ceux qui traitent de l'organisation, en 1833, des « syndicats de catégorie » dans le Mutuellisme, à côté de l'organisation antérieure en *loges, loges centrales*, etc. L'accusation n'a tenu, non plus, presque aucun compte des dépositions des témoins sur la constitution et les débuts des sociétés de passementiers à Saint-Étienne. Cette question est restée, pour moi, la plus obscure de toutes celles sur lesquelles je possède des documents, car les dépositions sont souvent contradictoires, et les pièces d'archives, loin de résoudre le problème, semblent l'embrouiller davantage.

BIBLIOGRAPHIE

I. — SOURCES

I. — SOURCES MANUSCRITES

1° Paris.

1° Archives nationales : surtout la série BB[18], et, pour le procès des Mutuellistes, le dossier CC[631] (dont la plus grande partie a été publiée dans le compte rendu de l'affaire du mois d'avril 1834).

2° Archives du Ministère de la guerre, Section historique: correspondance générale, de juillet 1830 à avril 1834.

3° Archives de la Chambre syndicale des entrepreneurs de charpentes: procès-verbaux manuscrits, 1832 et 1833.

2° Province.

1° Archives départementales (surtout la série M) : Côte-d'Or, Gironde, Loire, Loire-Inférieure, Nord, Pas-de-Calais, Rhône, Saône-et-Loire, Somme, Vienne (Haute-).

2° Archives municipales (surtout la série I[2]) : Amiens, Arras, Bordeaux, Dijon, Limoges, Lyon, Mâcon, Nantes, Roubaix, Saint-Etienne.

3° A Nantes, les procès-verbaux manuscrits de la *Société typographique et philanthropique de Nantes,* de mai 1833 à avril 1834.

4° A Lyon, les registres du greffe du Tribunal de commerce (extraits des actes de société).

II. — SOURCES IMPRIMÉES

A. — JOURNAUX ET PUBLICATIONS PÉRIODIQUES[1]

1° *Paris.*

L'*Artisan*, journal de la classe ouvrière, 1830 (B. N., Lc² 1256).
Le *Constitutionnel*, juillet-décembre 1830; 2ᵉ semestre 1833.
Le *Courrier français*, ibid.
L'*Européen*, 1831-32 (B. N., R 6356-57).
La *Gazette des tribunaux*, 1830-1834.
Le *Globe*, 2ᵉ semestre 1830; 1831.
Le *Journal des débats*, de juillet 1830 à avril 1834.
Le *Journal des ouvriers*, 1830 (B. N., Lc² 1255).
Le *Journal du peuple*, 1830 (B. N., Lc² 1354).
Le *Moniteur*, 1830-1834 (consulté sur des événements particuliers).
Le *National*, de juillet 1830 à avril 1834.
L'*Organisateur*, 1829-1831.
Le *Peuple*, journal général des ouvriers, rédigé par eux-mêmes, 1830 (B. N., Lc² 1257).
Le *Populaire*, numéros dépareillés.
La *Quotidienne*, 2ᵉ semestre 1833.
La *Révolution*, journal des intérêts populaires, juillet-août 1830 (B. N.. Lc² 2822).
La *Révolution de 1830*, journal des intérêts populaires, 1831 (B. N., Lc² 1291).
La *Revue encyclopédique*, 1830-1831.
Le *Semeur*, 2ᵉ semestre 1833 (B. N., D² 354).
Société philanthropique (rapports annuels), 1830-1834 (B. N. R. 21471).
Le *Temps*, juillet-décembre 1830.
La *Tribune*, juillet-août 1830; de juillet 1832 à avril 1834.

2° *Lyon*[2].

Archives historiques et statistiques du département du Rhône, 1830-1834 (B. N., Lc¹⁰ 335).

---

1. D'autres journaux que ceux insérés ci-dessous sont simplement cités en note, ainsi: l'*Echo de la Halle aux blés*, l'*Ami de la Charte*, de Nantes, etc., lorsque je ne les ai connus que par des extraits donnés dans d'autres feuilles.

2. J'ai vu, sauf exceptions, ces journaux à la bibliothèque de la ville de Lyon.

Le *Courrier de Lyon*, de janvier 1832 à avril 1834.

L'*Echo de la Fabrique*, 1831-1834 (très incomplet à la B. N., Lc[11] 517).

L'*Echo (Nouvel) de la Fabrique*, 1835.

L'*Echo de la Fabrique*, 1841-1845.

L'*Echo de l'industrie*, 1845-1846.

L'*Echo des ouvriers*, 1840-1841.

L'*Echo des travailleurs*, 1833-1834 (très incomplet à la B. N., Lc[11] 524).

La *Glaneuse*, 1831-1834 (B. N., Lc[11] 515).

L'*Indicateur*, 1834-1835.

Le *Journal du commerce*, octobre-décembre 1831, 1833, janvier-avril 1834.

Le *Précurseur*, d'octobre 1831 à avril 1834.

La *Tribune lyonnaise*, 1845-1851.

La *Tribune prolétaire*, 1834-1835.

3° Villes diverses.

BORDEAUX : L'*Indicateur* et *le Mémorial bordelais*, d'octobre à décembre 1831.

LIMOGES : Les *Annales de la Haute-Vienne*, de juillet à septembre 1830; 1833.

MARSEILLE : Le *Peuple souverain*, de juillet 1833 à avril 1834.

MULHOUSE : Le *Bulletin de la Société industrielle de Mulhouse* (Bibliothèque de la Société pour l'encouragement de l'industrie nationale, Paris).

ROUEN : Le *Journal de Rouen*, du 2e semestre 1830 à août 1834.

SAINT-ETIENNE : Le *Mercure ségusien*, de 1832 à 1834.

B. — LIVRES ET BROCHURES

1830

1° *De l'affermissement de la nouvelle dynastie*, 3e fascicule fesant *(sic)* suite au *Tribun du peuple* (par une société de publicistes et de littérateurs). Paris, imp. Carpentier-Méricourt, 1830, in-8, 36 p. (B. N., Lc[2] 1264.) [L'article intitulé : Politique intérieure. De l'affermissement de la nouvelle dynastie, pp. 8-18, est signé : « J. P., auteur de *La République de 1830* ».]

2° *Les justes alarmes de la classe ouvrière au sujet des mécaniques*, par un vieux typographe, victime de l'arbitraire. Paris, imp. Chassaignon, 1830, in-8, 8 p. (B. N., Lb[51] 124.)

3° *Manifeste de la Société des amis du peuple.* Paris, imp. Mie, 1830, in-8, 28 p. (B. N., Lb[51] 229.)

4° Mélesville et Carmouche. *La Coalition*, tableau populaire mêlé de vaudevilles, représenté sur le théâtre des Variétés, le 22 octobre 1830. Paris, Quoy, 1830, in-8, 24 p. (B. N., Y Th, 3573.)

5° *Procès de la Commission des ouvriers typographes*, au bénéfice de la caisse de secours mutuels pour les typographes sans ouvrage, recueilli par Henry Jador, compositeur et homme de lettres. Paris, Veuve Charles-Béchet, 1830, in-8, 16 p. (B. N., Lb[51] 150.)

6° *Trois journées d'un bourgeois de Paris*, par F. B., officier porte-drapeau de la 9e légion. Paris, imp. Dondey-Dupré père, juillet 1830, in-8, 16 p. (B. N., Lb[49] 1421).

1831

7° *Au peuple, la Société des amis du peuple.* Livraisons et brochures publiées par la Société des amis du peuple, sous la direction d'Antony Thouret, L.-A. Blanqui et Raspail. Paris, in-4 et in-16. (B. N., Lc[2] 1282 : juillet-août 1831 ; Lb[51] 903 : 31 août 1831 ; Lb[51] 941 : 15 septembre 1831 ; Lb[51] 983 : octobre 1831 ; Lb[15] 1113 : décembre 1831.)

8° Colin (Auguste), typographe. Le *Cri du peuple.* Paris, imp. Demouville, 1831, in-8, 8 p. (B. N., Lb[51] 541.)

9° *Pétition d'un prolétaire à la Chambre des députés*, signée Charles Béranger, prolétaire, ouvrier horloger, rue du Pont-aux-Choux, n° 21, et déjà imprimée dans le *Globe* du 3 février. Paris, imp. Tastu, 1831, in-8, 16 p. (B. N., Lb[51] 469.)

10° *Religion Saint-Simonienne. Evénements de Lyon.* Paris, imp. Everat, [1831], in-8, 16 p. (B. N., Ld[190] 49).

1832

11° Bouvier-Dumolard, préfet du Rhône. *Compte rendu des événements qui ont eu lieu dans la ville de Lyon, au mois de novembre 1831.* Paris, Tenon, 1832, in-8, 112 p. (B. N., Lb[51] 1088.) [Publié postérieurement, avec une *Réplique aux récriminations insérées dans les journaux ministériels du 6 janvier*

(B. N., Lb[51] 1087), dont il existe deux autres éditions séparées : Metz, imp. Wittersheim, 1832, in-8, 10 p., et Lyon, imp. Charvin, 1832, in-4, 4 p.]

12° Drivon (S.), passementier. *Exposition descriptive de la fabrique de rubans de Saint-Étienne*. Saint-Étienne, janvier 1832. (Bibl. municipale de Saint-Étienne.)

13° *Histoire de Lyon pendant les journées des 21, 22 et 23 novembre 1831, contenant les causes, les conséquences et les suites de ces déplorables événements*. Lyon, A. Baron, 1832, in-8, 64 p. (B. N., Lb[51] 1074.)

14° *Procès des quinze*, publié par la Société des Amis du peuple. Paris, imp. Mie, 1832, in-8, 180 p. (B. N., Lb[51] 1182.)

15° *Projet d'association des chefs d'atelier de Lyon et des villes-faubourgs*. Lyon, imp. Charvin, 1832, in-12, 12 p. (B. N., 8°, R. 33.)

16° *Projet de pétition des petits commerçants, des chefs d'atelier et des ouvriers de Nantes*. Nantes, imp. Merson, 1832, in-4, 4 p. (B. N., Lb[51] 4734.)

17° *Rapport fait et présenté à M. le Président du Conseil des ministres*, sur les causes générales qui ont amené les événements de Lyon, par deux chefs d'atelier [Bernard et Charnier]. Lyon, imp. Charvin, 1832, in-4, 8 p. (B. N., Lb[51] 1186.)

18° *Relation des événements de Paris pendant les journées des 5, 6 et 7 juin*. Chaumont, imp. Thériat, 1832, in-12, 12 p. (B. N., Lb[51] 1389.)

19° *Vie politique et militaire du général Lamarque*, suivie de détails sur les funérailles et les troubles qui en ont été le résultat, par J.-B. P***. Paris, Chassaignon, 1832, in-18, 108 p. (B. N., Lb[51] 1382.)

1833

20° *Adresse de l'Union du parfait accord des ouvriers cordonniers et bottiers de la ville de Montpellier et des faubourgs à leurs maîtres*. Montpellier, imp. Jean Martel aîné, 1833, in-8, 6 p. (B. N., Lb[51] 1980.)

21° *Adresse de l'Union du parfait accord des ouvriers cordonniers et bottiers de la ville de Chalon et de ses faubourgs à leurs maîtres.* Chalon-sur-Saône, imp. Duchesne, 1833, in-8, 8 p. (B. N., Lb[51] 4784.) [Le texte est le même que celui de la brochure précédente ; mais la première se termine par une date qui ne se trouve pas dans la seconde, et les « propositions de prix » sont différentes.]

22° ANDERSON (le citoyen). *Exposé de quelques principes républicains* à l'occasion de la réception de plusieurs membres dans une section de la Société des Droits de l'homme. Paris, Adolphe R..., 1833, in-8, 4 p. (B. N., Lb[51] 1992.)

23° *Appel au bons sens du peuple du jugement rendu par le tribunal de police correctionnelle contre les ouvriers* (signé PAGNERRE). Publication du *Comité parisien de l'Association républicaine pour la liberté individuelle et pour la liberté de la presse.* Paris, imp. Herban, 1833, in-8, 4 p. (B. N., Lb[51] 2035.)

24° *Association entre les maîtres et les ouvriers tailleurs.* Paris, imp. Herban, 1833, in-8, 4 p. (B. N., 8° R 33, et Arch. nat., CC 603, dossier THOMAS.)

25° *Association des travailleurs* (signé MARC-DUFRAISSE). Publication de la *Société des Droits de l'homme.* Paris, imp. Herban. 1833, in-8, 4 p. (B. N., Lb[51] 2034.)

26° *Aux ouvriers typographes.* De la nécessité de fonder une association ayant pour but de rendre les ouvriers propriétaires des instruments de travail (signé : Jules LEROUX). Paris, imp. Herban, 1833, in-8, 16 p. (B. N., Lb[51] 4782.)

27° *Code des ouvriers* ou Recueil méthodique des lois et règlements concernant les ouvriers, chefs d'atelier, contre-maîtres, compagnons et apprentis, avec des notes explicatives, par M° MALEPEYRE. (Publication de la *Société nationale.*) Paris, imp. Everat, 1833, in-16, 32 p. (B. N., F[31] 881.)

28° *Discours de M. Cavaignac sur le droit d'association,* prononcé à l'audience de la cour d'assises du 15 décembre [1832] dans l'affaire de la Société des Amis du peuple. Paris, imp. Hingray, 1833, in-folio, 2 p. (B. N., Lb[51] 1637.)

29° *De l'association des ouvriers de tous les corps d'état* (signé EFRAHEM, ouvrier cordonnier). Paris, imp. Mie, 1833, in-8, 4 p. (B. N., Lb[51] 2002.)

30° DUPIN (CH.), député, professeur des ouvriers et membre de l'Académie des sciences. *Aux chefs d'atelier composant l'Asso-*

ciation des mutuellistes lyonnais. Paris, imp. Delacombe, 1834, in-8, 4 p. (B. N., Lb[51] 4805). [Réimpression d'un article du *Moniteur* du 24 février 1834.]

31° Favre (Jules), avocat. *De la coalition des chefs d'atelier de Lyon*. Lyon, Babeuf, 1833, in-8, 44 p. (B. N., Lb[51] 1979.)

32° *Fédération de tous les ouvriers de France*. Règlement de la corporation des ouvriers cordonniers. Paris, imp. Mie, 1833, in-8, 4 p. (B. N., Lb[51] 4783.)

33° *Lettres adressées au journal la Tribune* par les ouvriers tailleurs, boulangers, cordonniers, concernant leurs demandes en augmentation de salaire et règlement des ouvriers tailleurs pour former des compagnies d'ouvriers. Paris, imp. Mie, 1833, in-8, 8 p. (B. N., Lb[51] 1976.)

34° *Mémoire justificatif de la conduite des ouvriers fondeurs*, publié à l'occasion d'un procès de coalition intenté à treize d'entre eux. Signé : Dumoulin (Alexandre), ouvrier fondeur. Paris, imp. Bellemain, 1833, in-4, 24 p. (B. N., 4 F[3] 541/12 391.)

35° *Moyen d'améliorer l'état déplorable des ouvriers*. Discussion entre un ouvrier malade, un ouvrier tailleur, un ouvrier bijoutier et un médecin républicain. Budget d'un ouvrier tailleur ; énergique résolution des ouvriers cambreurs. (7e publication du *Populaire*.) Paris, imp. Herban, 1833, in-8, 8 p. (B. N., Lb[51] 1977.)

36° *Moyen infaillible de donner du travail et de l'aisance à l'ouvrier et de faire cesser les sociétés ou prétendues coalitions*, avec une *lettre du député d'Alger au roi des Français*. Extrait d'un journal patriote du Midi. Paris, imp. Mie, 1833, in-8, 4 p. (B. N., Lb[51] 4785.)

37° *Réflexions d'un ouvrier tailleur* sur la misère des ouvriers en général, la durée des journées de travail, le taux des salaires, les rapports actuellement établis entre les ouvriers et les maîtres d'atelier, la nécessité des associations d'ouvriers comme moyen d'améliorer leur condition. Signé : Grignon, ouvrier tailleur, membre de la *Société des Droits de l'homme*. Paris, imp. Herban, 1833, in-4, 2 p. (B. N., Lb[51] 1978.)

38° *Règlement de la Société de l'Union des doreurs*. Paris, imp. Sétier, 1833, in-8, 16 p. (B. N., Lb[51] 4760.)

39° *Règlement de la Société philanthropique de MM. les tailleurs*. Paris, imp. Mie, 1833, in-12, 12 p. (B. N., 8, R 162/4440.)

40° *Règlement pour les ouvriers imprimeurs en taille-douce.* Discours prononcé à l'assemblée du 20 mai. Paris, imp. Stahl, 1833, in-8, 8 p. (B. N., Lb[51] 4761.)

41° Roche (Achille). *Manuel du prolétaire.* Moulins et Paris, 1833, in-18, 192 p. (B. N., Lb[51] 4762.)

42° *Société d'union fraternelle et philanthropique des ouvriers tisseurs*, fondée à Paris le 14 octobre 1832. Discours prononcé par M. Gardèche, président de la Société. Paris, imp. Demonville, 1833, in-12 d'une demi-feuille. (B. N., 8° R 33.)

1834

43° *Cour des Pairs. Affaire du mois d'avril 1834.* Paris, imp. royale, 1834-1836, 15 vol. in-4. (B. N., Lb[51] 2435.)

44° *La vérité sur les événements de Lyon au mois d'avril 1834.* Paris, Dentu, 1834, in-8, 288 p. et 2 lith. (B. N., Lb[51] 2178).

II. — TRAVAUX DIVERS

1° Blanc (Louis). *Révolution française. Histoire de dix ans (1830-1840).* Paris, 1841-1844, 5 vol. in-8.

2° Charléty (S.). *Histoire du Saint-Simonisme (1825-1864).* Paris, Hachette, 1896, in-16.

3° Dupont (P.). *Histoire de l'imprimerie.* Paris, 1854, 2 vol. in-18.

4° Duprat. *Histoire de l'imprimerie impériale de France.* Paris, 1861, in-8. (B. N., Q 5027.)

5° Gisquet (H.). *Mémoires de M. Gisquet, ancien préfet de police, écrits par lui-même.* Paris, 1840, 4 vol. in-8. (B. N., Lb[51] 42.)

6° Gonnard (Ph.). *Les passementiers de Saint-Étienne en 1833.* Lyon, imp. Rey et Cie, 1907, in-8, 16 p. [Extrait de la *Revue d'histoire de Lyon.*]

7° *Histoire de France pendant la dernière année de la Restauration jusqu'à l'avènement de Louis-Philippe et jusqu'à l'embarquement de Charles X,* par un ancien magistrat [Boullée]. Paris, 1839, 2 vol.

8° LEROUX (Alfred). *Délibérations de la Chambre consultative des arts et manufactures de Limoges.* (*Bulletin de la Société archéologique et historique du Limousin,* t. LII, 1re livraison.)

9° MANTOUX. *Patrons et ouvriers en juillet 1830.* (*Revue d'histoire moderne et contemporaine,* 1901-1902, t. III, p. 291-296.)

10° Ministère du Commerce, de l'Industrie, des Postes et Télégraphes. Office du travail. *Les Associations professionnelles ouvrières,* Paris, 1899-1904, 4 vol. in-8.

11° MONFALCON (J.-B.). *Histoire des insurrections de Lyon en 1831 et en 1834,* d'après des documents authentiques, précédée d'un *Essai sur les ouvriers en soie et sur l'organisation de la Fabrique.* Lyon et Paris, juin 1834, in-8.

12° *Notice historique sur la fondation de la Société de l'Union des travailleurs du Tour de France.* 3e édition, Tours, 1900.

13° PERDIGUIER (A.). *Le Livre du compagnonnage.* Éditions de 1839, 1841 et 1857.

14° RADIGUER (L.). *Maîtres imprimeurs et ouvriers typographes (1470-1903).* Paris, Société nouvelle de librairie et d'édition, 1903, in-8.

15° REYNIER (J.), tisseur. *La Crise économique et sa cause,* suivi *(sic)* de l'*Évolution des tisseurs pendant un demi-siècle.* En vente chez les principaux libraires et chez l'auteur, Grande-Côte, 59, Lyon, septembre 1885. (B. N., R 3346.)

16° ROZET (L.). *Chronique de juillet 1830.* Paris, imp. Barrois et Duprat, 1832, 2 vol. in-8. (B. N., Lb^{49} 1486.)

17° TCHERNOFF (I.). *Le Parti républicain sous la monarchie de Juillet.* Paris, Pedone, 1901, in-8.

18° TCHERNOFF (I.). *Associations et sociétés secrètes sous la deuxième République (1848-1851).* Paris, Alcan, 1905, in-8.

19° WEILL (G.). *Histoire du parti républicain en France, de 1814 à 1870.* Paris, Alcan, 1900, in-8.

INTRODUCTION

LE MOUVEMENT OUVRIER AVANT 1830

Absence de caractère social dans le mouvement ouvrier. — Esprit de la législation spéciale aux ouvriers. — Les autorités et la législation. — Les ouvriers et la législation : associations et coalitions ; faiblesse du mouvement ouvrier.

Ce qui fait l'unité, au point de vue de l'histoire ouvrière, de la période qui va de la Révolution de 1830 à la promulgation de la loi sur les associations (10 avril 1834), ce sont bien moins la fréquence et la gravité des conflits industriels qui en marquèrent certains moments, que l'effort, commencé au cours même des journées de Juillet, de la partie la plus avancée de la classe ouvrière pour dégager et pour tenter de réaliser un programme de revendications générales. Les années antérieures à l'avènement de Louis-Philippe avaient vu, elles aussi, des coalitions nombreuses ; mais, si mal renseigné qu'on soit sur les tendances dont elles s'inspirèrent, on peut cependant affirmer qu'il ne s'y trouve pas ce caractère *social*, ces aspirations vers l'émancipation économique des travailleurs, qui se manifestèrent au lendemain même de la chute de Charles X.

Avant 1830, il n'y avait pas encore de droit ouvrier ; ou bien, l'ensemble des mesures qu'on pourrait désigner ainsi formait une législation presque uniquement répressive, inspirée par le souci, soit du bon ordre général, soit du bon ordre simplement industriel. Depuis le rapport Le Chapelier et la loi du 14 juin 1791, qui en avait résumé les idées essentielles, on tenait, dans les conseils de l'Etat, que les conventions entre maître et ouvrier devaient se faire librement, « d'individu à individu », comme n'importe quelle convention entre des citoyens quelconques ; c'était ensuite à l'ouvrier « à maintenir la convention qu'il a faite avec celui qui l'occupe ». En vertu de ce principe, il fallait regarder comme inexistants ces « prétendus intérêts communs » pour la défense desquels les ouvriers se réunissaient en assemblées, formaient des sociétés, cessaient collectivement le travail, etc., tous actes contraires, prétendait-on, aux saines doctrines économiques. Les faits de réunion, d'association et de coalition ne prirent donc place dans nos lois que comme matière à répression correctionnelle. A la vérité, les mêmes lois prohibitives s'imposaient aux maîtres et entrepreneurs ; mais, en ce qui concerne le délit de coalition, le législateur avait traité les chefs d'établissement avec beaucoup moins de rigueur que les ouvriers.

L'article 1781 du Code civil avait encore créé une inégalité au détriment des ouvriers, en stipulant que « le maître est cru sur son affirmation pour la quotité des gages », etc. Notons en outre que l'obligation du livret, imposée à tous les ouvriers, donnait barre sur eux aux chefs d'industrie et aux autorités. Enfin, l'administration puisait, soit dans ses attributions générales de police, soit dans la législation spéciale à la police des manufactures, fabriques et ateliers, des droits dont elle usa souvent à l'encontre de la liberté de l'ouvrier.

La seule mesure, peut-être, inspirée d'un esprit différent (car elle reconnaissait jusqu'à un certain point l'existence « d'intérêts communs » professionnels) fut la création, en 1806, du Conseil des prud'hommes de Lyon ; de nombreuses villes ne tardèrent pas à être dotées de tribunaux établis sur ce modèle. Mais on y rencontrait la même inégalité favorable aux maîtres : dans le Conseil, ils devaient toujours être en majorité d'un membre au moins; et, d'autre part, la minorité était composée, non d'ouvriers proprement dits, mais de chefs d'atelier, de contremaîtres ou d'ouvriers patentés.

Voilà le résumé, en quelques lignes, de la législation telle qu'elle avait été constituée ou maintenue par les gouvernements qui s'étaient succédé de 1791 à 1830; elle équivalait, en somme, à la négation de tout droit économique pour les ouvriers.

Mais, durant ces trente-neuf années, les faits avaient été loin de toujours correspondre à l'état du droit. Les autorités avaient maintes fois violé le principe, si nettement affirmé par la Révolution, de la non-intervention (sauf pour des raisons d'ordre public) dans l'organisation de l'industrie et dans les difficultés qui pouvaient y surgir. Des corporations, celles, par exemple, des boulangers et des bouchers, ou des compagnies dotées d'un monopole : sociétés de crocheteurs, de tonneliers, etc., avaient été constituées ou reconstituées; des communautés, embryons des chambres syndicales patronales, avaient commencé à s'établir dès 1807 dans l'industrie parisienne du bâtiment, avec la permission ou même sur l'initiative du préfet de police; enfin, l'autorité était intervenue sans hésitation pour réglementer les conditions du travail dans certaines industries, et elle était allée, en plus d'une circonstance, jusqu'à tolérer, même jusqu'à provoquer, l'établissement de tarifs de main-d'œuvre entre maîtres et ouvriers.

Ces détails rapides permettent, non pas de mesurer exactement, mais d'apprécier d'une façon suffisante l'étendue des exceptions apportées aux principes posés par la Révolution, principes que même les gouvernements de la Restauration n'osèrent pas désavouer. Mais on entend bien que si ces principes étaient assez contraires à la nature des choses pour que les pouvoirs publics ne pussent se défendre d'y contrevenir, bien plus graves et bien plus fréquentes encore furent les violations imputables aux ouvriers, qui, à l'inverse des autorités, ne les avaient pratiquement jamais reconnus.

En fait, la législation négative de la Révolution et des gouvernements qui l'ont suivie a pu comprimer la vie corporative, mais a été impuissante à l'étouffer. Le Compagnonnage, vieille institution dont l'origine se perd dans le recul des temps et dont les vingt-sept métiers[1], plus ou moins fortement organisés en 1791, constituaient à peu près le seul foyer permanent de vie ouvrière, le Compagnonnage ne fut pas sensiblement affecté : protégés par les sobriquets attribués aux enfants de Salomon, de Jacques ou de Soubise, en perpétuel mouvement sur le Tour de France, trouvant gîte, nourriture et travail dans toutes les villes où ils possédaient une *mère,* peu bruyants du reste en dehors de leurs batailles, et rarement portés au prosélytisme, après comme avant la loi de 1791 et le Code pénal, les compagnons purent faire fonctionner sans encombre leurs sociétés mystérieuses.

Après la Révolution reparurent aussi certaines sociétés de secours, souvent des confréries, dont les événements avaient suspendu l'existence. Le Chapelier s'était élevé, dans son rapport, contre ces associations qui réclamaient le droit de vivre dans l'intérêt des malades et des chômeurs ; il avait condamné les « motifs spécieux » qu'elles alléguaient pour obtenir l'autorisation administrative. « C'est à la nation, avait-il ajouté, c'est aux officiers publics, en son nom, à fournir des travaux à ceux qui en ont besoin pour leur existence et des secours aux infirmes. » Cette promesse n'ayant pas été tenue, on ne pouvait guère empêcher les ouvriers de s'entr'aider dans leur malheur ; les autorités tolérèrent donc l'existence de

1. *Office du travail, Associations professionnelles ouvrières,* t. I, p. 93.

caisses de secours, même professionnelles; dans la plupart des grandes villes, le pouvoir municipal les réglementa, dès qu'elles furent devenues un peu nombreuses, autant pour parer aux dangers de telles organisations professionnelles que dans un but de tutelle et de patronage. Parfois cependant les sociétés de secours mutuels s'occupèrent de questions de salaire, ou bien les ouvriers s'en servirent comme d'une couverture pour d'autres organisations, *bourses* ou *caisses auxiliaires*, formées sous le prétexte de secourir les ouvriers victimes du chômage, représentées, suivant les circonstances, tantôt comme dépendantes, tantôt comme indépendantes de la société de secours mutuels, mais qui, en fait, formaient de véritables sociétés de résistance. Les bourses auxiliaires constituées par les ouvriers chapeliers furent les plus nombreuses parmi les organisations de ce genre.

La législation répressive n'anéantit donc pas les « assemblées d'arts et métiers » dont Le Chapelier avait demandé et obtenu la condamnation sans appel. Elle ne rencontra guère plus de succès dans celles de ses dispositions qui interdisaient les cessations de travail concertées. Nous connaissons encore trop mal l'histoire ouvrière entre 1791 et 1830 pour pouvoir apprécier exactement le nombre et l'importance des coalitions; mais la publication sans cesse renouvelée des dispositions qui les proscrivaient, les mesures spéciales prises contre certaines professions particulièrement turbulentes, les comptes rendus du ministère de la justice à partir de 1825 et la mise au jour de certaines pièces d'archives, permettent d'affirmer que le mouvement des coalitions, dont l'intensité varia certainement beaucoup suivant les époques, fut ininterrompu, au moins à partir de la fin de la Révolution.

De ces coalitions, certaines furent le fait du Compagnonnage. Mais il faut se garder d'imputer au Compagnonnage toutes les cessations de travail intervenues dans des professions qui y étaient admises; c'est ainsi qu'une des corporations les plus remuantes, dès les premières années du XIXe siècle, celle des ouvriers chapeliers, agissait par des sociétés (les bourses auxiliaires dont nous avons déjà parlé) qui étaient totalement indépendantes du Compagnonnage, bien que ce corps d'état eût son organisation compagnonnique. D'autres coalitions prirent naissance dans des sociétés de secours mutuels professionnelles; mais tout porte à croire que le nombre en fut restreint. Enfin, des coalitions se produisirent sans préexistence d'aucune organisation; sans doute ce fut de beaucoup le plus grand nombre.

Si l'on embrasse d'un coup d'œil ce que nous venons de dire sur l'organisation et l'action ouvrières avant 1830, on en aperçoit sans peine le peu d'étendue et les nombreuses insuffisances. Les professions en possession d'un groupement solide étaient rares: quelques-unes de celles inféodées au Compagnonnage, charpentiers, menuisiers, etc., de plus les chapeliers, et c'était tout. Quant aux sociétés de secours mutuels, fort peu nombreuses par rapport à la masse ouvrière, composées chacune de quelques dizaines de membres, se recrutant exclusivement parmi les artisans capables de payer un droit d'entrée élevé et de fortes cotisations, elles ne pouvaient encore prétendre à jouer un rôle social.

Les grandes corporations compagnonniques formaient donc, en définitive, le noyau de l'organisation ouvrière; mais imbues d'un esprit étroitement corporatif, méprisantes envers les professions qui n'atteignaient pas à la hauteur, vraie ou prétendue, de leurs capacités techniques et envers les sociétés dont aucune ne pouvait rivaliser d'ancienneté avec elles, peu curieuses même de frayer avec les sociétés compagnonniques du même *devoir* qu'elles, les corporations adhérentes au Compagnonnage n'avaient nulle conscience de la solidarité économique de tous les travailleurs, nul besoin de lutter pour l'obtention de libertés dont pendant des siècles elles avaient su se passer et dont elles ne sentaient nullement la nécessité pour les professions, si nombreuses, auxquelles le Compagnonnage avait toujours refusé de s'ouvrir.

A la veille de 1830, les travailleurs ne possédaient donc pas de droits économiques, et il n'existait pas de question ouvrière. Seuls quelques hommes, qui n'étaient pas des ouvriers, Fourier, Saint-Simon et ses disciples, avaient déjà prévu la place que le problème ouvrier prendrait, en un jour sans doute prochain, dans les préoccupations publiques. Mais qui donc, alors, écoutait leur parole ou lisait leurs écrits ?

La Révolution de Juillet fit naître dans la classe ouvrière des aspirations qui bientôt se traduisirent par un mouvement en faveur de la réforme sociale.

CHAPITRE PREMIER

La Révolution de 1830. — Premiers rapports entre la monarchie nouvelle et les ouvriers.

(27 Juillet — 25 Août 1830.)

La classe ouvrière instrument de la classe moyenne contre la Restauration. — Récompenses et éloges décernés aux ouvriers. — Interprétation de la Révolution par les Saint-Simoniens. — Premières manifestations ouvrières. — Ordonnance de police du 25 août.

Après ce qui vient d'être dit, il est à peine besoin de rappeler que la Révolution de 1830 n'eut aucune cause sociale. La publication des ordonnances laissa d'abord le peuple assez indifférent ; ce furent les royalistes libéraux, poussés et appuyés par le parti républicain, alors peu nombreux, qui s'en émurent ; ce fut la classe moyenne, bourgeoise et industrielle, qui protesta, qui organisa la résistance légale, et qui ensuite se trouva entraînée à transformer une agitation pacifique en une révolte armée. A cette bourgeoisie il fallait un instrument pour vaincre les troupes qui entouraient le trône de Charles X ; elle le trouva dans la classe ouvrière, avec laquelle elle se réunit sous les plis du drapeau tricolore[1]. A ce moment, les ouvriers n'avaient pas, en général, d'opi-

1. La part prépondérante qu'allait prendre l'ensemble de la population ouvrière parisienne dans la Révolution fut pressentie et notée, dès la soirée du 27 juillet, par l'auteur des *Trois journées d'un bourgeois de Paris, juillet 1830*. Ce témoin (F. B.., officier porte-drapeau de la 9e légion) écrivait peu après : « Je me mêlai aux ouvriers ; je m'assurai, par les entretiens que j'eus avec eux, qu'on pouvait compter le lendemain sur la coopération de presque toute la classe ouvrière de la capitale. » Et le lendemain matin, après avoir tâté de nouveau l'opinion populaire, il se déclarait « convaincu plus que jamais qu'il ne fallait compter que sur les ouvriers ».

nion politique précise; ils détestaient seulement la Restauration, parce qu'elle s'appuyait sur la noblesse et le clergé ; et ils ne se firent pas prier pour aider à jeter Charles X à bas de son trône.

Car des invitations leur furent faites, tantôt expressément, tantôt d'une façon discrète, quoique tout aussi compréhensible : de nombreux témoignages le démontrent surabondamment. Les premiers ouvriers qui quittèrent l'atelier pour la rue furent les imprimeurs. A la vérité, ils se trouvaient directement atteints par l'ordonnance sur la presse ; mais, comme si leur mécontentement n'eût pas été suffisant pour les pousser à l'action, leurs maîtres cherchèrent et trouvèrent le moyen de les surexciter encore. Ce fut Barthe, le futur ministre de Louis-Philippe, qui le découvrit : « Le 26 juillet, date de l'apparition des ordonnances, il eut l'idée qu'il conviendrait de jeter tous les ouvriers imprimeurs sur le pavé de Paris. Il fut trouver X..., imprimeur influent, qui était fort de ses amis. Il l'engagea à réunir tous les autres imprimeurs de journaux et à prendre une résolution commune. Celui-ci suivit ce conseil. Il donna rendez-vous à ses complices le soir, dans la Rotonde, sans prendre l'assentiment du propriétaire. C'est là que fut délibérée et résolue la combinaison de renvoyer le lendemain tous les ouvriers. Ce qui eut une grande influence sur les événements, car ces ouvriers renvoyés s'attroupèrent au Palais-Royal et formèrent le premier noyau de l'insurrection. Les ouvriers imprimeurs, étant plus intelligents et plus instruits que les ouvriers ordinaires, donnèrent une impulsion très vive à l'émeute [1]. »

Bien que l'ordonnance sur la presse ne mît pas, à beaucoup près, tous les ouvriers imprimeurs en chômage, il paraît certain que presque tous les maîtres renvoyèrent leur personnel, car les contemporains sont unanimes à signaler

1. D'Argout, *Notes inédites*, dans les mains de M. G. Monod; passage cité par M. Paul Mantoux dans un article intitulé : *Patrons et ouvriers en juillet 1830*, (*Revue d'histoire moderne et contemporaine*, t. III, 1901-02, p. 293).

ce fait : « Nous n'avons plus de pain à vous donner », dirent, d'après Louis Blanc, certains maîtres à leurs ouvriers [1]. Une fois dans la rue, les imprimeurs n'y restèrent pas inactifs : ils « se réunissaient, raconte encore Louis Blanc [2], dans le passage Dauphine, où M. Joubert avait transformé en arsenal son magasin de librairie » ; et deux écrivains, au moins, qui furent témoins oculaires des journées de Juillet notent que les caractères d'imprimerie fournirent aux fusils des projectiles meurtriers [3].

Les ouvriers imprimeurs ne se laissèrent, du reste, pas absorber par leur œuvre de révolution politique jusqu'à oublier leurs revendications professionnelles : ils accusaient les presses mécaniques, qui commençaient à s'introduire, de la situation malheureuse dans laquelle se trouvait leur profession, et ils allèrent, le 29 juillet, briser celles qui avaient été établies dans diverses imprimeries, notamment à l'Imprimerie royale, où six presses mécaniques, dont cinq depuis la fin de 1829 seulement, fonctionnaient [4]. Le lendemain, le colonel d'état-major de la garde nationale de Paris, parlant au nom du Gouvernement provisoire, « engagea », par voie d'affiches [5], les ouvriers imprimeurs à s'arrêter dans leur œuvre de destruction. « Ils ont donné, continuait le colonel, des marques d'un courage qui leur a attiré la reconnaissance des habitants de Paris ; il ne leur reste plus qu'à donner l'exemple de leur respect pour l'ordre, qu'ils ont eux-mêmes rétabli, et pour la conservation de toutes les propriétés. » Le

1. Louis Blanc, *Histoire de dix ans*, t. I, p. 186.

2. *Ibid.*, p. 202.

3. Royet, *Chronique de juillet 1830*, t. I, p. 176 ; *Histoire de France pendant la dernière année de la Restauration, par un ancien magistrat*, t. I, p. 275.

4. L'administration de l'Imprimerie royale avait reculé le plus possible l'emploi des machines dans le but de ménager la position d'anciens ouvriers et les droits acquis. Pour en retarder l'introduction, déjà opérée dans plusieurs imprimeries, les ouvriers de l'Imprimerie royale avaient, durant les dernières années de la Restauration, consenti des réductions sur leurs salaires. (Duprat, *Histoire de l'Imprimerie impériale de France*, Paris, 1860, p. 295 et suiv.)

5. Voy. un exemplaire de cette affiche, Bibl. nat., Lb^{50} 101.

31 juillet, des « ouvriers des divers ateliers et manufactures de Paris » publièrent une protestation contre toute destruction de machines ou mécaniques.

Les maîtres imprimeurs de Paris furent les premiers à renvoyer leur personnel, et leurs ouvriers, ainsi devenus libres, les premiers à essayer de faire d'une manifestation, d'ailleurs fort sérieuse, une révolution. L'exemple donné par les maîtres imprimeurs fut suivi, plusieurs témoins des journées de Juillet l'ont affirmé, par de nombreux commerçants et industriels; et, de même, les ouvriers renvoyés des magasins et des ateliers allèrent, sans hésitation, prêter main forte aux imprimeurs et donner par là à la révolution une impulsion irrésistible et un caractère essentiellement populaire. Parmi les chefs d'établissement, Audry de Puyraveau, qui était député, se signala spécialement par sa conduite révolutionnaire: le 28 juillet, il « fit distribuer au peuple deux ou trois cents fusils et dix-huit cents baïonnettes, et sacrifia, pour la construction des barricades, toutes les voitures de son établissement de roulage[1] ». Sa passion était telle, dit Louis Blanc[2], qu'« ouvrant à deux battants les portes de sa maison de roulage, il appelait à grands cris les combattants et leur distribuait des mousquets ».

Les journaux ont raconté, au lendemain de la victoire, plusieurs faits non moins caractéristiques; en voici deux. Le 27 juillet, M. Zéler, manufacturier aux Prés-Saint-Gervais, réunit ses ouvriers, au nombre de plus de soixante-dix, et les exhorta à prendre les armes avec lui pour se joindre aux Parisiens ; de plus, il leur distribua des balles faites avec les tuyaux de plomb de son jardin[3]. A Bercy, les négociants organisèrent la résistance ; « au premier avis des ordonnances Polignac, ils ont couru aux armes ; les tonneliers, les ouvriers du port, tant ceux employés pour le vin que pour le bois, ont

1. *Histoire de France*, etc., t. I, p. 280.
2. *Ouv. cit.*, t. I, p. 202.
3. *Constitutionnel*, 3 août.

établi des postes aux barrières et au magasin à fourrage, et, au nombre de trois cents, tous braves, tous déterminés, ont désarmé l'escadron d'artillerie en garnison dans la commune[1] ».

En province, la première nouvelle des événements de Paris eut partout comme conséquence la fermeture générale des ateliers et magasins. C'est ce qui se produisit, par exemple, à Bordeaux, où immédiatement le chargement des bateaux fut suspendu, les chaix fermés et les ouvriers congédiés[2] ; l'effervescence, le 31 juillet, « était à son comble, produite d'un côté par un nombre considérable d'ouvriers renvoyés de leurs ateliers, et d'un autre côté par les jeunes gens de la ville redemandant la Charte ». La foule se porta sur la préfecture et se mit en mesure de tout y démolir : les archives, les papiers et les meubles furent jetés par les fenêtres, etc.[3]

A Lyon, le maire écrivait, dès le 30 juillet, dans une proclamation[4] motivée par la sourde agitation qui régnait depuis quelques jours : « On va jusqu'à calomnier les fabricants en leur prêtant l'intention de refuser le travail aux ouvriers pour les pousser à la révolte. » Bientôt les marchands dépêchèrent, en effet, leurs commis dans tous les ateliers pour faire suspendre les travaux : « Ils arrêtèrent tous les métiers, ordonnèrent aux ouvriers de se rendre en armes sur les places publiques pour seconder le mouvement, sous peine de privation d'ouvrage à l'avenir pour celui qui n'y prendrait pas part. Les ouvriers reçurent ces ordres avec joie, les exécutèrent, soutinrent leurs patrons avec toutes leurs forces[5]. » Le 2 août, « le peuple et les ouvriers en soie », rassemblés à Bellecour, manifestèrent en faveur du nouvel état de choses[6].

A Nantes, les ouvriers de l'importante fabrique d'étoffes

1. *Constitutionnel*, 31 juillet.
2. *Moniteur universel*, 2 août.
3. *Temps*, 4 août.
4. Arch. mun., série I² (affiche).
5. *Echo de la Fabrique*, 4 août 1833.
6. *Moniteur*, 6 août 1830.

Petit-Pierre participèrent à la Révolution ; leur maître, qui les y avait poussés, estima que cette circonstance devait lui faire obtenir la croix de la Légion d'honneur, et il la demanda[1]. A ses anciens titres, écrivait-il alors au maire, « se joignent ceux que lui donne encore la part qu'il a prise aux derniers événements, si glorieux pour la France. Comme manufacturier, M. Petit-Pierre entretient un grand nombre d'ouvriers... Imbue de ses principes et de ses sentiments, cette population ouvrière, qui lui est soumise, s'est montrée comme lui aux premiers moments du danger dans cette ville. Deux des employés de sa maison l'ont dirigée ; et l'un d'eux a eu le malheur de succomber dans le combat qui s'est livré entre les patriotes et la troupe. Lui-même s'est rangé de suite parmi les défenseurs de la liberté, dans ces grandes circonstances... »

A Bar-le-Duc, la nouvelle arriva le 29 : « Les ateliers ont été sur-le-champ fermés, et l'on a pris les armes. » A Chalon-sur-Saône, les ouvriers du port s'assemblèrent et offrirent leurs services pour le cas où il faudrait « un coup de main[2] ». A Corbeil, dans la soirée du 28, les ouvriers de la papeterie d'Essonnes apportèrent leur concours à la garde nationale et « contribuèrent puissamment » à la prise d'une poudrière[3]. A Lille, les ouvriers seuls, à l'encontre, semble-t-il, des fabricants, firent la Révolution : la police étant venue saisir les presses de l'*Echo du Nord,* « par un mouvement spontané, les ouvriers des fabriques, au nombre de plus de dix mille, se sont rendus sur la Grande-Place, aux cris de *Vive la Charte! à bas les ordonnances du 26 juillet !* Ils ont parcouru la ville en tous sens, brisé les vitres et menacé d'enfoncer les portes des fabricants ». Les troupes furent impuis-

1. Correspondance générale de la mairie (manuscrite), 17 septembre 1830. M. Blanchard, archiviste de la Ville de Nantes, a, le premier, noté ce fait dans un article intitulé : *Le 10e léger et la Révolution de Juillet 1830 à Nantes. (Revue de Bretagne, 1903.)*

2. *Constitutionnel,* 3 août.

3. *Ibid.,* 31 juillet.

santes à réprimer cette manifestation violente[1]. A Limoges, le 29, trois mille ouvriers congédiés par leurs maîtres acclamèrent la Charte[2].

La lutte terminée, on offrit, de divers côtés, de l'argent aux ouvriers pour les remercier de leur conduite pendant les trois jours ; le 30 au soir, une personne voulut leur distribuer 1.000 écus, mais elle ne put leur faire accepter une seule pièce de vingt sous[3] ; et Louis Blanc cite plusieurs tentatives de même nature, qui rencontrèrent le même insuccès. Un maître imprimeur fut plus heureux: ses ouvriers, qu'il réunit le 30 juillet pour les féliciter de leur héroïsme, consentirent à recevoir des gratifications[4]. Le 1er août, le *Constitutionnel* publia la lettre d'un fabricant qui proposait à ses confrères de payer à leurs ouvriers toutes les journées de la semaine, comme s'ils avaient travaillé ; et le journal ouvrit, quelques jours plus tard[5], au profit des imprimeurs en lettres encore sans ouvrage, une souscription à laquelle il versa 500 francs, les compositeurs qu'il occupait 50 francs, et l'auteur de la proposition 100 francs. D'autre part, les négociants de l'Entrepôt général donnèrent 1.800 francs aux dérouleurs et tonneliers qu'ils employaient, et qui, au cours de l'insurrection, à laquelle ils avaient pris une part active, avaient respecté les vins de Malaga et autres marchandises de prix restées sans protection sur les quais[6].

La Société des débardeurs de la Râpée adressa à la Chambre des députés une pétition pour demander à être réunie à celle des dérouleurs de vins de Bercy, qui avaient, paraît-il, plus d'ouvrage qu'ils n'en pouvaient faire. Les pétitionnaires exposaient « qu'ils se sont courageusement conduits pendant les glorieuses journées de Juillet, et que néanmoins leur

1. *Gazette des tribunaux*, 2 août.
2. *Moniteur*, 1er août.
3. *Constitutionnel*, 31 juillet.
4. *Courrier français*, 15 août.
5. *Constitutionnel*, 17 août.
6. *Journal des débats*, 15 août.

loyale conduite a été méconnue. Ils appellent en témoignage les négociants de la Râpée, sous les ordres desquels ils ont marché aux postes périlleux[1] ».

Plusieurs ouvriers, pères de famille et anciens militaires, domiciliés dans le XIe arrondissement, demandèrent, comme récompense de leur conduite pendant les trois jours, à faire partie de la garde nationale; comme leurs moyens ne leur permettaient pas de s'équiper eux-mêmes, les pairs décidèrent de verser immédiatement la somme nécessaire pour équiper, habiller et armer cent hommes[2].

Mais le vrai paiement que le parti qui s'était emparé du pouvoir grâce à la classe ouvrière donna aux ouvriers, ce fut un large tribut d'éloges. Maîtres et ouvriers, bourgeois et habitants des faubourgs, riches et pauvres, avaient fraternisé sur les barricades; ils avaient été héroïques ensemble, généreux ensemble; ensemble encore ils avaient triomphé. Au lendemain des trois glorieuses, l'air était comme imprégné de joie bienveillante; les cœurs semblaient grands ouverts; pour tout dire d'un mot, un sentimentalisme que la Révolution de 1848 devait voir régner, encore plus désordonné, pendant quelques semaines, débordait dans toutes les conversations, emplissait tous les écrits. « C'est le peuple qui a tout fait depuis trois jours, lisait-on dans le *National* du 30 juillet; il a été puissant et sublime; c'est lui qui a vaincu; c'est pour lui que devront être tous les résultats de la lutte. » D'autres journaux répétaient la même formule : « Le peuple a tout fait! » Ils prenaient soin, il est vrai, de spécifier que, « par ce mot à jamais respectable de *peuple,* ils avaient entendu la réunion de tous les citoyens. Depuis les plus riches jusqu'aux plus pauvres, depuis les plus connus jusqu'aux plus ignorés, toutes les mains se touchaient, tous les cœurs entendaient : c'était le peuple parisien tout entier[3] ». Mais ces réserves, en somme,

---

1. Cette pétition fut renvoyée le 20 novembre au ministre de l'intérieur. (Voy. le *Moniteur.*)
2. *National,* 26 août.
3. *Constitutionnel,* 31 juillet.

étaient rares ; et, dans les premiers jours d'août, le peuple qui avait vaincu, c'était bien, surtout, cette partie de la nation qui vit de l'atelier ou du comptoir. A l'envi on louait, du reste, ses vertus; on les louait même avec une insistance qui put sembler voulue et sur un ton émerveillé parfois dénué de naturel. On applaudissait, non seulement au courage des masses, mais surtout à leur probité, à leur esprit d'ordre, à leur sagesse, à leur désintéressement. Les colonnes des journaux furent remplies de traits tout à l'honneur des artisans ; on cita notamment de nombreux cas où des ouvriers s'étaient abstenus de déprédations, pour l'accomplissement desquelles le désordre d'une révolution leur eût facilement assuré l'impunité; et les faiblesses auxquelles quelques-uns s'étaient laissés aller suscitèrent l'étonnement et furent traitées avec indulgence. Surtout, on félicita hautement les ouvriers de leur sens patriotique, car, dès le 30 juillet, ils étaient rentrés dans leurs ateliers sans se mêler du règlement de la question politique.

Ils ne s'en étaient pas mêlés, pas plus qu'ils ne s'étaient mêlés de politique sous le roi déchu; ils n'avaient aucune préparation pour un tel rôle, nulle envie non plus de s'employer, après les trois jours, au profit d'un régime plutôt que d'un autre. Mais ils détestaient Charles X; on leur avait dit, et ils croyaient, que sa chute augmenterait leur liberté et réduirait leurs souffrances; ils acceptaient donc Louis-Philippe, non pourtant sans arrière-pensée, car celui-là aussi était un Bourbon.

Presque personne ne se douta, au lendemain des journées de Juillet, que la conséquence logique de la Révolution était une certaine émancipation, soit politique, soit économique, soit à la fois politique et économique, des ouvriers qui y avaient tenu le premier rôle; ou, tout au moins, que le germe venait d'être semé d'un nouveau régime social, si incomplet d'abord ou si lointain qu'en pût être l'établissement. Seuls les Saint-Simoniens furent prophètes dans l'interprétation qu'ils donnèrent des événements de Juillet, dans le jugement qu'ils portèrent sur la politique du nouveau régime. Saint-Simon l'avait dit, et ses disciples répétaient sans cesse cette formule : « Toutes les institutions sociales doivent avoir pour but l'amélioration du sort moral, physique et intellectuel de la classe la plus nombreuse et la plus pauvre. » Vivant dans l'attente de l'événement qui permettrait la transformation en ce sens de l'organisation sociale, ils se préoccupaient, dans l'*Organisateur* du 24 juillet (c'est-à-dire avant même l'annonce des ordonnances), de la position qu'ils devaient prendre « dans les événements actuels, qui sont pour nous un signe certain des approches de l'ère sociale annoncée par Saint-Simon ». Au cours de la Révolution, ils se demandèrent un moment si les temps n'étaient pas venus. Bazard se rendit dans la nuit du 29 au 30 près de Lafayette pour le décider à prendre les mesures propres, selon Enfantin et les autres Saint-Simoniens, à préparer l'ouverture de l'ère nouvelle. Sur le refus de Lafayette, et surtout en voyant l'attitude pacifique à laquelle, dès le 30, les masses étaient retombées, les Saint-Simoniens renoncèrent à devenir un parti; ils se résignèrent à rester une école philosophique, ou plutôt une secte religieuse, et résolurent de s'adonner avec une ardeur nouvelle à la propagande.

Le 1er août, Enfantin adressa aux Saint-Simoniens éloignés de Paris une lettre[1] dans laquelle la Révolution de Juillet était ainsi appréciée : Qui a vaincu? C'est la classe pauvre, la classe la plus nombreuse, la classe déshéritée, « celle des *prolétaires,...* le *peuple* en un mot » ; et, la lutte terminée dans la rue, chacun s'était demandé ce qu'on allait faire : « Ceux qui avaient vaincu *(le peuple)* avaient leurs armes ; ceux qui ne s'étaient pas battus *(les bourgeois)* commençaient à prendre les leurs. Les premiers criaient : *Plus de Bourbons!* les autres se disaient à l'oreille : *Sans d'Orléans nous ne pouvons pas contenir cette populace.* » Cette populace, pas un homme ne s'est trouvé pour « lui commander la résistance à

1. *Organisateur*, 15 août.

toute restauration d'un ordre social qui vient d'être renversé... Le *peuple* n'avait pas de chefs, les *bourgeois* pouvaient encore dormir en paix ». La France a été régie par bien des constitutions; aucune n'a résisté, parce qu'aucune n'a eu pour objet l'amélioration du sort de la classe la plus nombreuse et la plus pauvre. « La révolte sainte qui vient de s'opérer ne mérite pas le nom de révolution; rien de fondamental n'est changé dans l'organisation sociale actuelle; quelques noms, des couleurs, le blason national, des titres, quelques modifications législatives,... telles sont les conquêtes de ces jours de deuil et de gloire. »

Plus tard nous retrouverons ces mêmes idées sous des plumes ouvrières. Mais, dans les premiers jours d'août, les ouvriers n'envisageaient pas la situation d'une façon aussi pessimiste. A la vérité ils avaient accepté sans enthousiasme[1] une royauté et une charte dont l'établissement n'avait pas été soumis à la ratification du peuple, désormais souverain pourtant; le régime nouveau ne leur donnait pas plus que l'ancien le moyen de faire entendre leur voix, car, après comme avant Juillet, ils restaient dépourvus de droits politiques et de droits économiques; mais ils comptaient sur les effets de la reconnaissance que devaient leur avoir vouée et le roi auquel leur courage avait ouvert le chemin du trône, et la bourgeoisie qui, après avoir sollicité leur concours, ne leur avait pas ménagé les éloges au lendemain de la victoire.

1. Les ouvriers en soie de Lyon témoignèrent, après l'insurrection de novembre 1831, de vifs sentiments de loyalisme à l'égard de Louis-Philippe; mais on relève peu de manifestations du même genre. En voici une cependant. Le 14 août 1830, quatre à cinq mille « jeunes gens du commerce », précédés d'un drapeau sur lequel étaient inscrits ces mots : *Journées des 27, 28 et 29 juillet 1830, les jeunes gens du commerce au Roi-Citoyen*, furent reçus par Louis-Philippe, entouré de sa famille. Il y eut dans cette entrevue des discours, des cadeaux de fleurs, des embrassades, des poignées de mains. Au moment de partir, voyons-nous dans le *Constitutionnel* du 16 août, le porteur du drapeau ayant peine à le soulever, le prince royal vint à son secours en lui disant : « Je vous aiderai toujours à le soutenir. » Le roi invita à dîner cinq des commissaires de la manifestation. Il est clair, par le ton de cet article, que son rédacteur a essayé de grossir l'importance de ce fait. De même les journaux gouvernementaux ne manquaient jamais de noter la présence du drapeau tricolore dans les manifestations ouvrières.

En attendant la réalisation des améliorations espérées du gouvernement nouveau, la situation des véritables vainqueurs de Juillet devenait de plus en plus précaire. La Révolution était survenue en pleine crise commerciale ; la commotion qu'elle avait produite avait achevé d'arrêter les affaires ; et, après les troubles, nombre d'établissements industriels et commerciaux n'avaient pas immédiatement rouvert.

Vers la fin de la première quinzaine d'août, comme le gouvernement ne témoignait par aucun signe qu'il s'apprêtât à s'occuper des besoins propres à la classe la plus nombreuse et la plus pauvre, les ouvriers de certaines professions jugèrent nécessaire de le saisir de leurs desiderata. Ils le firent avec beaucoup d'ordre, de respect et même de timidité. Le 15, à deux heures de l'après-midi, il y eut une manifestation d'ouvriers selliers-carrossiers. Leur détresse était extrême, car le pavage de Paris n'ayant pas été refait depuis les barricades, les voitures ne pouvaient guère circuler que dans certains quartiers, ce qui privait d'ouvrage une grande portion de ce corps d'état. Réunis à Montmartre, ils rédigèrent une pétition, et, au nombre de quatre cents, précédés d'un drapeau tricolore, ils la portèrent à la préfecture de police ; arrivés en rangs de quatre, ils se déployèrent en forme de fer à cheval et demandèrent à voir le préfet ; celui-ci, qui était alors Girod (de l'Ain), descendit leur parler et fut reçu avec les plus grands égards ; la pétition lui fut remise, et les ouvriers le prièrent d'appuyer l'appel qu'ils faisaient au patriotisme des maîtres en leur demandant de ne plus préférer les ouvriers étrangers aux ouvriers français, alors qu'un si grand nombre de ces derniers manquaient d'ouvrage [1].

Le soir du même jour, des garçons bouchers firent une

1. La proportion des ouvriers étrangers employés dans cette profession était alors d'un tiers, d'après les pétitionnaires. Voy. le *Constitutionnel*, 16, 17 et 29 août, et le *Journal des débats*, 17 août.

« promenade avec un drapeau tricolore » sur l'un des côtés duquel était inscrite une formule empruntée à la déclaration de Louis-Philippe le 31 juillet : *La Charte sera désormais une vérité ;* sur l'autre on lisait ces mots, qui visaient la règlementation de la boucherie : *Liberté du commerce*[1]. Le lendemain, les cochers de fiacre et de cabriolet menacèrent de s'en prendre aux omnibus, dont ils ne voulaient plus accepter la concurrence ; et les cochers des *coucous* de la place Louis XV tentèrent même de s'opposer à ce que les omnibus allassent dans les faubourgs et surtout *extra muros*[2].

D'autres manifestations, d'un caractère moins net, eurent encore lieu sur divers points de Paris : des tentatives furent faites pour entraîner les ouvriers à briser les mécaniques. Le 17 août, quatre individus furent arrêtés pour avoir crié : *A bas les mécaniques*[3] ! Le 19, plusieurs ouvriers déposèrent à la préfecture de police des lettres anonymes où on les invitait à se rassembler aux Champs-Elysées pour aviser aux moyens d'opérer la destruction des machines[4].

Les ouvriers imprimeurs, plus intéressés peut-être que tous autres à la solution des questions que soulevait l'emploi des machines, n'entendaient plus recourir à des procédés violents ; ils sentaient trop l'importance des services qu'ils avaient rendus à la nouvelle monarchie et la grandeur de la dette qu'elle avait contractée envers eux. Ils avaient nommé une commission, chargée de rédiger une pétition à la Chambre des députés ; le 19 août, cette commission publia un appel, signé des noms de ses membres et adressé « aux ouvriers imprimeurs » ; elle s'y montrait pleine de confiance et d'un loyalisme qui déjà attendait peut-être sa récompense : « La part active que nous avons prise aux événements des jour-

1. *Journal des débats*, 17 août.
2. *Constitutionnel*, 17 août ; *Journal de Rouen*, 18 août.
3. Ils comparurent au mois de septembre en police correctionnelle, et trois d'entre eux furent condamnés. (*Journal des débats*, 25 septembre.)
4. *Journal de Rouen*, 20 août.

nées mémorables des 27, 28 et 29 juillet, où plusieurs de nos frères ont versé leur sang pour la cause de la liberté, ne sera point ternie par une coupable condescendance aux conseils perfides des ennemis de la patrie. » Il ne fallait pas briser les machines, mais « attendre avec calme que les représentants de la nation aient apprécié notre demande ; ils comprendront surtout que nos besoins sont aussi journaliers que nos travaux ». La commission s'engageait, du reste, à porter les vœux des ouvriers imprimeurs « jusqu'au pied du trône, où la nation venait de faire asseoir un prince dont les actions civiques sont un sûr garant que nos réclamations seront écoutées[1] ».

En attendant le résultat de leurs démarches, les ouvriers imprimeurs s'efforçaient de faire comprendre au public le dommage que leur causait l'introduction des presses mécaniques et les raisons générales qui devaient entraîner leur suppression. Dans une brochure intitulée : *Les justes alarmes de la classe ouvrière au sujet des mécaniques, par un vieux typographe victime de l'arbitraire (20 août 1830)*, on lisait que les mécaniques, « plus voraces que les monstres terrassés par Hercule, sont contraires à l'humanité, aux droits de la nature, à l'industrie et à l'intérêt général des membres de la société. En effet, quels services rendent à l'industrie nationale, au bien-être de la société les mécaniques pour l'imprimerie ? » Et l'auteur mettait en note : « Ici nous nous empressons de rendre hommage au patriotisme des plus anciens et des plus célèbres imprimeurs de Paris, tels que MM. Didot, Crapelet, etc., qui n'ont jamais employé de mécaniques dans leurs ateliers. » Après avoir énuméré et tenté de justifier toutes les accusations portées contre les machines, il concluait qu'il y avait lieu de les reléguer à l'Hôtel des Arts et Métiers, « d'où elles n'auraient jamais dû sortir ».

L'agitation causée par les manifestations ouvrières ne se

1. *Constitutionnel*, 19 août.

calmait pas ; elle gagnait même de nouvelles professions: ainsi, le 23 août, quatre cents ouvriers menuisiers vinrent, dans un ordre parfait, remettre au préfet de police une pétition tendant à obtenir de l'administration un tarif qui réglât le prix auquel les maîtres devaient payer leurs travaux. Le préfet leur promit d'examiner leur demande, mais leur donna à entendre qu'il serait contraire aux intérêts des ouvriers et au principe de la liberté de l'industrie que l'administration s'ingérât dans la fixation de leurs salaires ; il convient, conclut-il, de s'en tenir au libre jeu de la concurrence et à la loi de l'offre et de la demande. Les ouvriers, peu satisfaits de cette réponse, se retirèrent, en laissant cependant aux mains du préfet une somme de 248 fr. 75 pour les victimes de Juillet[1].

Parmi les manifestations, qui furent fréquentes vers le 20 août, citons encore celle des ouvriers serruriers qui, au nombre de trois à quatre mille, parcoururent Paris pour présenter aux maîtres une pétition relative à la réduction de la journée de travail de douze à onze heures[2] ; puis la coalition des coupeuses de poil, qui réclamaient une augmentation de six sous par cent peaux de lapin ; quand, à la fin d'octobre, cinq ouvrières comparurent devant le tribunal correctionnel pour avoir pris part à cette coalition, l'avocat du roi montra une certaine indulgence à leur égard: il faut, dit-il, faire « la part des temps dans lesquels s'était formée cette coalition féminine. C'était au mois d'août, temps où les prétentions de toute espèce se faisaient jour. Les coupeuses de poil n'ont pu se défendre d'un peu d'ambition. » Les maîtres coupeurs de poil s'étaient coalisés, de leur côté, pour baisser le prix des salaires; l'organe du ministère public les admonesta vigoureusement et les menaça de l'application de

1. *Constitutionnel*, 23 août; *National*, 24 août. Le 31 août, une somme de 206 fr. 55 fut recueillie dans le même but par des fileurs réunis à la barrière du Trône pour envoyer une pétition au roi. (*National*, 1er septembre.)

2. *Globe*, 26 août.

l'article 414 du Code pénal. Quatre ouvrières furent condamnées à trois et à un jour d'emprisonnement[1].

Les manifestations d'ouvriers gardaient encore un caractère calme que la presse se plaisait, en général, à reconnaître : « Nous avons suivi plusieurs de ces troupes, voit-on dans le *Temps* du 24 août, et spécialement une composée d'environ cinquante ouvriers selliers-carrossiers. Nous avons remarqué qu'ils affichaient à la porte des maîtres selliers des exemplaires imprimés d'une adresse dans laquelle ils leur exposent, en termes très mesurés, les griefs qu'ils prétendent avoir contre les ouvriers étrangers. »

Le gouvernement, la bourgeoisie sur laquelle il s'appuyait et la presse dévouée au nouveau régime avaient, déjà avant cette date, laissé voir les premiers symptômes d'une inquiétude que ne fit qu'accroître la persistance des manifestations ouvrières, si pacifiques fussent-elles. Dès le milieu d'août, le ministère et ses journaux étaient hantés de l'idée d'un complot ou d'une série de complots fomentés par le parti du roi détrôné, et dont l'instrument serait cette même masse populaire qui, trois semaines auparavant, l'avait renversé avec tant d'ardeur. Non pas que, si près de son triomphe, la monarchie de Juillet crût, ou laissât voir qu'elle croyait à la désaffection de la classe ouvrière ; mais il y avait « des agitateurs, dont on connaissait le caractère et la mission » ; il y avait des « misérables soldés par les congréganistes et les agents du dernier gouvernement » ; ainsi les manifestations des garçons bouchers étaient le fait (les marchands bouchers l'affirmaient hautement) de gens étrangers au commerce de la boucherie ; et, d'une façon générale, les ouvriers devaient « se méfier de tous ces excitateurs envoyés au milieu du peuple par ses ennemis qui, furieux de leur défaite, veulent s'en venger contre leurs vainqueurs[2] ». Certainement, disait-on, ce peuple avait été admirable en Juillet, et il y avait « un sentiment

1. *Gazette des tribunaux*, 31 octobre.
2. *Constitutionnel*, 17 août.

profond d'honneur dans ces cœurs simples et loyaux » ; il ne voudrait point se servir contre les classes aisées des armes conquises en Juillet[1]. Mais, au fond, on redoutait que le malaise ne fût exagéré et habilement exploité par les carlistes, et que les masses fussent entraînées, sans qu'elles s'en doutassent, à servir d'instrument pour un sérieux mouvement contre-révolutionnaire. On n'avait, à ce moment du moins, aucune raison précise de croire que les ouvriers écoutassent favorablement les propos d'émissaires qu'on leur montrait s'agitant dans une ombre prudente ; mais, bien qu'ils eussent été les artisans de la monarchie du 9 août, on se défiait grandement de leurs lumières.

Le souci de se débarrasser d'une façon ou d'une autre des véritables vainqueurs de Juillet possédait non seulement les autorités, mais des personnes étrangères à l'administration et à la politique. Dans une lettre au ministre de la guerre, le 17 août[2], un capitaine de cavalerie en non-activité constatait que l'ordre avait été légèrement troublé à Paris par une partie de la population ouvrière. « Cette classe d'hommes, continuait-il, qui a si vaillamment combattu dans les journées des 27, 28 et 29 juillet, ne cessera d'être remuante que lorsqu'elle se croira suffisamment récompensée ; nous lui devons le retour, bien inattendu, de notre cher drapeau tricolore ; ces hommes ont des droits sacrés à notre reconnaissance. » Il fallait, sans tenir compte de leur incompétence technique, en placer un certain nombre dans l'administration et dans l'armée, et les disséminer ainsi dans toute la France. Ce serait assez « pour rétablir l'ordre désirable parmi cette classe bruyante. La raison en est très simple, en songeant que cette masse sans ouvrage, ou, pour mieux dire, ne voulant pas travailler, se trouverait enorgueillie de l'honneur que recevraient leurs camarades ». Il y aurait par là beaucoup

1. *Temps*, 17 août.
2. Archives du Ministère de la guerre, section historique, correspondance générale, à sa date.

d'engagements dans l'armée ; on les accepterait, en répartissant les engagés entre tous les régiments ; et, de cette façon, Paris serait mis « à l'abri de ces sortes de scènes qu'on redoute et qui paralysent l'élan du commerce ».

Les autorités avaient jugé indispensable de laisser au peuple de Paris quelques jours pour se réjouir sans contrainte, et même dans des formes inadmissibles en temps ordinaire, du grand événement dont (personne, bien entendu, ne songeait à le nier) il avait été l'artisan ; mais il fallait qu'il fût raisonnable et se décidât à reprendre la vie sérieuse et normale. C'est l'avis que lui donna, non sans rudesse, le préfet de police, Girod (de l'Ain), par son ordonnance du 25 août, concernant les attroupements et les coalitions d'ouvriers. Dans les considérants, le préfet visait les manifestations d'ouvriers qui avaient eu lieu « sous divers prétextes » ; « si, disait-il, fidèles aux sentiments qui animent l'héroïque population parisienne, ils ne commettent aucun acte de violence, leurs réunions, plus ou moins tumultueuses, sont elles-mêmes un désordre grave ; elles alarment les habitants paisibles, causent aux ouvriers une perte sérieuse de temps et de travail ;... enfin, elles peuvent offrir des moyens de trouble que les malveillants ne manqueraient pas de saisir ». Considérant, d'autre part, que, « si les ouvriers de Paris ont à élever des réclamations fondées, c'est individuellement et dans une forme régulière qu'elles doivent être présentées aux autorités compétentes, » le préfet de police défendait toute réunion ou attroupement, rappelait l'interdiction des coalitions édictée par le Code pénal, et définissait ainsi l'attitude qu'il assumerait désormais quand une pétition lui serait présentée par des ouvriers : « Aucune demande à nous adressée pour que nous intervenions entre le maître et l'ouvrier au sujet de la fixation du salaire, ou de la durée du travail journalier, ou du choix des ouvriers, ne sera admise, comme étant formée en opposition aux lois qui ont consacré le principe de la liberté de l'industrie. »

Le même jour, Lafayette, qui commandait la garde nationale, publia un ordre du jour inspiré par les mêmes préoccupations : il y parlait de rassemblements qui ravivent les espérances des partis adverses, de « prétentions peu conformes à la liberté légale de l'industrie », et de la nécessité d'éviter jusqu'à ces apparences de désordre. Ces deux documents renfermaient la substance de ce que fut la politique de la monarchie de Juillet à l'égard des ouvriers.

L'*Organisateur* critiqua vivement l'attitude que venait de prendre ainsi l'autorité : « Il n'y a pas un mois, lisait-on dans l'organe des Saint-Simoniens [1], que le peuple a vaincu pour les libéraux et les bourgeois, et le peuple subit toute l'ingratitude forcée que nous avions prévue. Pour les excès de la concurrence dont il se plaint, on lui refuse, au nom de la liberté, un remède. On proclame le peuple *héroïque;* et, si ce titre ne suffit pas aux affamés, l'autorité leur défend de demander davantage, sous la réserve toutefois de leur faire appliquer ultérieurement par les gardes nationales et la troupe de ligne toutes les douceurs renfermées dans le Code pénal, la loi martiale, etc. » On objecte, continuait le journal, que les partis d'opposition veulent exciter les ouvriers : c'est parce que les ouvriers ont faim qu'on le tente. D'ailleurs, le libéralisme est incapable de rien faire de plus.

C'est précisément de quoi la plupart des organes ministériels se félicitaient au lendemain de la publication de l'ordonnance du 25 août : « Il y a des choses qui ne peuvent être réglées que des maîtres aux ouvriers, déclarait le *Temps,* et dans lesquelles l'autorité ne doit intervenir que pour appuyer la raison et calmer les passions. » Et le *Journal des débats*[2], porte-parole officieux du Ministère, après s'être fait l'écho des « paternelles remontrances de l'autorité », s'essayait vainement à comprendre le mécontentement que témoignait, de divers côtés, la classe ouvrière : la monarchie de Juillet,

1. 4 septembre.
2. 28 août.

disait-il, a restauré la liberté de la presse ; elle a réorganisé la garde nationale (ce qui procure de l'ouvrage aux ouvriers) ; elle s'efforce de développer les travaux publics et l'enseignement populaire ; du travail, de l'instruction, voilà ce que le peuple a gagné à la Révolution : « Un peuple libre et soumis aux lois ne veut pas autre chose. »

CHAPITRE II

Développement et arrêt du mouvement ouvrier.
(26 Août — fin Novembre 1830.)

Coalitions des fileurs de Rouen, des ouvriers imprimeurs et typographes de Paris. — Coalitions des ouvriers et des maîtres maréchaux de Paris. — Troubles ouvriers en diverses villes. — Circulaire du préfet de police (5 septembre). — Affaires des ouvriers maréchaux et des ouvriers chapeliers-fouleurs de Paris. — Cas de luddisme. — Premiers journaux ouvriers. — Fin des coalitions.

Au moment où le *Journal des débats* s'étonnait des exigences ouvrières, une coalition à peu près générale des ouvriers fileurs se produisait à Rouen et dans les localités voisines[1]. Le 27 août, des rassemblements nombreux, et d'ailleurs paisibles, se formèrent; trois cents ouvriers, précédés d'un drapeau tricolore, se rendirent à l'Hôtel de ville de Rouen pour exposer leurs plaintes à la municipalité; en même temps, des manifestations semblables avaient lieu dans les communes suburbaines. Les ouvriers demandaient principalement la réduction de la durée journalière du travail et la modification des règlements d'atelier en vigueur dans la plupart des fabriques. La journée de travail était fréquemment de quatorze, seize et dix-sept heures, avec un repos d'une heure et demie seulement; les ouvriers auraient été satisfaits si sa durée eût été ramenée à douze heures, avec un arrêt raisonnable pour les repas. Ils réclamaient l'abolition, dans les règlements d'atelier, de nombreux articles qu'ils estimaient draconiens : ainsi toute absence était punie d'une amende

1. Principalement d'après le *Journal de Rouen*.

égale au double du salaire correspondant au temps perdu; ainsi encore une retenue était faite sur la paye au cas de non-achèvement d'une tâche imposée, fût-elle au-dessus des forces de l'ouvrier; bref, les ouvriers étaient frappés d'amendes à tout propos, et ils demandaient qu'aucun règlement ne pût être établi sans la participation et le consentement de l'autorité. Certaines réclamations avaient aussi été présentées au sujet des salaires, des machines et de l'emploi d'ouvriers étrangers à la région, mais elles furent presque aussitôt abandonnées.

Dès le 28, le préfet de la Seine-Inférieure prit un arrêté pour rappeler les dispositions du Code pénal concernant les coalitions et les attroupements; il engageait les ouvriers « à se tenir en garde contre les suggestions des malveillants qui les excitent à déserter les ateliers; » il exprimait cette opinion, que « si quelques-uns de ces règlements renferment des dispositions qui seraient, en effet, susceptibles de modifications, la revision ne peut en avoir lieu qu'après que les ouvriers auront repris le cours de leurs travaux ordinaires, et par suite de réclamations qu'ils pourront présenter individuellement ».

Le *Journal de Rouen*, organe gouvernemental, avait commencé par voir dans la coalition des fileurs la mise à exécution, en ce qui concernait la région, d'un vaste plan concerté contre la monarchie de Juillet; mais après une visite que lui firent des délégués des ouvriers, il reconnut que la situation des fabricants, qui travaillaient à perte, n'était pas plus digne d'attention que celles des fileurs. « Est-ce à dire, écrivait-il, qu'il ne sera point apporté de remède à la détresse d'une intéressante partie de la population? que le peuple ne profitera pas, à son tour, d'une révolution à laquelle il a pris une si glorieuse part? » Non; mais il fallait que d'abord les désordres cessassent; alors seulement le gouvernement pourrait s'occuper d'améliorer les services publics, d'abolir certains impôts, de supprimer les entraves à l'industrie, notamment les droits de douane sur les cotons, etc.

La situation des fileurs était si pénible, cependant, que le maire de Rouen annonça à une nouvelle délégation d'ouvriers qu' « une commission choisie par tous les filateurs examinerait si leurs griefs étaient fondés, et qu'il y serait fait droit s'il y avait lieu ». Le 3 septembre, cette commission se réunit et adopta les dispositions d'un règlement d'atelier qui fut porté à la connaissance des juges de paix et affiché dans les usines[1]. Il y était question de la durée du travail et des amendes : « Quant aux salaires, déclara le président de la commission, rien n'a été convenu, parce que chacun doit être libre de les fixer chez lui comme il l'entend. » L'autorité municipale, qui paraît avoir provoqué la réunion de cette commission, ne voulut pas, ou ne put pas, y faire venir les délégués des ouvriers, qui avaient demandé à exposer leurs griefs devant les représentants des fabricants.

Après la publication des décisions de la commission, le travail recommença dans quelques établissements; mais, le 6 septembre, des désordres graves se produisirent à Darnétal : le tocsin fut sonné et les manifestants prirent une attitude nettement hostile; armés de fourches et de bâtons, ils cernèrent la mairie, où le procureur du roi s'était réfugié, et le forcèrent à relâcher deux individus récemment mis en état d'arrestation.

A la première annonce des événements de Darnétal, le préfet, très inquiet dès le début des troubles, avait perdu la tête et remis tous ses pouvoirs aux mains du lieutenant-général. Celui-ci marcha sur Darnétal, fit charger les pertubateurs et en arrêta une cinquantaine; un certain nombre furent blessés. Quelques incidents de moindre importance eurent lieu le même jour du côté de Déville, et les jours suivants sur divers points aux environs.

Dans une lettre adressée le 7 au ministre de la guerre[2] et rela-

1. Des recherches faites à Rouen, sur ma demande, pour retrouver ce règlement n'ont abouti à aucun résultat.

2. Arch. du Ministère de la guerre, section historique; à sa date. — Une partie des détails qui précèdent proviennent d'une lettre du 6 septembre. (Voy. à cette date.)

tive à ces troubles, le lieutenant-général assurait que les fileurs étaient des « instruments aveugles mis en mouvement par les ennemis de notre glorieuse régénération... Le parti prêtre surtout, continuait-il, agit en dessous, et, ce qui semblerait confirmer cette opinion, c'est que l'un des sonneurs de tocsin était le bedeau de Darnétal, et que le curé, qui avait refusé refuge aux gardes nationaux, disant qu'il n'avait pas fait la Révolution et que c'était à ceux qui l'avaient faite à la réprimer, accueillait, à ce qu'il paraît, les ouvriers en révolte ».

Le travail, à Rouen et dans la banlieue, reprit très lentement et seulement grâce à la présence des troupes. Le 10 septembre, la commission des filateurs, continuant ses délibérations, décida, « à une très forte majorité, que la suppression du travail de nuit devait avoir lieu ». Toutefois, déclarait son président, « l'assemblée a eu à regretter que plusieurs des filateurs travaillant de nuit, et convoqués comme les autres membres, ne se soient pas présentés à la commission ». Les absents, appuyés par le *Journal de Rouen,* revendiquèrent l'entière liberté de ne pas se conformer à la décision prise sans eux, et le travail de nuit continua.

Le 11, un ouvrier nommé Drely, considéré comme le chef de la coalition, fut condamné à deux ans d'emprisonnement et deux ans de surveillance. Beaucoup d'autres ouvriers avaient été arrêtés; du commencement d'octobre au commencement de décembre, quarante-trois d'entre eux, d'après les renseignements que fournit la *Gazette des tribunaux,* passèrent, soit en police correctionnelle, soit en cour d'assises; vingt-quatre furent condamnés, mais un certain nombre d'autres restaient en prison préventive, car, le 8 décembre, le procureur général écrivait au garde des sceaux que des ouvriers arrêtés en septembre et non encore jugés demandaient qu'il fût statué sur leur sort[1].

Il ne semble pas que les concessions faites par les filateurs aient amélioré les conditions du travail dans la région rouen-

1. Arch. nat., BB^{18} 1189.

naise : dès le 24 septembre, le *Journal de Rouen*, peu suspect pourtant de sympathie à l'égard des ouvriers, enregistra leurs plaintes sur la prolongation, au delà de la durée fixée par les règlements, de la journée de travail. Quatre ans plus tard, un fabricant, qui avait présidé la commission des filateurs en 1830, appréciait ainsi, dans une enquête officielle, la situation de l'industrie textile rouennaise de la fin de 1830 au mois de juillet 1836 : « A cette époque, comme vous le savez, nos manufacturiers se ruinaient, et nos ouvriers ne gagnaient même pas assez pour nourrir leurs familles, quoique travaillant vingt heures par jour[1]. »

Une autre coalition, celle des ouvriers imprimeurs de Paris, commença peu après celle des fileurs de Rouen ; moins grave, elle éveilla cependant davantage l'attention publique, et il n'y eut peut-être pas un journal qui ne s'en occupât longuement. Les ouvriers imprimeurs possédaient, en effet, la sympathie de tous ceux qui avaient applaudi au renversement de Charles X ; outre la part active qu'ils avaient prise à la Révolution, la réputation qu'on leur avait faite, dans la presse, de travailleurs particulièrement intelligents et raisonnables fit de leur coalition un événement plein d'intérêt. Voici dans quelles circonstances elle eut lieu[2].

Vers le 20 ou le 25 août, les ouvriers imprimeurs avaient déposé à la Chambre des députés la pétition dont nous avons parlé ; ils y demandaient l'application aux presses mécaniques de l'article 9 de la Charte, ainsi conçu : « L'État peut exiger le sacrifice d'une propriété pour cause d'intérêt public légalement constaté, mais avec une indemnité préalable. » Déjà une ordonnance avait ouvert un crédit extraordinaire pour réparer les presses mécaniques brisées à l'Imprimerie royale

1. *Enquête relative à diverses prohibitions*, déposition de M. Barbet, délégué de la Chambre de commerce de Rouen, 28 octobre 1834, Paris, 1835. (Bibl. nat., Lf[247] 10), III, p. 230.

2. Voyez surtout le *Procès de la Commission des ouvriers typographes, au bénéfice de la caisse de secours mutuels pour les typographes sans ouvrage. Recueilli par Henri Jador, compositeur et homme de lettres*, Paris, 1830 ; — et la *Gazette des tribunaux*, 15 septembre 1830.

le 29 juillet[1]. Quand, le 1er septembre, l'ordre fut donné aux ouvriers d'imprimer cette ordonnance pour l'insérer au *Bulletin des lois,* ils refusèrent: on leur avait promis, dirent-ils, que les presses mécaniques ne seraient pas rétablies. Précisément les ouvriers imprimeurs du commerce venaient d'inviter leurs confrères de l'Imprimerie royale à se rendre le lendemain à la Courtille, pour délibérer en commun; ces derniers quittèrent alors les ateliers, suivis d'une partie des compositeurs. A la réunion du 2 septembre, aucune résolution ne fut prise.

Le 3, un certain nombre de journaux furent dans l'impossibilité de paraître, la cessation de travail étant presque générale. Le soir, de deux à trois mille ouvriers, imprimeurs et typographes, se rassemblèrent à la barrière du Maine; la garde nationale reçut l'ordre de s'y rendre. Le colonel commandant la 12e légion, qui avait quelques craintes d'une collision entre les ouvriers et ses hommes, fit arrêter à distance son bataillon et, s'avançant seul, arriva près d'un groupe d'ouvriers : « En même temps, dit-il, je fus abordé par deux personnes qui me dirent, avec une grande politesse : « Auriez-vous la bonté de « nous donner deux grenadiers pour faire la police de notre « assemblée et empêcher les étrangers de s'y glisser ? » Le colonel s'empressa d'accéder à cette demande.

Une commission de treize membres venait d'être nommée pour présenter, dans les diverses imprimeries possédant des presses mécaniques, les réclamations des ouvriers imprimeurs. Le colonel fut invité à assister aux délibérations de la commission. Il accepta, et, avec le général Carbonel, commandant en second de la garde nationale, il prit part aux discussions. « Les officiers de la garde nationale, déposa plus tard le général devant le tribunal correctionnel, étaient plutôt là comme conseils que comme officiers de la garde nationale. (*Mouvements de surprise dans l'auditoire.*) Je veux dire comme conciliateurs. (*Murmures.*) »

---

1. *Globe,* 6 septembre; Duprat, *Histoire de l'Imprimerie impériale de France,* 1860. L'ordonnance portait la date du 14 août.

Comme la cause essentielle de l'arrêt du travail avait été l'annonce du rétablissement des presses à l'Imprimerie royale, un maître imprimeur, Renouard, dont les ateliers avaient été abandonnés par ses ouvriers, s'était rendu près du garde des sceaux pour lui demander de surseoir à cette mesure. « Le ministre, déclara plus tard Renouard, m'autorisa à dire à ces messieurs que d'ici à longtemps on ne ferait pas travailler les mécaniques. » Il courut annoncer cette nouvelle aux ouvriers rassemblés ; plusieurs émirent l'opinion que cette communication était insuffisante; ils auraient voulu une nouvelle ordonnance, rapportant celle du 14 août. D'autres estimaient que la promesse faite équivalait au retrait de l'ordonnance. Les représentations amicales des officiers de la garde nationale aidaient à accentuer la détente. Finalement, la commission proposa la résolution suivante, qui fut adoptée par l'assemblée : le travail reprendra à l'Imprimerie royale, « l'ordonnance du roi qui ordonnait le rétablissement des presses ayant été annulée », et dans les imprimeries où il n'y a pas de presses mécaniques en activité ; les ouvriers sont invités à ne pas rentrer dans les autres, et une circulaire sera envoyée aux maîtres-imprimeurs pour leur annoncer ces décisions; enfin, la commission s'occupera de recueillir des fonds destinés à secourir les imprimeurs qui resteraient en chômage « pour cause d'activité d'une mécanique ».

Le lendemain (4 septembre), divers journaux furent de nouveau dans l'impossibilité de paraître. Le *Temps* publia une feuille dont un tiers de colonne seulement avait été composé et tiré à la presse à bras : c'était une protestation, où le journal accusait moins les ouvriers, « qui manquent souvent de lumières pour juger leurs véritables intérêts », que les autorités; ailleurs, il reproduisait les articles 415 et 416 du Code pénal, « que d'autres que nous auraient dû faire exécuter[1] ».

---

1. Le *Moniteur* du 5 septembre remarquait, en parlant des ouvriers imprimeurs : « Leur intelligence et leur courage les ont rendus fort utiles dans les événements de Juillet. Le sentiment de leurs services les rend naturellement exigeants. »

Dans la journée du 4, parut une lettre de « Firmin Didot, ancien typographe, aux anciens compagnons de ses travaux ». Didot prenait la défense des presses mécaniques, engageait les ouvriers à rester dans leurs ateliers (non pas que leurs rassemblements fussent coupables, mais parce qu'ils troublaient le repos public), et terminait par ces mots : « Au reste, confiez-vous à la sagesse du roi et à son amour pour le peuple francais. »

Le même jour, Lafayette dépêcha trois élèves de l'Ecole polytechnique aux membres de la commission pour les avertir de l'illégalité de son existence. Fort surpris de cet avis, les commissaires désignèrent quatre d'entre eux pour se rendre, avec les trois élèves, près du préfet de la Seine. Celui-ci détermina la délégation à rédiger une circulaire engageant les ouvriers à recommencer le travail dans toutes les imprimeries sans exception.

Mais déjà les autorités judiciaires avaient cru voir la preuve de l'existence d'une coalition dans la constitution de la commission et dans la partie de la résolution du 3 septembre qui déconseillait le travail chez les maîtres imprimeurs employant une presse mécanique. Des poursuites furent décidées contre quinze ouvriers, parmi lesquels les treize membres de la commission ; ils furent même arrêtés et enfermés à la Force, où ils reçurent la visite des trois élèves de l'Ecole polytechnique que Lafayette avait précédemment envoyés vers eux. Ils ne tardèrent pas du reste à être relâchés, leur liberté ayant été obtenue par les soins du préfet de la Seine (Odilon Barrot) et de leur avocat (Lucas), qui déposèrent pour eux un cautionnement de 4.000 francs.

Le 14 septembre, les quinze prévenus se présentèrent devant le tribunal correctionnel, la boutonnière ornée d'un ruban tricolore. Ils furent l'objet de témoignages unanimes de sympathie, notamment de la part des officiers de la garde nationale qui avaient assisté à la réunion du 3 septembre. L'avocat du roi justifia la destruction, en juillet, des presses mécaniques de l'Imprimerie royale, par cette considération que le gouvernement illégal de Charles X aurait pu chercher « à faire un usage frauduleux et coupable de la presse mécanique pour transmettre avec célérité des ordres ou des instructions contraires aux intérêts nationaux ». Mais le gouvernement légal de Louis-Philippe avait besoin des presses ; les ouvriers avaient eu tort de chercher à en empêcher le rétablissement ; il est vrai qu'ils avaient été poussés « à leur insu par certains agitateurs ennemis de l'ordre actuel de choses ».

L'acquittement de tous les inculpés fut prononcé au milieu des acclamations de l'auditoire. Ils allèrent aussitôt remercier le préfet de la Seine, qui avait eu pour eux « les attentions d'un véritable père ». Avec son assentiment et sous sa présidence, ils ouvrirent peu après une souscription intitulée *Société typographique parisienne de secours mutuels pour les typographes sans ouvrage*. Odilon Barrot, Lafayette, Gaëtan de la Rochefoucauld, Lucas, furent parmi les premiers donateurs.

Deux presses mécaniques furent rétablies immédiatement à l'Imprimerie royale, et les quatre autres un peu plus tard ; mais on augmenta les travaux le plus possible, de manière à éviter tout renvoi de personnel.

Quant à la pétition déposée par les ouvriers imprimeurs, elle fut soumise à la Chambre des députés le 10 décembre. Le rapporteur, après avoir énuméré en détail les avantages des machines, remarqua : « On a été surpris que les ouvriers qui ont combattu avec tant de courage et de dévouement dans les mémorables journées de Juillet se soient décidés à vous proposer de porter atteinte à la liberté si nécessaire au développement de notre industrie. » La Chambre, sur l'invitation du rapporteur, passa à l'ordre du jour[1].

---

1. A la fin de l'année 1830 et au cours de l'année 1831, les ouvriers imprimeurs et typographes de Paris publièrent plusieurs brochures sur les presses mécaniques et leurs effets : *Dialogue entre une presse mécanique et une presse à bras, recueilli et annoté par une vieille presse en bois. Enrichi de notes. Henry J., compositeur*, Paris, 1830, in-8., Bibl. nat. Lb^{51} 125. — *Dia-*

Au début de septembre, l'industrie de la maréchalerie, à Paris, fut également troublée par des difficultés entre maîtres et ouvriers, difficultés dont le premier résultat fut la formation de deux coalitions opposées. Le 1er septembre, les ouvriers maréchaux adressèrent une circulaire à leurs maîtres pour demander que le prix de leur journée fût élevé de trois à quatre francs. Dès le lendemain, cent soixante-sept maîtres maréchaux et vétérinaires conclurent la convention suivante : toute augmentation serait refusée aux ouvriers, et aucun maître, tant que durerait le conflit, ne ferrerait les chevaux faisant partie de la clientèle d'un de ses confrères sans le consentement de celui-ci; toute violation de cette dernière clause donnerait lieu au paiement d'une amende de cinq cents francs au profit des veuves et orphelins des victimes de Juillet; leur signature serait demandée aux maîtres maréchaux et vétérinaires non participants à la convention; enfin, « dans le cas où il y aurait quelque dégât de commis dans un atelier par suite de l'opposition qui existe entre les maîtres maréchaux et les ouvriers, la perte serait supportée par les signataires du présent acte[1] ». Cette attitude résolue des maîtres semble avoir fait hésiter les ouvriers à abandonner le travail pour obtenir l'augmentation de salaire réclamée. On verra que cependant ils ne renoncèrent pas à leurs demandes.

A la fin d'août[2] et au début de septembre 1830, des troubles,

---

logue entre plusieurs ouvriers sur l'avantage des machines, Paris, 1831, in-18 de huit neuvièmes de feuille; — *De l'influence des mécaniques sur le prix des salaires et le bien-être des peuples*, Paris, 1831, in-18 d'une feuille 2/3 ; — *Des machines, de leur influence sur la prospérité de la nation et le bien-être des ouvriers*, Paris, 1831, in-18 d'une feuille 8/9.

1. *Peuple*, 13 octobre.

2. Déjà une émeute populaire avait eu lieu à Roubaix, le 10 août, sous le prétexte, écrivait le 13 le préfet au ministre de l'intérieur, de forcer le maire à arborer sur sa maison le drapeau tricolore (qu'il avait cru suffisant de faire placer à l'Hôtel de ville), mais en réalité pour exiger des chefs d'atelier « l'engagement écrit d'augmenter le prix des journées. Les filateurs qui résistèrent à cet acte de violence furent accablés d'injures, et les fenêtres de treize établissements furent brisées ». Dès le 11 août, le préfet, avant d'envoyer aucun détail au ministre, lui avait écrit : « Ce mouvement n'avait rien de politique et n'avait pour but que de faire augmenter le prix des journées » (Arch. nat., F^7 9787.).

parfois graves, éclatèrent dans diverses villes. A Anzin, les mineurs, qui déjà, en 1824, s'étaient soulevés pour faire augmenter leur salaire des « quatre sous » dont il avait été précédemment réduit, présentèrent encore, le 11 septembre 1830, la même réclamation ; et leurs dispositions parurent si menaçantes que des cartouches furent distribuées à la garde nationale d'Anzin et à celle de Valenciennes[1].

Puis ce furent des mouvements tumultueux et jusqu'à des émeutes, motivés tantôt par la perception des droits d'octroi, tantôt par la cherté du pain ou des grains : à Soissons, à Louviers, à Limoges (où cinq cents ouvriers en étoffes et en porcelaine saccagèrent et pillèrent des boulangeries), à Lille, à Tours, à Saint-Quentin, etc. Dans cette dernière ville, au début de septembre, les ouvriers nommèrent un jour une délégation, composée de membres choisis par chaque atelier, qu'ils envoyèrent demander au maire la diminution du prix du pain ; pour prévenir les désordres que l'on redoutait, il suffit, affirma un journal[2], d'expliquer aux délégués que le prix du pain dépend du cours des farines, et non de l'administration.

Le gouvernement s'inquiétait de ces troubles, et aussi des tentatives d'embauchage, vraies ou supposées, dont la classe ouvrière était alors l'objet. Il surveillait notamment une certaine *Association de Saint-Joseph,* composée « de jeunes ouvriers faciles à séduire par leur inexpérience, et d'autres ouvriers sans vertu qui préféraient la honte d'une oisiveté salariée à l'honorable prix d'un travail quotidien ; cette Association avait des chefs dont les desseins n'étaient connus que des conspirateurs de cour et d'église », et qui se mêlaient aux ouvriers pour essayer de les entraîner[3]. De son côté, le parti républicain entrait en lice ; vers le 10 septembre, la Société des Amis du peuple faisait placarder une affiche où on lisait ces mots : « Gardes nationaux, chefs

---

1. *Gazette des tribunaux,* 27 juin 1833.
2. *Temps,* 6 septembre.
3. *Constitutionnel,* 29 août.

d'atelier, ouvriers, vos intérêts communs sont la liberté et le travail; réunissez-vous donc pour renverser une Chambre dont la durée ne peut que perpétuer les discordes qu'on suscite entre vous. »

Ne fallait-il pas attribuer également aux agissements des ennemis de la nouvelle monarchie les circulaires anonymes répandues en grand nombre à Paris parmi les jeunes gens du commerce, pour les inviter à se rendre à des réunions où on annonçait que leurs intérêts seraient discutés et que des mesures propres à obtenir pour eux la réduction de la journée de travail seraient examinées? Toujours est-il que ces « provocations », émanant d'inconnus, furent repoussées, affirma-t-on, avec indignation[1].

Au contraire, les garçons boulangers de Paris semblaient disposés à s'agiter[2]; de même les ouvriers des carrières à plâtre de Bagnolet et de Montreuil, qui demandaient cinq sous de plus par jour et la réduction d'une heure sur la durée du travail quotidien[3], et les ouvriers de la manufacture des tabacs, qui présentaient à l'autorité compétente une série de réclamations et d'observations[4].

Ce qui rendait surtout ces mouvements inquiétants, c'est qu'ils provenaient, disait-on, des mêmes causes qui avaient amené, dans les départements, l'agitation pour l'abaissement du prix du pain ou contre la perception des droits d'octroi. Le préfet du Nord l'écrivait au maire de Roubaix en septembre[5] : « La malveillance cherche à exciter des troubles sous divers prétextes. C'est principalement la classe ouvrière qu'elle cherche à indisposer, tantôt pour obtenir la diminution du prix du pain, tantôt pour obtenir une augmentation de salaire, tantôt pour faire supprimer les mécaniques. »

---

1. *Courrier français*, 5 et 6 septembre.
2. *National*, 5 et 8 septembre; *Courrier français*, 5 septembre.
3. Lettre au ministre de la guerre, 8 septembre (Arch. du Ministère de la guerre, etc.; à sa date).
4. *Constitutionnel*, 10 septembre.
5. Lettre conservée aux Archives de Roubaix.

A Paris, l'ordonnance de police du 25 août restait lettre morte. Le 5 septembre, le préfet adressa aux commissaires de police une circulaire où il s'exprimait dans les termes suivants : « Une agitation inquiétante pour l'ordre et la sécurité publiques existe dans plusieurs classes d'ouvriers ; il devient urgent de faire cesser cet état d'effervescence ; » dans ce but il convenait de surveiller de plus près les attroupements et les meneurs. De son côté, le ministre de la guerre envoyait le lendemain une circulaire aux lieutenants-généraux ; il y signalait les mouvements tumultueux qui avaient éclaté un peu partout ; mais, d'après lui, ces agitations ne devaient pas inspirer beaucoup de craintes ; « elles n'indiquent point un sentiment hostile envers le gouvernement actuel ; elles indiquent plutôt un malaise social qui est le résultat des fautes nombreuses de l'administration précédente et que le gouvernement ne peut détruire tout à coup au gré de l'impatience de ceux qui l'éprouvent ». Le ministre conseillait de faire marcher, le cas échéant, la garde nationale la première et de ménager le plus possible l'emploi des troupes[1].

Le « malaise social » dont parlait le ministre, le *Journal des débats* parut un instant en entrevoir les périls et l'étendue. L'agitation ouvrière ne deviendra dangereuse, expliquait-il[2], que si le parti républicain essaie de s'en servir ; mais comment le pourrait-il ? Il ne peut offrir aux ouvriers que de leur donner des droits politiques ; or ce n'est pas pour ce résultat que les ouvriers se coalisent : ils veulent l'abolition de l'industrie mécanique, pour que la main-d'œuvre soit payée davantage ; dans les coalitions et les émeutes « la politique n'est pour rien ; il ne s'agit point d'opinions, mais d'intérêts ». Que si les républicains s'allient quand même aux « classes inférieures », ils se ruinent, car ils ne peuvent conclure cette entente qu'en sacrifiant la liberté de l'industrie et les droits de

1. Arch. du Ministère de la guerre, section historique, correspondance générale ; à sa date.
2. 13 septembre.

la propriété. Et le journal remarquait, en terminant, que les « classes inférieures » éprouvaient, à n'en pas douter, un sentiment de mauvaise humeur contre la propriété. « Et comme cela n'arrive pas seulement en France, mais en Angleterre et en Belgique, il est visible que les classes inférieures tendent partout à envahir violemment la propriété; que c'est là la question de l'avenir, question toute matérielle et toute palpable. »

Le *Journal des débats* n'avait envisagé, pour ainsi dire, que par mégarde cet aspect de l'agitation ouvrière, et il retourna aussitôt à son habitude de l'apprécier du seul point de vue politique.

Le *National*, qui représentait une partie de l'opinion républicaine, ne comprenait pas mieux que la presse ministérielle (à ce moment du moins) les aspirations profondes de la classe ouvrière. Les ouvriers, déclarait-il le 17 septembre, « n'ont pas encore acquis assez de lumières pour discerner ce qui convient à leurs intérêts aussi bien qu'aux intérêts de tous »; on le leur avait cependant expliqué quand ils ont présenté leurs revendications, si diverses; ils n'ont pas compris; « il faut pour cela une sorte d'attention qui manque à beaucoup d'entre eux..... Les préjugés que les classes ouvrières doivent seulement au défaut d'éducation leur font beaucoup de mal et mettent souvent obstacle aux améliorations les plus désirables ».

La circulaire du 5 septembre, qui fut rendue publique, n'eut pas plus de résultats que l'ordonnance du 25 août. Celle-ci avait, entre autres choses, fait connaître que le préfet refusait de s'entremettre, comme les ouvriers le lui avaient si souvent demandé, dans les difficultés relatives à la durée du travail ou au taux des salaires; pourtant des demandes d'intervention continuèrent à lui être présentées. C'est ce que firent, par exemple, les ouvriers décatisseurs et apprêteurs de drap, qui soumirent à son approbation « un règlement convenu entre eux »; une fois de plus le préfet répondit qu'il n'avait pas à sanctionner de tels accords, que les maîtres et les ouvriers pouvaient s'entendre à leur guise, pourvu qu'ils respectassent la liberté de l'industrie et que les règles posées n'eussent pas un caractère obligatoire pour ceux qui n'auraient pas été partie à la convention. Malgré ce refus absolu, les ouvriers décatisseurs s'obstinèrent à mettre le préfet de police dans leur jeu; et, peu après, ils lui remirent une pétition tendant à obtenir son intervention pour que les maîtres consentissent à la suppression du travail de nuit[1].

De son côté, le préfet de la Seine faisait réponse, au nom du roi, à une pétition que des ouvriers maçons avaient adressée à Louis-Philippe : ils avaient demandé que défense fût faite à leurs camarades de travailler plus d'un certain nombre d'heures par jour et de prendre du travail à la tâche. Le préfet fit honte aux pétitionnaires de leur démarche « irréfléchie » et peu digne « de leur conduite passée et de leur loyauté habituelle ». Ils avaient « oublié un moment tous les principes pour lesquels ils avaient combattu et que plusieurs d'entre eux avaient scellés de leur sang... Ils avaient perdu de vue que la liberté du travail n'est pas moins sacrée que toutes nos autres libertés[2] ».

La fin de septembre fut marquée à Paris par les « promenades » et les coalitions des serruriers et mécaniciens, des maréchaux, des terrassiers, des chapeliers, etc. En vain, les journaux amis du pouvoir répétaient-ils sans cesse aux ouvriers que, les autorités ayant déclaré maintes fois leur volonté de ne pas intervenir dans le règlement des questions de travail, quiconque passerait outre à ces avis s'exposerait à être traité comme un fauteur de troubles[3]; c'est cependant au préfet de police que s'adressèrent encore les ouvriers serruriers et mécaniciens pour obtenir de leurs maîtres la réduction de la journée de travail de douze heures à onze heures, ou bien une augmentation du prix de la journée. Le préfet ne

1. *Globe*, 12 septembre; *Journal des ouvriers*, 26 septembre.
2. *Globe*, 14 septembre.
3. Voyez par exemple le *Temps* du 25 septembre.

put refuser de recevoir la visite des entrepreneurs de serrures; une délégation des ouvriers fut ensuite entendue; aux deux parties le préfet prodigua les bons conseils, et il les renvoya en les exhortant à s'entendre de leur mieux.

Au cours des manifestations qui accompagnèrent ce conflit, quelques ouvriers furent arrêtés pour coalition ou pour violences; trois furent condamnés au début d'octobre; d'autres ne comparurent en police correctionnelle qu'à la fin du mois; dans le nombre il y en avait deux contre lesquels aucune charge n'avait été relevée et qui cependant n'avaient pas été remis en liberté; l'organe du ministère public reconnut spontanément le fait et en exprima ses regrets: « Nous nous plaisons, dit-il, à donner en public ce témoignage de notre affliction[1]. »

Le 24 septembre, sept à huit cents terrassiers, employés aux ateliers de secours de Paris, partirent de la Villette, drapeau tricolore en tête, pour porter au roi une pétition; ils y réclamaient contre une diminution de salaire dont ils se disaient menacés. Faubourg Saint-Denis, la garde nationale en arrêta plusieurs; les autres furent dispersés. Plus tard, le tribunal correctionnel en condamna une trentaine à des peines d'ailleurs légères en général[2].

On a vu que les ouvriers maréchaux n'avaient pu obtenir l'augmentation de salaire qu'ils avaient réclamée le 1er septembre à leurs maîtres; trois semaines plus tard, une partie d'entre eux cessèrent le travail et commencèrent des « promenades » qui, se produisant en même temps que celles des serruriers, causèrent une certaine inquiétude aux autorités. Le 7 octobre, ils se livrèrent, dans divers quartiers de Paris, à des violences, soit sur des maîtres, soit sur des ouvriers qui ne voulaient pas faire cause commune avec eux; la garde nationale arrêta cent cinquante manifestants, qui fu-

1. *Courrier français* et *Temps*, 25 septembre; *Constitutionnel*, 27 septembre; *National*, 27 septembre et 7 octobre; *Journal des débats*, 27 octobre; *Gazette des tribunaux*, 10 et 27 octobre.

2. *Temps*, 15 novembre.

rent conduits à la préfecture de police; onze seulement furent retenus; encore les remit-on en liberté le lendemain sous promesse de ne plus se mêler aux rassemblements. Accusés par un journal d'obéir aux conseils de l'Association de Saint-Joseph, les ouvriers maréchaux envoyèrent une lettre de protestation; ils faisaient remarquer qu'ils avaient autant le droit de se coaliser pour obtenir une augmentation de salaire, que les maîtres de se coaliser pour ne pas augmenter le prix des journées; ce qui amena le journal à exposer son opinion sur le droit de coalition[1].

Puis ce furent les chapeliers-fouleurs. La ligne de conduite adoptée par la nouvelle monarchie envers les ouvriers gênait certaines habitudes corporatives des chapeliers-fouleurs, et ils s'en plaignirent. A plusieurs reprises, dirent-ils[2], l'autorité avait été appelée à prononcer sur leurs différends avec leurs maîtres, notamment en 1809 et en 1818[3], où des ordonnances de police avaient été rendues; un tarif de main-d'œuvre avait alors été accepté par les maîtres et les ouvriers et approuvé par l'autorité. « Par suite de cette convention, une caisse pour venir au secours des ouvriers sans ouvrage avait été établie, et cette caisse était alimentée par les cotisations que versaient chaque semaine les ouvriers qui travaillaient; mais ne devaient point être admis à verser dans cette caisse, et par conséquent à recevoir des secours, les ouvriers qui travaillaient au-dessous du tarif. » Les ouvriers se divisaient donc en deux camps, suivant qu'ils acceptaient ou refusaient de travailler chez les maîtres qui n'observaient pas le tarif. En juillet 1830 tous les ouvriers chapeliers-fouleurs s'entendirent, ceux qui

---

1. *Constitutionnel*, 8 et 11 octobre; *Gazette des tribunaux*, 10 octobre.

2. *Le Peuple, journal général des ouvriers, rédigé par eux-mêmes*, 13 octobre.

3. Le 29 novembre 1809, les statuts d'un bureau des marchands chapeliers de Paris furent homologués par le préfet de police; l'ordonnance du 12 juillet 1818 réglementa l'industrie de la chapellerie et certains des rapports des maîtres et des ouvriers; elle interdit, par exemple, « aux fabricants et détaillants de donner à leurs ouvriers des chapeaux en paiement, sauf leur recours contre les ouvriers pour les malfaçons. Les ouvriers ne peuvent, sous aucun prétexte, faire commerce de chapeaux ».

travaillaient au-dessous du tarif ayant demandé à faire partie de la société qui s'appelait: *Bourse auxiliaire des chapeliers-fouleurs*[1]; mais une assemblée générale était nécessaire aux ouvriers pour se concerter sur les moyens de venir à bout des maîtres récalcitrants ; ils prévinrent l'autorité de leur intention de se réunir; celle-ci les en empêcha. Le travail cessa alors dans de nombreux ateliers, les ouvriers continuant à vouloir délibérer en commun, malgré la défense qui leur en avait été faite. Finalement des arrestations furent opérées, dont trente-six le même jour (5 novembre) dans la commune de Belleville[2]. On manque de détails sur la conclusion de ce conflit; on sait cependant qu'il fut désastreux pour les finances de la Bourse[3].

Les coalitions que nous venons de noter et quelques autres qu'il est superflu d'indiquer[4] paraissent n'avoir eu que peu de résultats. Il en fut de même, à ce moment du moins, du mouvement général d'opinion contre l'emploi des machines. En dehors de l'action des ouvriers imprimeurs de Paris contre les presses mécaniques, on ne trouve, dans le second trimestre de 1830, que deux faits de luddisme: à la fin de septembre, les ouvriers des établissements textiles de Mulhouse voulurent briser et incendier les métiers mécaniques ; la garde nationale intervint à temps pour les en empêcher ; plusieurs arrestations furent opérées[5]. A Nantes, au commencement de la seconde quinzaine d'octobre, des ouvriers, montés

---

1. Les rapports de la Société philanthropique font, en effet, mention expresse de cette adhésion en masse des « non-boursiers », non pas en 1830 mais en 1831; le nombre des membres de la Bourse, qui jusque-là avait été de 600 environ, s'élevait alors à 1.237. Ajoutons que la Bourse allouait 1 franc par jour à ses membres en cas de maladie ou de chômage, qu'elle versait un secours de 9 francs par mois à ceux qu'elle pensionnait (alors au nombre de 21). Sa force numérique diminua quelque peu au cours des années suivantes.

2. *Temps* et *Moniteur universel*, 6 novembre.

3. L'avoir de la Bourse tomba, en 1831, à 923 francs, alors qu'en 1829 il s'élevait à 11.028 fr. 80. En 1825 son capital avait atteint 21.353 fr. 35.

4. Relevons cependant la coalition des « fileurs de mécanique » de Reims, en octobre, dont le chef fut condamné, le 3 novembre, à deux ans de prison.

5. *Journal de Rouen*, 30 septembre.

dans deux toues pavoisées de drapeaux tricolores, allèrent briser une machine qui servait à tirer du sable de la Loire. Un poste de garde nationale refusa de marcher sur la demande du propriétaire de la machine, qui réclamait protection ; les hommes qui le composaient furent désarmés. Toute la garnison fut mise sur pied et parcourut la ville. Le maire, auteur de ce déploiement de forces (on le lui reprocha d'autant plus qu'aucune arrestation ne fut opérée), fit afficher une proclamation pour rappeler aux ouvriers « la gloire impérissable » qu'ils avaient conquise en Juillet, et pour les adjurer de ne pas la « ternir » en cédant à de « perfides suggestions » ; il les mettait en garde contre les manœuvres « hypocrites » des ennemis envieux des lauriers qu'avaient recueillis les vainqueurs des trois jours, etc. Le lendemain un journal écrivait à propos de ce désordre : « Le retour du général Lamarque nous rassure, car il paraît que le plus grand mal nous vient de la Vendée[1]. »

Les aspirations ouvrières, si vagues qu'elles fussent encore, trouvèrent, quelques semaines après Juillet, le moyen de s'exprimer d'une façon alors tout à fait nouvelle ; quelques journaux proprement ouvriers apparurent : le *Journal des ouvriers* (19 septembre), l'*Artisan, journal de la classe ouvrière* (26 septembre), le *Peuple, journal général des ouvriers, rédigé par eux-mêmes* (30 septembre). Ces feuilles présentent pour l'histoire du mouvement ouvrier d'autant plus d'intérêt que les faits qui s'étaient produits depuis le 27 juillet y sont considérés au point de vue social. « Expression sincère, portait le prospectus de l'*Artisan*, de l'esprit qui anime la masse ouvrière, tirés nous-mêmes de son sein, nous resterons fidèles à ses besoins... Les principes qui nous guideront dans notre travail sont simples : liberté pleine et entière de toute industrie, abolition du monopole et des corporations, répression des abus de l'autorité des maîtres et de la basse police autant qu'il sera en notre pouvoir, et instruction des ouvriers

1. *Ami de la Charte*, 19 et 20 octobre.

sur leurs véritables intérêts... Le principe d'association, qui nous permet d'entreprendre un travail aussi utile et aussi nécessaire, ne sera pas oublié. »

En effet, le numéro de l'*Artisan* du 17 octobre contenait un article intitulé : *De l'association comme moyen de remédier à la misère des classes laborieuses,* dans lequel les deux formes principales de groupement ouvrier que l'avenir devait dégager étaient indiquées et opposées l'une à l'autre : la société de résistance, et l'*association,* c'est-à-dire l'association de production, type d'organisation encore peu connu, sinon complèment inconnu[1]. S'adressant aux ouvriers imprimeurs, l'auteur de l'article cherchait à leur démontrer l'inutilité de constituer « une espèce d'association pour maintenir les prix et empêcher la formation des apprentis »; aujourd'hui, disait-il, le rôle de l'ouvrier est changé. « Puisque vous êtes renvoyés de vos ateliers par des machines, cessez donc d'être ouvriers et devenez maîtres à votre tour. » Le capital nécessaire serait constitué par des prélèvements (deux francs par semaine, par exemple) qu'opéreraient, sur leur salaire, une centaine d'ouvriers désireux « d'exploiter eux-mêmes leur industrie ».

L'*Artisan* exprimait aussi avec netteté le sentiment que le peuple, depuis Juillet, avait pris de son importance[2] : « Trois jours ont suffi pour changer notre fonction dans l'économie de la société, et nous sommes maintenant la partie principale de cette société, l'estomac qui répand la vie dans les classes supérieures, revenues à leurs véritables fonctions de serviteurs. » Et encore[3] : « Selon nous, le peuple n'est autre chose

1. Cependant en 1791 le bureau de la Société typographique qui existait alors à Paris, ayant rejeté une certaine motion qui lui était présentée, quelqu'un fit remarquer « que cette motion ressemblait à celle des douze cents associés qui devaient établir une imprimerie ». M. Radiguer, qui cite ces mots (*Maîtres imprimeurs et ouvriers typographes*, Paris, 1903, p. 155), se demande s'il s'agissait là d'un projet d'association de production. On ne peut guère donner d'autre sens à cette phrase; mais nous ne savons rien rien de plus sur ce point.

2. Prospectus du 22 septembre.

3. Prospectus du 26 septembre.

que la classe ouvrière ; c'est elle qui donne de la valeur aux capitaux en les exploitant, et c'est sur elle que reposent le commerce et l'industrie des États. »

Pour faire œuvre utile immédiatement, l'*Artisan* annonçait son intention d'« exposer la situation des divers états » ; il invita, en conséquence, les ouvriers à lui fournir des « renseignements nombreux et exacts » sur leur métier. Le 10 octobre, parut la première partie d'une « Statistique de la profession des ouvriers imprimeurs en 1830 ».

Le même numéro faisait connaître qu'un registre pour le placement gratuit des ouvriers et domestiques des deux sexes venait d'être ouvert par les soins de l'administration du journal, qui sollicitait le concours des maîtres dans l'intérêt de cette tentative : le but que se proposait l'*Artisan* était de réagir contre « ces bureaux soi-disant de confiance, dans lesquels, sous le spécieux prétexte de procurer des emplois, on abuse chaque jour de la crédulité des malheureux, en leur faisant verser d'avance une somme plus ou moins forte pour frais de démarches et d'enregistrement ».

Le *Peuple*[1], à propos de la coalition des ouvriers maréchaux et de celle des maîtres maréchaux et vétérinaires, fit ressortir l'inégalité des articles du Code pénal qui leur étaient appliquables, et il posa la question de savoir si la coalition des maîtres serait punie. Parlant du dédit de cinq cents francs inscrit dans leur convention, il remarquait : « Tous ces ouvriers que l'on a poursuivis, incarcérés, n'étaient pas aussi coupables ; ils invitaient leurs camarades à cesser leurs travaux ; ils ne les y contraignaient pas. » Ailleurs[2], le *Peuple* laissait voir sa désillusion des résultats de la Révolution : « Les trois journées de Juillet n'ont eu d'autre résultat qu'un changement de dynastie... Elles promettaient davantage ! »

D'autres journaux, non rédigés par des ouvriers, avaient pris en main la défense des intérêts des prolétaires. Sans

1. 16 octobre.
2. 20 octobre.

parler des feuilles saint-simoniennes, l'*Organisateur* et le *Globe*, qui en novembre 1830, se rallia à l'Ecole, citons : la *Révolution, journal des intérêts populaires*[1], auquel ne tarda pas à succéder le *Bien public*, la *Tribune*, etc. L'importance, jusque-là inusitée, donnée par ces différents journaux aux questions concernant spécialement les masses est un des premiers signes qui révèlent le commencement du mouvement social et annoncent la place qu'il devait prendre un peu plus tard dans les préoccupations politiques.

Mais la publication de feuilles consacrées aux seuls intérêts populaires était prématurée, et leur existence fut éphémère ; elles disparurent au moment où l'agitation ouvrière suscitée par les événements de Juillet s'éteignit. Au cours du mois de novembre, les coalitions cessèrent à peu près complètement. Conseils, menaces, arrestations, condamnations, les autorités avaient employé tous les moyens pour les décourager, puis les réprimer. D'autre part, leur réussite avait rencontré un obstacle insurmontable dans le mauvais état des affaires ; la crise industrielle, en effet, persistait, et elle rendait à peu près impossibles des concessions de la part des maîtres, malgré le prêt de trente millions que l'État leur avait accordé en octobre[2]. Il convient d'ajouter que les troubles politiques qui marquèrent les derniers mois de l'année 1830 auraient suffi à constituer une gêne sérieuse pour l'extension du mouvement social naissant.

Dès le 9 novembre, Girod (de l'Ain) signalait, dans un discours à la Chambre des députés, cette cessation des manifestations ouvrières et des réclamations collectives qui avaient

---

1. « Les ordonnances du roi déchu, lisait-on dans la *Révolution* au lendemain des journées de Juillet, ont été le motif du mouvement, mais de longues souffrances en sont la véritable cause. »

2. Une partie des secours alloués sur cette somme fut parfois employée au paiement des salaires arriérés; par exemple, par les fabricants de porcelaine de Limoges. (Voy. *Délibérations de la Chambre consultative des arts et manufactures de Limoges*, par Alfred Leroux, dans le *Bulletin de la Société archéologique et historique du Limousin*, 1re livraison du tome LII, p. 199.)

si fort inquiété les autorités. Il ne s'étonnait point des « prétentions exagérées », relatives au salaire et à la durée du travail, que les ouvriers (qui, en Juillet, « avaient presque tous pris les armes ») n'avaient pas hésité à émettre, ni des « avantages matériels que, dans leurs illusions, ils avaient cru que la victoire devait leur procurer ». Mais il rappelait que, comme préfet de police, il avait su prendre la ligne de conduite qui convenait : aux ouvriers qu'il avait eu l'occasion de recevoir, il avait donné, « non seulement des conseils ou des injonctions, mais encore la certitude que leurs écarts ne seraient pas soufferts. Aussi, bientôt ces rassemblements avaient cessé ».

On n'en entendait plus parler qu'au théâtre. Depuis la fin d'octobre, on jouait, aux Variétés, *la Coalition*[1], pièce remplie, assurait le *Journal des débats*[2], « d'une gaîté naturelle et d'un comique très vrai ; mais elle a surtout le mérite de populariser ces principes d'ordre et de liberté contre lesquels se soulèvent aujourd'hui tant de petits tyrans démagogues... Odry est d'un grotesque admirable dans le rôle d'un colleur de papiers peints ».

Avec le temps, le sel des plaisanteries que renferme *la Coalition* s'est évaporé ; mais cette pièce reste comme un document sur les opinions que devaient refléter des auteurs soucieux du succès. Dans *la Coalition*, la plupart des ouvriers sont représentés comme paresseux et ivrognes ; à ce type s'oppose celui d'Isidore, l'honnête ouvrier, qui s'est battu pendant les trois jours, et qui, aussitôt après, a repris le travail ; un personnage louche, Judas, qui s'est caché les 27, 28 et 29 juillet, paie à boire aux ouvriers et fomente des troubles.

Voici un extrait de dialogue qui a, au moins, ce mérite de traduire fidèlement une idée de la bourgeoisie au pouvoir :

---

1. *La Coalition, tableau populaire mêlé de vaudevilles, par MM. Mélesville et Carmouche.*
2. 2 novembre.

— « Martel, compagnon serrurier. — .... Je ne reprendrai l'marteau que quand la Révolution sera finite.

— « Mère Martel. — Eh bien ! est-ce qu'elle n'est pas finite, la Révolution ? Est-ce que le roi n'est pas sur son trône ? Est-ce que les marchands ne sont pas dans leurs boutiques ? les commis à leurs bureaux ? les soldats dans leurs casernes ? Pourquoi qu'les ouvriers ne sont pas à leurs ouvrages ? »

La réponse eût été aisée à faire. Pour la masse ouvrière, le problème de l'existence devenait de plus en plus difficile à résoudre, car dans toutes les branches de l'industrie les travaux restaient rares. Des chantiers municipaux avaient bien été ouverts dans diverses villes ; mais, bientôt encombrés, ils ne furent plus qu'un palliatif insignifiant à la misère ouvrière. Les démonstrations faites par des bandes de chômeurs, nombreux et quelque peu menaçants (par exemple, à Bordeaux, du 20 au 25 octobre ; au Champ-de-Mars, le 29 novembre, etc.) se multiplièrent ; et le cri : *Du travail ou du pain !* devint en quelque sorte leur mot de ralliement.

Les ouvriers n'avaient donc aucun moyen pour améliorer leur situation, certainement misérable ; car les autorités leur interdisaient d'agir par eux-mêmes, en même temps qu'elles se refusaient absolument à intervenir en leur faveur. Aussi, ils ne pouvaient plus guère compter sur la sympathie d'un régime qu'ils avaient accueilli sans joie excessive, mais pourtant avec une certaine espérance, auquel ils étaient jusque-là restés fidèles en dépit des menées carlistes ou républicaines, mais qui, au fond, la chose devenait claire, ignorait et méprisait le peuple, en oubliant si vite les services rendus.

Quand finit l'année 1830, beaucoup de germes étaient déjà semés, dans les consciences ouvrières, d'une désaffection envers la monarchie de Juillet et d'une hostilité contre l'organisation sociale que Louis-Philippe, tout comme Charles X, s'efforçait de maintenir.

CHAPITRE III

Misère et propagande.

(Décembre 1830 — Novembre 1831.)

La misère. — Destruction de machines. — La Société philanthropique des ouvriers tailleurs de Paris. — Les tailleurs de pierre de Bordeaux. — Les ouvriers menuisiers de Bordeaux. — Les tullistes de Lyon. — Le Saint-Simonisme et les ouvriers. — Les républicains et les ouvriers. — Buchez : Théorie de l'*association* et de l'*organisation*.

Dès la fin de novembre 1830, les pouvoirs publics pouvaient donc se considérer comme délivrés à peu près complètement des sollicitations d'ordre économique présentées par les ouvriers, de leurs coalitions, de leurs « promenades ». Le gouvernement, préoccupé uniquement de politique, put s'appliquer entièrement à réaliser le programme de la bourgeoisie devenue dirigeante. Le peuple, à ses yeux, était quantité négligeable tant qu'il ne troublait pas l'ordre matériel, soit que, méconnaissant les lois économiques, il s'avisât de protester avec quelque violence contre sa pénible mais inévitable situation, soit que, cédant à des manœuvres habiles, il devînt un instrument inconscient aux mains des partis adverses.

Ce que fut, au point de vue politique, l'année qui s'écoula entre l'arrêt du mouvement ouvrier en novembre 1830 et la première insurrection de Lyon, ce n'est pas ici le lieu de le dire. Qu'il suffise de rappeler que la formation du ministère Casimir-Perier, le 13 mars 1831, marqua un redoublement de la répression exercée à l'égard des partis démocratiques.

Au point de vue ouvrier, cette année pourrait assez exactement se définir par ces deux mots : misère et propagande, à la condition de remarquer que cette propagande, qui avait déjà commencé, agit, pour les mûrir, sur les idées que la Révolution et l'attitude de la monarchie à l'égard des réclamations ouvrières avaient fait naître dans l'esprit des prolétaires. En apparence, cette année fut, au point de vue qui nous occupe, assez stérile ; en réalité, le courant, devenu souterrain, grossissait sans qu'on s'en doutât; et quand il revint au jour, quand l'insurrection éclata à Lyon, la surprise se mêla à l'épouvante.

Si les manifestations corporatives à tendances plus ou moins sociales avaient pris fin, les démonstrations auxquelles donna lieu le manque de pain ou de travail furent nombreuses en 1831. Il est inutile de chercher à en dresser le monotone catalogue [1]; mais quelques faits doivent être cités pour préciser par des exemples l'attitude de détachement qui était celle du pouvoir et de la classe dirigeante à l'encontre de la misère ouvrière.

Le 19 janvier, de six à huit cents ouvriers lyonnais, rassemblés aux Brotteaux, décidèrent de se porter sur la ville pour y demander du travail et, au cas où satisfaction ne leur serait pas donnée, attaquer les maisons de fabrique, les banques et les couvents. Tout se borna à une manifestation, aux cris de : *Du travail et du pain !* Aucun excès n'avait été commis quand des arrestations furent faites. Cet incident motiva une proclamation du maire : « Mes chers concitoyens, quelques perturbateurs s'agitent pour vous engager à former des réunions capables de troubler l'ordre public.... Ceux qui vous excitent ne sont pas de véritables Lyonnais ;... nous les connaissons, nous surveillerons leurs démarches et nous appellerons sur

1. Dans la Haute-Vienne, toutes les fabriques de porcelaine étaient en chômage au mois de mai 1831. « Les secours qu'elles ont obtenus du gouvernement, voit-on dans un rapport présenté le 6 mai à la Chambre consultative des arts et manufactures de Limoges, spécialement employés au paiement de leurs ouvriers, sont épuisés, et on ne peut, sans éprouver un sentiment bien pénible, contempler des hommes, qui gagnaient dans ces belles fabriques de trois à six francs par jour, réduits à la triste ressource de nos ateliers de charité. » (*Bulletin de la Société archéologique et historique du Limousin*, *loc. cit.*, p. 217.)

eux la juste rigueur des lois. » Cependant, lorsque onze des ouvriers arrêtés comparurent en cour d'assises, les autorités durent avouer qu'elles n'avaient pu découvrir les chefs de ce mouvement. Six des inculpés furent condamnés, la peine la plus forte ayant été un mois de prison[1]. En commentant la manifestation du 19 janvier, le *Journal des débats*[2] s'était montré satisfait de ce que la politique n'y eût été pour rien : ce rassemblement, avait-il ajouté, « n'avait dû son origine qu'au redoublement des besoins amenés par la cessation du travail et par les rigueurs de la saison ».

Le 1er et le 2 mars, des démonstrations d'ouvriers eurent lieu sur plusieurs points de Paris, notamment au Palais-Royal, démonstrations pacifiques, auxquelles la force armée mit fin sans rencontrer aucune résistance. Les manifestants disaient : « Le roi ne connaît pas notre position ! » Ou encore, groupés derrière un drapeau tricolore, ils criaient : *Vive le roi ! Vive la liberté ! Du travail et du pain ou la mort !* Le *Moniteur* fit, à propos de ces incidents, la réflexion suivante[3] : « Une foule de curieux encombraient les rues qui environnent le Palais-Royal. Les citoyens paisibles devraient comprendre qu'ils servent sans le savoir les projets des agitateurs. » Le *Journal des débats* remarqua de son côté[4] : « Il a été constaté que ces ouvriers n'étaient mûs par d'autre désir que celui d'avoir de l'ouvrage et du pain. »

L'opinion et la presse gouvernementales ne se refusaient pas à reconnaître la pénible situation des ouvriers ; mais elles revenaient avec complaisance sur cette idée, que ceux qui se plaignaient n'indiquaient jamais les remèdes par lesquels on eût pu essayer de les soulager.

Des remèdes ! les ouvriers avaient souvent désigné ceux en lesquels ils avaient confiance : maintes fois ils avaient réclamé

1. *Archives historiques et statistiques du département du Rhône*, t. XIII, p. 281 et 375.
2. 22 et 23 janvier 1831.
3. 3 mars 1831.
4. *Ibid.*

l'abandon des machines, l'augmentation des salaires, la réduction des heures de travail, le renvoi des ouvriers étrangers, etc.; mais les autorités avaient repoussé ces demandes comme nuisibles, ou tout au moins comme illusoires ; et, d'autre part, les ouvriers ne pouvaient obtenir satisfaction directement des maîtres, une lutte étant à ce moment impossible faute d'organisation dans la grande majorité des corps d'état.

Dans leur désespoir, ils s'en prirent, quand ils le purent, aux machines ; et l'année 1831 est certainement parmi celles où les actes de luddisme furent le plus nombreux.

A Paris, le 20 janvier, de cent cinquante à deux cents ouvriers tailleurs envahirent le domicile d'un maître tailleur en demandant de l'ouvrage et en menaçant de détruire une machine, nouvellement installée, qui servait à faire des vêtements sans couture. La police et la troupe durent intervenir ; soixante-quinze ouvriers furent écroués. Le 22 février, ils comparurent en police correctionnelle ; le procureur du roi leur montra, « par une statistique mise à leur portée, que l'invention des mécaniques était favorable à l'industrie, et par conséquent aux industriels ». Des soixante-quinze prévenus, un seulement fut acquitté ; cinq furent condamnés à un mois de prison et soixante-neuf à huit jours [1].

L'avant-veille du jour où ces peines furent prononcées, la troupe s'était rendue à l'imprimerie du *Mémorial de Toulouse*, où les presses venaient d'être brisées et une partie des caractères jetés dans la rue [2].

Une semaine plus tard, les essais d'une machine pour faire les canons de fusils à l'aide de moyens mécaniques et à la vapeur suffirent à provoquer un soulèvement parmi les ouvriers canonniers de Saint-Étienne. Le 3 mars, une bande de deux mille ouvriers se jeta sur l'usine des Rives, enfonça les portes et les fenêtres et y démolit tout, s'acharnant particu-

1. *Moniteur*, 21 janvier; *Gazette des tribunaux*, 23 février 1831.
2. *National*, 28 février 1831.

culièrement sur la machine qui s'y trouvait; le chef de l'établissement dut s'enfuir; la troupe, quand elle arriva, fut accueillie à coups de pierres; il y eut des blessés, et de nombreuses arrestations furent opérées. Le 4 juin, les cinq ouvriers le plus compromis dans ces événements comparurent en cour d'assises : quatre d'entre eux furent condamnés à cinq ans de travaux forcés[1].

Puis, le 1er mai, ce furent, à Bordeaux, des ouvriers scieurs de long qui, au nombre de cinq à six cents et armés de haches et de bâtons, envahirent certains ateliers où se trouvaient des scies mécaniques perfectionnées et les brisèrent. Ils se rendirent ensuite devant d'autres établissements, qui employaient également des scies mécaniques, en demandant du pain ou du travail. La garde nationale dispersa les manifestants et en arrêta plusieurs[2]. Le *Mémorial bordelais*[3] fit au sujet de cette affaire les réflexions suivantes : « Ces désordres, à ce qu'il paraît, ne se rattachaient à aucun but politique; ce n'était donc pas une émeute; ils étaient le résultat de cette misère profonde qui tourmente les classes indigentes.... Ce malaise général est un grand malheur sans doute; mais c'est un grand crime, aussi, que de troubler ses concitoyens, qui ne sont nullement coupables de ces malheurs, qui les plaignent, qui contribuent à les soulager. Ces attroupements tumultueux n'ont donné à personne un morceau de pain de plus; ils ont, au contraire, accru la méfiance de tout le monde. »

Au commencement de juin, une bande d'ouvriers menuisiers se précipita chez un négociant du Havre pour y démolir des parquets faits à la mécanique, les boiseries, les portes et les fenêtres. Quarante-huit arrestations furent opérées[4].

Mais les troubles les plus graves auxquels donna lieu l'introduction de machines se produisirent au début de septembre à Paris. Deux fabricants de la rue du Cadran avaient

1. *Gazette des tribunaux*, 7 et 8 mars, 16 juin 1831.
2. *Indicateur*, 3 mai; *National*, 6 mai; *Journal des débats*, 7 mai.
3. 4 mai.
4. *National*, 9 juin.

fait venir de Lyon une machine à découper les châles. Le 6, des ouvrières tentèrent de la briser ; elles l'accusaient de les priver de travail et d'avoir amené, en outre, la réduction des salaires pour le personnel de l'établissement. Le 7, plus de quinze cents femmes, attroupées, proféraient les menaces «les plus horribles » contre les deux fabricants, criaient : *Plus de mécanique !* et se plaignaient de la cherté du pain ; le soir, on dut faire venir de la cavalerie. Le lendemain et les jours suivants, le désordre tourna à l'émeute ; les affaires furent complètement suspendues dans tout le quartier Montmartre. Les troupes, chaque jour plus nombreuses, durent effectuer des charges ; on les accueillit à coups de pierres. L'ordre ne commença à se rétablir qu'au bout de cinq jours. Le 11 octobre, neuf ouvrières découpeuses furent condamnées à un mois de prison, pour coalition seulement [1].

La révolte contre l'introduction des machines forme, à tout prendre, le plus clair du mouvement ouvrier durant la période qui s'étend de décembre 1830 à novembre 1831 et pendant laquelle la misère fut si grande. Le temps n'était plus où les ouvriers pouvaient venir en troupes présenter leurs réclamations aux autorités; et, le 1er avril 1831, le préfet de police, « considérant que jusqu'à présent les règlements et ordonnances concernant les ouvriers n'ont reçu qu'une exécution incomplète et qu'il en est résulté des abus également nuisibles aux intérêts des maîtres et à ceux des ouvriers », avait réédité toutes les dispositions répressives qui leur avaient déjà été si souvent rappelées.

Les manifestations pour ainsi dire normales de l'activité corporative furent donc rares en 1830-31 ; les renseignements manquent, du reste, sur celles qui se produisirent. Ainsi, on devine [2] que dans l'industrie de la chapellerie les discussions sur des tarifs de main-d'œuvre continuaient entre

1. *Journal des débats*, du 6 au 10 septembre; *Gazette des tribunaux*, 12 octobre.

2. *Journal des débats*, 11 juillet 1831.

fabricants et ouvriers, mais on ne peut préciser davantage. On est un peu mieux informé en ce qui concerne les ouvriers tailleurs d'habits. Si l'on en croit les ouvriers, les maîtres tailleurs s'entendirent, en 1831, « pour regagner dans la diminution des salaires ce qu'ils avaient perdu dans les diminutions des commandes ». De là vint aux ouvriers l'idée de se former en société, « afin de mieux protéger à l'avenir les intérêts généraux de leur corporation[1] ». La tentative des maîtres tailleurs, écrivait plus tard un ouvrier[2], échoua « grâce à notre union, et ils eurent d'autant moins à se louer de leur tentative malheureuse qu'elle nous révéla leur impuissance contre une volonté ferme et unanime ».

L' « union » dont il est ainsi question était la Société philanthropique des ouvriers tailleurs, la plus importante peut-être et, suivant nos sources, la première en date de ces nombreuses *sociétés philanthropiques* qui, jusqu'en 1834 au moins, furent, avec quelques sociétés autrement dénommées (par exemple dans la région lyonnaise), les organes de l'action corporative et sociale.

Fondée le 1er juin 1831, la Société philanthropique des ouvriers tailleurs[3] dissimulait sous un aspect mutualiste un but d'une tout autre nature. Sans doute le fonds commun, qu'aux termes des statuts elle se proposait de réaliser, devait servir à verser des secours aux adhérents malades ; mais la Société s'engageait aussi à soulager les sociétaires en cas de chômage et dans les « autres cas non prévus » qui seraient réglés par la commission de surveillance ; la Société s'occuperait également de procurer du travail à ses adhérents. Or cette commission de surveillance, composée de huit membres, avait pour mission, de concert avec les quatre gérants (le président, le vice-président, le secrétaire et le trésorier), de surveiller le placement et de juger « les réclamations des

1. Procès des ouvriers tailleurs, audience du 25 janvier 1834, discours de Grignon. (*Tribune*, 27 janvier 1834.)
2. Lettre d'un ouvrier tailleur publiée par la *Tribune*, 18 novembre 1832.
3. *Règlement de la Société philanthropique des ouvriers tailleurs.*

maîtres tailleurs et des ouvriers et y faire droit autant que possible, sans dépasser leurs pouvoirs ». Donc, la Société philanthropique, tant par l'occasion de sa fondation que par certaines dispositions de ses statuts primitifs, se présentait bien comme une société de résistance ; son action ultérieure prouve surabondamment qu'elle n'était guère autre chose.

Au début de novembre 1831, des troubles eurent lieu à Bordeaux : des travaux pour le compte de la ville ayant été mis en adjudication, les rabais furent tels que, pour ne pas éprouver de pertes, les adjudicataires réduisirent sensiblement le salaire de leurs ouvriers. Le 7, les tailleurs de pierre, se considérant comme « victimes depuis quinze mois de ceux qui accaparent les travaux à vil prix », firent présenter une pétition à l'autorité municipale par quatre délégués ; la municipalité refusa de les entendre. Le 10, les ouvriers s'adressèrent au préfet, qui fit arrêter deux ou trois d'entre eux ; cinq ou six cents ouvriers se rassemblèrent peu après devant l'Hôtel de ville ; la troupe fut appelée. Dans un manifeste publié le lendemain, les tailleurs de pierre exposèrent leurs griefs à la population ; ils concluaient ainsi : « Ce n'est point un esprit de révolte qui nous anime ; ce n'est point le trouble que nous voulons ; les ouvriers ne gagnent rien aux troubles. Sur deux mille que nous sommes à Bordeaux, quinze ou seize cents appartiennent à la garde nationale et se font gloire d'être dans les rangs des gardiens de l'ordre public. Mais si le pain nous est arraché, si les baïonnettes s'interposent entre nos plaintes et l'oreille de l'autorité, quelle est la ressource qui nous reste ? » Le conflit donna lieu à une polémique dans la presse entre les ouvriers et certains entrepreneurs ; des arrestations et des poursuites contre quatorze ouvriers accusés de coalition mirent fin à ce différend[1].

A propos de cette affaire, le *Journal de Rouen* publia un article[2] où il signalait les inconvénients graves qui résultaient

---

1. *Mémorial bordelais*, 11, 13, 15 novembre ; *Indicateur*, 11, 12, 13, 18 novembre, 14 décembre 1831.

2. Reproduit par le *Globe* du 21 novembre.

pour les ouvriers du régime des adjudications : « Il ne faut pas que l'entrepreneur d'industrie soit rançonné par l'ouvrier et rançonne à son tour le consommateur ; mais il faut que tout le monde vive, ouvriers et entrepreneurs ; or on n'obtiendra un tel résultat, qu'autant que les entrepreneurs, cessant de se faire une guerre acharnée, seront en position de payer aux ouvriers un salaire raisonnable, ou bien que, les impôts de consommation étant diminués, le prix des objets nécessaires à la vie baissera en proportion. »

Plus heureux que les tailleurs de pierre, les ouvriers menuisiers de Bordeaux obtinrent en 1831 un tarif de main-d'œuvre de leurs maîtres[1] ; et les ouvriers tullistes de Lyon, formés en association, purent obliger les négociants « à se conformer à l'arrêté du ministre de l'intérieur qui fixait à cinq mille mètres la longueur des flottes, que ces négociants avaient portée jusqu'à six mille mètres et plus[2] ».

Jusqu'à l'insurrection de Lyon, c'est-à-dire jusqu'au mois de novembre 1831, la question ouvrière, sous sa forme économique ou sous sa forme politique, ne s'était donc imposée ni à l'attention des pouvoirs publics, ni même, avec quelque généralité, à l'attention des ouvriers. Les autorités, du reste, ne laissaient jamais échapper une occasion de dénier toute réalité à l'existence d'un problème de ce genre ; quant aux ouvriers, quelques-uns à peine en avaient entrevu les termes dès l'automne de 1830 ; d'ailleurs il leur manquait, pour s'essayer à le résoudre, plus que les moyens : le sentiment même de leur communauté d'intérêts au point de vue simplement corporatif comme au point de vue social. Mais leur misère, leur défiance naissante d'un régime qu'ils avaient édifié et dont les représentants ne se montraient à eux que comme des gendarmes ou des juges, leur vague désir d'améliorations,

1. *Mémorial bordelais*, 15 juin 1848, cité par l'Office du travail, *Associations professionnelles ouvrières*, t. IV, p. 156.
2. *Echo de la Fabrique*, 10 février 1833.

que les premières déceptions n'avaient pas étouffé, les préparaient à accueillir les idées de ceux qui parlaient de réorganisation industrielle et de réforme sociale, c'est-à-dire la doctrine des Saint-Simoniens et la doctrine républicaine.

Les Saint-Simoniens[1] avaient été les premiers, comme on sait, à pressentir toute la portée sociale de la Révolution de Juillet, et en même temps à dénoncer la politique du gouvernement de Louis-Philippe à l'égard des ouvriers. Leurs nombreuses publications, notamment leurs articles dans le *Globe*, leurs prédications, bref leur propagande inlassable, propagande pour laquelle ils dépensaient sans compter leurs forces et leur argent, réussirent en peu de temps à imposer leurs idées (et leurs personnes) à l'attention publique.

Quelle influence l'enseignement saint-simonien eut-il sur le développement, dans la classe ouvrière, des idées de réforme sociale ? Des documents d'origine saint-simonienne et des documents d'origine ouvrière permettent d'en apprécier, au moins d'une façon générale, l'étendue.

Cet enseignement était destiné essentiellement aux classes élevées, car, d'après Saint-Simon et ses disciples, le progrès doit venir d'en haut. Mais, en 1831, cette conception aristocratique reçut des tempéraments, et les Saint-Simoniens s'adressèrent également aux ouvriers, qu'ils essayèrent d'attirer à eux. Ils y réussirent assez pour pouvoir organiser bientôt un enseignement spécial à l'usage des travailleurs ; mais cette clientèle, venue au Saint-Simonisme sous l'empire de sentiments qui lui étaient parfois fort étrangers, mise en défiance par certaines de ses parties, incapable, du reste, de s'assimiler les conceptions philosophiques et religieuses des fils de Saint-Simon, cette clientèle se dispersa avant même la fin de 1831, et on ne pensa guère à la retenir ou à la remplacer, à Paris du moins[2].

1. Pour l'histoire du Saint-Simonisme, voyez Charléty, *Histoire du Saint-Simonisme*, 1896 ; Weill, *L'Ecole saint-simonienne*, 1896 ; Reybaud, *Etudes sur les réformateurs ou socialistes modernes*, 1864, t. I.

2. Charléty, *op. cit.*, p. 115.

Mais l'histoire des églises et des missions saint-simoniennes en province (elles étaient nombreuses dès le milieu de 1831), s'il était possible de l'écrire en détail, ferait peut-être ressortir de nombreuses pénétrations de la propagande dans les milieux ouvriers[1].

Quoi qu'il en soit, on peut affirmer sans témérité que la seule partie de l'enseignement saint-simonien qui impressionna et influença les ouvriers accessibles à la propagande, ce fut la partie industrielle, et encore pas tout entière. Ils étaient en pleine sympathie avec les Saint-Simoniens, quand ceux-ci, dans leur langue ardente et leur style incisif, dénonçaient les méfaits de la concurrence, l'antagonisme des intérêts particuliers et leur prédominance sur les intérêts généraux, l'oppression des faibles par les puissants, bref, l'anarchie industrielle sous toutes ses formes, résultat de ce dogme de la liberté de l'industrie que la monarchie nouvelle prétendait faire respecter dans sa plénitude ; ou bien quand ils glorifiaient le travail, stigmatisaient l'oisiveté, réclamaient l'abolition de tous

1. On verra plus loin l'influence des Saint-Simoniens sur les idées des ouvriers lyonnais et sur l'organe des ouvriers en soie, l'*Echo de la Fabrique*. Des documents se référant à d'autres villes montrent des missionnaires entrant comme ouvriers dans des ateliers où ils faisaient, à n'en pas douter, de la propagande ; on en trouve ainsi à Saint-Etienne en mars 1833. (*Mercure Ségusien*, 20 et 23 mars 1833.) Huit missionnaires, venant de La Rochelle, arrivèrent à Nantes au début d'avril 1833 ; sept d'entre eux étaient ouvriers ; quatre travaillèrent de leur métier et les quatre autres s'embauchèrent pour décharger du bois sur le quai. « Les portefaix, voyons-nous dans un rapport de police, ont l'air d'assez bien les accueillir et même de boire avec eux. » Un autre rapport les signale comme « des émissaires envoyés par les républicains de Paris pour engager les ouvriers à demander des augmentations de salaire ». Bientôt les apôtres se dispersèrent et allèrent chercher de l'ouvrage à Clisson, à Indret, à Angers, à Limoges, à Bordeaux. (Arch. dép. de la Loire-Inférieure, série M.)

En mai, deux Saint-Simoniens, venant de Nantes, arrivèrent à Limoges, « ville très avancée dans le républicanisme saint-simonien et où les apôtres de la foi nouvelle sont à l'abri de toutes insultes... Tous les frères ont fait leur possible pour leur trouver de l'ouvrage en ville, ce qui n'a pas été possible ; mais, par l'entremise de M. Bac, ils se sont insinués auprès de M. Bagnole, fabricant de porcelaine, qui a sa fabrique située à cinq lieues, à Brigueil, et là ce monsieur va les recevoir au milieu de cent cinquante ouvriers ». (Lettre saisie à Nantes et datée de Limoges 20 mai 1833, Arch. dép. de la Haute-Vienne.)

les privilèges de naissance, donnaient aux questions sociales le pas sur les questions politiques, et commentaient cette maxime fondamentale de l'Ecole : « Toutes les institutions sociales doivent avoir pour but l'amélioration morale, intellectuelle et physique de la classe la plus nombreuse et la plus pauvre. » Et ils applaudissaient encore, à coup sûr, quand ils voyaient le *Globe* reprocher au régime nouveau son ingratitude envers le peuple vainqueur en Juillet[1].

En un mot, les ouvriers furent frappés par le réquisitoire éloquent et impitoyable que les fils de Saint-Simon prononçaient contre l'état industriel et social, et surtout par les formules expressives et sonores, nouvelles ou encore peu répandues, dans lesquelles ils renfermaient leur idées et dont s'enrichit, grâce à eux, la langue courante : *émancipation, exploitation, sueur des ouvriers, solidarité, prolétaire, salarié, capitaliste, bourgeois, association des ouvriers, etc.*[2].

---

1. Voyez par exemple dans le numéro du 3 février 1831 une pétition adressée à la Chambre des députés par Charles Béranger, « prolétaire, ouvrier horloger » : « Messieurs, il n'est pas que quelques-uns parmi vous n'aient entendu parler du peuple. Or ici j'entends par le peuple tout ce qui travaille, tout ce qui n'a pas d'existence sociale, tout ce qui ne possède rien; vous savez qui je veux dire : les *prolétaires*... Dans la première semaine du mois d'août dernier, on en a dit du bien : *Vous êtes le premier peuple du monde!* Ah ! Messieurs, ils ont cru cela, les bonnes gens, et vous savez qu'ils étaient payés pour le croire... Je croyais que cela voulait dire par exemple : vous allez être le plus heureux. »

A peu près au même moment, un typographe, Auguste Colin, publiait un pamphlet intitulé le *Cri du peuple*, qui est à rapprocher de la pétition précédente, bien qu'elle ne paraisse pas s'inspirer des idées saint-simoniennes : « ..... [En Juillet] le peuple a tout fait, et l'on ne veut rien faire pour lui..... Nous avons secoué le joug de l'aristocratie nobiliaire pour tomber sous la domination de l'aristocratie financière; nous avons chassé nos tyrans à parchemins pour nous jeter dans les bras des despotes à millions..... Hommes d'Etat, méfiez-vous de l'élan impétueux d'une nation qui... pourrait se livrer à des excès terribles si vous la contraigniez d'avoir de nouveau recours à ses forces imposantes en s'écriant : *Liberté! Liberté!* »

Voy. encore *De l'affermissement de la nouvelle dynastie, 3e fascicule fesant* (sic) *suite au Tribun du peuple*, p. 24.

2. Ces mots, dit Daniel Stern (*Histoire de la Révolution de 1848*, t. I, p. L), « passèrent dans le langage de la presse quotidienne, influençant à leur insu ceux-là mêmes qui se disaient et se croyaient adversaires de la doctrine ». Daniel Stern remarque encore que « les idées critiques de l'Ecole restèrent acquises à la raison commune ».

Mais les ouvriers goûtèrent beaucoup moins les constructions industrielles et politiques des Saint-Simoniens, parce qu'elles s'inspiraient de principes non démocratiques, repoussaient, par exemple, la souveraineté du peuple, qui « n'est compatible qu'avec l'anarchie », établissaient des hiérarchies en vue de réglementer, pour ainsi dire, les inégalités *(à chacun suivant ses capacités)*. *L'organisation du travail* (car la célèbre formule est d'origine saint-simonienne)[1], ainsi entendue, ne devint pas populaire par eux : le succès qu'elle obtint quand elle fut reprise par Louis Blanc résulta de ce qu'il l'interpréta autrement. Si l'on ajoute que le Saint-Simonisme, doctrine qui attendait tout de l'évolution, ne pouvait satisfaire qu'incomplètement les prolétaires qui, à partir de 1832 surtout, se tournèrent vers l'action révolutionnaire, on aura une idée approximative de l'influence que l'Ecole exerça sur le mouvement ouvrier au début de la monarchie de 1830.

Une idée de l'influence directe : car une autre influence s'exerça des Saint-Simoniens aux ouvriers par l'intermédiaire de certains républicains. Dans le parti républicain grandissant, à côté de la fraction la plus nombreuse, qui ne songeait guère qu'à dégager les conséquences politiques de la Révolution, un groupe plus avancé faisait, dans ses préoccupations, une part plus ou moins large au problème social. Les républicains de cette catégorie avaient été, à des degrés divers, impressionnés par les doctrines des Saint-Simoniens, spécialement par leur critique de l'état social, leurs idées de réorganisation et même d'association, quoique, sur l'association, leurs déclarations fussent bien vagues[2]. Mais, imprégnés, à l'inverse des

1. M. Menger (*L'Etat socialiste*, trad. franç., p. 154) dit qu'elle se trouve pour la première fois dans l'*Exposition de la doctrine saint-simonienne* (1828-1830), t. XLI (1877), p. 102.

2. Voy. p. 130, l'opinion de Cavaignac sur l'origine du mouvement vers l'association. — Ce mot d'*association*, bientôt si populaire, n'a guère de sens précis dans la doctrine saint-simonienne; les publications de l'Ecole font mention de l'« association universelle », de l'« association des travailleurs de tous les ordres et de toutes les classes », qui, avec l'émancipation politique, sera inscrite sur la bannière d'une opposition nouvelle formée suivant l'esprit saint-simonien : « Ce sera là une nouvelle déclaration des droits

disciples de Saint-Simon, de tendances démocratiques, confiant dans la valeur sociale des principes d'égalité et de liberté, révolutionnaires le plus souvent, puisque l'action populaire, pour la réforme sociale ou politique, ne pouvait guère s'exercer par des moyens légaux, ils étaient beaucoup mieux préparés que les Saint-Simoniens à gagner à leur parti la classe ouvrière[1].

La Société des Amis du peuple représenta plus spécialement les tendances de cette seconde fraction du parti républicain. Déjà, en septembre 1830, elle avait publié, après l'affiche dont nous avons parlé, un « Manifeste » significatif : elle y critiquait « l'injuste et odieuse défiance des lumières du peuple » que témoignait la bourgeoisie gouvernante ; elle donnait une liste de réformes politiques urgentes, ajoutant que ce programme lui était commun avec les autres associations patriotiques ; ce qui lui était propre comme but, c'était « la défense immédiate de tous les intérêts des classes inférieures de la société ; *c'est l'amélioration de leur condition physique et morale* ». Mais « la Révolution de 1830 est la fille de la Révolution de 89. Elle en est la continuation, elle en est la fin... Tout pas vers l'égalité est un pas vers la justice ». En terminant, les *Amis du peuple* offraient aux ouvriers une alliance contre leurs ennemis communs : l'aristocratie et le privilège. On voit que si la fin que se proposait la Société était saint-simonienne, les moyens étaient nettement opposés à la doctrine de l'Ecole et empruntés à la Révolution.

---

et la base d'un régime nouveau se substituant au vieux libéralisme » (*Globe*, 13 janvier 1831), etc. Dans le manifeste qu'ils publièrent, en 1830, pour répondre aux attaques dont ils avaient été l'objet à la Chambre, les Saint-Simoniens demandaient « que tous les instruments de travail, les terres et les capitaux qui forment aujourd'hui le fonds morcelé des propriétés particulières, soient réunis en un fonds social, et que ce fonds soit exploité par *association* et HIÉRARCHIQUEMENT, de manière à ce que la tâche de chacun soit l'expression de sa capacité, et sa richesse la mesure de ses œuvres ». Ils y disaient également qu'« ils croient à l'inégalité naturelle des hommes et regardent cette inégalité comme la base même de l'association, comme la condition indispensablede l'ordre social ». (*Globe*, 3 octobre.)

1. Voy. Tchernoff, *Le Parti républicain sous la monarchie de Juillet*, notamment p. 65, 75, 100 et 101 ; Weill, *L'Ecole saint-simonienne*, p. 72 et 88.

En 1831, trouvant insuffisante la propagande que faisaient pour ses idées les poursuites intentées contre elle, la Société des Amis du peuple commença, au mois de juillet, à publier des brochures dont un certain nombre traitaient de la situation sociale du prolétaire, et qui furent répandues à profusion. Le ton en est âpre et enflammé. Dans un écrit du 5 juillet, on trouve des chapitres intitulés : « Pourquoi le peuple meurt de faim. — Comme quoi, même depuis Juillet, c'est l'argent qui nous gouverne. » Dans une brochure du 31 août, on montrait au peuple jusqu'à quel point il avait été joué en 1830, et on lui disait que le présent état de choses ne pouvait durer. L'affaire de la rue du Cadran forma le thème d'une brochure sur les machines (15 septembre); son allure violente en faisait un véritable appel à la révolution : « Si le peuple crie, c'est qu'il souffre; si le peuple souffre, il faut qu'on sache un remède quand on se mêle de le gouverner..... Sans doute, il est bon de perfectionner les moyens de l'industrie, et un fabricant a bien le droit de travailler comme il l'entend; mais ne faut-il pas qu'un ouvrier s'empêche de mourir de faim ? C'est une nécessité contre un droit. » La Révolution de 1830, lit-on dans une autre brochure (octobre), n'a pas eu pour but un changement de ministres ou de rois : « Le besoin d'être compté pour quelque chose dans la société mit seul au peuple les armes à la main. »

A la Chambre, les députés de gauche prenaient rarement la parole dans l'intérêt des prolétaires ; le 12 août, de Cormenin y déclarait, à la vérité : « Améliorer la condition du peuple, c'est pour nous, mandataires du peuple, c'est là notre unique devoir, notre unique effort, notre unique but. C'est en cela que se résume toute la Révolution de Juillet » ; et il faisait même adopter (à une seconde épreuve, la première ayant été douteuse) un amendement à l'adresse rédigé en ce sens ; mais les moyens qu'il proposait pour améliorer la condition du peuple étaient tous, à part « la communication graduelle et mesurée des droits municipaux et politiques », d'une nature telle que les députés du *juste milieu* pouvaient aisément y souscrire.

Audry de Puyraveau, parlant le 30 septembre sur l'hérédité de la pairie, remarqua que, depuis quarante ans, toutes les révolutions, faites pour le peuple, s'étaient réalisées contre lui : « La Révolution de Juillet....., qu'a-t-elle produit ? Une répétition plus que complète de la Restauration ! »

Dans une position intermédiaire entre le parti républicain et l'école saint-simonienne se trouvaient Buchez et ses amis. Leurs conceptions d'organisation industrielle n'obtinrent un certain succès que postérieurement à la période qui nous occupe ; mais il convient de les indiquer ici parce qu'elles durent le jour au mouvement d'idées sociales que la Révolution de Juillet fit naître, et parce que, dès le début du règne de Louis-Philippe, elles purent contribuer, quoique vraisemblablement dans une faible mesure, à faire comprendre la valeur du principe d'association et quelques-unes des applications qu'on en pouvait tirer.

Séparé en 1829 du Saint-Simonisme, à la suite de dissentiments d'ordre philosophique, Buchez se fit admettre dans la Société des Amis du peuple au moment de sa fondation. Des théories de l'École, il conserva (nous parlons ici du seul point de vue social) la critique de l'état industriel et l'idée d'association ; mais, à la place de l'inégalité que le Saint-Simonisme admettait et consacrait, il mit, dans sa doctrine, l'égalité, un des points fondamentaux de la morale chrétienne et en même temps du programme républicain en 1793[1] ; à l'esquisse vague d'une association hiérarchisée et universelle, il substitua le plan relativement précis de l'association ouvrière égalitaire et libre, mais réalisable dans certains métiers seulement.

---

1. Buchez parle de « l'appétence à l'égalité » qui « a présidé aux destinées des peuples chrétiens et surtout à celles de la France », et il exalte l'égalité en ces termes : « *L'égalité !* Ce mot fut écrit sur la bannière des Jacobins ; depuis eux personne ne l'a prononcé ; ils sont donc restés les seuls chrétiens des temps modernes, et c'est du point de vue de la morale de Jésus qu'il faut les juger pour les connaître. » (*Européen*, 6 octobre 1832.)

Ce plan, Buchez ne le publia que dans le numéro du 17 décembre 1831 du *Journal des sciences morales et politiques*, sous le titre de « Moyens d'améliorer la condition des salariés des villes »; mais il l'avait déjà présenté en août 1830 « dans une société populaire fameuse » (celle des Amis du peuple). Sa théorie, bien souvent exposée, l'a été généralement d'une façon si incomplète, et par là si inexacte, qu'il convient d'en retracer les grandes lignes.

Buchez n'a pas été seulement le théoricien de l'*association*, il a construit également une théorie de l'*organisation*. Il partage les ouvriers en deux catégories : ceux qu'il appelle les ouvriers *libres*, c'est-à-dire ceux dont « l'habileté est le principal capital », et qui n'ont besoin pour leurs travaux que de très peu d'instruments : tels les menuisiers, les cordonniers, les maçons, etc. ; en second lieu, les ouvriers « attachés à des manufactures, à des machines, en en exceptant les imprimeurs, les graveurs pour étoffes, etc. » Pour améliorer leur sort, il offre aux ouvriers libres le moyen de l'association ; aux autres, « qui sont les véritables rouages d'une machine », et pour qui l'association n'est pas possible, il recommande l'organisation.

La physionomie de l'association ouvrière d'après l'esquisse primitive qu'en a donnée Buchez est très connue. Il sera suffisant de rappeler que son caractère essentiel est l'existence d'un capital social *perpétuel* et *inaliénable*, formé d'un cinquième des bénéfices ordinairement prélevés par le maître, mais acquis tout entiers aux ouvriers associés, devenus eux-mêmes entrepreneurs. Tous les ans, ce capital, qui n'appartient à personne et est constitué pour assurer la continuité de l'association, s'accroîtra ainsi d'un cinquième ; l'association elle-même s'augmentera de nouveaux membres, car elle sera « contrainte » de n'employer aucun ouvrier à titre auxiliaire pendant plus d'une année. Si, dit Buchez, le capital social n'était pas inaliénable et indissoluble, « l'association deviendrait semblable à toute autre compagnie de commerce ; elle serait utile aux seuls fondateurs, nuisible à tous ceux qui n'en auraient pas fait partie d'abord ; car elle finirait par être, entre les mains des premiers, un moyen d'exploitation ».

Quant à l'organisation des ouvriers de fabrique (et c'est là la partie souvent omise de la théorie de Buchez) elle nécessiterait l'intervention du gouvernement : dans des circonscriptions territoriales (par exemple l'arrondissement) on instituerait « des syndicats ou des conseils de prud'hommes présidés par un commissaire du gouvernement » et « composés en partie de contremaîtres élus par leurs pairs, et en partie de délégués des fabricants ». L'attribution principale de ces syndicats serait la fixation des salaires, et « nul ouvrier ne pourrait être employé par un fabricant s'il n'est inscrit au syndicat de l'arrondissement, ni accepter un salaire inférieur à celui fixé dans le tarif commun ». Les syndicats s'occuperaient encore du placement, et, dans ce but, correspondraient entre eux : ils établiraient des caisses de secours, jugeraient toutes les contestations, antérieurement soumises aux prud'hommes, etc.

Buchez avoue que cette théorie de *l'organisation,* quand il l'exposa en août 1830, ne recueillit que « de l'indifférence et de l'incrédulité ». Et il ajoute, faisant allusion à l'insurrection de Lyon, survenue quelques semaines avant le moment où il écrivait : « On ne se doutait guère alors qu'une ville tout entière demanderait quinze mois après ce que nos spéculations nous faisaient croire utile [1] ». Mais sa théorie de *l'association* trouva plus de faveur près de ses auditeurs ouvriers de la Société des Amis du peuple : certains se hâtèrent même « de se lier par un contact qui établit que leurs sociétés commenceront du jour où elles auront pu trouver moyen d'entreprendre un travail en commun... La réalisation du mode d'association dont il s'agit n'a été arrêtée que par un seul obstacle, le manque de crédit ». C'est pourquoi Buchez propose l'éta-

1. Buchez paraît croire que la question du tarif qui amena l'insurrection de Lyon se posa pour la première fois en novembre 1831 ; on verra plus loin que c'est une erreur.

blissement de banques d'Etat destinées à fournir du crédit aux associations ouvrières.

Dans le passage qu'on vient de lire, Buchez semble indiquer que plusieurs projets de société furent faits. Pourtant on n'en connaît qu'un à cette époque ; celui d'une Association d'ouvriers menuisiers, dont l'acte fut passé le 10 septembre 1831[1], et qui ne fonctionna pas.

Le journal de Buchez (qui avait pris le titre de *L'Européen*) ne constitua pas du reste un instrument de grande propagande aux mains de ses rédacteurs. Il n'eut jamais plus d'une centaine d'abonnés, quoiqu'il tirât à six cents exemplaires[2] ; et il suspendit sa publication le 27 octobre 1832, à son quarante-septième numéro.

Le résumé qu'on vient de lire des idées de Buchez sur l'association nous permettra de déterminer plus tard la place qu'il convient de lui attribuer dans l'histoire de l'association, ou, pour employer l'expression qui a cours aujourd'hui, de l'association ouvrière de production.

---

1. *L'Européen* (14 et 21 juillet 1832) a reproduit cet acte.
2. *Ibid.*, 20 octobre 1835.

CHAPITRE IV

Les ouvriers en soie de Lyon, de la Révolution de 1830 a l'insurrection de novembre 1831.

La misère à Lyon. — Les ouvriers en soie. — Origine du Mutuellisme. — Le « tarif au minimum »; les précédents; son adoption. — L'*Echo de la Fabrique.* — Entente des fabricants contre le tarif; situation inquiétante. — Projets d'association des chefs d'atelier.

La Révolution de Juillet s'accomplit sans difficulté à Lyon. Au point de vue moral, elle exerça une influence notable sur la population ouvrière qui, nous l'avons dit, se prononça immédiatement en faveur du nouveau régime. « Elle lui inspira l'idée de sa force et de ses droits et l'émancipa d'une manière complète. Dès lors des pensées de liberté s'introduisirent dans les ateliers[1]. »

A Lyon, comme ailleurs, la misère se fit sentir après la Révolution; et, malgré les travaux ouverts par la municipalité, on entendit retentir dans des rassemblements le cri : *Du travail ou du pain!* que des arrestations étouffèrent[2]. Comme ailleurs aussi, la classe ouvrière commença à se demander si, pour elle, le gouvernement de Louis-Philippe valait beaucou pmieux que celui de Charles X, et quelques marques de mécontente-

1. Monfalcon, *Histoire des insurrections de Lyon en 1831 et en 1834,* juin 1834. Cet ouvrage, souvent cité, ne doit être consulté qu'avec circonspection; très partial, il renferme en outre de graves erreurs de fait.

2. Voyez, sur le tumulte du 19 janvier 1831, p. 72.

ment apparurent[1]. Au commencement de 1831, des affiches furent placardées. « Amis! portait l'une d'elles, sous le dernier gouvernement nous vivions : lorsqu'il fut question de le renverser, on nous fit des promesses qui n'ont jamais été tenues. » On lisait dans une autre : « Le bandeau tombe enfin de nos yeux; le prestige des couleurs n'a qu'un temps, et la liberté sans pain ne nourrit pas nos familles. » Ailleurs, l'incitation à l'emploi de la violence était directe : « Mes amis nous sommes maintenant tous armés ; resterons-nous dans nos foyers en voyant nos enfants mourir de faim? » A la suite de ce dernier manifeste, quinze individus furent arrêtés, dont six tisseurs. En février 1831, quatre mille ouvriers en soie adressèrent à la Chambre des députés une pétition ; ils s'y plaignaient du huis-clos et de la partialité du Conseil des prud'hommes et présentaient un projet de réforme : « Les carlistes les plus connus, prétendit-on, y vinrent déposer leurs noms » ; du reste, certains affirmaient que la main des carlistes se retrouvait dans toutes ces manifestations de la population ouvrière lyonnaise[2].

Les ouvriers en soie formaient, dans cette population, un groupe important concentré presque complètement à la Croix-Rousse, alors commune indépendante de Lyon. Relativement isolés à cause des difficultés d'accès de la Croix-Rousse du côté de la ville, ils jouissaient, en outre, grâce à l'organisation

1. La réalité était d'autant plus pénible à subir que la population ouvrière n'avait sans doute pas oublié tout ce que l'institution du nouveau régime lui avait apporté d'espoirs et de promesses : « C'est surtout pour la ville de Lyon, avait déclaré Prunelle, maire provisoire, dans une proclamation du 11 août 1830 (Arch. mun., série 12, affiche), que va commencer une ère nouvelle de prospérité. Le Commerce, vous le savez, est le fils le plus légitime de la Liberté; dans tous les temps il n'a prospéré que par les soins vivifiants de sa mère. Fécondée par nos institutions nouvelles, notre industrie n'éprouvera plus d'entraves dans la production; de nouveaux marchés seront ouverts à nos produits; le glorieux Pavillon qui doit en protéger le transport fera rapidement disparaître les obstacles que le drapeau de Charles X apportait dans nos relations avec les Deux-Amériques. »

2. Voyez aux Archives de la ville de Lyon, parmi les pièces relatives à l'insurrection de novembre 1831, un rapport sans date et sans signature qui relate ces faits.

de la Fabrique[1], de la plus grande liberté dans l'emploi de leur temps et dans leur travail; Villermé a fait remarquer qu'il n'existait « entre le marchand-fabricant et les ouvriers qu'il emploie presque aucun lien de clientèle et de patronage; ils peuvent même ne pas se connaître ». Cette absence de lien a été, d'après lui[2], avec l'influence de la Révolution de 1830, ce qui a le plus contribué à amener l'insurrection de novembre 1831.

Le mouvement encore obscur qui, depuis les journées de Juillet, entraînait les ouvriers vers les idées et l'action sociales trouvait, du reste, des conditions de développement favorables chez les tisseurs, plus encore que parmi les ouvriers des autres corps d'état à Lyon. Remarquables par leur instruction et leur goût artistique, doués de caractères réfléchis et largement ouverts, de nature mystique, ils formaient une corporation compacte et originale, la plus remarquable qui existât à cette époque. La propagande saint-simonienne y trouva un excellent terrain. D'autre part, bien que l'école sociétaire ne fut pas encore constituée, les idées de Fourier, qui avait séjourné et publié des articles de journaux à Lyon, celles de son prédécesseur (et peut-être inspirateur), L'Ange, qui avait mis en lumière la valeur sociale du principe d'association[3], avaient pu être connues de quelques ouvriers en soie.

Depuis le commencement du siècle, ils avaient formé un

---

1. On sait qu'à Lyon l'organisation du travail dans la Fabrique d'étoffes de soie comportait, et comporte encore dans les limites où l'ancien tissage non mécanique subsiste, trois éléments. Le *marchand-fabricant* n'est en réalité qu'un négociant; il achète des soies et les fait tisser par des ouvriers, en dehors de toute surveillance immédiate de sa part. Ces ouvriers sont, ou des *chefs d'atelier* ou *maîtres*, possesseurs de deux jusqu'à six et huit métiers, ou des *ouvriers* (ou *compagnons*), qui travaillent sur les métiers disponibles des chefs d'atelier, moyennant la moitié du prix de façon reçu par ces derniers. — En 1831, il y avait à Lyon environ sept cent cinquante fabricants, huit mille chefs d'atelier et trente mille ouvriers.

2. Villermé, *Tableau de l'état physique et moral des ouvriers*, 1840, t. I, 355, 356.

3. Justin Godart, *Les origines de la coopération lyonnaise, conférence faite à l'Ecole des hautes études sociales de Paris*, Lyon, 1904; Hubert Bourgin, *Fourier*, 1905, p. 94 et suiv.

certain nombre de sociétés de secours mutuels. Rarement fortes de plus de cent membres, elles bornaient leur action à l'allocation d'indemnités en cas de maladie ou d'invalidité. L'une d'elles se présentait avec un caractère à part ; le rôle important qu'après s'être transformée elle a joué dans l'histoire ouvrière rend nécessaire d'en retracer l'origine : nous voulons parler de l'Association des Mutuellistes.

Ses débuts sont malaisés à suivre. En 1827, un ouvrier en soie, Pierre Charnier, dressa le « plan symbolique[1] » d'une société qu'il se proposait de fonder. Ce plan était constitué par une demi-circonférence, au centre de laquelle un œil (le *directeur*) était accompagné de deux yeux plus petits (*sous-directeurs*). Dix-sept rayons (*compagnies*), partant du centre, se terminaient, avant d'atteindre la circonférence, par autant d' « yeux de rayon » (*syndics*), à côté de chacun desquels se trouvaient deux « yeux de perdrix » *(secrétaires)* ; de chaque œil de rayon dix-sept lignes (*sociétaires*) allaient à la circonférence. Les dix-sept yeux de rayon (syndics) pouvaient remonter sur la ligne qui les reliait à l'œil central (directeur), de façon à se grouper en un conseil central avec lui et les deux yeux plus petits placés près de lui (sous-directeurs). Enfin la société avait un secrétaire, *Plume*, un trésorier, *Clef*, etc.

Une mention portée sur le plan indique que la 16e et la 17e compagnies avaient été « annulées ». Charnier prévoyait donc, en définitive, la constitution d'une société formée de quinze compagnies, fortes chacune de vingt membres (de façon, évidemment, à éviter l'application de l'article 291 du Code pénal) et que dirigeraient des syndics et un conseil central, où ils se réuniraient à une direction de trois membres.

Charnier, qui plus tard revendiqua pour lui seul la première idée, ainsi donnée, de la Société des Mutuellistes, mit,

1. L'original de ce plan se trouve aux Archives de la ville de Lyon, série I², corporations (soierie).

affirma en 1835 un chef d'atelier qui ne l'aimait guère [1], vingt-deux mois à élaborer le plan de sa *Société d'indication mutuelle* et le règlement très détaillé et « absurde » qui l'accompagnait : absurde, car il y était défendu aux adhérents, sous peine d'amende, « de s'entendre jamais pour obtenir une augmentation de façons » ; de plus, devaient être exclus comme « ingrats, ceux des membres qui cesseraient de travailler pour un fabricant dont ils auraient reçu des avances [2] » ; enfin le règlement devait être « soumis à l'approbation des principaux fabricants », et mis à exécution aussitôt après.

Au mois de mars 1828, le projet avait recueilli plus de cent adhésions [3]. Il fut décidé, dans une réunion tenue le 30, que la Société d'indication mutuelle serait considérée comme provisoirement organisée à partir de ce jour, et que les assemblées de compagnie commenceraient à se tenir le 6 avril [4] ; l'administration fut ainsi composée : Charnier, directeur ; Bouvery et Masson-Sibut, sous-directeurs ; Leborgne, secrétaire du bureau central ; Chaboud, trésorier, etc. [5] Charnier n'assistait pas à cette réunion ; une lettre lui fut adressée le même jour par les deux sous-directeurs, le trésorier et le secrétaire du bureau central : elle commençait ainsi : « Monsieur le Directeur, nous avons l'honneur de vous informer que, nous étant rendus à votre invitation d'aujourd'hui, nous avons eu le regret de ne pas vous y voir. » On annon-

1. *Indicateur*, 26 avril 1835.

2. Dans le chapitre des exclusions on trouvait les dispositions suivantes, que Charnier déclara plus tard avoir rédigées pour les statuts de la Société d'indication mutuelle qu'il avait fondée. (*Echo de la Fabrique de 1841*, 15 septembre 1843.) Seront exclus : « 1° ceux qui seraient coupables de fraudes envers leurs compagnons ou apprentis, en déguisant le prix des façons ou en supposant des rabais ; 2° ceux qui se livreraient au commerce illicite du piquage d'once, en vendant ou falsifiant des matières confiées par les marchands-fabricants ; 3° seront réputés ingrats et exclus comme indignes ceux qui, après avoir accepté des avances des marchands-fabricants, travailleraient pour un autre (sans cause légitime) avant d'avoir soldé ».

3. On trouve aussi les chiffres de cent quatre, cent cinq et cent six membres.

4. Arch. mun., dossier cité ci-dessus.

5. *Tribune prolétaire*, 24 mai 1835.

çait ensuite à Charnier les mesures prises en son absence, car il était « urgent d'aboutir à un résultat ». La lettre se terminait par ce paragraphe : « Il nous eût été fort agréable que vous eussiez pu être présent ; mais nous aimons à croire que des considérations majeures vous en ont empêché[1]. »

Nous ignorons quelles étaient les raisons de cette absence de Charnier à la réunion du 30 mars ; toujours est-il que ce jour-là il se sépara de la Société[2].

La Société d'indication mutuelle n'arriva pas à fonctionner ; mais l'idée qui en formait la base ne fut pas abandonnée : « Un homme d'esprit juste et au cœur généreux jeta les premiers fondements [d'une autre société], et ce fut là seulement le *Mutuellisme*. Beaucoup d'autres, par d'heureuses idées, contribuèrent à cette création d'intérêt général[3]. » Le Mutuellisme fut ainsi véritablement constitué le 28 juin 1828, par quarante chefs d'ateliers.

Cette association a laissé fort peu de traces de ses premières années d'existence. Son fonctionnement était entouré de mystère, et son importance probablement nulle. Ce qu'on en sait se résume à peu près en ceci : il existait dans la Société trois *initiateurs*, chargés d'admettre les nouveaux membres et de donner tous les mois le mot de passe, et de « veiller à ce que l'Association restât dans l'esprit de son institution, qui était de fournir des secours mutuels pour le bien-être des associés » ; la date du 28 juin avait été prise comme point de départ de *l'an Ier de la Régénération* ; les mois s'appelaient

1. *Tribune prolétaire*, 3 mai 1835. L'original de cette lettre se trouve aux Archives municipales, dossier ci-dessus cité.

2. Dans une lettre envoyée par Charnier à la *Tribune prolétaire* et publiée dans le numéro du 10 mai 1835, il parle des « cent quatre premiers mutuellistes qui, sous ma direction, composaient la Société d'*indication mutuelle*, dont je fus directeur jusqu'au 30 mars 1828 ». — La nature et l'importance du rôle de Charnier dans la fondation du Mutuellisme donnèrent lieu, en 1835, à une polémique parfois très vive dans l'*Indicateur* (voyez notamment le numéro du 26 avril) et la *Tribune prolétaire* (19 et 26 avril, 3, 10 et 24 mai) et qui fournit des renseignements précieux sur les origines du Mutuellisme et la création du journal des ouvriers en soie, l'*Echo de la Fabrique*.

3. *Indicateur*, 26 avril 1835.

union, inséparable, etc.; les dimanches de chaque mois : *assiduité, brièveté, célérité, dextérité.* Le même appareil mystique se retrouvait partout dans la Société : ainsi l'ensemble de ses membres formait le *Ban fraternel*; il y avait trois mots sacrés : *équité, ordre, fraternité,* etc. Enfin le Mutuellisme avait ses couleurs : bleu, blanc, vert et paille, qui étaient portées sous la forme d'un flot de rubans[1].

Une partie de ces renseignements, recueillis au cours de l'instruction ouverte en 1834 contre le Mutuellisme, résultent de la déposition de Doucet, qui fut le *grand maître* et un des trois premiers initiateurs du Mutuellisme[2]. Continuant son exposé, il dit qu'en 1831 le service de la garde nationale ayant établi des rapports fréquents entre les chefs d'atelier, l'existence de la Société s'ébruita et il y eut de nombreuses demandes d'admission. « Dans le courant de 1831, le nombre des membres s'étant élevé à 240, elle (la Société) s'organisa sur des bases qui ont été les mêmes jusqu'à la fin[3]. » La Société fut ainsi constituée : d'abord des *loges* de vingt membres, dont un président et quatre *indicateurs,* qui avaient chacun quatre adhérents sous leur direction ; ces loges portaient des numéros et des noms : l'*Exacte,* l'*Énergique,*

1. Mme B. Garnier, de Lyon, conserve encore quelques-uns de ces flots de rubans en souvenir de son mari, ancien mutuelliste, mort il y a peu de temps. Ce serait sur l'initiative de M. Garnier (peut-être en 1848) que le nombre des couleurs du Mutuellisme aurait été porté à cinq par l'adjonction du rouge.— Dans une brochure, un autre mutuelliste, décédé il y a quelques années, a donné sur ce point les détails suivants : « L'on avait... des couleurs comprenant quatre rubans : *bleu, blanc, vert* et *paille,* suspendus en sautoir, tenant à une boîte en fer blanc, au fond de laquelle était un cachet en cire rouge avec les emblèmes. » (Il en fut du moins ainsi quand le Mutuellisme, dispersé en 1834, se fut reconstitué.) (*La crise économique et sa cause, suivi* (sic) *de l'Evolution des tisseurs pendant un demi-siècle, par J. Reynier, tisseur...* Lyon, septembre 1885.)

2. Voyez le rapport de Girod (de l'Ain) et les dépositions des témoins (mutuellistes) dans le procès des accusés d'avril devant la Cour des Pairs. Pour ces dépositions, j'ai utilisé de préférence le texte manuscrit qui se trouve aux Archives nationales (CC 631).

3. Si l'on admet que les bases restèrent les mêmes, il faut se hâter d'ajouter que la construction subit, comme on le verra, d'importants remaniements; c'est ainsi que Doucet lui-même donne des détails sur le Conseil exécutif, dont la création eut tant d'influence sur l'orientation du Mutuellisme.

l'*Unique*, etc. Au-dessus des loges, les (loges) *centrales*, formées de vingt-deux délégués représentant onze petites loges et renommés tous les ans; chaque *centrale* avait un bureau dirigé par un président, et tous les présidents de centrale réunis constituaient le conseil directeur de l'Association. On voit encore qu'un article du règlement[1] ouvrait la Société aux chefs d'atelier mariés, à l'exclusion des célibataires et des ouvriers en soie vivant en état de concubinage; et que, par une autre disposition, il était expressément interdit aux Mutuellistes de s'occuper dans leurs réunions de questions politiques ou religieuses.

Il reste à essayer de déterminer le but du Mutuellisme, autrement dit la nature des « secours mutuels pour le bien-être des associés », dont parle Doucet dans sa déposition. Le règlement d'une loge particulière, publié par Louis Blanc[2], porte que l'objet de la Société est : « indication, secours et assistance », ce qui veut dire: « 1° d'indiquer aux adhérents avec franchise et loyauté, mutuellement et généralement, tout ce qui peut leur être utile et nécessaire concernant leur profession; 2° de se secourir par le prêt d'ustensiles autant que possible, et pécuniairement au moyen de cotisations dans des malheurs arrivés à l'un d'eux; 3° de s'assister de leur attention, de leur amitié et de leurs conseils, et lors de leurs funérailles et celles de leurs épouses, en se regardant et traitant comme frères jusque-là ». Les fonds en caisse étaient destinés à faire face à des dépenses motivées par des événements imprévus tels qu'incendie, mort subite « ou

1. Dans son rapport à la Cour des Pairs, Girod (de l'Ain) dit que le règlement des Mutuellistes ne put être découvert.

2. *Histoire de dix ans*, t. IV, p. 493 et suiv. L. Blanc n'indique pas l'origine de ce document, qui n'est pas, comme le porte le titre qu'il lui donne, le « règlement du Mutuellisme », mais l'acte de constitution, passé le 30 octobre 1831 et signé de vingt noms, de la deuxième loge; il n'y est parlé, du reste, que par voie d'allusions, des *grandes loges*, du *grand conseil* (expressions qui, remarquons-le en passant, ne sont pas identiques à celles dont se se servirent les Mutuellistes dans leurs dépositions en 1834), du *grand-maître*, etc. Le document publié par Louis Blanc n'offre donc pas toutes les garanties désirables.

autre malheur », et étaient reconstitués le plus tôt possible au moyens des cotisations[1]. Tous les ans il devait y avoir une réunion générale de chaque loge pour étudier « le perfectionnement du régime en usage des ateliers envers les fabricants, envers les ouvriers et les apprentis, et réciproquement de ceux-ci envers les maîtres ». Saisi de toutes les propositions émises, le grand conseil faisait « un extrait du tout » et le portait par l'intermédiaire des loges à la connaissance des Mutuellistes, qui devaient s'y conformer (article 17). Il est certain (car tous les témoignages concordent sur ce point) qu'à cette époque l'Association des Mutuellistes n'allait pas plus loin et s'abstenait entièrement d'intervenir dans les questions de salaire.

Que ces bases d'organisation aient été adoptées avant l'insurrection des 21, 22 et 23 novembre 1831, c'est possible[2]; mais il est plus vraisemblable que l'Association n'a pu fonctionner à cette époque suivant le nouveau règlement général[3], qui ne fut appliqué intégralement que quand le nombre des adhérents fut devenu suffisamment élevé.

Quoi qu'il en soit, l'Association des Mutuellistes attirait si peu l'attention en 1831, que certains contemporains on ne peut mieux placés pour être exactement renseignés ignoraient son existence. Les témoignages suivants (pleinement d'accord,

1. Se basant sur les renseignements recueillis au cours de l'instruction des affaires d'avril 1834, Girod (de l'Ain) dit, dans son rapport à la Cour des Pairs, que le droit d'entrée dans l'association était de cinq francs; que le taux des cotisations devait varier suivant les besoins de la société et le montant des secours à payer aux adhérents; que le produit des amendes, qui étaient prononcées dans de nombreux cas, était affecté aux dépenses courantes des loges.

2. La date du règlement reproduit par Louis Blanc (30 octobre 1831) et le passage de la déposition de Doucet relatif au développement du Mutuellisme en 1831 viendraient à l'appui de cette opinion.

3. Girod (de l'Ain) dit, dans son rapport, que cette organisation du Mutuellisme fut postérieure aux journées de novembre. Il est, du reste, à noter que les 240 membres que, d'après Doucet, le Mutuellisme comptait en 1831, ne pouvaient pas former beaucoup plus d'une centrale (220 sociétaires); par conséquent le conseil directeur, composé des présidents de centrale ne pouvait se constituer. Enfin et surtout, nous savons que la troisième centrale ne fut formée qu'en octobre 1832. (*Indicateur*, 26 avril 1835.)

on le verra, avec l'histoire ultérieure du Mutuellisme) permettent d'établir ce point important.

Voici ce qu'un chef d'atelier non mutuelliste écrivait en 1833[1] : « Il n'y avait pas de Société des Mutuellistes en 1831 (c'est-à-dire au moment de l'insurrection); ou, s'il y en avait une, elle était si secrète que personne ne l'a vue; et les ouvriers ont été vainqueurs. »

Un mutuelliste[2], racontant ses souvenirs, dit qu'il combattit durant les journées de novembre. « J'appris bientôt, continue-t-il, que ma corporation était organisée en *loges* sous la dénomination de Mutuellisme, dont l'organisation remontait à 1828. Son but était tout philanthropique. »

Petetin, rédacteur en chef du *Précurseur,* qui entra un peu plus tard en relations étroites avec les Mutuellistes, paraît avoir été toujours convaincu (au moins jusqu'au procès de 1834-1835 devant la Cour des Pairs) que la fondation du Mutuellisme était postérieure aux événements de novembre 1831; dans un article[3], il attribua la responsabilité de l'insurrection à une organisation qui serait sortie de la légion des *Volontaires du Rhône,* formée au début de 1831 pour seconder le mouvement des réfugiés italiens sur la Savoie. Au cours de la discussion de la loi sur les associations, Prunelle, maire et député de Lyon, donna la même explication des événements de novembre[4].

Donc, l'Association des Mutuellistes était inconnue à ce moment[5] des contemporains, si inconnue que personne, ni en 1831, ni en 1834 (lors de la seconde insurrection), ne lui

---

1. *Echo des Travailleurs,* 23 novembre 1833.
2. J. Reynier, dans la brochure précédemment citée.
3. *Précurseur,* 26 février 1833.
4. *L'Echo de la Fabrique* (3 mars 1833 et 30 mars 1834) refusa d'admettre cette origine, en quelque sorte militaire, de l'insurrection de 1831.
5. C'est bien, semble-t-il, le Mutuellisme qui est visé et considéré comme dissous dans un passage d'une *Histoire de Lyon pendant les journées des 21, 22 et 23 novembre 1831* (Lyon, 1832), où il est parlé d'« un chef d'atelier nommé Bouvery, connu pour avoir présidé une ancienne association qui, quatre ans auparavant, s'était infructueusement occupée de l'amélioration du sort des ouvriers.

a attribué la moindre responsabilité dans l'affaire de 1831[1].

Les ouvriers en soie se trouvaient, pour la plupart, dans une position pénible en 1831, non pas, si l'on en croit le préfet, Bouvier Dumolard[2], que le travail manquât; du moins les chefs d'atelier fabriquant les étoffes riches ne se plaignaient pas; mais les autres, spécialement ceux qui fabriquaient les étoffes unies et légères, souffraient tellement de la concurrence étrangère, et même de la concurrence des négociants entre eux, que leurs salaires ne dépassaient pas dix-huit sous pour une journée de dix-huit heures; le fait, dit Dumolard, était incontesté.

Aussi le gouvernement accorda à la Fabrique un secours de 25,000 francs, qui furent mis, dans les premiers jours de juillet, à la disposition du Conseil des prud'hommes. Suivant le vœu de la Chambre de commerce, cette somme devait d'abord être répartie, à titre de prêt, entre les chefs d'atelier les plus atteints par la crise, et, après recouvrement, elle formerait le noyau d'un fonds (qui pourrait s'accroître par des dons volontaires ou par des allocations du Conseil municipal) destiné à établir une caisse permanente de prêts au profit des ouvriers en soie[3].

La situation des ouvriers en soie était trop critique pour que cette minime libéralité pût l'améliorer. La souffrance détermina les chefs d'ateliers à agir. Au début d'octobre, il apparut que, pour hausser les salaires et, d'une façon générale, remédier aux abus qui existaient dans la Fabrique, ils

1. Monfalcon, qui dirigeait le *Courrier de Lyon* et y menait une vigoureuse campagne contre les ouvriers en soie et le Mutuellisme, croyait que la fondation de la Société était postérieure aux événements de novembre. (Voy. *op. cit.*, p. 149.) Plus tard, des écrivains (Audiganne, *Les populations ouvrières et les industries de la France*, 1854, t. II, p. 248; Ducellier, *Histoire des classes laborieuses en France*, 1866, p. 386 et suiv., etc.) ont, dans des récits d'ailleurs inexacts sur d'autres points, et sans fournir aucune preuve, attribué l'insurrection de novembre aux menées du Mutuellisme.

2. *Compte rendu des événements qui ont eu lieu dans la ville de Lyon au mois de novembre 1831, par Bouvier Dumolard, préfet du Rhône*, Lyon, 1832. (Brochure publiée ultérieurement sous ce titre : *Relation de M. Bouvier du Molart, ex-préfet du Rhône, sur les événements de Lyon*, Lyon, 1832.)

3. *Archives du Rhône*, t. XIV, p. 187 (6 juillet 1831).

avaient décidé, en premier lieu, d'obtenir un « tarif au minimum » des prix de façon, qui serait établi sous les auspices de l'administration, après discussion contradictoire entre fabricants et chefs d'atelier; en second lieu, de fonder un « journal industriel »; et en troisième lieu de créer deux associations.

Cette idée de tarif fut vivement critiquée, à l'époque, par l'opinion ministérielle, comme contraire au principe de la liberté de l'industrie et de la non-intervention du pouvoir dans les difficultés entre maîtres et ouvriers. A l'inverse, les ouvriers en soie ne voyaient pas pourquoi le nouveau régime refuserait de s'entremettre pour la fixation des prix, alors que l'ancienne administration l'avait fait à maintes reprises : en effet, de tels tarifs avaient été établis dans la Fabrique, avec la sanction de l'autorité, en 1789, en 1793, en l'an XI et en 1811. La presse gouvernementale ignorait, ou feignait d'ignorer, ce point d'histoire, et elle représentait comme une innovation dangereuse une demande qui ne visait qu'à un retour à la tradition.

Les premières réunions pour préparer l'accord des ouvriers en soie sur cette question eurent lieu à la Croix-Rousse, sur l'initiative et sous la présidence de deux chefs d'atelier, Bouvery et Falconnet[1]. Dans celle du 8 octobre, les promoteurs du mouvement — « commission improvisée des chefs d'atelier et des ouvriers[2] » — nommèrent un bureau; le 10, ils adoptèrent les bases constitutives d'une « commission des chefs d'atelier de la ville de Lyon et des faubourgs », composée de deux membres par quartier. Le 13, quatre-vingts commissaires de quartier, « étrangers pour la plupart les uns aux autres[3] », déclarèrent la commission définitivement constituée, choisirent les membres de leur bureau et désignèrent vingt-deux d'entre eux pour former une sous-commission chargée d'élaborer un projet de tarif.

---

1. Arch. mun. de Lyon, I², Croix-Rousse, troubles de novembre 1831.
2. *Echo de la Fabrique*, 30 octobre 1831.
3. Brochure, citée ci-après, de Bernard et Charnier.

La réunion du 10 avait eu lieu en présence du commissaire de police, appelé par Bouvery, qui voulait, a-t-il dit, éviter des rapports mensongers. Le commissaire avait engagé les tisseurs, pour suivre une marche légale, à s'adresser au préfet, ce qu'ils promirent de faire. Le lendemain, le Conseil des prud'hommes, réuni sur la convocation du lieutenant-général Roguet, prit une délibération dans laquelle, « considérant qu'il est de notoriété publique que beaucoup de fabricants paient réellement des façons trop minimes, il déclare qu'il est utile qu'un tarif au minimum soit fixé pour le prix des façons », etc. De son côté, le maire rassembla, le 12, à l'insu du préfet, un certain nombre de fabricants et de chefs d'atelier, qui convinrent des bases provisoires du tarif. Le préfet, devancé par le lieutenant-général (avec lequel il était en fort mauvais termes) et par le maire, voulut s'éclairer : le 15, il réunit sous sa présidence les membres de la Chambre de commerce et les quatre maires de Lyon et des villes-faubourgs ; il fut reconnu sans contestation que les tisseurs souffraient, qu'une petite minorité de fabricants abusaient des circonstances pour faire des bénéfices considérables sur leurs ouvriers, et qu'il y avait justice et urgence à venir au secours de ceux-ci par la publication d'un tarif librement consenti de part et d'autre, qui servirait de règle aux prud'hommes, et dont d'ailleurs l'établissement se justifiait par plusieurs précédents. Tel est, du moins, le compte rendu que donna plus tard le préfet de cette réunion ; mais son exactitude a été contestée par un certain nombre de fabricants, et il est difficile de préciser comment la question du tarif leur fut présentée et quel fut le sens exact de leur réponse.

Le 16, les chefs d'atelier remirent au préfet une adresse très respectueuse, où ils exposaient les raisons qui militaient en faveur de la fixation d'un tarif, et demandaient à Dumolard « sa médiation bienveillante dans les débats qui vont s'ouvrir, et d'accorder aux deux parties intéressées la même protection, qu'elles méritent également ». Cette adresse était signée : « Les membres composant le bureau de la Commission des chefs d'atelier de la ville de Lyon et des faubourgs ; Bouvery, président ; Falconnet, vice-président », et de neuf autres noms, parmi lesquels on relève ceux de Charnier, de Masson-Sibut, de Bernard, de Bonnard, etc. Le préfet répondit aux délégués que tout son concours leur était acquis ; il ajouta qu'il avait demandé au gouvernement une somme de quatre à cinq cent mille francs, pour la banque de prêt dont l'établissement était déjà prévu[1].

Le caractère contradictoire des renseignements émanant des intéressés ne permet pas de dire si l'appui donné par le préfet aux chefs d'atelier pour l'établissement d'un tarif eut le caractère d'une simple médiation, ou bien si Bouvier Dumolard fit usage, pour vaincre la résistance des fabricants, de divers moyens de pression. L'élection des délégués des fabricants pour la discussion et l'adoption du tarif eut-elle lieu avec l'approbation de la majorité d'entre eux ? Quelle était l'étendue du mandat donné à ces délégués ? Quand, le 25 octobre, les deux commissions, celle des fabricants et celle des chefs d'atelier, réunies sous la présidence du préfet, signèrent, après quatre heures de délibération, le tarif présenté par les chefs d'atelier, est-il vrai que les délégués des fabricants eurent la main forcée, dans une certaine limite, par la présence, autour de la préfecture et jusque dans la cour, de plusieurs milliers d'ouvriers, très calmes sans doute, mais dont les délégués des fabricants pouvaient redouter la colère s'ils refusaient de signer le tarif ? — Ce sont là des points de fait que la divergence des récits établis par les parties en cause rend malaisé à élucider[2].

L'annonce de la signature du tarif donna lieu, à Lyon et à la Croix-Rousse, à des manifestations d'enthousiasme. Ce document fut « certifié » le 26 octobre par le préfet et par l'adjoint Boisset, en l'absence du maire ; le tarif, publié le 27, était applicable à partir du 1er novembre.

1. *Echo de la Fabrique*, prospectus.

2. Voyez contradictoirement la *Relation de M. Bouvier du Molart*, etc., et le *Précurseur* du 13 novembre 1831.

Pendant le cours des négociations, des ouvriers en soie avaient publié le prospectus d'un journal hebdomadaire, l'*Écho de la Fabrique*. Les rédacteurs de cette feuille constataient la baisse, ininterrompue depuis nombre d'années, des prix de fabrication. « Sans défense jusqu'à ce jour, continuaient-ils, contre les menées du commerce...., les infortunés ouvriers ont choisi pour arme défensive de leurs droits la publicité. » De là la création d'un journal par actions, consacré aux intérêts des chefs d'atelier et ouvriers en soie. Dans son premier numéro (30 octobre), l'*Écho de la Fabrique* donna un résumé des négociations qui avaient abouti à la signature du tarif et reproduisit ce document.

On a dit bien souvent[1] que l'*Écho de la Fabrique* a été fondé par la Société des Mutuellistes, qui en fit son organe : un témoignage catégorique et qu'on peut croire péremptoire[2] réfute cette opinion : « La Société mutuelliste a été totalement étrangère à la fondation de l'*Écho de la Fabrique*. Très peu de ses membres figurent dans le nombre des trente-sept actionnaires qui ont concouru à cette fondation avec M. Falconnet, à qui l'idée d'un journal spécialement consacré à la classe ouvrière est entièrement due. Or, M. Falconnet n'a jamais été mutuelliste. Quelques-uns des actionnaires fondateurs le sont devenus, mais longtemps après la fondation du journal ». De même encore, le successeur de Falconnet, Vidal, n'appartenait ni au Mutuellisme, ni à aucune autre société; quant au remplaçant de Vidal, Berger, il n'adhéra au Mutuellisme qu'à la fin de 1832 ou au début de 1833; l'*Écho de la Fabrique* n'en devint l'organe que quelques mois plus tard. « Il ne l'était pas auparavant; ses rédacteurs croyaient préférable de défen-

1. Par exemple Girod (de l'Ain) dans son rapport, et le procureur général dans son réquisitoire sur l'affaire d'avril 1834.

2. Voyez la *Tribune prolétaire* du 10 mai 1835. Cet article, très précis, dont nous ne donnons pour le moment qu'une partie, peut être attribué avec une grande vraisemblance à Falconnet, qui était le collaborateur assidu de ce journal et bientôt en devint le gérant. Le journal publie la liste nominative des trente-sept premiers actionnaires, dont une trentaine étaient ouvriers en soie.

dre les intérêts de la classe ouvrière par la voie seule de la presse, sans dépendre d'autre chose que de leur conscience et de l'opinion publique. »

Le Ministère avait appris avec inquiétude la signature du tarif; répondant à une lettre, en date du 26 octobre, de Bouvier Dumolard, le ministre du commerce, d'Argout, blâma sa conduite dans toute l'affaire : d'abord le préfet n'aurait pas dû recevoir des adresses ou des pétitions de corporations ouvrières; en le faisant, il avait violé l'article 3 de la loi des 14-17 juin 1791; aux termes de cette loi, il n'existait pas, en effet, de corporations, et de là résultait encore que les fabricants qui avaient signé le tarif n'avaient engagé qu'eux-mêmes; puis la délibération prise par le Conseil des prud'hommes le 11 octobre avait été illégale; illégal également le contre-seing administratif apposé sur le tarif. « Quoi qu'il en soit, le tarif, évidemment, ne peut subsister.... Il faut donc chercher de bonne foi à vous en débarrasser[1]. »

Le préfet se défendit assez mal : suivant les phases de son argumentation, il alléguait, tantôt l'attitude pacifique des tisseurs, tantôt la nécessité de prévenir leur soulèvement; d'un côté, il mettait en avant, pour se justifier, qu'il n'avait été qu'un intermédiaire entre les ouvriers et les fabricants, que le visa apposé sur le tarif n'avait pas eu pour effet de le rendre obligatoire, mais seulement de le certifier conforme; d'un autre côté pourtant, il s'appuyait sur les précédents de 1789, de 1793, etc., dans lesquels l'administration était intervenue par voie d'arrêtés[2]. Il semblait bien, du reste, que le tarif eût un caractère obligatoire, puisqu'après le 1er novembre, le Conseil des prud'hommes commença à condamner les fabricants qui ne l'observaient pas.

Non content de blâmer le préfet, le ministre réunit chez lui

1. Discours de d'Argout devant la Chambre des députés le 21 décembre 1831.

2. Sur ce point, le ministre écrivait, dans la lettre déjà citée : « Sous le régime constitutionnel, l'administrateur ne saurait se contenter de citer des exemples; il doit avant tout chercher la loi qui autorise ou qui défend les mesures qu'on lui suggère ou qu'il se propose. »

les députés du Rhône et leur communiqua son improbation du tarif. Le groupe des fabricants récalcitrants, qui, d'après Bouvier Dumolard, ne comptait d'abord qu'une vingtaine de membres, s'augmenta : le 5 novembre, cent quatre fabricants adoptèrent un mémoire, qu'ils envoyèrent à la Chambre des députés et dans lequel ils invoquaient la concurrence pour justifier la baisse des prix, accusaient les tisseurs de s'être créé certains « besoins factices » (expression qui blessa vivement les ouvriers), et protestaient contre le tarif, qu'ils déclaraient inapplicable. Bientôt ils se coalisèrent dans le but, affirma Dumolard, « de refuser de faire travailler, même au-dessous des prix du tarif ».

Dès le début de novembre, la situation résultant de l'inexécution à peu près complète du tarif apparaissait grave; dans une lettre du 3 novembre[1], Arlès-Dufour parlait de la lâcheté de l'autorité et de la terreur des fabricants; les ouvriers, disait-il, ne travaillent presque plus et s'agitent; ils ont des commissaires qui visitent tous les chefs d'atelier pour empêcher le travail au-dessous du tarif; les rassemblements se multiplient, on y entend des propos menaçants. « Les choses en sont venues au point que, pour qu'elles reprennent leur cours naturel, il faudra absolument une démonstration énergique. » Seul le lieutenant-général était capable de la faire, mais on ne le consultait pas.

Le 6 novembre, la Chambre avait voté 18 millions pour l'entreprise de travaux d'utilité publique, dont 2 millions pour être employés en secours au commerce et à l'industrie; immédiatement le ministre du commerce envoya 150,000 francs au préfet du Rhône. Le lendemain, il l'informa qu'il tiendrait à la disposition de la Caisse de prêts pour les ouvriers une autre somme de 50,000 écus, pourvu que les garanties exigées par la loi fussent fournies[2]. Mais cette allocation et cette pro-

---

1. Arch. mun. (troubles de novembre 1831).
2. Discours de d'Argout à la Chambre des députés, le 21 décembre 1831.

messe de subvention ne furent connues des intéressés que plus tard.

L'*Écho de la Fabrique*, qui eut trois numéros entre le 1er novembre, date de l'application du tarif, et l'insurrection (qui commença le 21), non seulement ne poussa pas les ouvriers en soie à prendre des mesures de rigueur contre les fabricants, mais fut même à peu près muet sur le conflit que tout le monde, à Lyon du moins, sentait proche sans toutefois en prévoir la gravité. L'*Écho de la Fabrique* se préoccupait beaucoup plus de faire la critique de l'organisation industrielle, et notamment du principe de la concurrence, de populariser le principe d'association, etc., idées qui, dit-il[1], sont empruntées aux Saint-Simoniens, bien que les rédacteurs du journal déclarent qu'ils n'acceptent pas toutes les doctrines de l'Ecole. Ailleurs[2] c'est cette opinion, que les Saint-Simoniens ont beaucoup aidé à répandre, mais que certainement ils n'ont pas été les seuls à avoir, que Juillet avait remplacé la noblesse féodale par la noblesse du comptoir. « Le peuple crut gagner à ce changement... Le financier et le commerçant, arrivés au pouvoir, ne se souvinrent plus de ces hommes laborieux qui les avaient élevés sur le pavois ; ils dirent : c'est nous qui avons fait Juillet, et nous l'avons fait pour nous ; le peuple ne doit point profiter de ses bienfaits. »

Les initiateurs du mouvement d'octobre 1831 se proposaient, avons-nous dit, d'obtenir un tarif, de créer un journal et de fonder deux associations. On trouve dans l'*Écho de la Fabrique* la mention de ces associations ; la première[3] resta, sur le moment du moins, à l'état de simple idée : il s'agissait de fonder une « maison spéciale de commerce par actions, établissement pour lequel s'offrent de souscrire la plupart des principaux propriétaires de la ville et des faubourgs ». La seconde, appelée « Association générale et mutuelle des

1. 6 novembre.
2. 20 novembre.
3. Prospectus.

chefs d'ateliers », reçut un commencement d'exécution ; la cotisation, de 0 fr. 25 par métier, fut versée par de très nombreux tisseurs[1] ; trois mois plus tard, un avis inséré dans *l'Écho*[2] les invita à passer chez le trésorier de leur quartier pour se faire rembourser ; on en peut conclure que ce projet de société avait été abandonné.

1. *Echo de la Fabrique*, 13 novembre 1831.
2. 12 février 1832.

CHAPITRE V

L'insurrection de novembre 1831, a Lyon, et ses suites immédiates.

Les journées des 21, 22 et 23 novembre ; les ouvriers, maîtres de la ville, y maintiennent l'ordre ; leur loyalisme. — Limitation des poursuites judiciaires ; acquittement des inculpés. — La mercuriale. — Circulaire ministérielle du 17 décembre. — La Caisse de prêts. — Réforme du Conseil des prud'hommes.

L'agitation ouvrière, qui paraît ne pas avoir pénétré dans le bureau de rédaction de l'*Echo de la Fabrique*, grandissait chaque jour. Elle s'accrut notamment quand, le 17 novembre, il fut donné lecture, au Conseil des prud'hommes, d'une lettre de Dumolard, qui déclarait que le tarif n'était qu'un engagement d'honneur et que, comme tel, il n'obligeait légalement personne ; dès lors, le Conseil cessa de condamner ceux qui ne l'observaient pas. C'était la ruine de toutes les espérances que les ouvriers en soie avaient mises dans le tarif. Le dimanche 20, réunis à la Croix-Rousse, ils décidèrent l'arrêt général des métiers à partir du lendemain ; ils se rendraient ensuite près de l'autorité pour réclamer l'exécution du tarif.

Le 21 au matin, un choc eut lieu entre une bande d'ouvriers et un piquet de garde nationale, qui fut désarmé. Une seconde rencontre se produisit ; la garde nationale fit feu. Ce fut le commencement de l'insurrection ; elle dura trois jours. Ses phases ayant été maintes fois retracées en détail[1], il

1. Voyez notamment les récits de L. Blanc (*Histoire de dix ans*, t. III), de Monfalcon (*Histoire des insurrections de Lyon en 1831 et en 1834*), et les nombreuses brochures relevées par M. Charléty dans sa *Bibliographie critique de l'histoire de Lyon depuis 1789*.

suffira de rappeler que, le 21, les ouvriers en soie se défendirent à la Croix-Rousse contre les troupes qui avaient ordre de les y cerner ; ils avaient arboré un drapeau noir qui portait la devise : *Vivre en travaillant ou mourir en combattant.* Le 22, le mouvement, secondé par les ouvriers des autres professions, prit une telle extension que la garnison, d'ailleurs peu importante, dut quitter Lyon la nuit suivante. Restés maîtres de la ville, les ouvriers nommèrent une commission provisoire pour l'administrer de concert avec les autorités. Le 3 décembre, le maréchal Soult, accompagné du duc d'Orléans et conduisant des troupes nombreuses, entra dans Lyon sans difficulté.

Un des traits remarquables de l'insurrection fut le maintien de l'ordre, le respect des personnes et des propriétés que les ouvriers s'appliquèrent à assurer, à l'encontre surtout des individus qui, profitant des troubles, cherchaient à commettre des vols ou des violences. « Jamais, dit Louis Blanc[1], la ville de Lyon n'avait été mieux gardée que dans cette étonnante journée du 23 novembre », la première de celles où les ouvriers y régnèrent en maîtres. « On voyait déjà que Lyon n'avait rien à craindre des vainqueurs : des sauvegardes avaient été placées par les ouvriers à la porte de plusieurs négociants, principalement de ceux qui avaient provoqué le plus la classe industrielle. De fortes gardes furent établies dans les quartiers commerçants. » Les ouvriers, organisés en garde civique, empêchèrent de s'évader les détenus de la prison de Roanne, qui avaient fait un trou dans le mur[2]. En résumé, la discipline montrée par les ouvriers avait été si remarquable

1. *Histoire de dix ans*, t. III, p. 75. L. Blanc cite de nombreux faits à l'appui de ce jugement.

2. *Echo de la Fabrique*, 27 novembre 1831. — Après l'insurrection, le *Journal du commerce* publia de nombreux détails sous la rubrique : *Dévouement des ouvriers* ou *Actes de dévouement*. Aux Archives municipales, on trouve, sous la cote *I² Croix-Rousse, troubles de novembre 1831*, de nombreux certificats de fabricants attestant que leurs chefs d'atelier avaient protégé leurs magasins, souvent même en s'exposant à de réels dangers.

que certains ne se l'expliquaient que par une intervention céleste. « La modération du peuple fut telle que les Lyonnais l'attribuèrent à Notre-Dame de Fourvière, l'antique protectrice de leur ville. Comment concevoir, en effet, qu'une multitude en armes, exaltée par un succès inattendu, pouvant puiser dans les caisses publiques et particulières et se livrer à tous les excès, n'ait songé, après le combat, qu'à rétablir l'ordre, qu'à défendre l'inviolabilité de la propriété, sans imposer la loi aux vaincus[1] ? »

Un autre trait caractéristique des événements de novembre fut le loyalisme dont les ouvriers en soie firent montre à l'égard de la monarchie. Quand, le 23, quelques hommes ignorés du peuple tentèrent de constituer un gouvernement provisoire à l'Hôtel de ville et lancèrent une proclamation républicaine abusivement signée de noms d'ouvriers très connus, non seulement ces derniers protestèrent, mais aussi les chefs de section des ouvriers[2] ; ils publièrent un manifeste, approuvé par le préfet, pour dénoncer cette manœuvre et condamner le placard révolutionnaire qui venait d'être affiché ; bientôt les membres du gouvernement insurrectionnel furent chassés de l'Hôtel de ville.

Le lendemain (24 novembre), les chefs de section renouvelèrent leur manifestation sous la forme d'une lettre que publia le *Précurseur :* ils « détestaient toutes les factions » ; ils se déclaraient « dévoués entièrement à Louis-Philippe, roi des Français, et à la liberté constitutionnelle[3] ». L'approche du duc d'Orléans et du ministre de la guerre provoqua l'enthousiasme des ouvriers en soie, et l'*Echo de la Fabrique* (qui, dès le 27 novembre, avait prêché « l'oubli pour le passé et la réconciliation »), rivalisa d'éloquence et de lyrisme avec les chefs de section : pour lui, Louis-Philippe, était

1. *La vérité sur les événements de Lyon au mois d'avril 1834*, Lyon, 1834.
2. Parmi eux on trouve encore les noms de Bouvery, de Falconnet et de Charnier.
3. Les ouvriers victorieux n'avaient arboré aucun insigne séditieux ; seul le drapeau tricolore flottait à Lyon. (Monfalcon, *op. cit.*, p. 74.)

« le roi-citoyen, qui a rendu à la patrie la gloire dont nos pères l'avaient dotée »; pour eux, le duc d'Orléans était « le prince chéri qui s'empresse d'accourir dans nos murs pour cicatriser nos blessures ». Et, comme le duc ne pénétrait pas immédiatement dans la ville, ils lui envoyèrent une députation pour lui exprimer « les vœux unanimes des chefs d'atelier et ouvriers en soie, que sa présence au milieu d'eux ne fût point retardée[1] ». L'entrée des troupes, le 3 décembre, fut accueillie par des acclamations. En réalité, c'était pourtant l'occupation militaire, et en force, de Lyon et de ses faubourgs.

Ce loyalisme éclatant convainquit les plus incrédules, à quelques exceptions près[2], que l'insurrection n'avait eu aucun mobile politique, n'avait été le fait ni des carlistes, ni des républicains ; il convainquit même le Ministère, si habitué pourtant (comme les ministères précédents) à voir dans les manifestations ouvrières la main des partis d'opposition. Le *Moniteur*[3] se félicita de cette « absence complète de toute idée politique, de tout symbole de parti, de toute clameur séditieuse à travers ces désordres » ; c'est la première fois depuis quarante ans, remarquait-il, qu'on voit se produire une

---

1. *Echo de la Fabrique*, 4 décembre 1831.

2. Fulchiron, député du Rhône, dit le 19 décembre à la Chambre : « Le Saint-Simonisme, prêché plusieurs fois par jour à Lyon, peut-être mal expliqué par les adeptes et peut-être mal compris par les auditeurs, a eu une action qui n'est que trop réelle. » — Dans son *Économie politique chrétienne* (1834, t. I, p. 425 et 433), Villeneuve-Bargemont fit sienne l'opinion de Fulchiron : « La coïncidence était malheureuse », dit-il, entre les prédications saint-simoniennes et l'insurrection. — M. Charléty, dans son *Histoire du Saint-Simonisme* (p. 137, note 1) résume quelques notes de la police lyonnaise qui indiquent que certains agents, tout au moins, pensaient comme Fulchiron. — En face de ces accusations de complicité morale, il faudrait mettre le texte des instructions qui furent envoyées de Paris, le 27 novembre, aux Saint-Simoniens de Lyon (Voyez *Religion saint-simonienne, Événements de Lyon)* : le calme, l'indulgence leur étaient recommandés; et la lettre se terminait ainsi : « En un mot, mettez-vous en communion avec les fabricants et avec les ouvriers, afin que, par vous bientôt abjurant leurs querelles déplorables, ils se sentent et se rendent justice ».

3. 29 novembre 1831.

telle commotion « sans aucun mélange d'irritation contre le gouvernement lui-même ». Voici l'explication de ce phénomène : « Elle est donc déjà bien profonde dans la conviction des peuples, bien vieille dans leurs affections, cette dynastie proclamée par la France il y a quinze mois à peine ! » Dans ces conditions, l'insurrection de Lyon perd de sa gravité : c'est « une explosion purement locale » ; elle est « la révolte d'un intérêt particulier qui, tout en violant les lois et en bravant les autorités de la commune, ne s'attaquait cependant pas aux pouvoirs généraux de l'État[1] ». Et le *Moniteur* continuait par ces mots qui, dans ses colonnes, valent d'être signalés d'une façon particulière : « Sans doute, d'utiles et profondes méditations sont éveillées aussi par la recherche des causes purement sociales qui peuvent avoir préparé un état de choses déplorable. » De ces causes, les unes se trouvent dans la propagande des idées subversives ; « les autres n'appartiennent qu'à l'économie politique, entièrement changée dans ses bases par des combinaisons nouvelles dont les effets sont incalculables. C'est aux législateurs à approfondir ces observations et à y conformer leurs œuvres ».

Le gouvernement était-il donc impressionné par les idées de réforme sociale que Saint-Simoniens et républicains allaient partout propageant ? Pensait-il à s'occuper réellement

1. Le caractère non politique des événements de Lyon avait beaucoup frappé, également, les préfets des départements du Sud-Est ; dans le dossier qui existe aux Archives départementales sur ces événements, on en trouve plus d'une preuve : le préfet du Rhône ayant écrit le 25 novembre à ses collègues de la région pour leur annoncer le rétablissement du calme et leur indiquer de quelle nature avaient été les troubles, les préfets s'empressèrent de rassurer les populations de leur département en insistant sur cette idée que l'insurrection n'avait eu aucun caractère politique. Particulièrement significative est la lettre suivante du préfet de l'Isère, en date du 26 novembre : « Les gardes nationales de l'Isère se précipitaient sur Lyon, qu'elles croyaient livré à une révolution politique. Décidés à maintenir le gouvernement national et le roi que nous avons choisi, nous allions appuyer les troupes qui combattaient pour lui. Des renseignements plus exacts nous ayant prouvé que les scènes affligeantes qui venaient de se passer dans cette ville tiennent à des discussions domestiques, sans rapport avec l'ordre politique..., j'ai donné ordre de faire rentrer dans leurs foyers tous les gardes nationaux. »

de réorganisation industrielle et d'améliorations ouvrières? On aurait presque pu le croire à la lecture de ces lignes. Mais le même numéro du *Moniteur* reproduisait un article de la *France nouvelle* où la politique inaugurée dès le mois d'août 1830 envers les travailleurs était à nouveau exposée et défendue. L'auteur de l'article essayait de laver le gouvernement du reproche de n'avoir rien fait et rien voulu faire pour les ouvriers, et il reprenait les arguments, tant de fois présentés et avec si peu de succès, aux intéressés : les pouvoirs publics multiplient les travaux autant qu'ils le peuvent; la modification des impôts, que certains partis réclament, nécessite de sérieuses études et ne peut être opérée que durant une période de calme, etc.

La manière dont fut opérée la liquidation de la situation créée par l'insurrection de novembre permit, du reste, de constater que le gouvernement n'avait pas, en réalité, compris le caractère social de cet événement, caractère qu'avant le *Moniteur*, les Saint-Simoniens de Lyon avaient affirmé [1].

Le Ministère ne pouvait pas, pour de nombreuses raisons, entamer un grand procès contre les principaux acteurs ouvriers du drame ; la conviction qu'ils avaient eue de rester dans la légalité en cherchant à établir un tarif, les fautes commises par l'administration locale, l'attitude des ouvriers en soie au cours d'une insurrection qui n'avait pas été préméditée, surtout l'absence de tout caractère politique dans les troubles, et le loyalisme manifesté, firent prévaloir, dans les conseils du gouvernement, « un large système d'indulgence » (suivant l'expression de Girod, de l'Ain) au profit d'une population qu'on se plut à représenter comme « égarée » plutôt que coupable. On ne fit porter les poursuites judiciaires que sur les tentatives faites pour renverser le gouvernement établi, exciter à la guerre civile et au changement des autorités locales. Neuf individus furent inculpés ; parmi eux ne se trouvait aucun ouvrier. Ils furent jugés, en juin 1832,

1. Dans une lettre publiée par le *Globe* du 27 novembre.

par la cour d'assises de Riom[1]. Dans son réquisitoire, l'avocat général, après avoir rendu « un hommage public aux ouvriers qui, ne s'étant armés que pour le tarif, n'abusèrent pas de leur victoire », trouva des excuses pour les prévenus, « âmes qui brûlent des misères de leur époque et qui veulent contribuer à y mettre fin. Dans leur impatiente ardeur, ils veulent prendre tout ce qui souffre sous leur protection ; ils se font les patrons et les défenseurs des classes malheureuses parce qu'ils ne sauraient se familiariser à voir tant de douleurs ». Un acquittement général fut rendu ; il fut accueilli avec enthousiasme par les républicains, avec dépit par le *juste milieu*; cette sentence comportait, en effet, une absolution pour tous les faits de l'insurrection de novembre.

En même temps qu'il décidait de limiter les poursuites, le gouvernement adoptait un certain nombre de mesures qui avaient pour but, soit d'accorder aux ouvriers en soie quelques satisfactions, soit de restaurer l'ordre dans la Fabrique lyonnaise et de prévenir le renouvellement des troubles. Dans le second ordre d'idées, l'occupation de Lyon et des villes-faubourgs par des troupes nombreuses eut comme corollaire le désarmement et la dissolution de la garde nationale ; le préfet fut destitué ; le 6 décembre, le maréchal Soult décida que tous les livrets d'ouvriers seraient renouvelés dans les trois jours, et que les fabricants et maîtres devraient faire à la police la déclaration des ouvriers employés par eux. Enfin, le 7 décembre, le maréchal, se basant notamment sur l'article 14 de la loi du 22 germinal an XI (qui stipule que les conventions faites de bonne foi entre les ouvriers et ceux qui les occupent doivent être exécutées), et « considérant que l'autorité administrative n'avait point à s'immiscer dans les contestations qui s'étaient élevées entre des fabricants et des ouvriers de la ville de Lyon », prononça l'annulation de tous tarifs et de tous actes relatifs à des tarifs pour la

1. Audiences des 15, 16, 17 et 18 juin. (*Gazette des tribunaux* et *Tribune* du 23 juin.)

fabrication des étoffes de soie, intervenus en octobre et en novembre[1].

Le même jour, les ouvriers en soie furent informés que le Conseil des prud'hommes allait s'occuper d'établir, par voie d'enquête, « une mercuriale ou prix commun des façons des étoffes de soie, pour servir à sa jurisprudence lorsqu'il y aura contestation entre le fabricant et l'ouvrier, laquelle mercuriale sera renouvelée toutes les fois que besoin sera ». Mais ce que voulaient les ouvriers en soie, c'était la fixation, par une entente entre les fabricants et eux, de prix de façon dont l'observation serait obligatoire ; or, la mercuriale, qui ne faisait que recueillir et noter les prix librement débattus, ne présentait nullement ce caractère.

Deux chefs d'atelier, envoyés près de Casimir-Perier, président du conseil, lui présentèrent un rapport sur les causes générales des événements de novembre. « Après les journées de Juillet, disaient-ils, les ouvriers, agissant individuellement, avaient demandé, mais en vain, une augmentation des prix de façon... L'ordre de choses avait changé, mais le despotisme, chassé des châteaux, s'était réfugié dans les comptoirs. » Quand, continuaient-ils, le Conseil des prud'hommes avait cessé de faire respecter le tarif, le désespoir s'était emparé des ouvriers en soie ; ils avaient voulu suspendre en masse le travail et forcer ainsi la main aux fabricants. Pour maintenir l'ordre, on avait malheureusement eu recours à la première légion de la garde nationale, composée en partie de fabricants ; de là les premières collisions. Les deux envoyés des tisseurs lyonnais renonçaient, déclaraient-ils (mais vrai-

---

1. Parmi les actes expressément annulés se trouvait un avis de la municipalité, approuvé par le préfet le 26 novembre, qui annonçait la révision du tarif, « lequel avait été fait avec précipitation » ; la discussion contradictoire entre les délégués des fabricants et les délégués des ouvriers devait avoir lieu de manière que le tarif, remanié et complété, fût signé avant le 15 décembre. « Jusqu'à cette époque, la ville s'engage à prendre, s'il en était besoin, sur la caisse municipale les fonds nécessaires pour assurer aux chefs d'atelier-ouvriers le paiement de la différence sur les façons des pièces livrées à la fabrication depuis le 21 du courant pour atteindre le prix du tarif du 1er novembre. » (*Echo de la Fabrique*, 27 novembre 1831.)

semblablement en leur nom personnel seulement), à insister pour le maintien ou le rétablissement du tarif, car les députés de Lyon leur avaient dit que cette mesure était contraire à la Charte, mais ils sollicitaient la réforme du Conseil des prud'hommes comme le moyen de détruire bien des abus[1].

Le Ministère entendait bien qu'à l'avenir des questions de tarif ne pussent amener le renouvellement, à Lyon ou dans d'autres villes, des événements sanglants de novembre. Le 17 décembre, le ministre du commerce, d'Argout, adressa aux préfets une circulaire[2] à ce sujet. Dans un petit nombre de départements, écrivait-il, des ouvriers de manufactures s'adressent à l'autorité pour obtenir des augmentations de salaires ; à cet effet, ils tiennent des assemblées, s'organisent en corporations et se nomment des chefs ou des délégués ; un exemple récent a montré les conséquences graves qui pouvaient résulter de ces infractions aux lois. Ces infractions, les préfets devront les réprimer, car aucun texte n'autorise la taxation des salaires, même par les conseils de prud'hommes ; de plus, comme, aux termes de la loi du 14 juin 1791, ni les patrons, ni les ouvriers ne peuvent se constituer *en corps,* il s'en suit qu'il ne peut y avoir entre eux de traité obligatoire pour la profession entière, et que chaque individu est libre de contracter à son gré. Le ministre rappelait encore les articles 414 à 416 du Code pénal, relatifs aux coalitions ; et il terminait par quelques considérations d'économie politique : si le prix de vente d'un produit baisse, forcément le salaire baisse aussi, car il est évident que, si le salaire antérieur était maintenu, ce serait la ruine du fabricant ; en tout cas, il appartient au fabricant et à l'ouvrier de s'entendre sur le taux

---

1. *Rapport fait et présenté à M. le Président du Conseil des ministres sur les causes générales qui ont amené les événements de Lyon, par deux chefs d'atelier,* 1832. Il n'est pas sans intérêt de remarquer que l'un de ces chefs d'atelier, Charnier, n'était pas mutuelliste (il ne le devint qu'en octobre 1832. *Indicateur,* 26 avril 1835) ; tout ce qu'on sait de l'autre, Bernard, c'est qu'il était alors « complètement étranger » à l'*Echo de la Fabrique.* (*Tribune prolétaire,* 10 mai 1835.)

2. *Moniteur* du 19 novembre.

des salaires; ce taux résultera de ce libre débat et de la concurrence; et l'administration n'a « ni le droit, ni le moyen d'intervenir dans ces fixations, et encore moins de les déterminer par des tarifs ».

L'établissement annoncé d'une mercuriale n'était donc pas de nature à donner satisfaction aux ouvriers en soie. Comme atténuation à leurs maux, ils n'eurent guère que l'exécution, jusque-là différée, d'une commande que le roi avait faite à la Fabrique au moment même des événements de novembre[1], la promesse de la constitution prochaine de la Caisse de prêts dont il était question depuis plusieurs mois et qui ne commença à fonctionner qu'en novembre 1832[2], et la réforme, par ordonnance du 15 janvier 1832, du Conseil des prud'hommes de Lyon.

Cette dernière mesure due, au moins en partie, aux démarches faites à Paris par plusieurs fabricants lyonnais[3], fut une désillusion pour les ouvriers en soie, qui réclamaient une réorganisation sur des bases beaucoup plus larges. Sans doute, le nombre des représentants de la Fabrique était augmenté, mais les fabricants gardaient l'avantage (neuf fabricants contre huit chefs d'atelier ou ouvriers, au lieu de quatre contre trois); en second lieu, la condition de l'électorat était la possession de quatre métiers; c'était là, déclara l'*Écho de la Fabrique,* priver du droit d'élire leurs juges les neuf dixièmes des chefs d'atelier; comme si les chefs d'atelier possesseurs de deux ou trois métiers n'étaient pas des électeurs aussi capables que ceux qui en possédaient quatre!

---

1. La commande montait à la somme de 640.000 francs; elle fut annoncée au préfet du Rhône par une lettre du 24 novembre émanant de l'administration provisoire de l'ancienne dotation de la couronne, au nom du roi. Le préfet rendit cette lettre publique le 27. (*Echo de la Fabrique*, 4 décembre.) L'*Echo* ne put publier des renseignements sur l'exécution de cette commande que le 22 janvier 1832: quarante-sept négociants avaient soumissionné, et deux cents métiers devaient être occupés pendant cinq ou six mois à fabriquer les étoffes indiquées.

2. Avec un capital de 190.000 francs. (*Echo de la Fabrique*, 28 octobre et 18 novembre 1832.) Le décret d'organisation est du 9 mai.

3. *Echo de la Fabrique*, 29 janvier 1832.

Cette « quasi-amélioration », remarquait le journal[1], était pourtant la grande marque de bienveillance qu'on entendait donner aux ouvriers en soie ; « Au lieu de chercher les moyens de remédier au mal, au lieu de faire quelques sacrifices en faveur de cette classe qui a tout fait pour la patrie et la société, on lui a donné une nouvelle réorganisation du Conseil des prud'hommes ! »

C'est sur cette note de désenchantement qu'on peut clore l'histoire de l'insurrection de novembre. L'expérience faite comportait nombre de leçons dont la masse des ouvriers en soie, à la fois si réfléchie et si hardie, et l'esprit déjà ouvert aux idées de réforme sociale, allaient faire leur profit. Ils avaient vu à quel prix on avait coté leur loyalisme ; ils avaient compris qu'il ne fallait plus compter sur le concours des pouvoirs publics pour l'obtention d'un tarif, et qu'ils se trouveraient désormais face à face, sans médiateurs, avec les fabricants. Dès les premiers mois de l'année 1832, les ouvriers en soie, détachés du trône de Juillet, cherchent à s'organiser pour de nouvelles luttes. Des journées de novembre, ils gardent le sentiment de la puissance que donne l'entente ouvrière, et aussi le souvenir de ceux de leurs frères tombés dans le combat, dont, dès 1832 et pendant bien des années, ils célébreront pieusement l'anniversaire.

1. 18 mars 1832.

CHAPITRE VI

LE CHOLÉRA. — CONSTITUTION DU PARTI RÉPUBLICAIN ET DE L'ÉCOLE SOCIÉTAIRE.
(1832.)

Coalitions et pétitions. — Commencement de reprise industrielle. — Le choléra; troubles; attaques contre le gouvernement. — Les républicains : rapprochement avec les ouvriers; les journées de juin 1832; nouvelle orientation. — L'École sociétaire. — L'idée d'association.

Les journées de novembre avaient été une explosion isolée, un avertissement, et rien de plus : toute action ouvrière demeurait, en effet, impossible, car elle ne pouvait s'appuyer ni sur des organisations corporatives, ni sur un parti politique suffisamment fort, ni même sur une opinion populaire un peu dégagée et précise; enfin, et c'était là le point capital, tout mouvement social était enrayé par la misère des classes ouvrières et la dépression économique dont elle était une conséquence et qui continuait.

Les mois qui suivirent l'insurrection de novembre 1831 furent donc à peu près vides de manifestations de vie ouvrière; l'arrivée du choléra y constitua du reste un nouvel obstacle, au moins à Paris. Mais ce temps ne fut pas perdu; d'un côté une transformation, impondérable mais certaine, continua à s'opérer dans la classe ouvrière, dont une partie naissait peu à peu à la conception des idées sociales; de l'autre, deux faits importants se produisirent pour l'orientation de son action ultérieure : la constitution du parti républicain, et celle de l'Ecole sociétaire.

A ne considérer que l'ordre matériel, l'insurrection de novembre n'eut aucune répercussion immédiate parmi les populations ouvrières, ni à Saint-Etienne, où les événements survenus à Lyon avaient si aisément un contre-coup, ni à Paris, ni ailleurs. Dans la première quinzaine de décembre 1831, on ne trouve guère à signaler qu'une agitation, vite réprimée par la garde nationale et la troupe, des ouvriers boulangers de Bordeaux, qui réclamaient une augmentation de salaire[1]; une tentative, faite dans le même but et de même promptement enrayée, des ouvriers en papiers peints de Paris, qui menaçaient de briser les machines s'ils n'obtenaient pas satisfaction[2]; une légère agitation dans les filatures de Clisson, dont les ouvriers voulaient être payés plus cher[3].

En janvier 1832, on relève un commencement de coalition, pour obtenir une élévation des prix, formée par les ouvriers en soie de Bédarieux (Hérault), dont plusieurs furent condamnés à l'emprisonnement[4]; en mai, des troubles, qui faillirent dégénérer en drame, à la suite de la décision prise par la Société ardoisière de Sainte-Anne, à Fumay (Ardennes), de ne mettre que deux *ouvrages* en exploitation pour remplacer trois ouvrages épuisés; les ouvriers, ayant cerné les actionnaires dans le local où ils étaient réunis, menacèrent de les étrangler et de les jeter à l'eau; quelques-uns des membres de la Société, sortis pour prévenir le procureur du roi, furent appréhendés et contraints de signer un acte pour la mise en

---

1. *Mémorial bordelais*, 11, 14 et 16 décembre 1831.

2. *Gazette des tribunaux*, 12 et 13 décembre 1831. — Les difficultés à propos de l'emploi des machines continuèrent dans cette industrie. En 1832, la troupe fut appelée pour protéger les machines, auxquelles on menaçait de mettre le feu. Un fabricant, abandonné par ses ouvriers, parvint à en faire revenir quelques-uns en s'engageant à ne pas faire usage de sa machine; mais, dans une réunion de quatre cents ouvriers, à laquelle il avait été convié, ses promesses réitérées ne purent vaincre l'incrédulité générale; sa mise à l'index pendant trois ans fut votée, et l'assemblée décida que durant ce temps la corporation indemniserait ceux de ses ouvriers qui resteraient sans ouvrage. A la suite de ces faits, un ouvrier fut condamné à cinq jours de prison. (*Gazette des tribunaux*, 13 octobre 1832.)

3. Archives départementales de la Loire-Inférieure, série M. — Quelques jours après, le préfet signalait qu'à Nantes les portefaix, les forgerons, les voiliers, etc., avaient de fréquentes réunions où « ils lisaient les journaux ». (Ibid.).

4. *Journal des débats*, 27 avril 1832.

exploitation d'un troisième ouvrage; neuf ouvriers furent déférés à la cour d'assises; trois seulement furent condamnés à un mois de prison, comme coupables, simplement, de coalition[1].

Sur quelques points les ouvriers n'avaient pas encore renoncé à s'adresser aux autorités pour améliorer leur sort. Tels les tisserands de Bar-le-Duc, qui réclamaient l'augmentation et l'unification de leurs salaires et qui présentèrent une pétition en ce sens au préfet. Celui-ci réunit les délégués des deux parties, leur dit qu'il refusait d'intervenir, mais leur offrit son concours officieux; les représentants des fabricants et ceux des ouvriers convinrent alors que le prix de fabrication serait le même que celui qui était payé à Rouen, et le préfet se chargea d'écrire à son collègue de la Seine-Inférieure pour avoir des renseignements à ce sujet[2].

La Chambre des députés ne montrait pas la même bienveillance : ainsi, le 3 décembre 1831[3], elle passa sans discussion à l'ordre du jour sur une pétition de nombreux ouvriers des manufactures de Rouen qui, manquant de travail, demandaient au gouvernement de s'intéresser à leur sort. Le gouvernement, remarqua le rapporteur de la commission compétente, a déjà proposé à la Chambre des mesures propres à donner du travail aux classes laborieuses; or, « les pétitionnaires n'indiquent aucun moyen spécial à l'aide duquel on pût faire davantage. »

Une autre pétition, envoyée à la Chambre par quatre-vingt cinq ouvriers charpentiers, appelait l'attention sur leur misérable situation, demandait que le prix du pain fût diminué, et que le roi eût une liste civile suffisante pour pouvoir les faire travailler. La commission, dans son rapport, présenté et adopté par la Chambre le 7 janvier 1832[4], conclut au rejet de la pétition pour les raisons suivantes : en ce qui concerne le

1. *Gazette des tribunaux*, 15 octobre 1832.
2. *National*, 12 décembre 1831.
3. *Moniteur* du 4 décembre 1831.
4. *Ibid.*, 9 janvier 1832.

prix du pain, c'est à leur municipalité que les pétitionnaires devaient s'adresser; quant à la distribution de travail aux ouvriers, la commission estimait que « la vraie et même la seule obligation permanente du gouvernement, c'est de procurer à l'industrie la liberté et la sécurité qui rendent inutile, lorsqu'elle n'est pas dangereuse, toute autre intervention du pouvoir ». Elle ajoutait toutefois : « A la vérité, ces conditions n'ont pu encore être remplies par le gouvernement depuis la dernière révolution ; mais aussi, il faut en convenir.., l'administration et les Chambres ont fait tout leur possible pour ouvrir des chantiers aux ouvriers sans travail. Il y aurait un autre danger à ajouter aux facilités qui ont été accordées à cet égard. »

En février 1832, la crise qui sévissait surtout depuis la Révolution de Juillet commença à s'atténuer; une réelle activité se manifesta même dans les centres d'industrie textile. Au mois de mars, la Chambre de commerce de Paris constatait, après enquête, que, depuis quelque temps, la situation s'améliorait; toutefois, le nombre des ouvriers employés restait encore inférieur à la normale, la durée des journées était plus courte, et dans les salaires il y avait une diminution du quart au dixième[1]. La reprise industrielle ne bénéficia pas tout de suite aux ouvriers, du moins en général; pour diverses raisons : nécessité de maintenir leur établissement en activité le plus longtemps possible, sympathie pour la misère des ouvriers, ou crainte des violences auxquelles le besoin aurait pu pousser la classe populaire, etc., bien des chefs d'industrie avaient, après les journées de Juillet, continué à fabriquer sans tenir compte des besoins de la consommation ; quand les commandes revinrent, ils durent commencer par écouler leur stock.

Malheureusement la reprise des affaires fut brusquement contrecarrée par l'invasion du choléra. On sait qu'apparu à Paris dans les derniers jours de mars, il y dura cent quatre-vingt-neuf jours, avec une intensité d'ailleurs variable, et

1. *Journal des débats*, 19 mars 1832.

qu'il atteignit plusieurs départements, mais sans y faire proportionnellement autant de victimes. Dès la seconde quinzaine d'avril, à peu près toutes les industries, surtout à Paris, subirent le contre-coup du fléau.

Au point de vue politique et social, l'épidémie eut une influence certaine ; une partie au moins de la population ouvrière ne crut pas à son existence et s'imagina que les victimes succombaient à des empoisonnements imputables au gouvernement. Des paniques résultaient du moindre incident ; et la substitution, pour le nettoiement municipal, de voitures légères aux lourds véhicules alors en usage, suffit, au début d'avril, à occasionner une émeute : les chiffonniers, se croyant lésés par la réorganisation du service, s'emparèrent, le 1er, de plusieurs des nouvelles voitures, qui furent brisées et brûlées dans différents quartiers ; en même temps, un soulèvement avait lieu à Sainte-Pélagie ; la force armée, appelée pour rétablir l'ordre, dut reculer sur plusieurs points. Le lendemain, le préfet de police Gisquet publia une proclamation pour expliquer que les intérêts des chiffonniers n'étaient nullement atteints par le nouveau service, et que les rassemblements tumultueux de la veille étaient l'œuvre d'« une classe d'hommes que les ennemis de l'ordre sont parvenus à égarer ». D'autre part, Gisquet invitait la population à ne pas croire aux bruits absurdes répandus au sujet du choléra : « Repoussez avec horreur les hommes qui s'armeraient contre la société d'un mal passager pour servir leurs projets de perturbation. » Cependant l'émeute reprit le 3 avril : ce jour-là encore, de nombreuses voitures furent brûlées ou jetées à l'eau[1].

L'exaspération populaire se traduisit aussi par la publication, l'affichage ou la lecture dans la rue d'un grand nombre d'écrits qui contenaient d'ardents appels à la révolution. Le 3 avril, un imprimeur en taille-douce fut arrêté pour avoir donné lecture aux passants d'une proclamation adressée *Au peuple* et ainsi conçue : « Citoyens, le moment est enfin arrivé de recon-

1. *Journal des débats*, 3 avril; *Gazette des tribunaux*, 2-3 avril, 12 mai 1832.

quérir notre existence perdue et nos droits indignement violés. Depuis bientôt deux ans, le peuple est en proie aux angoisses de la plus honteuse misère. Il est resté sans travail, sans pain, sans vêtements; il n'a plus ni feu, ni lieu; il est traqué, emprisonné, assassiné. Ce n'est pas tout. Voilà maintenant que, sous le prétexte d'un fléau prétendu, on l'empoisonne dans les hôpitaux, on le fusille dans les prisons[1]. » Dans un placard, adressé *au Peuple français,* il était dit encore : « Le choléra est un fléau moins cruel que le gouvernement de Louis-Philippe... Ce n'est pas du choléra que meurent les pauvres, mais de faim... Le peuple mérite son sort s'il le souffre; la patience est une lâcheté... Ah! peuple, si tu voulais!...[2]. »

Au milieu de cette crise, des journaux posaient et discutaient le problème social soulevé par l'émeute des chiffonniers; ainsi le *Temps* publia le 6 avril un article intitulé : « De l'expropriation des industries, à l'occasion des chiffonniers », dans lequel il reconnaissait qu'il y a « une véritable expropriation dans la ruine d'une industrie par le privilège ou la concurrence[3] ». Et l'*Echo de la Fabrique* adoptait avec empressement ce point de vue[4].

De plus en plus les événements rapprochaient les ouvriers et les républicains, et augmentaient le nombre des points de vue communs aux uns et aux autres. Les républicains, cependant, ne paraissent pas avoir compris immédiatement la signification des journées de novembre, ni avoir pensé au parti qu'ils en pouvaient tirer. Sans doute, la Société des Amis du peuple publia en décembre 1831 une brochure, la *Voix du*

1. *Journal des débats,* 4 avril.
2. *Ibid.,* 5 avril.
3. « L'empêcher, concluait le *Temps,* ce serait arrêter tout progrès; l'admettre sans condition, ce serait tout immoler au progrès. La raison d'Etat et l'humanité prescrivent des mesures transitoires. Si l'on ne peut stipuler des indemnités, qui deviendraient onéreuses, ne serait-il pas possible d'associer à la nouvelle industrie les intérêts de celle qui est supplantée ? »
4. 15 avril 1832.

peuple, où elle montrait les ouvriers lyonnais « toujours prêts à remuer quand la fièvre viendra tirailler leur estomac vide », opposait les riches et les pauvres, et déclarait qu'il fallait de nouvelles lois pour réorganiser la société; mais c'étaient là des phrases comme on en trouve beaucoup dans les écrits répandus par la Société avant novembre et dont les Saint-Simoniens avaient donné le modèle.

La même influence saint-simonienne se remarque dans un article écrit par Laurent (républicain venu, du reste, du Saint-Simonisme) quelques jours après l'insurrection de Lyon, et où il la représentait comme « le premier combat entre le maître et l'ouvrier, entre le bourgeois et le prolétaire », mais espérait, en même temps, que ce serait le dernier[1]. Et on la retrouve encore dans la déclaration que fit Blanqui au procès des Quinze (janvier 1832), et où il annonça la guerre des riches et des pauvres[2]. Mais ces tendances sociales restaient encore flottantes chez la grande majorité des républicains, et les sympathies dont elles témoignaient n'avaient pas été sanctionnées par une action commune.

Plus peut-être que l'insurrection lyonnaise, l'épidémie de choléra à Paris servit le parti républicain. Le fléau fut parti-

---

1. *Revue encyclopédique*, t. LII, p. 37.

2. « Ceci, dit-il, est la guerre entre les riches et les pauvres; les riches l'ont voulue, parce qu'ils ont été les agresseurs.... Les privilégiés vivent grassement de la sueur du peuple... Les oisifs exercent un indigne pillage sur les masses laborieuses. »

Dans un autre ordre d'idées, le passage suivant de la défense de Trélat, relatif aux suites de la Révolution de Juillet, est également à citer : « De généreuses sympathies s'étaient éveillées, des besoins d'égalité avaient surgi : ils ont été violemment foulés aux pieds, les susceptibilités populaires ont été blessées. »

Enfin il convient de relever dans la défense de Raspail quelques mots qui témoignent que, comme Buchez avec son *organisation*, il se préoccupait des questions de tarif et de la détermination du salaire; au nombre des principes indiqués par Raspail, qui régiront la société réformée se trouve celui-ci : « Le tarif du prix de travail est réglé a minima par un jury composé d'ouvriers et de maîtres et présidé par des magistrats, afin que le labeur de celui qui exécute et l'intelligence de l'inventeur aient la juste part qui leur revient dans le bénéfice de la vente. » (*Société des Amis du peuple, Procès des Quinze*, 1832.)

culièrement funeste dans les quartiers ouvriers, où la misère rendait les habitants moins aptes à lui résister ; et, comme si cette inégalité du sort n'était pas assez évidente, les riches avaient encore la possibilité, à laquelle ils ne manquaient guère de recourir, d'abandonner la ville où il sévissait. Grande fut la colère populaire.

Quoi qu'il en soit des causes essentielles du rapprochement entre ouvriers et républicains, l'entente était déjà en train de s'effectuer au milieu de l'année 1832; elle fut cimentée par les journées de juin. L'accord apparut à tous les témoins de l'émeute du 5 juin. Dans le cortège formé pour accompagner le corps du général Lamarque, on remarquait, disent-ils, des individus débraillés ou misérables, qui criaient *Vive la République! A bas Louis-Philippe! A bas la poire molle!*, mais aussi des « corporations d'ouvriers », avec leurs drapeaux et leurs devises, qui marchaient au milieu de la garde nationale et de la Société des Amis du peuple, notamment la corporation des teinturiers, dont l'enseigne portait, d'un côté : *Les teinturiers au général Lamarque*, et de l'autre : *Liberté, Ordre public*. Derrière eux, venaient les imprimeurs, avec une bannière sur laquelle on lisait : *Les imprimeurs au général Lamarque, défenseur de la liberté de la presse*. Il y avait encore la corporation des brasseurs et celle des chapeliers. Parmi les drapeaux, un drapeau rouge, avec les mots : *La liberté ou la mort!*[1]

On sait comment se produisit l'insurrection et comment, après deux jours (5 et 6 juin), elle fut écrasée. Par le concours que la classe ouvrière avait apporté aux républicains, l'entente fut scellée et le parti se trouva véritablement créé; mais, en même temps, apparurent, nettement distinctes, les deux nuances qu'on avait pu déjà y apercevoir : celle des républi-

1. *Vie politique et militaire du général Lamarque*,... 1832; *Relation des événements de Paris pendant les journées des 5, 6 et 7 juin*, 1832; *le Précurseur*, 8 juin 1832. Voyez aussi le rapport du général Pelet sur les événements des 5 et 6 juin. (Archives du ministère de la guerre, section historique, correspondance générale.)

cains politiques et celle des républicains sociaux, cette dernière grandement fortifiée. Carrel et le *National* avaient refusé de prendre part à l'insurrection[1]; mais la *Tribune*, organe de la fraction la plus avancée, s'engagea franchement, après les journées de juin, dans le mouvement de réforme sociale, et elle le déclara dans plusieurs articles qui ne laissent aucun doute[2].

En 1832, un fait d'un autre ordre se produisit, qui était de nature à accentuer encore les tendances sociales manifestées par le parti républicain : ce fut la constitution de l'Ecole sociétaire. Les doctrines fouriéristes étaient propres à séduire les ouvriers autant et même plus que les doctrines saint-simoniennes; chez Fourier, comme chez Saint-Simon et ses disciples, on trouve une âpre critique de l'organisation sociale existante, et Fourier a notamment poussé très loin l'analyse de la concurrence, base de cette organisation, dans laquelle il voit la cause de tous les malheurs sociaux; il a flétri les oisifs et les *parasites*, dont il s'est attaché à faire le recensement détaillé. Par ce côté et par d'autres, par exemple par le caractère anti-révolutionnaire de son argumentation destructive, la doctrine sociétaire présentait des analogies avec la doctrine saint-simonienne. Mais, dans sa partie construtive, elle s'appuyait sur des bases différentes et même opposées : au lieu de faire appel à l'autorité, à la hiérarchie, au pouvoir gouvernemental, elle n'attendait la réalisation de l'*état d'harmonie* que du libre jeu des passions, de la loi d'*attraction*.

C'était une des faiblesses de la doctrine saint-simonienne, au point de vue de la propagande près des prolétaires, que la proclamation de l'inégalité naturelle entre les hommes. C'en était une autre de n'avoir pas pu donner, comme aboutissement à la critique sociale, une solution suffisamment précise, suffisamment simple, pour que les masses, alors si peu éduquées socialement, pussent se l'assimiler. A ce point de vue,

1. Armand Carrel, *Œuvres politiques et littéraires*, t. III, p. 130, note de Littré.
2. Voyez, par exemple, les numéros des 26 juin, 6 et 7 juillet 1832.

Fourier réussit mieux : une des conclusions auxquelles il arriva (à la vérité par des chemins bien embroussaillés) fut l'association considérée comme base de l'organisation du travail.

Jusqu'à l'époque où nous sommes parvenus et où les théories sociétaires commencèrent à se répandre, l'idée d'association n'avait guère été comprise que d'après les Saint-Simoniens et d'après Buchez ; mais les premiers l'avaient laissée à l'arrière-plan dans l'ensemble de leurs conceptions et n'en avaient pas tenté l'analyse ; quant à Buchez, il avait édifié une théorie de l'association, mais d'une association toute particulière, possédant un but nettement défini, et impropre à fournir une solution complète du problème industriel.

L'association de Fourier est beaucoup plus étudiée, du moins au point de vue théorique ; réalisée, sous des formes multiples et infiniment variées, dans la phalange, elle doit, entre autres effets, supprimer les méfaits de la concurrence, mettre fin au salariat, permettre la juste répartition des produits de l'industrie entre le capital, le travail et le talent, et même l'allocation d'un minimum de moyens d'existence à qui ne travaillerait pas.

Les idées de Fourier, que la constitution de l'Ecole sociétaire et la fondation du recueil périodique le *Phalanstère*[1] commencèrent à répandre en 1832, pénétrèrent difficilement dans le peuple. On a dit qu'à ce moment l'Ecole sociétaire avait d'autant plus de chances de succès que le Saint-Simonisme était sur le déclin ; sans doute, la fin de l'année 1831 avait vu la rupture entre Bazard et Enfantin, et l'année 1832 la disparition du *Globe*, le procès, la condamnation et la dispersion de la famille saint-simonienne ; mais la propagande continua longtemps encore, soit dans les villes (Lyon par exemple) où des groupes de fidèles s'étaient maintenus, soit du fait de ceux des fils de Saint-Simon qui voyageaient en France ;

1. 1er juin 1832 ; au n° 15 (7 septembre) la *Réforme industrielle ou le Phalanstère*.

quant à l'esprit saint-simonien, il survécut, souvent très reconnaissable, même parmi les nombreux Saint-Simoniens qui passèrent au Fouriérisme.

En 1832, le Fouriérisme ne trouvait donc pas, en quelque sorte, la place nette. Aux yeux du public, il arrivait comme second en date par rapport au Saint-Simonisme ; sa propagande était loin d'avoir la même ardeur ; son allure extérieure n'excitait pas la même curiosité. Son succès, beaucoup plus lent, ne s'affirma que postérieurement aux événements dont nous nous occupons dans ce livre, Il convenait cependant de parler de l'Ecole sociétaire parce que son action, dès les années 1832, 1833 et 1834, commença à s'exercer sur le mouvement ouvrier.

A le considérer dans son ensemble, on ne trouve guère que sur un point son influence directe : à Lyon, Mais les chefs du parti républicain contribuèrent beaucoup à vulgariser, surtout à partir de la fin de 1832, cette formule, non pas exclusivement, mais essentiellement fouriériste de *l'association*[1], qui, bientôt, devint le mot de ralliement de toutes les forces ouvrières naissantes. Et non seulement ces républicains, Cavaignac, Raspail, Dupont, etc., se firent les propagateurs de certaines idées fouriéristes (à la vérité plus ou moins modifiées par eux), mais la Société des Droits de l'homme, qui, vers la fin de 1832, prit, à la place de celle des Amis du peuple, la direction du mouvement républicain, cita, dans plus d'une brochure, le nom de Fourier et fit une campagne incessante en faveur du principe d'association[2].

1. Parlant sur le droit d'association dans l'affaire de la Société des Amis du peuple, Cavaignac disait : « Je citerai, entre ceux qui développent cette idée d'avenir, la *Revue encyclopédique*, l'*Européen* et M. Fourier. Je citerai encore les Saint-Simoniens ; car nous ne sommes pas saint-simoniens, il s'en faut ; mais les hommes justes reconnaissent qu'au milieu de leurs erreurs ils ont soutenu avec dévouement des idées utiles, parmi lesquelles se trouve l'emploi de l'association. » — « La République et l'association, disait Cavaignac dans la même circonstance, voilà les deux artisans de la civilisation moderne. » (*Discours de M. Cavaignac sur le droit d'association.*)

2. Tchernoff, *ouv. cit.*, p. 127.

Du principe seulement; car, en fait, on n'en rencontre pas, dans les écrits républicains, de définition ou de description précise. Dans la *Tribune*, qui, à partir de 1833 surtout, exalta sans cesse l'association, on trouve, derrière le mot, des choses souvent différentes; ainsi, au cours d'un article où le rédacteur constate que le capital prime partout le travail, alors que le contraire devrait exister, on lit: « C'est l'association qu'il importe d'organiser, afin de faire passer les instruments du travail dans les mains de ceux qui travaillent. » Le passage semble viser la constitution de ce qu'on appellerait aujourd'hui des associations ouvrières de production; et cependant, parmi les moyens indiqués pour atteindre le but qu'il se propose, le journal n'indique comme association que des caisses de prévoyance[1]. Autre interprétation dans un article, intitulé: *De l'association industrielle*[2], qui peut paraître inspiré des idées de Fourier: il y est question de «l'association réelle et solidaire entre les manufacturiers et les ouvriers, entre le capital inerte et le capital actif, entre le capital argent et le capital main-d'œuvre», formule dans laquelle on peut faire rentrer aussi bien la participation aux bénéfices que les associations entre maîtres et ouvriers telles que, sous la seconde République, il s'en constitua un grand nombre.

Nous verrons que, dès la fin de 1833, des définitions plus précises de l'association devinrent possibles et furent même parfois données. Elles se dégagèrent à la fois de «l'instinct inventif» des ouvriers, et d'une analyse républicaine que la leçon des événements et des essais tentés par divers corps d'état permirent de pousser plus loin.

---

1. *La Tribune*, 31 janvier 1833.
2. *Ibid.*, 22 mars 1833.

CHAPITRE VII

Premiers signes d'une reprise du mouvement ouvrier.
(Second semestre de l'année 1832.)

Les ouvriers verriers de Givors et de Rive-de-Gier. — Coalition des ouvriers charpentiers de Paris. — Coalition des garçons tailleurs de Paris. — Les ouvriers ciseleurs de Paris. — Statuts d'associations ouvrières. — Pétitions. — Crise dans le Compagnonnage : création de la Société de l'Union des Travailleurs du Tour de France. — La limitation légale du travail des enfants dans les fabriques.

On trouve peu de renseignements sur le mouvement ouvrier pendant la plus grande partie de l'année 1832 ; ces quelques mois se passèrent sans incidents. D'ailleurs la presse ne signalait guère au public que celles de ces manifestations qui donnaient lieu à des poursuites. C'est pourquoi nous ne possédons, par exemple, aucun détail sur ces « corporations d'ouvriers » qui, suivant de nombreux témoignages, participèrent aux funérailles du général Lamarque.

Nous ne savons rien non plus de la fondation et des débuts d'une association qui nous apparaît, en 1832, comme puissante, celle des ouvriers verriers de Givors et de Rive-de-Gier : au mois de mars elle possédait un capital de 91,000 francs. Grâce aux ressources de leur société, les ouvriers étaient parvenus à tenir tête aux maîtres ; « ils avaient empêché toute diminution de salaire et n'avaient cédé aux réclamations de leurs maîtres à cet effet que sur le vu des livres et des opérations de ceux-ci[1] ». Cependant quand, à la fin de juin, les « grands garçons », puis les souffleurs de Rive-de-Gier formèrent une

1. *Précurseur*, 19 mars 1832.

coalition (qui resta pacifique jusqu'à la fin) et essayèrent d'entraîner les verriers de Givors, ils trouvèrent à qui parler : les maîtres, non seulement à Rive-de-Gier, mais aussi à Givors et à Vienne, suspendirent leur fabrication et décidèrent de ne la reprendre que quand les ouvriers auraient fait leur soumission. Dans les premiers jours de juillet, quatorze fours étaient arrêtés, dont huit à Rive-de-Gier, et près de cinq cents ouvriers sans occupation. Dix d'entre eux se rendirent à Saint-Etienne pour exposer leurs doléances aux autorités ; celles-ci se bornèrent à leur donner lecture des articles du Code pénal relatifs aux coalitions. Le 2 août, sept « grands garçons » de Rive-de-Gier furent condamnés à un mois de prison pour coalition. Cependant les verriers ne s'avouèrent vaincus qu'au début de septembre[1].

L'activité industrielle reprit décidément dans les derniers mois de l'année 1832, au moins pour certaines industries. Des coalitions se produisirent alors, assez calmes pour n'avoir pas, sauf quelques-unes, occupé la presse, assez nombreuses cependant pour avoir inspiré une certaine inquiétude. Celle des charpentiers de Paris appelle d'abord l'attention. Ce n'est pas qu'elle ait révélé quelque aspect inconnu, quelque orientation nouvelle du mouvement ouvrier, car les charpentiers, organisés en deux sociétés compagnonniques, la « Société des compagnons passants charpentiers » ou *bons drilles* (de beaucoup la plus puissante) et la « Société des charpentiers de liberté », étaient trop imprégnés de tradition pour être accessibles aux idées de réforme sociale. Mais cette coalition présenta une gravité assez grande pour que le gouvernement ait cru politique de montrer une certaine tolérance dans l'application de la loi. D'autre part, nous possédons sur ce conflit des renseignements qui nous permettent d'apprécier les rapports entre maîtres et ouvriers dans cet important compagnonnage.

1. *Mercure Ségusien*, 30 juin, 4 et 18 juillet, 4 août, 5 et 8 septembre 19 décembre 1832.

Il existait depuis 1807 une organisation des maîtres charpentiers de Paris, réglementée définitivement, sous le nom de Société des maîtres charpentiers de Paris, par une ordonnance de police du 7 décembre 1808[1]. Au commencement du mois d'août 1832, une certaine agitation se manifesta parmi les ouvriers charpentiers. Le 12, le bureau de la Société des entrepreneurs prévint par lettre le préfet de police que les ouvriers avaient l'intention de se réunir pour réclamer une augmentation de salaire. Dans cette lettre les maîtres reconnaissaient que le prix *légal*[2] de la journée de charpentier était de 3 fr. 50 (pour dix heures), mais non pas le prix *minimum*.

Le 14 août, une réunion extraordinaire du bureau eut lieu; à l'ouverture de la séance les membres furent informés, voit-on dans le procès-verbal, « des circonstances qui ont provoqué des réunions d'ouvriers ayant pour but de protester contre la mesure adoptée par un de ses membres, sans avoir préalablement consulté la Chambre, à l'effet de diminuer la journée des ouvriers charpentiers ».

Le bureau ne se contenta pas de blâmer ce maître charpentier (qui s'appelait Albouy) d'avoir agi en dehors de la Chambre; il condamna la réduction elle-même, « d'abord parce que le prix des journées maintenant en usage dans la ville de Paris est consacré depuis longtemps; ensuite parce que les soussignés reconnaissent que les ouvriers charpentiers se sont toujours distingués par leur esprit de modération et d'ordre ». En conséquence, les membres du bureau « maintenaient les prix actuels et déclaraient unanimement ne vouloir en aucune manière porter atteinte au salaire des ouvriers, qui est de 3 fr. 50 ».

Ceux-ci, informés des conditions ainsi reconnues par les maîtres, se présentèrent le 23 août devant le bureau pour

1. Cette Société porte aujourd'hui le nom de Chambre syndicale des entrepreneurs de charpente. M. Bertrand, son président, a bien voulu m'autoriser à prendre connaissance des procès-verbaux de la Société. J'y ai trouvé d'intéressants renseignements sur les coalitions de 1832 et de 1833.

2. C'est-à-dire : normal, courant.

réclamer que ce prix de 3 fr. 50 fût désormais fixé comme un minimum. « Pour toute réponse, porte le procès-verbal de la séance, les entrepreneurs donnent lecture aux ouvriers de la lettre envoyée par eux à M. le préfet de police », et où ils reconnaissaient le prix de 3 fr. 50 comme prix légal. Après discussion, ce chiffre fut définitivement admis de part et d'autre comme base légale du salaire ; des conventions particulières pourraient y déroger en ce qui concerne les ouvriers âgés ou trop jeunes.

Cependant des chantiers furent mis à l'index, l'agitation continuant, sans que les procès-verbaux indiquent quelle en était la cause générale ; on voit seulement que la Chambre faisait des démarches fréquentes, et toujours bien accueillies, près du préfet de police. Au cours d'une de ces visites, le préfet « blâma fortement les ouvriers de l'espèce de tyrannie qu'ils prétendent exercer envers les entrepreneurs en interdisant leurs chantiers. Il promit de s'occuper très sérieusement de cette affaire et fit espérer à la commission qu'avant peu de jours toute interdiction serait levée ».

Au début de novembre, deux maîtres charpentiers étaient encore à l'index : Albouy, et Salvy autre entrepreneur qui avait voulu imposer la journée de douze heures à ses ouvriers du Pecq, et qui, comme ils résistaient, avait refusé de leur remettre leurs livrets. Plusieurs arrestations furent alors opérées. La Société des compagnons passants charpentiers se réunit, prononça un interdit de cinq ans contre Salvy et décida la cessation générale des travaux si les compagnons arrêtés n'étaient pas remis en liberté. Cette menace, émanant d'une assemblée de cinq mille ouvriers, effraya les pouvoirs publics ; le préfet de police, le procureur général et le ministre de l'intérieur (Thiers) furent d'accord pour ne pas appliquer trop sévèrement les dispositions du Code pénal[1]. « L'autorité, prévoyant que cent cinquante mille ouvriers

---

1. Arch. nat., BB18 1210 : lettres du ministre de l'intérieur (7 novembre) et du procureur général (13 novembre).

seraient sans travaux pendant que les charpentiers seraient inoccupés, a mis les compagnons en liberté sous caution jusqu'au jugement », écrivaient les ouvriers dans une lettre qu'une députation porta à la *Tribune*. Cette lettre se terminait par ces mots : « Agréez les salutations respectueuses d'un corps d'état qui ne fait point d'émeutes, quoiqu'il se réunisse souvent au nombre de plusieurs milliers, et qui ne se laisse pas influencer ni pousser au désordre[1]. »

Le procès des ouvriers charpentiers inculpés, au nombre de cinq, du délit de coalition fut jugé le 22 décembre ; quatre furent condamnés à trois mois d'emprisonnement. Leur avocat fit à plusieurs reprises l'apologie du principé d'association, grâce auquel « la coalition des pauvres, forte du nombre et par la vérité de ses besoins, peut traiter de puissance à puissance avec la coalition égoïste des riches ». Les considérations de cet ordre avaient été, on peut l'affirmer, tout à fait étrangères à l'agitation des charpentiers, comme elles étaient étrangères à la conception compagnonnique en général des conflits industriels. Pourtant la condamnation des ouvriers charpentiers inspira au plus avancé des journaux républicains un article véhément où il montra les classes inférieures écrasées de tous côtés par la loi[2].

En même temps que les charpentiers, les garçons tailleurs d'habits de Paris s'étaient coalisés ; ils gardaient rancune à leurs maîtres d'avoir voulu diminuer les salaires en 1831. « Aujourd'hui, écrivait un ouvrier tailleur le 17 novembre 1832[3], que le choléra, la misère, les combats de juin et les sergents de ville ont considérablement diminué le nombre des ouvriers et que l'ouvrage presse, nous avons jugé à propos d'user de représailles. » Les ouvriers avaient donc demandé une augmentation de salaire, que les maîtres, coalisés de leur côté, au moins en partie, avaient refusée ; l'arrêt général

1. *Tribune*, 18 novembre 1832.
2. *Ibid.*, 25 et 26 décembre 1832.
3. *Ibid.*, 18 novembre 1832.

des travaux avait amené la plupart d'entre eux à composition; pour venir à bout des autres, le signataire de la lettre faisait appel au concours de tous les apiéceurs; il terminait par la formule : *Salut et fraternité*. Finalement les ouvriers sortirent vainqueurs de ce conflit.

A la fin de l'année 1832, il y eut d'autres coalitions : celles des serruriers de Paris, des tailleurs de Clermont-Ferrand, des fileurs de Rouen, etc., affaires sur lesquelles les détails manquent[1].

A Paris, les ouvriers ciseleurs s'assemblaient fréquemment pour délibérer sur une demande d'augmentation de salaire. Un journal[2] ayant écrit à ce sujet : « On ne peut que regretter de voir ces sortes de réunions se multiplier », un ciseleur répondit, au nom de ses camarades, par une lettre[3] où il disait que depuis trente mois le salaire de la profession était tombé de six à trois francs. « Cependant notre appétit est resté le même. » Puisque personne ne s'occupait des besoins des ouvriers, il fallait bien qu'ils s'en occupassent eux-mêmes. « Ce n'est pas bien, continuait le signataire de la lettre, d'agir ainsi contre de pauvres ouvriers; ce n'est pas libéral d'être plus intolérant que la police. »

Mais, dans les derniers mois de 1832, l'action ouvrière naissante ne se traduisait pas seulement par les coalitions ou les assemblées de certains corps d'état; il y avait aussi un mouvement prononcé et original vers l'association. Dans les deux règlements suivants, dont nous donnons l'analyse, on retrouvera sans peine l'influence des idées sociales qui envahissaient alors la classe des prolétaires, mais aussi des préoccupations qui sont familières aux syndicats ouvriers de l'époque contemporaine.

C'est par ce dernier caractère que se distingue le règlement de la Société d'union fraternelle et philanthropique des

1. *Echo de la Fabrique*, 20 janvier 1833.
2. Le *Courrier Français*, 6 novembre 1832.
3. Reproduite par l'*Echo de la Fabrique*, 2 décembre 1832.

ouvriers tisseurs[1], fondée à Paris le 14 octobre 1832. Il contient notamment toute une série de dispositions sur la « présentation des tarifs » aux fabricants ; en cas de rejet, un secours de dix francs est alloué à chaque sociétaire. Il ne s'agit pas d'un tarif général entre fabricants et tisseurs, mais de contrats d'établissement ; la Société est, du reste, administrée par des conseils de fabrique, dont la réunion forme le grand conseil. A côté de la Société d'union fraternelle, il existe bien une société de secours mutuels ; mais les membres de la première ne sont nullement tenus de faire partie de la seconde ; seulement s'ils y sont adhérents, la Société d'union fraternelle perçoit, outre la cotisation (qui lui est due) de 70 centimes par mois, 30 centimes pour la société de secours mutuels. Tout sociétaire devenu chef d'atelier ou fabricant cesse de faire partie de la Société.

Le texte de ce règlement est précédé d'un discours prononcé par le président Gardèche le 4 novembre 1832. Notre profession, dit-il, va depuis longtemps à sa ruine. « La concurrence en est la principale cause : les marchands se firent la guerre entre eux, la concurrence les écrasa ; ils s'en prirent aux fabricants qui, à leur tour, s'en prirent aux ouvriers par la réduction du salaire. » Mais il faut s'empresser de profiter de la reprise commerciale : « Trop longtemps on a spéculé sur notre salaire ; contraignons, s'il se peut, par des moyens pacifiques et honorables, le négociant à spéculer sur le consommateur ». Enfin, la devise de la Société devait être, d'après Gardèche : *Respect aux lois, secours aux frères.*

Le règlement de la Société de l'union des doreurs de Paris[2] est un produit encore plus caractérisé des idées nouvelles. Cette société, « progressive et impérissable », est composée d'ouvriers, « grands et puissants par la connaissance qu'ils ont acquise de la dignité de l'homme qui travaille

1. *Société d'union fraternelle et philanthropique des ouvriers tisseurs, fondée à Paris le 14 octobre 1832*, in-8.
2. Bibl. nat., Lb[51] 4760.

pour vivre et faire vivre ceux qui ne travaillent pas » ; de plus, « ayant conscience que l'industriel prolétaire est l'homme le plus utile, ils ont placé ce dernier au premier degré de l'échelle sociale en lui faisant accepter les conditions suivantes ». Le règlement fixe le prix et la durée des journées ; il interdit aux doreurs de travailler aux pièces, excepté toutefois les réparateurs, « car l'homme le plus habile peut absorber l'ouvrage d'un autre » ; de même, « on ne doit plus travailler à l'année pour aucun des entrepreneurs de dorure et peinture, car la dignité de l'ouvrier du XIXe siècle ne lui permet plus d'être le très obéissant serviteur d'autrui ». Pour sauvegarder « la sûreté et l'existence » de la Société, menacées par l'article 291 du Code pénal, elle est divisée en sections de vingt membres ; la section centrale se compose de tous les présidents et secrétaires de section, plus un membre par section, à tour de rôle. Enfin l'année 1832 est considérée comme la « première année de la rénovation industrielle des doreurs », expression qui évoque le souvenir de l'Ere de la Régénération, commencée en 1828 pour les ouvriers en soie de Lyon.

Dans un autre ordre d'idées, il convient de relever également la nouvelle constitution que les ouvriers tailleurs de Paris donnèrent à leur Société philanthropique, au cours du conflit qu'ils eurent avec leurs maîtres à la fin de 1832. Le préambule du nouveau règlement, adopté le 1er décembre, affirma la nécessité de l'association pour le soutien moral et matériel des ouvriers ; chose plus remarquable, les rédacteurs des soixante-seize articles qui constituaient les statuts proprement dits avaient en grande partie pris pour modèle l'organisation de la Société des Droits de l'homme. La Société philanthropique était formée de séries, divisées chacune en sections ; chaque section avait vingt membres au plus, un chef, un sous-chef et trois quinturions ; une série avait de cinq à neuf sections, un chef et un sous-chef élus par les chefs de section de la série ; un comité directeur (président, vice-président et caissier) était élu par l'ensemble des membres ; il se choisissait un secrétaire. Le conseil de la Société se composait ainsi : le comité directeur et le secrétaire, tous les chefs de série et deux chefs de section par série à tour de rôle; en tous cas, il ne devait pas avoir plus de vingt membres; le conseil se réunissait tous les mois[1]. Le droit d'admission était d'un franc ; la cotisation, de 0 fr. 50 pendant les six premiers mois de l'année, où le travail était plus rare, et d'un franc pendant les six autres mois. Le règlement fixait l'allocation de secours aux membres malades et indiquait que la Société se chargeait de leurs funérailles. Au point de vue du travail, il ne portait que cette disposition, de sens fort imprécis : « Lorsque les fonds s'élèveront à deux mille francs, la Société délibérera pour accorder des secours aux sociétaires sans travail. »

Les ouvriers n'avaient pas encore complètement renoncé à envoyer des pétitions aux pouvoirs publics. Dans l'une d'elles, destinée à la Chambre des députés, « les ouvriers de Paris » remarquaient que la Révolution de 1830 avait été l'œuvre du peuple et que « cependant sa victoire lui a peu profité jusqu'ici » ; sans doute, il y avait eu des réformes, mais de telle nature qu'elles étaient « sans intérêt immédiat pour le peuple des ateliers et des chaumières », qui pourtant forme les 29/30es de la nation[2].

D'autres, petits commerçants, chefs d'atelier et ouvriers de Nantes, « dont les droits politiques ne figurent qu'au budget », prolétaires vivant au jour le jour, demandaient le rétablissement des corporations; ce serait, de la part des députés, rendre un bien meilleur service aux prolétaires que de leur conseiller (comme beaucoup le font), pour être heureux

1. On remarquera l'analogie entre la section de la Société des tailleurs, avec ses trois quinturions, et la loge mutuelliste avec ses quatre indicateurs; — entre le conseil central des tailleurs et la section centrale des doreurs, qui, de plus, ne sont pas sans ressemblance avec le conseil des présidents de centrale dans l'Association des Mutuellistes.

2. *Précurseur*, 22 novembre 1832; *Echo de la Fabrique*, 9 décembre 1832.

de ne pas se marier, et de se priver de leur seul bonheur, celui de la paternité [1].

La fermentation qui depuis la Révolution de Juillet travaillait la classe ouvrière provoqua, en 1832, un certain ébranlement du Compagnonnage : son organisation séculaire reçut un coup sensible par la constitution de la Société de l'Union des travailleurs du Tour de France. Cette constitution, dont les détails manquent de précision, fut l'aboutissement pratique d'une suite d'événements particuliers qui tous présentaient le caractère d'une lutte des idées de liberté contre « l'esprit d'aristocratie », pour employer l'expression de Perdiguier.

Sans doute, des causes d'ordre industriel et économique s'exerçaient déjà puissamment contre le Compagnonnage, figé dans ses règles archaïques; sans doute, certaines sociétés compagnonniques agonisaient, et leur décadence ne cessait de s'accentuer et de s'étendre à d'autres; le vieil arbre s'épuisait, et la sève se retirait successivement de ses branches. Mais, en 1832, au dépérissement par anémie, pour ainsi dire, vint

1. *Projet de pétition des petits commerçants, des chefs d'atelier et des ouvriers de Nantes*, 1832. — Aux jeunes ouvriers on déconseillait le mariage ; aux ouvriers mariés on recommandait de limiter leur postérité. — A la séance, tenue le 8 mai 1831, de la Société de prévoyance et de secours mutuels des Amis de l'industrie, à Metz, un discours fut prononcé en faveur des idées de prudence dans le mariage : « En soumettant, fut-il dit notamment, leurs mariages aux calculs de la prévoyance, les classes ouvrières peuvent régler elles-mêmes leurs revenus. » — Dans son numéro du 22 septembre 1833, l'*Echo de la Fabrique* reprit la même thèse : « Si les ouvriers se marient, ils doivent rester encore assez réservés pour éviter qu'un trop grand nombre d'enfants ne change le mariage, qui doit être une association de douceur, en une source de malheurs et de dépravations... En donnant naissance à des enfants, l'ouvrier crée des concurrents et reste exposé au manque de travail et à la baisse des salaires. » Si l'on en croit Villermé (*Tableau de l'état physique et moral des ouvriers*, t. I, p. 392-394), les ouvriers en soie de Lyon mettaient cette doctrine en pratique. — Au mois de décembre 1833, M. Dunoyer, préfet de la Somme et membre de l'Académie des sciences morales, adressa aux maires de son département une circulaire où on lit : « Il n'y a pas, pour les familles pauvres, deux manières de se tirer d'affaire : ces familles ne peuvent s'élever qu'à force d'activité, de raison, d'économie et de prudence ; de prudence surtout dans l'union conjugale et en évitant avec un soin extrême de rendre leur mariage plus fécond que leur industrie. » (Citée par de Villeneuve-Bargemont, *Économie politique chrétienne*, t. I, p. 237.)

s'ajouter une crise aiguë, due à des raisons morales et sociales qui, depuis 1830 surtout, s'annonçaient. Les révoltes des *aspirants* contre les compagnons dans diverses villes ne sont pas sans analogie avec la Révolution de Juillet, dont l'esprit semble les avoir en partie inspirées. Cette analogie, Perdiguier paraît l'avoir aperçue : « On se demande quelquefois, écrit-il dans la première édition de son *Livre du Compagnonnage*[1], pourquoi les compagnons du Devoir et leurs aspirants ont si souvent des scissions entre eux ? Pourquoi? Parce que les lois qui les régissent n'ont jamais été réformées, améliorées, parce que de nos jours, comme dans les temps féodaux, les compagnons veulent faire de leurs aspirants ce que les anciens seigneurs faisaient de leurs serfs. Les serfs se sont révoltés, se sont affranchis; les aspirants se révoltent et s'affranchissent de même. » Et il invite les compagnons du Devoir « à suivre une marche analogue au temps où nous sommes ».

La scission définitive survint, en effet, à la suite de demandes de réformes que les compagnons refusèrent aux aspirants[2]. La première, celle qui, du reste, résumait toutes les autres, avait été l'établissement de l'égalité entre aspirants et compagnons, autrement dit l'abolition des privilèges et des prétendues supériorités de personnes, de sociétés, de métiers, qui constituaient toute une partie des règles compagnonniques, au nom desquelles les compagnons « exploitaient », humiliaient, en un mot gouvernaient les aspirants, et dont le maintien occasionnait journellement des batailles presque toujours sanglantes, parfois même suivies de mort d'homme.

La Société de l'Union se constitua donc sur la base de l'égalité : égalité des membres entre eux, égalité de profes-

---

1. *Le Livre du Compagnonnage*, 1839, p. 85.

2. Sur la constitution de la Société de l'Union, voyez notamment la *Notice historique sur la fondation de la Société de l'Union des Travailleurs du Tour de France, rédigée et proposée par le sociétaire Marquet*, 3e édition, Tours, 1900. Les tendances égalitaires et réformatrices des fondateurs de la Société de l'Union y apparaissent clairement.

sions entre elles. Elle supprima les initiations secrètes, toujours puériles, souvent brutales et grossières ; mais elle s'organisa sur le modèle du Compagnonnage, en vue des mêmes services, et en lui empruntant jusqu'à certains termes : *Tour de France, mère, quatre corps*, etc.

La rivalité entre compagnons et « sociétaires » engendra des haines vivaces, que des batailles répétées pendant des années eurent peine à atténuer. La Société de l'Union, si elle réussit, par le fait même de sa fondation, à entamer le Compagnonnage, ne parvint jamais à l'égaler dans l'action corporative, car, dominée bientôt par des préoccupations exclusivement mutualistes, elle cessa de prendre aucune part au mouvement ouvrier. Les conditions de sa création nécessitaient pourtant d'être rappelées, car elles précisent l'esprit de l'époque et aident à déterminer la situation dans laquelle se trouvait le Compagnonnage par rapport aux tendances nouvelles[1].

Le recul de l'histoire a pu seul donner leur véritable valeur aux faits que nous venons de relater ; les contemporains les ignoraient, ou tout au moins ne pensaient guère à les rapprocher les uns des autres, et on ne doit pas s'étonner qu'ils ne leur soient pas apparus comme les signes avant-coureurs d'une action collective des prolétaires. Du reste, en cette fin de l'année 1832, l'agitation était bien plus dans les pensées que dans les actes : elle se traduisait moins par des manifestations que par un travail, dans l'ensemble silencieux, d'organisation et de préparation (ce que nous dirons du mouvement ouvrier à Lyon en 1832 viendra encore à l'appui de cette assertion). Pourtant cette évolution agissait, obscurément d'ailleurs, sur la presse républicaine : ainsi, après la *Tribune* qui, on l'a vu, s'était engagée nettement dans le parti de la république sociale, le *National*, d'une façon plus lente

1. Cette crise intérieure n'empêcha pas, du reste, les ouvriers cordonniers et les ouvriers boulangers de continuer à réclamer leur admission dans le Compagnonnage, et les ouvriers en soie de fonder à Lyon, précisément en 1832, une société compagnonnique, dont nous parlerons plus loin.

et plus réservée, entrait dans la même voie et devenait l'avocat de l'association et de l'*organisation du travail*[1].

Dans le parti ministériel, on ne pouvait plus expliquer cette sourde agitation ouvrière par la misère, car celle-ci allait en s'atténuant; ni par les menées carlistes, car le parti de Charles X (on avait fini par s'en rendre compte) n'avait jamais exercé la moindre influence sur les ouvriers, même dans les débuts du nouveau régime; quant au parti républicain, à ce moment où la Société des Amis du peuple disparaissait de la scène politique, et avant que la Société des Droits de l'homme l'y eût pour ainsi dire officiellement remplacée, le danger d'un accord qu'il aurait pu contracter avec les rares groupements corporatifs connus ne paraissait pas imminent, si tant est même qu'on y pensât.

Cependant le pouvoir avait des craintes; il en trouvait le motif dans la « simultanéité de certains symptômes d'agitation », dans la croyance à « quelque plan formé pour exciter la fermentation et provoquer des troubles de rue, dans des bruits d'émeute à une date déterminée[2] ».

Un instant on put croire que le gouvernement lui-même allait donner un gage aux partisans des réformes sociales. Sur l'invitation de Guizot, ministre de l'instruction publique, le recteur de l'académie de Strasbourg soumit à la Société industrielle de Mulhouse, qui depuis 1827 réclamait la limitation légale de la journée de travail pour les jeunes ouvriers des fabriques, une série de questions relatives à cet objet. Saisie de cette communication dans sa séance mensuelle du 30 janvier 1833, la Société industrielle l'examina, comptant bien qu'un projet de loi ne tarderait pas à être déposé; l'important rapport qu'elle envoya en mars à Guizot ne décida pas le gouvernement à agir; mais les lignes suivantes, par lesquelles ce

1. Voyez par exemple le numéro du 19 novembre 1832 : « La véritable base de *l'ordre public* ne consiste point, comme on semble le donner à penser, dans la *forme* du pouvoir monarchique ; elle gît exclusivement dans l'*organisation du travail.* »

2. *Courrier français*, 15 novembre 1832.

document débute, sont dignes d'être reproduites : « Après avoir pendant de longues années fixé les méditations, en apparence stériles, de quelques rêveurs philanthropes, les idées d'amélioration et de progrès se généralisent de plus en plus; elles attirent aujourd'hui l'attention même des gouvernants. Les utopies deviennent des réalités[1]. »

1. *Bulletin de la Société industrielle de Mulhouse*, n° 28; et rapport sur les travaux de la Société pendant l'année 1833.

CHAPITRE VIII

Les ouvriers en soie de Lyon, en 1832.

Le *Précurseur* et le *Courrier de Lyon*. — L'*Echo de la Fabrique*, journal corporatif; abus à combattre ; projets d'associations; espérances fondées sur le nouveau Conseil des prud'hommes. — L'*Echo de la Fabrique*, organe de la « caste prolétaire »; influence des doctrines saint-simoniennes. — Il perd une partie de son autorité morale. — La Société des compagnons tisseurs ferrandiniers.

Après l'insurrection de novembre 1831, l'ordre matériel fut, comme on l'a vu, promptement rétabli à Lyon. Le gouvernement, d'une part, donna aux ouvriers en soie quelques satisfactions, d'autre part, annula le tarif, en interdit absolument le rétablissement et prit, à tout hasard, de sérieuses précautions militaires. Il se flattait par là de conserver sa popularité en même temps qu'il assurait le respect de la légalité et la tranquillité publique.

La commotion de novembre eut pourtant des effets plus profonds et plus lointains. On peut trouver significatif que, quelques semaines après l'insurrection, les intérêts des ouvriers en soie soient déjà devenus, par un certain côté du moins, matière d'ordre politique : le *Précurseur*, qui venait de passer au parti républicain, entreprit, par la plume d'Anselme Petetin, son rédacteur en chef, par celle de Jules Favre, etc., de défendre leur cause; contre lui s'éleva, le 1er janvier 1832, le *Courrier de Lyon*, dont Monfalcon assuma la direction, et qui, s'il fut indépendant du gouvernement, comme Monfalcon l'a affirmé[1], n'en suivit pas moins une politique

1. Monfalcon, *Histoire des insurrections de Lyon*, p. 159.

exclusivement ministérielle, et notamment surveilla de près les faits et gestes des ouvriers.

La lecture de l'*Echo de la Fabrique* en 1832 ne nous renseigne qu'imparfaitement sur la vie corporative des ouvriers en soie, car cette feuille ne représente qu'une des tendances qui se développaient parmi eux, en ce moment où ils cherchaient encore la ligne de conduite à adopter. Il convient de l'étudier successivement comme organe purement corporatif et comme organe de la *caste prolétaire*.

La publication d'un journal corporatif avait été l'objet principal que s'étaient proposé les fondateurs de l'*Echo de la Fabrique*[1]. Ils l'avaient dit, on s'en souvient, dans leur prospectus; les rédacteurs le répétèrent le 22 janvier 1832, dans un article qui est comme un second programme : « Maintenant, nous allons reprendre notre mission », déclaraient-ils; notre feuille est « toute industrielle; le seul but, en la créant, a été de provoquer des améliorations pour une classe laborieuse... qui se meurt dans les angoisses de la misère; » l'unique moyen à employer, c'est de poursuivre la destruction des abus qui se commettent dans la Fabrique ; les journées de novembre ont écarté l'*Echo* de sa route; il y revient et énonce une liste de réformes purement industrielles, dont la réalisation doit d'abord être tentée : « 1° que le bénéfice du chef d'atelier ne soit pas absorbé par les frais de montage du métier, ou que, dans ce cas, il y ait indemnité proportionnée aux frais de montage de la part du négociant; 2° indemnité au chef d'atelier pour les courses inutiles; 3° du passage des nuits sans aucune gratification », etc.[2]

Le moyen de réformer les abus ainsi énumérés devait être, outre la publicité du journal, une association de chefs d'ate-

1. Le 12 février 1832, une société, en nom collectif quant à Falconnet, et en commandite à l'égard des autres associés, fut constituée pour la continuation de la publication de l'*Echo;* le capital était formé de soixante actions de cinquante francs.

2. De nombreux articles furent publiés ultérieurement dans l'*Echo de la Fabrique* sur ces divers points.

lier et d'ouvriers en soie. Il y avait bien celle, non encore développée, des Mutuellistes; mais le gérant de l'*Echo*, Falconnet, qui n'avait « fait partie ni de la première ni de la dernière association », n'était pas partisan, il l'a dit lui-même[1], d'une société industrielle pleine « de mystères et de secrets ». Il aurait voulu « une association publique et générale, où tout ce qu'il y a d'hommes philanthropes dans toutes les classes eussent été admis... J'étais partisan, ajoutait-il, d'une association semblable au projet présenté par M. Benjamin Rolland ».

Ce projet, établi sur les bases de la Société protestante de secours mutuels (à la création de laquelle Rolland avait participé) et que l'*Echo de la Fabrique* discuta longuement, était un de ceux qui avaient été présentés à ses rédacteurs et qu'ils soumettaient à l'appréciation des ouvriers en soie. Ceux-ci y firent de nombreuses objections, que le journal publia et auxquelles Rolland répondit. La principale critique présentée résidait dans la composition prévue pour la commission centrale : la place qui y était faite aux membres honoraires était telle qu'on pouvait craindre que l'association fût en réalité dirigée par eux; et c'est en se plaçant au point de vue des idées d'égalité que, par exemple, le rédacteur en chef de l'*Echo*, Vidal, en faisait la critique : « On parle toujours d'égalité, dit-il; pourquoi donc, dans le projet d'association de M. Benjamin Rolland, veut-on établir une aristocratie ? » Rolland répliquait : « Les ouvriers en soie ne peuvent pas, par leurs seules ressources, suffire à toutes les charges d'une association qui doit pourvoir à tant de résultats : secours en cas de maladie, secours en cas de cessation de travail, encouragements pour le travail, pour l'assiduité, pour la conduite, pour l'instruction, fondation d'une bibliothèque industrielle », et, peut-être encore, organisation d'une caisse de prêts[2].

1. *Tribune prolétaire*, 26 avril 1835, article de Falconnet.

2. *Echo de la Fabrique*, 26 février, 25 mars, 8 et 15 avril 1832. — Voyez de plus le *Précurseur* du 19 mars.

Mais les rédacteurs de l'*Écho de la Fabrique* indiquaient aussi « un autre mode, qui se rattache aux anciennes sociétés connues sous le nom de sociétés d'*arts et métiers* », et en outre « une organisation par cercles industriels, formant une caisse de prêts où les chefs d'atelier pourraient puiser des fonds, soit dans un temps mauvais, soit lorsqu'ils seraient forcés à faire de grands frais pour monter de nouveaux articles; cette société serait plutôt des cercles d'amis qu'une société de bienfaisance. » L'*Écho de la Fabrique* se défendait, du reste, de vouloir diriger ses lecteurs : « Nous ne voulons pas imposer aux artisans une société faite pour nous et par nous ; nous laissons aux masses le soin de se choisir le mode qui leur conviendra le mieux. Nous ne voulons point non plus blâmer les sociétés existantes » (ceci dit, évidemment, pour le Mutuellisme). Finalement l'*Écho* invitait les ouvriers en soie à rechercher et à adopter le meilleur mode d'association et à s'y tenir, « sans enfreindre les lois, bien entendu ».

L'idée des cercles était déjà en voie d'application, comme le fit savoir une communication d'un lecteur de l'*Écho de la Fabrique*[1] : pour lui, les anciennes sociétés de bienfaisance ne constituaient qu'un palliatif insuffisant ; c'est par le travail seul, remarquait-il, que l'ouvrier peut sortir de sa position difficile, « et non par quelques *bons* qu'on lui délivrera quand il sera malade, secours tardifs qui ne font que prolonger la misère sans l'écarter » ; mais il voyait un moyen dans la constitution d'un *Cercle industriel*, pour lequel quelques-uns de ses amis et lui avaient déjà fait une mise de fonds.

On possède les statuts primitifs d'un cercle industriel[2], qui est sans doute celui-là. La brochure qui les renferme débute par des considérations dont l'analyse présente de l'intérêt. Les lois, y voit-on, n'accordent aux prolétaires « que

1. *Echo de la Fabrique*, 3 mars 1832.
2. *Projet d'association des chefs d'atelier de Lyon et des villes-faubourgs*, pièce in-8, 1832.

le droit de mourir de faim lorsque le travail leur manque ». et cette situation misérable résulte principalement « de l'impossibilité où se sont trouvés les ouvriers d'opposer de la résistance aux empiètements journaliers de leurs droits et de leurs intérêts par les fabricants ». Le remède consiste dans l'association. Plusieurs chefs d'atelier se sont donc réunis « pour former une société dont le but sera d'améliorer peu à peu le sort physique et moral » des ouvriers en soie ; dans les assemblées hebdomadaires de ses adhérents, « on discutera les moyens propres à déjouer ou prévenir les actes arbitraires des fabricants, en employant la force d'inertie, la seule qui soit légale, et, en même temps, la seule qui puisse amener un bon résultat ».

Les fondateurs du Cercle industriel marchaient d'accord avec la rédaction de l'*Écho de la Fabrique* : tous les membres devaient être abonnés au journal ; en échange, celui-ci s'engageait à insérer gratuitement leurs réclamations, et leur offrait des conditions spéciales pour faire des annonces au bureau d'indication qu'il avait ouvert.

Le Cercle devait, en réalité, être une association de vingt cercles, composés chacun de trois sections de vingt membres, et dont les présidents formeraient le cercle central. Pour garantir l'indépendance des chefs d'atelier vis-à-vis des fabricants, une caisse de prêts serait établie au moyen d'une première mise de fonds de cinq francs, et maintenue grâce à une cotisation individuelle d'un franc par mois ; les prêts comporteraient un intérêt annuel de cinq pour cent et ne pourraient dépasser cent francs.

Le Cercle commença à fonctionner le 1er mai 1832 ; mais, ni à ce moment, ni plus tard, il ne rencontra le succès[1]. Pour nous, il reste comme le type d'organisation préféré et appuyé par l'*Écho de la Fabrique*.

Avant la constitution définitive du Cercle, le journal avait encore songé à d'autres modes de groupement. Ainsi, il avait

1. Voyez Office du travail, *Associations professionnelles ouvrières*, t. II, p. 256.

proposé[1] aux fabricants de décider qu'ils se réuniraient tous les deux mois en assemblée générale et tous les mois en assemblées de spécialité (assemblées auxquelles pourraient assister les chefs d'atelier), pour discuter les intérêts de l'industrie ou ceux de ses diverses branches. « Une cotisation annuelle serait faite entre tous les fabricants, à l'effet de produire un capital dont la rente serait affectée aux essais divers de machines ou procédés dont la découverte pourrait être utile, et qui d'ordinaire ne peuvent être employés faute des fonds nécessaires pour leur confection première. » Cette idée ne reçut aucune application.

Quelques mois plus tard, l'*Écho de la Fabrique* s'intéressa au projet, déjà mentionné dans son prospectus, d'une « maison centrale de fabrique d'étoffes de soie[2] ». Le 25 novembre, il donna l'analyse d'un plan provisoire qu'il avait reçu d'un « propriétaire philanthrope ». Il s'agissait d'une société entre chefs d'atelier, ouvriers et commis : les associés apportaient leurs métiers, dont chacun était considéré comme équivalent à une action, ou bien ils prenaient une action, laquelle était de mille francs ; les « capitalistes » pouvaient également souscrire. L'intérêt était fixé à quatre pour cent, et les bénéfices devaient être partagés au prorata des mises.

De nombreuses souscriptions furent effectuées, et une commission de quinze membres nommée, au cours d'une réunion tenue dans les bureaux de l'*Écho de la Fabrique*. Quelques semaines après, un lecteur ayant demandé ce que devenait le projet de maison centrale, le journal répondit : « Ayant

1. 25 mars 1832.

2. Il avait aussi été question, après l'insurrection de novembre, d'ouvrir un certain nombre de maisons, six, huit, dix, etc., suivant les facilités d'exécution. Elles auraient été « formées en nom collectif pour les chefs d'atelier qui y seraient intéressés, et en commandite, soit pour les capitalistes qui y placeraient leurs fonds, soit pour la ville de Lyon ou le gouvernement, s'ils jugeaient convenable de fonder une banque de commandite spécialement affectée à la Fabrique de soie ». (*Précurseur*, 6 et 10 décembre 1831.) On trouve là la preuve de l'influence qu'exerçaient déjà les idées saint-simoniennes parmi les ouvriers en soie de Lyon.

reconnu la difficulté d'une entreprise aussi gigantesque, nous y avons renoncé quant à nous[1]. »

Pour la réalisation de ce dernier projet, l'*Écho de la Fabrique* n'avait guère fait que prêter son concours. En effet, depuis plusieurs mois déjà, il ne comptait plus faire accepter par un nombre suffisant d'ouvriers en soie l'un ou l'autre des types d'association qu'il avait présentés ; et la raison, c'est que, comme on le verra, ceux-ci avaient déjà fixé leur choix. L'*Écho de la Fabrique*, revenant sur la condamnation qu'il avait prononcée, mit son espoir dans le Conseil des prud'hommes, reconstitué selon les termes de l'ordonnance du 15 janvier 1832[2]: « Une ère nouvelle va s'ouvrir pour la Fabrique. Le nouveau Conseil doit opérer de nombreuses réformes et faire disparaître un grand nombre d'abus ; » les fabricants et les ouvriers ne manqueraient pas de s'entendre « afin d'établir une jurisprudence sur des bases larges et solides, » et il en résulterait en définitive la réunion de « deux classes séparées trop longtemps en deux camps[3]. »

Qu'attendait, au juste, l'*Écho de la Fabrique* de l'action du Conseil des prud'hommes ? La destruction graduelle de tels ou tels abus qui régnaient dans la Fabrique, ou l'établissement de conditions générales de travail, plus exactement d'un tarif de façons ? Le préfet du Rhône, Gasparin, déposant au cours de l'instruction sur l'affaire des accusés d'avril[4], a émis cette opinion que, de 1830 à 1834, les ouvriers en soie n'eurent jamais en vue que l'établissement d'un tarif ; d'abord ils cherchèrent à l'obtenir de l'autorité elle-même, et ce fut là l'origine des événements de novembre ; ayant échoué de ce côté, ils essayèrent d'introduire le tarif par voie réglementaire : « C'est dans le nouveau Conseil des prud'hommes qu'ils mirent toutes leurs espérances ; ils combattirent pendant

1. *Echo de la Fabrique*, 2 décembre 1832, 24 février 1833.
2. Dès ses premiers numéros, l'*Echo de la Fabrique* avait publié des comptes rendus des affaires portées au Conseil des prud'hommes.
3. *Echo de la Fabrique*, 12 février, 8 et 15 avril 1832.
4. *Cour des Pairs, Affaire du mois d'avril 1834*, t. VII.

toute l'année 1832, appuyés en dehors par la publication de l'*Écho de la Fabrique* » ; mais, les lois ne permettant pas à un tribunal de créer des dispositions législatives, ils abandonnèrent ce moyen et eurent recours à l'action de sociétés secrètes ; en 1833, ils auraient alors employé comme procédé l'arrêt des métiers ; et, après l'échec de cette nouvelle tactique, une partie d'entre eux se seraient décidés à coopérer à une insurrection politique (avril 1834)[1].

Nous ne reprendrons pas les divers points de cet exposé historique, qui mériterait d'être commenté ou complété[2]; dans l'ensemble, il comporte du reste une part de vérité. Pour nous en tenir à ce que dit le préfet du Rhône des résultats attendus du nouveau Conseil des prud'hommes, on peut contester seulement que les ouvriers en soie y aient eu une confiance aussi entière ; en tout cas cette confiance fut de courte durée. L'opinion de Gasparin s'était vraisemblablement formée à la lecture du *Courrier de Lyon*, qui, prompt à donner l'alarme toutes les fois que les ouvriers se consultaient ou paraissaient s'agiter, avait déclaré, au début de mai 1832, que des réunions de chefs d'atelier avaient lieu dans le but de « formuler des demandes au nouveau Conseil quand il sera installé », plus précisément « pour la fixation des prix courants et pour la réunion et la réception des matières ». En réponse à ces insinuations, l'*Écho de la Fabrique*[3] exprima de nouveau, et en termes encore vagues, l'espoir, qu'au sein du nouveau Conseil une entente, pleine de conséquences heureuses, se réaliserait entre négociants et ouvriers ; mais on voit, par un article publié quelques semaines plus tard[4], que les ouvriers en soie,

1. C'est exactement l'explication que donne, des mêmes faits, un témoin oculaire que cite Guizot (*Mémoires*, t. III, appendice) et qui pourrait n'être autre que Gasparin. Même explication dans Monfalcon, *ouv. cit.*, p. 108, 109.

2. Gasparin semble, par exemple, réduire la propagande de l'*Echo de la Fabrique* et l'action des ouvriers en soie à des fins purement corporatives, ce qui serait tout à fait erroné. Sa déposition sur le rôle des Mutuellistes dans l'insurrection d'avril 1834 fut, du reste, si inexacte qu'il dut la rectifier lui-même.

3. 13 mai 1832.

4. 22 juillet 1832.

réduisant sur un point encore leurs primitives exigences, espéraient retirer quelques avantages de la mercuriale promise, et dont l'établissement et l'application incombaient au nouveau Conseil : « Il faut qu'en traitant avec ses commettants le fabricant mette en première ligne de compte le prix de la main-d'œuvre, et cette main-d'œuvre, qui est bien en quelque sorte une matière première, doit être calculée, non pas suivant les chances du commerce, mais suivant le besoin réel de la dépense nécessaire à un ouvrier... Ce n'est que dans un tarif que cette règle peut se trouver. C'est en ce sens que nous comprenons et que nous acceptons la mercuriale. » La résistance des prud'hommes négociants fut-elle, au cours des discussions relatives aux bases de la mercuriale, rendue plus intransigeante par l'intention ainsi annoncée de la transformer en un tarif ? Toujours est-il que les prud'hommes négociants et les prud'hommes ouvriers ne purent s'entendre et qu'elle ne fut jamais dressée.

D'autre part, le Conseil refusa d'autoriser les parties à se faire assister d'un défenseur (août 1832), ce qui causa une vive surexcitation parmi les ouvriers en soie ; un grand nombre d'articles furent publiés à ce sujet dans l'*Écho de la Fabrique* et plus de cinq mille chefs d'atelier et ouvriers signèrent une pétition aux Chambres.

Bientôt les prud'hommes ouvriers de la Fabrique furent directement pris à partie par une fraction de leurs commettants, qui leur reprochaient de ne pas défendre avec assez d'énergie les intérêts des ouvriers : ils n'avaient, disait-on, obtenu aucune jurisprudence nouvelle, aucune amélioration à la condition de leur corps d'état, ni même la liberté de la défense ; sur toutes ces questions ils auraient dû, au besoin, faire appel à la presse ; la cause du mal, c'est qu'ils n'étaient pas dans une situation assez indépendante. « Il faut en convenir, déclarait l'*Écho de la Fabrique*, la classe des ouvriers est plus malheureuse depuis l'installation du Conseil actuel des prud'hommes qu'auparavant. »

Sept prud'hommes ouvriers (le huitième, Charnier, s'abstint) ripostèrent : ils avaient fait tout ce qu'il était possible de faire ; c'était le journal qui avait déserté la lutte ; depuis quelque temps la direction imprimée à l'*Écho de la Fabrique* déviait ; on le détournait de sa spécialité et de sa mission ; on y ouvrait « une arène aux passions » ; les conseillers prud'hommes n'entendaient pas avoir recours à la presse à tout propos, car ils ne voulaient pas risquer de rallumer la guerre civile[1].

Au début de l'année 1833, le mécontentement des ouvriers en soie contre leurs conseillers prud'hommes trouva l'occasion de se manifester : une élection partielle eut lieu pour le remplacement de deux d'entre eux ; Falconnet, qui, en mai, avait abandonné la direction de l'*Écho de la Fabrique* pour entrer au Conseil, et qui était considéré comme le chef des prud'hommes ouvriers de la Fabrique, ne fut pas réélu. Cet échec, déclara l'*Écho de la Fabrique*[2], « témoigne de la défaveur dans laquelle les prud'hommes sont tombés envers leurs commettants ;... on les blâme d'avoir failli tout d'abord et d'avoir cru obtenir des améliorations par les voies de la conciliation ». Ce qu'ils eussent dû faire, c'est « exiger la libre défense et l'établissement d'une jurisprudence fixe, et encore une mercuriale satisfaisante, portant avec elle une sanction pénale contre les contrevenants, en telle sorte que le prix des façons payé au-dessous de la mercuriale, le refus des tirelles, laçage des cartons, etc., eussent été considérés par les prud'hommes comme des contraventions ». Il aurait suffi, pour atteindre ces résultats, de « parler haut et ferme ».

En partie discrédité, dans ces conditions, aux yeux des ouvriers en soie, le Conseil des prud'hommes subit bientôt une nouvelle modification qui diminua encore son importance. Une ordonnance du 21 juin 1833 le réduisit de dix-sept membres à neuf : il y eut cinq prud'hommes fabricants et quatre prud'hommes chefs d'atelier (au lieu de neuf et de huit

1. *Echo de la Fabrique*, 30 septembre, 7, 14 et 21 octobre 1832.
2. 20 janvier 1833.

respectivement), et les huit sièges de prud'hommes supprimés furent attribués à des suppléants, dont quatre fabricants et quatre chefs d'atelier. Le Conseil pourra désormais, expliqua le préfet, être toujours au complet, ce qui ne se produisait pas précédemment, du moins à certaines époques de l'année où les négociants étaient obligés à de longues absences. *L'Écho de la Fabrique* accueillit l'ordonnance du 21 juin avec une mauvaise humeur marquée : « Il sera plus facile d'en imposer à quatre ouvriers qu'à huit », écrivait-il [1].

Voilà quels paraissent avoir été la nature et les résultats de la tentative faite pour utiliser le Conseil des prud'hommes en vue de la réglementation des conditions du travail. Cette tentative n'eut donc pas, à beaucoup près, l'importance du mouvement qui se produisit en octobre 1831 pour l'obtention d'un tarif, ni, comme on le verra, l'importance de l'agitation que mena, en 1833, l'Association des mutuellistes pour le relèvement des prix de façon.

L'Écho de la Fabrique n'était pas seulement, nous l'avons déjà noté, un organe corporatif, il s'occupait également de la réforme sociale. « Votre intention, lui écrivait, dès le mois de mars 1832 [2], un correspondant qui signait : *Un légiste prolétaire,* est-elle de vous renfermer dans la spécialité de votre origine ou d'étendre votre sollicitude sur toute la classe ouvrière ? Dans le premier cas, vous n'auriez fait, il me semble, que remplacer l'égoïsme individuel par celui de caste [3], non moins

1. 14 juillet 1833.
2. *Écho de la Fabrique*, 11 mars 1832.
3. Il existait alors à Lyon, sans parler des sociétés compagnonniques et de l'association (déjà signalée) des ouvriers tullistes, une association d'imprimeurs sur étoffes, au sujet de laquelle une lettre du commissaire de police, en date du 21 mars 1832 (Archives municipales, I²), fournit quelques renseignements intéressants. La Société se réunissait presque tous les dimanches ; elle était dirigée par un président, et elle possédait dans chaque fabrique un commissaire. Les ouvriers avaient fait accepter un tarif par plusieurs maîtres, et ils demandaient « que les prix qui leur sont payés maintenant demeurent fixés pour jamais ». Le tarif limitait strictement le nombre des apprentis ; par exemple, dans un atelier de vingt tables, le maître pouvait faire un apprenti ; si l'atelier était de vingt-cinq tables, il pouvait en faire deux, etc. ; encore fallait-il que l'apprenti fût enfant ou au

funeste... Soyez le défenseur de la classe prolétaire : quelques-uns de vos articles semblent déjà annoncer ce but. »

L'*Écho de la Fabrique* ne tarda pas à répondre à la question ainsi posée[1] ; toutes les sciences, dit-il, toutes les opinions possèdent leur organe ; jusqu'ici la classe si nombreuse et si intéressante des prolétaires a été la seule à n'en pas avoir ; le temps est enfin arrivé où il doit en être autrement, « car le peuple sait aujourd'hui qu'il est pour quelque chose dans l'organisation sociale ; c'est dans ce but éminemment populaire qu'a été créé l'*Écho de la Fabrique* ». Il sera le journal de la *caste prolétaire* tout entière. « De cette manière, se formera l'association universelle des travailleurs, association qui leur donnera le pouvoir de résister avec avantage à l'égoïsme, à la cupidité, à la tyrannie des oisifs[2]. »

Ces idées, ces expressions dénotent l'influence, sur les rédacteurs de l'*Écho de la Fabrique*, de la doctrine saint-simonienne. On voit revenir constamment sous leur plume l'opposition des riches et des pauvres, des prolétaires et des oisifs, la critique de la concurrence, la notion de « l'union universelle entre les travailleurs », la formule, si vite devenue populaire, de l'amélioration physique et morale de la classe la plus nombreuse et la plus pauvre, les mots de *noblesse du peuple*, de *noblesse du travail*, etc. L'*Écho* juge les événements qui surviennent dans la classe ouvrière (par exemple l'émeute des chiffonniers) du point de vue social et souvent du point de vue saint-simonien. Ses colonnes sont ouvertes aux communications des Saint-Simoniens lyonnais : il prend

---

moins parent d'un ouvrier imprimeur sur étoffes, et l'apprentissage ne devait pas durer moins de trois ans. « Si le maître refuse de se conformer à ce tarif, les ouvriers bloquent sa fabrique, c'est-à-dire qu'aucun ouvrier ne peut plus y travailler. »

Il est certain que les ouvriers chapeliers étaient aussi organisés en une ou plusieurs sociétés qui s'occupaient des questions de salaire, car, en octobre 1832, deux fabricants, mis en interdit pour avoir, les premiers, réduit le prix de la main-d'œuvre, ne parvenaient pas à se procurer des ouvriers (*Précurseur*, 13 octobre 1832.)

1. *Echo de la Fabrique*, 1er avril 1832.

2. *Ibid.*, 9 septembre 1832.

vivement leur défense quand ils sont attaqués par le *Courrier de Lyon*; il publie une bibliographie saint-simonienne [1], et, chaque fois qu'il parle de la doctrine, il se plaît à exprimer « la reconnaissance que nous leur devons (aux Saint-Simoniens) pour avoir tourné les idées du siècle vers les besoins et l'amélioration de la classe prolétaire [2] ». « Que l'on approuve ou non, écrit-il encore [3], les idées saint-simoniennes (et nous sommes loin de toutes les adopter), on ne peut refuser estime et admiration à des hommes qui, afin de réaliser leurs convictions généreuses, ont quitté des positions brillantes ou aisées pour se faire *peuple*, c'est-à-dire pauvres, misérables, exposés à souffrir la faim, la soif et les injures, et forcés au travail. »

Mais, les réserves énoncées dans l'extrait qui précède l'indiquent déjà, l'*Écho de la Fabrique* n'était nullement inféodé au Saint-Simonisme ; à maintes reprises, il s'en expliqua franchement devant ses lecteurs, indiquant même, parfois, les parties de la doctrine auxquelles il lui paraissait impossible de se rallier. Du reste, il montrait une sympathie analogue aux autres écoles de réforme sociale. Il citait à l'occasion les articles de l'*Européen* ; et quand ce journal annonça une émission d'actions pour pouvoir se transformer en organe politique, l'*Écho de la Fabrique* la recommanda chaudement à ses lecteurs [4]. D'autre part, on rencontre dans ses colonnes, dès le 26 août 1832, un article très élogieux sur « l'association agricole et manufacturière proposée par M. Charles Fourier ».

A l'inverse, les théories républicaines ne trouvaient, en 1832, aucune place dans l'*Écho de la Fabrique;* ses rédacteurs ne voulaient s'occuper aucunement de politique ; ils « se souciaient fort peu d'entrer dans de pareils débats », lisait-on dans un article du 22 janvier 1832 ; toutefois, ils ne faisaient nulle difficulté de se dire les défenseurs

1. *Echo de la Fabrique*, 14 octobre 1832.
2. *Ibid.*, 26 août 1832.
3. *Ibid.*, 21 octobre 1832.
4. 28 octobre 1832.

des libertés nouvelles « et de cette Charte proclamée dans la fumée des barricades. Pour la dernière fois, nous le dirons : Nous sommes des hommes de Juillet ». Au lendemain des journées des 5 et 6 juin, l'*Echo de la Fabrique* déclara qu'il « méprisait les émeutes » et ne s'occupait que d'améliorer la condition des travailleurs[1] ; et ses administrateurs repoussèrent l'offre faite par « des patriotes » de les aider à verser un cautionnement pour avoir le droit de traiter les questions politiques ; ils estimaient qu'accepter eût été, pour l'*Écho de la Fabrique,* « se suicider ». « La politique seule continuera donc à nous être étrangère[2]. »

A ce moment, Bouvery et Petetin discutaient contradictoirement l'influence sociale des machines et se trouvaient amenés à examiner les conditions du progrès, le droit de propriété, etc. « Quel est le remède ? écrivait un jour Bouvery, en répondant à un argument du rédacteur en chef du *Précurseur*. M. Petetin le trouve dans des institutions républicaines et l'appel au pouvoir de toutes les capacités... J'ai peu de foi en ce système, parce qu'il suppose les hommes tels qu'ils devraient être et non tels qu'ils sont[3]. »

Mais cette méfiance à l'égard des idées républicaines, cette indifférence totale en matière politique, si elles se perpétuaient parmi les chefs d'atelier fondateurs de l'*Echo de la Fabrique,* commençaient à préoccuper, sinon la masse des ouvriers en soie, du moins quelques-uns de leurs chefs.

---

1. 17 juin 1832.

2. 23 septembre 1832. — Après l'acquittement, en juin, des Lyonnais prévenus d'avoir pris part à l'insurrection de novembre, la *Glaneuse,* dont le rédacteur-gérant, Adolphe Granier, avait été poursuivi, était devenu l'organe du parti républicain avancé ; plus tard elle fut celui de la Société lyonnaise des Droits de l'homme.

3. « Le remède, continuait Bouvery, consiste donc, à mon avis, dans la nécessité, bien sentie de la part des classes riches, de se dépouiller au profit des travailleurs d'une forte partie de leur superflu... pour former des ateliers de travaux publics capables de recueillir tous les bras que l'industrie laisserait sans emploi. Ces ateliers seraient exclusivement employés à la confection des routes, chemins de fer, canaux,... et généralement tous les travaux qui ne peuvent s'exécuter qu'à l'aide de grands capitaux et d'un grand nombre de bras. »

Beaucoup, on le sait déjà, reprochaient au journal de ne pas montrer une vigueur suffisante à soutenir les intérêts ouvriers et à propager les réformes sociales; et l'influence peu à peu échappait, en même temps que la direction de l'*Echo de la Fabrique,* aux hommes qui avaient conduit le mouvement d'octobre-novembre 1831. Falconnet, on l'a vu, était devenu impopulaire; Vidal, qui l'avait remplacé à la gérance du journal et avait suivi la même ligne de conduite, était mort; Berger, qui lui avait succédé, adhéra au Mutuellisme, nous l'avons dit, en décembre 1832 ou janvier 1833. Bouvery n'était même pas chef de loge, et bientôt il cessa totalement sa collaboration à l'*Echo de la Fabrique,* ne gardant que ses fonctions de secrétaire du conseil de surveillance du journal[1], où se trouvait encore Masson-Sibut, seul avec Bouvery des membres de la commission des chefs d'atelier constituée en octobre 1831.

C'est à ce moment que l'*Echo de la Fabrique* prit une attitude plus accentuée. Et c'est à ce moment aussi, nous le montrerons, que l'Association des Mutuellistes, grandie et pénétrée des tendances nouvelles, commença à prendre la direction du mouvement ouvrier chez les ouvriers en soie.

A la vérité, une autre société, marquée d'un caractère différent, mais qui poursuivait un but analogue à celui des Mutuellistes, venait de se constituer dans la corporation; le deuxième dimanche du mois de février 1832, les ouvriers tisseurs (aussi appelés *compagnons*) qui, après les journées de novembre, avaient décidé de s'organiser, créèrent la Société des compagnons *ferrandiniers*[2] »; la première *réception* eut lieu à la fin

---

1. *Affaire du mois d'avril 1834,* annexes au rapport de Girod (de l'Ain), pièce 116 (p. 244). — Déposition de Bouvery, le 11 mai 1834 (*Affaire, etc.,* t. VII) ; il déclara, entre autres choses, qu'il était « connu pour n'être pas républicain ».

2. Le choix de cette appellation étonna fort l'*Echo de la Fabrique :* « Les compagnons ouvriers en soie s'étant réunis et ayant cru devoir adopter le nom de Ferrandiniers.... » lisons-nous dans le numéro du 12 août 1832. Un rédacteur, pour avoir le sens du mot *ferrandinier,* se reporta au dictionnaire de l'Académie et y « trouva bien ce vieux mot, dérivé de férandine, étoffe qu'on fabriquait autrefois » (n° du 19 août).

de mars, la seconde en avril; en mai une *mère* fut choisie. Le 14 août, la société donna un bal au café du Grand-Orient, aux Brotteaux ; trois corps de Compagnons du Devoir s'y présentèrent pour protester, au nom de tous les corps du Devoir, contre l'usage que faisaient les Ferrandiniers du titre de compagnon. Protégés, dès le début, par les compagnons tondeurs de drap, les Ferrandiniers firent une assemblée des corps du Devoir pour être autorisés à ajouter au titre de leur Société les mots *du Devoir* : il leur fut seulement permis de se servir des mots de compagnon et d'aspirant[1].

La Société des compagnons ferrandiniers ne paraît pas avoir acquis une grande force numérique[2]. Dès le début elle s'accorda bien avec l'*Echo de la Fabrique*. Ainsi, sur l'invitation du journal, une quête fut faite pendant le bal du 14 août 1832 au profit de la famille de Vidal, gérant de l'*Echo de la Fabrique,* qui venait de mourir[3]. Le 28 octobre, au « banquet industriel pour l'anniversaire de la fondation de l'*Echo de la Fabrique* », un compagnon porta un toast « à l'union des maîtres et des compagnons ». La Société des compagnons ferrandiniers s'entendit bientôt avec l'Association des Mutuellistes, dont elle seconda les projets en 1833 et 1834, mais en en subissant la suprématie très marquée, et même incontestée[4].

1. Renseignements qui nous ont été donnés par la Société des compagnons tisseurs ferrandiniers, à Lyon. Les couleurs adoptées dès le début étaient : le vert (espérance) et le rouge (honneur).

2. D'après un relevé nominatif des réceptions, qui se trouve aux Archives de la ville de Lyon (série I²), il y aurait eu en 1832 (à Lyon seulement) 55 réceptions; en 1833, 15; en 1834, 39.

3. *Echo de la Fabrique*, 12 août 1832.

4. L'*Echo de la Fabrique* du 10 novembre 1833 publia une chanson intitulée *le Mutuellisme*, dont un couplet était dédié *aux Ferrandiniers* : « Ferrandiniers, fils du Mutuellisme,... jusqu'au tombeau vous aurez pour amie Notre fraternité ». — Girod (de l'Ain) écrit dans son rapport (t. I, p. 179) : « Les Ferrandiniers, la plupart sans établissement, sans domicile fixe, se trouvaient naturellement placés sous la dépendance et agissaient d'après l'impulsion des Mutuellistes, dont ils recevaient directement leur travail et leur salaire. Les Ferrandiniers ont pris une part active, mais comme simples instruments, à la coalition de février et aux événements d'avril » (1834). — Si on s'en rapporte au nombre (ci-dessus donné) des réceptions faites par la Société, on doit admettre que son influence dépassait sensiblement sa force numérique.

CHAPITRE IX

LES OUVRIERS EN SOIE DE LYON, DE JANVIER A AOUT 1833.

Agitation et coalition en février. — Nouveaux projets de maison de commerce pour la fabrique des étoffes de soie. — Coalition en juillet. — Création des syndicats de catégorie. — L'*Echo de la Fabrique* organe du Mutuellisme; fondation de l'*Echo des Travailleurs*. — Procès des ouvriers en soie accusés de coalition. — Les ouvriers en soie et les autres corporations. — Progrès des doctrines républicaines parmi les ouvriers en soie.

A la fin de l'année 1832, les ouvriers en soie de Lyon s'étaient donc en quelque sorte prononcés contre la direction que les fondateurs de l'*Écho de la Fabrique* avaient essayé d'imprimer à la corporation. Sans doute, on approuvait leurs conceptions sociales, on appréciait l'importance de leurs services, mais on trouvait trop timides les moyens qu'ils proposaient, trop lente l'allure qu'ils avaient adoptée. L'influence dont ils jouissaient leur échappa et passa à l'Association des Mutuellistes, dont la prépondérance fut encore favorisée par l'adhésion de Berger, gérant de l'*Écho de la Fabrique*.

L'Association avait remarquablement grandi depuis l'insurrection de novembre[1], mais en même temps son caractère s'était modifié : à mesure qu'elle devenait plus puissante,

1. On peut essayer de déterminer sa force numérique à la fin de 1832 par la comparaison de deux renseignements que nous possédons : nous savons, d'une part, que la 3e centrale fut organisée en octobre 1832, ce qui dut donner, cette opération effectuée, un effectif de 600 membres ; d'autre part, au début de février 1833, l'Association comptait, d'après Petetin, de 1.000 à 1.200 chefs d'atelier. En décembre 1832, elle pouvait donc avoir, si l'on tient ces deux estimations pour exactes, de 8 à 900 adhérents.

ses membres, tirant des événements survenus en novembre et, depuis, les leçons qu'ils comportaient, pensaient de plus en plus à se servir d'elle pour tenter d'améliorer directement leur situation, puisque les ouvriers en soie ne pouvaient plus compter désormais sur l'intervention bienveillante des autorités.

Au mois de janvier 1833, il y eut une reprise très accentuée de l'activité dans la Fabrique[1]; c'était une circonstance favorable au relèvement des prix de façon, et les ouvriers en soie résolurent de la mettre à profit. Dès la fin du mois, ils se plaignaient que les riches fabricants, « dès longtemps habitués à d'énormes bénéfices, ne voulaient rien céder de leurs prétentions ordinaires... ; de là haine et irritation dans ces deux classes de la population[2] ».

Le 10 février, l'*Écho de la Fabrique* annonça qu'il allait publier un « catalogue des maisons de commerce qui sont en contravention avec les décisions du Conseil des prud'hommes » ; il demandait aux chefs d'atelier de lui communiquer leur livret toutes les fois qu'un négociant y aurait inscrit des clauses contraires à la jurisprudence du Conseil. Quelques maisons furent ainsi mises à l'index ; deux fabricants poursuivirent et firent condamner le gérant du journal à cinquante francs d'amende et aux frais, ce qui fit délaisser cette tactique. Toutefois plusieurs maisons furent obligées de consentir des augmentations de salaire, les chefs d'atelier qu'elles employaient s'étant entendus pour cesser le travail.

Ces conflits furent accompagnés d'une certaine agitation. Aux séances du Conseil des prud'hommes, l'attitude d'une partie du public habituel était telle que le président dut demander des agents pour maintenir l'ordre. A l'audience du

1. En 1832, la situation des ouvriers en soie avait été très pénible, notamment en avril et mai ; vers la fin de juin, la situation s'était un peu améliorée. (*Echo de la Fabrique*, 22 avril, 6 mai et 5 août 1832.)

2. Lettre du colonel commandant la gendarmerie à Lyon au ministre de la guerre, 3 février 1833. (Arch. du Ministère de la guerre, section historique, correspondance générale.)

14 février, il annonça cette mesure, et il fit connaître aux assistants le texte d'une lettre par laquelle le maire de Lyon, après une allusion à « certaines coalitions », le priait de donner une lecture publique de l'article 415 du Code pénal. Cette communication fut accueillie par des coups de sifflet[1]. Peu après, l'*Écho de la Fabrique* soutint cette opinion, que l'article 415 ne visait que des ouvriers réunis en grand nombre dans un ou plusieurs ateliers, et non les ouvriers en soie, qui travaillent librement à leur domicile[2], et il ajouta que les chefs d'atelier, loin de craindre les rigueurs de l'article 415, se proposaient de « demander à l'autorité, à l'instar des négociants, la jouissance d'un local public pour y traiter de leurs affaires. A cette bourse prolétaire seraient cotés chaque jour les prix du travail[3] ».

La situation n'inquiétait pas le lieutenant-général ; il écrivait au ministre de la guerre[4] que la police n'était « pas très habile à Lyon », et que « la politique n'est pour rien dans la question qui s'agite en ce moment entre les ouvriers et les fabricants. Il n'y a donc ni motif, ni symptôme de révolte. Les ouvriers ne veulent pas, disent-ils, d'émeute ;

---

1. *Courrier de Lyon*, 16 février ; *Echo de la Fabrique*, 17 février 1833.

2. Cette thèse fut reprise dans le *Précurseur* du 26 février.— Ce n'était pas celle de la police : une suspension de trois jours ayant eu lieu dans les travaux effectués pour une maison de commerce, le commissaire de police fit venir cinq chefs d'atelier, les admonesta et leur dit qu'il aurait dû les faire arrêter. (*Echo de la Fabrique*, 17 février.)

3. *Echo de la Fabrique*, 24 février. — Le *Précurseur* exprima la même idée (27-28 février) dans un article sur l'Association des chefs d'atelier : il faut, avançait-il, que les deux classes, fabricants et ouvriers, aient des moyens pour atténuer leur hostilité. « Que les fabricants aient un *cercle*, une *bourse*, un lieu quelconque de réunion ; mais qu'il soit aussi permis aux ouvriers de coter, dans un lieu particulier de conférences industrielles, le prix du travail, comme on cote dans les *bourses* existantes la valeur de l'argent et du papier de change. Si cette mesure était adoptée en même temps par les ouvriers des divers pays de manufacture de soieries, et que la cote du travail fût communiquée d'une manufacture à une autre comme on se transmet le cours des fonds de Londres, de Paris, etc., il est présumable que l'industrie de Lyon, fabricants et ouvriers, s'en trouverait bien. »

4. Lettre du 16 février 1833. (A sa date, Arch. du Ministère de la guerre, etc.)

toutefois ils se coalisent clandestinement contre quelques fabricants ».

Mais précisément cette entente des ouvriers alarmait les autorités civiles et les fabricants, qui commençaient à se douter de l'existence du Mutuellisme ; à partir surtout de la seconde quinzaine de février, journaux et rapports administratifs signalent cette « coalition permanente » des ouvriers en soie. Dans un article très pessimiste[1], le *Courrier de Lyon* enregistra les on-dit qui couraient sur l'organisation et les tendances de l'Association, et prédit la ruine prochaine des fabricants et des ouvriers. Petetin prit, dans le *Précurseur*[2], la défense du Mutuellisme. L'Association, dit-il, comprend aujourd'hui de mille à douze cents chefs d'atelier ; « c'est une classification établie pour surveiller l'exécution d'un contrat mutuel formé entre tous les associés. L'engagement que prennent les chefs d'atelier est... de refuser le travail à telle ou telle condition ». Qu'y a-t-il donc d'étonnant à ce que les ouvriers, imitant les capitalistes, « arrêtent un tarif de salaire et se divisent en *sections* pour en assurer la facile exécution? » Et Petetin ajoutait : « Cette émancipation des travailleurs dont on a tant parlé depuis quelques années, la voici qui s'approche : l'Association des chefs d'atelier en est le prélude... Aujourd'hui le travail prétend traiter d'égal à égal avec la propriété ; plus tard, sans doute, il régnera seul et gouvernera tout. »

Au même moment, une lettre de la gendarmerie de Lyon au ministre de la guerre[3] signalait l'organisation des ouvriers en soie « en sociétés de quinze à vingt » réunies chaque dimanche et frappant d'interdit les fabricants qui payaient de trop bas prix ; et le préfet faisait connaître au ministre de l'intérieur[4], que les fabricants étaient terrorisés par les me-

1. 17 février 1833.
2. 26 février ; article reproduit dans l'*Echo de la Fabrique* du 3 mars.
3. Arch. du Ministère de la guerre, etc., lettre du 20 février.
4. *Ibid.*, lettre du 23 février.

naces et les insolences des ouvriers, et que beaucoup avaient consenti à augmenter les salaires.

Le mouvement, en réalité, n'avait été qu'ébauché ; mais on ne pouvait se dissimuler qu'il ne tarderait pas à être repris, car, en mai par exemple, l'*Écho de la Fabrique* écrivait [1], qu'« une augmentation du prix des façons paraît forcée » ; en attendant le moment d'agir, il commença, en juin, la publication des prix courants pour les étoffes de tous genres.

Pendant le premier semestre de l'année 1833, on put croire que l'idée de fonder une maison centrale d'étoffes de soie allait enfin prendre corps. Qu'il se soit agi du projet dont, quant à lui, l'*Écho de la Fabrique* s'était désintéressé, ou d'un projet nouveau, toujours est-il qu'au début d'avril, plus de dix mille francs d'actions furent souscrits en huit jours, rien que dans une seule section ; « un grand nombre de propriétaires, cafetiers et épiciers s'étaient empressés d'apporter une adhésion active à cette œuvre vraiment philanthropique ». Six semaines plus tard, on annonça même que l'établissement allait commencer ses opérations le 15 juillet [2]. Pourtant, le 21 juillet, une commission provisoire fut encore nommée pour préparer des statuts ; ces statuts furent publiés à la fin de novembre, mais aucune date ne fut indiquée pour l'ouverture de l'établissement [3].

A la fin de juin, la prospérité de la Fabrique était devenue telle que l'Association des mutuellistes, dont l'effectif n'avait cessé de croître, jugea, d'accord avec la Société des compagnons ferrandiniers [4], que le moment était venu de réclamer aux fabricants de nouvelles augmentations de salaires. L'Association, qui dirigea la campagne, eut recours au système des mises en interdit successives. Dans la première semaine de juillet, elle envoya des émissaires chez quatre

1. 26 mai.

2. *Glaneuse*, 7 avril, 26 mai 1833. Petetin appuyait chaleureusement ce genre d'association. (*Précurseur*, 6 et 13 juillet.)

3. *Echo de la Fabrique*, 1er décembre.

4. Cette entente est formellement constatée par l'*Echo de la Fabrique*, 21 juillet 1833.

ou cinq grands fabricants d'*unis :* une « note de prix » leur était présentée, et ils devaient l'accepter, même pour les pièces commencées, sous peine de voir frapper d'interdit tous les métiers qu'ils occupaient. Ces émissaires étant inconnus des fabricants, ceux-ci leur répondirent qu'ils traiteraient avec leurs propres ouvriers, directement.

Vers le 12 juillet, un certain nombre de négociants, occupant un total de trois mille métiers, prirent l'engagement d'honneur de n'admettre entre leurs ouvriers et eux aucun mandataire, de ne consentir aucune augmentation sur une pièce commencée, et « de n'occuper aucun métier venant de travailler pour une fabrique mise en interdit[1] ». Beaucoup de métiers furent alors « couverts », soit spontanément, soit après visite des délégués de l'Association. Les fabricants, écrivait le préfet le 11 juillet[2], sont tellement terrorisés qu'il a été impossible d'obtenir d'eux des preuves de la coalition ; ils consentiraient à accorder une augmentation de salaire, « mais ils ne peuvent adhérer à la signature d'un tarif qui serait leur ruine et leur déshonneur ». Pourtant les chefs d'atelier présentaient leur mouvement comme une simple tentative pour détruire la concurrence locale, en contraignant les fabricants qui payaient la façon de certains articles moins cher que leurs confrères à relever les salaires[3]. Bientôt des fabricants de *façonnés* furent également frappés d'interdit.

L'*Echo de la Fabrique* ayant été signalé comme le centre de la coalition, des perquisitions eurent lieu, sans résultat, le 15 juillet, dans ses bureaux. Mais deux chefs d'atelier et un compagnon furent arrêtés.

L'accord que les fabricants avaient conclu entre eux ne prohibait pas toute augmentation des prix de façon ; en fait, la plupart des fabricants à l'index[4] consentirent des relève-

1. *Courrier de Lyon*, 14 juillet ; *Précurseur*, 18 juillet.
2. Lettre au ministre de l'intérieur. (Arch. du Ministère de la guerre ; à sa date.)
3. *Echo de la Fabrique*, 21 juillet 1833.
4. Tous sauf un, affirma l'*Echo de la Fabrique* (21 juillet).

ments ; les ouvriers abandonnèrent alors leur prétention de faire majorer le prix des pièces commencées.

Mettant à profit le rapprochement qui venait ainsi de s'opérer, un fabricant, Riboud, président du Conseil des prud'hommes, et quatre chefs d'atelier, membres de ce Conseil, vinrent demander au procureur du roi la mise en liberté des ouvriers arrêtés ; les chefs d'atelier se portaient caution des détenus, et Riboud des chefs d'atelier. Ces derniers protestèrent de leurs intentions pacifiques et s'élevèrent vivement contre la conduite des émissaires qui avaient empêché l'exécution de conventions individuelles librement censenties. Le procureur du roi céda à leurs instances. Le travail reprit.

L'instruction, qui continua, établit que l'augmentation demandée était peu considérable. Cependant l'affaire paraissait grave au procureur général, qui écrivait au ministre : « Je vous avouerai que je ne la soumettrai pas sans appréhension au tribunal correctionnel, dont souvent l'esprit n'est pas ce qu'il devrait être[1]. »

On ne sait pas au juste quel avait été le nombre des métiers « couverts » et celui des négociants mis à l'index[2] au cours de ce mouvement. La part que le Mutuellisme y avait prise, sans que, cette fois, on pût l'ignorer, redoubla la frayeur que les interdits de février avaient suscitée. Le *Courrier de Lyon* déclara que ces mises en interdit constituaient une « conspiration industrielle à découvert[3] », attribuable à « l'action combinée des fabriques étrangères, jalouses de notre prospérité commerciale, et du radicalisme ». Quant à l'organisation des tisseurs en « sections ou loges », elle était « évidemment conçue dans un esprit de haine pour les fabricants et les institutions existantes » ; elle constituait forcé-

1. Arch. nat., BB^{18} 1217.

2. Le *Courrier de Lyon* du 16 juillet parle de neuf fabriques d'*unis* (dont quatre venaient d'être relevées d'interdit) et treize fabriques de *façonnés*.

3. 16 juillet 1833. — Le *Courrier de Lyon* écrivait encore, le 14 juillet : « Lorsque l'organisation de nos ouvriers en loges ou sections sera complète, et l'époque ne saurait en être éloignée, ils seront les maîtres de la Fabrique ;... il n'y aura de fabricants que sous leur bon plaisir. »

ment un instrument politique, utilisable si les circonstances venaient à le permettre; « nul doute que si une nouvelle insurrection de novembre était possible, la révolte n'eût cette fois une tendance politique[1] ».

Pour l'*Écho de la Fabrique*, la coalition des ouvriers n'avait pas été plus coupable que celle des fabricants, dont aucun, pourtant, n'avait été inquiété; les ouvriers avaient essayé, dans l'intérêt général, d'égaliser les conditions de production pour divers articles; maintenant ne convenait-il pas « à MM. les négociants probes et consciencieux d'établir eux-mêmes un tarif qui serait revisé tous les six mois? Par ce moyen, ils se débarrasseraient de la lèpre des baissiers[2] ».

Les journaux républicains montraient les deux coalitions, celle des fabricants et celle des ouvriers, en présence, et pour les concilier, proposaient une association du travail et du capital, dans laquelle le premier participerait aux profits réalisés par le second[3].

A mesure que les préoccupations d'amélioration professionnelle et sociale avaient envahi le Mutuellisme, l'insuffisance de son règlement constitutif avait frappé les adhérents; il était évidemment inadéquat au nouvel objectif que l'Association avait en vue. Au mois de juillet 1833, et, autant que nos sources permettent de l'affirmer, au milieu même de l'agitation provoquée par la série de mises à l'index dont il vient d'être question, une organisation mieux appropriée à l'examen et au règlement des questions de tarif fut établie et superposée purement et simplement à l'organisation primitive.

Cet aménagement nouveau, pour ainsi dire, des forces de l'Association, apparaît dans une pièce mutuelliste datée du 19 juillet 1833 et intitulée : *Proposition de la 2e santrale faite par les douse chef de loge réunis pour l'éxecution de la fixation de pris obligatoire pour les fabricants et chefs d'atelier*

1. 18 juillet 1833.
2. 21 juillet et 4 août 1833.
3. *Précurseur*, 19 juillet; *Tribune*, 21 juillet.

et pour chaque saison[1]. Les frères composant la 2e centrale remercient, par l'entremise de leurs chefs de loge, les conseillers prud'hommes qui ont obtenu la mise en liberté des deux Mutuellistes et du Ferrandinier arrêtés sous l'inculpation de coalition; mais, faisant allusion aux critiques portées par les prud'hommes contre l'intervention des délégués de l'Association dans les contrats librement débattus entre fabricants et chefs d'atelier, les frères regrettent qu'ils se soient « engagés à des concessions qui peuvent nous être nuisibles, alors que le même résultat eût pu être obtenu sans ces concessions »; de plus, ils protestent « contre la création d'une mercuriale[2] sans la participation du syndicat créé par le Ban fraternel dans les différentes catégories pour faire exécuter et rendre obligatoires les prix raisonnables et demandés par les ayants cause de chaque article et pour chaque saison, sans pouvoir déroger, après avoir obtenu la sanction des meilleures maisons de fabrique ». En conséquence, il est décidé que l'interdiction des métiers arrêtés ne sera levée que quand les maisons visées auront donné satisfaction aux demandes formulées[3].

Toutefois, à cette date du 19 juillet, le principe du groupement des Mutuellistes en syndicats avait peut-être été seul adopté; c'est du moins ce qui semble résulter d'une pièce intitulée: *Création des syndicat, Composition des cathégorie*[4]. La liste détaillée de quatorze « cathégorie », par genre d'étoffe, y est donnée avec les dates et lieux de réunion pour chacune; ces dates vont du 29 juillet au 3 août[5]. Cette énumération est suivie d'une instruction relative à la « création du syndicat ». « Pour concourir à la formation de ces divers syndicats,

1. *Cour des Pairs, Affaire du mois d'avril 1834*, Annexes au rapport, t. IV, p. 236.
2. On a vu que cette mercuriale ne put être établie.
3. Voyez deux pièces relatives à la mise en interdit des maisons Bonnet et Saint-Olive (Annexes au rapport de Girod (de l'Ain), t. IV, p. 179 et 235).
4. *Ibid.*, t. IV, p. 235; voyez aussi cette pièce aux Arch. nat., CC 631.
5. La correspondance entre les quantièmes et les jours de la semaine montre qu'il s'agit bien de l'année 1833.

chaque frère travaillant une des catégories ci-dessus indiquées devra se rendre, aux jour et lieu désignés, pour s'aboucher avec ses co-intéressés et s'entendre sur le choix des syndics[1].» Une fois faite l'élection de ces syndics (dont le nombre variera suivant la complexité des catégories), le résultat en sera porté aux centrales, « avec lesquelles chaque syndicat devra correspondre »; les jour et lieu de réunion de chaque syndicat seront signifiés aux présidents des centrales, qui les feront afficher dans les loges.

Puis vient un chapitre concernant les «attributions des syndics ». Ils devront connaître à fond toutes les conditions de travail des articles de leur catégorie; pour faciliter leur tâche, tout adhérent au syndicat qui entreprendra une pièce nouvelle devra les renseigner d'une façon précise sur son engagement. « Tous ces détails devront être notés sur un registre à cet effet, afin que les syndics puissent établir la moyenne journée et, d'après cela, taxer le prix auquel l'article doit être porté. » Quand il y aura lieu de faire une assemblée générale des membres d'un syndicat, les syndics l'organiseront; « ils dresseront procès-verbal de chacune de leurs délibérations et les transmettront aux centrales, qui les communiqueront aux loges pour y être sanctionnées ou rejetées. Pour quant à ce qui concerne les mesures générales d'exécution, elles rentrent dans l'ordre établi par le règlement et seront l'objet d'un ordre du jour». Les syndics sont nommés pour un an et rééligibles. Les membres des syndicats continuent à compter dans leurs loges, les syndicats ne formant pas une loge à part.

Enfin le document que nous analysons se termine par les

1. Ce passage est capital, en ce qu'il détermine l'époque de cet important développement de la constitution mutuelliste; autrement on eût pu croire que l'organisation des syndicats existait depuis plusieurs mois, car il est question de quelque chose d'approchant dans le *Précurseur* du 26 (voyez plus haut, p. 165); faute de renseignements suffisants, on peut supposer qu'à ce moment l'organisation des syndicats était à l'état embryonnaire; d'ailleurs les autres journaux et les rapports de police ne signalaient que des *séries, loges* ou *sections* de quinze à vingt membres, ce qui ne correspondait nullement aux syndicats de catégorie dont chacun était constitué évidemment par un nombre de membres beaucoup plus élevé.

lignes que voici : « La proposition suivante, ayant passé au Ban fraternel, devra être votée dans les loges, afin d'être mise de suite à exécution : les célibataires âgés de vingt-cinq ans au moins, établis depuis deux ans au moins et qui ont un loyer en leur nom, seront admis dans le Devoir mutuel. Ils devront avoir pour parrains deux frères mariés légitimement[1]. »

La création de cette organisation complémentaire marque une étape dans l'histoire du Mutuellisme. Ses fondateurs, en effet, s'étaient efforcés de lui conserver le caractère de société de bienfaisance qu'il avait au début : « Nous nous sommes bien opposés, déclara Doucet, grand-maître du Mutuellisme, dans une déposition dont on a déjà lu un extrait, à l'extension qu'a prise depuis la Société, mais inutilement : au commencement de 1833, notre résistance fut infructueuse, même pour empêcher l'admission des célibataires et des hommes vivant en concubinage, que nos règlements excluaient. » L'admission des célibataires eut pour résultat d'accroître l'effectif de l'Association et de lui amener des éléments plus jeunes et plus turbulents.

Ainsi transformé et renforcé, le Mutuellisme s'empara complètement de l'*Écho de la Fabrique,* qui devint son organe officiel le 18 août, date à laquelle Bernard en prit la gérance, et lui fit abandonner la ligne du *Précurseur* pour celle, plus marquée, de la *Glaneuse.* Sur les cent actionnaires environ de

---

1. Nous possédons encore le règlement (non daté) établi par le Syndicat de la 7e catégorie, celle des « meubles lancés et brochés, damas et damassade » (Annexes au rapport de Girod (de l'Ain), t. IV, p. 237). Défense y est faite aux frères de la catégorie de travailler au-dessous des prix fixés par la commission de cette catégorie ; défense de changer d'article sans en faire la déclaration au bureau ; de monter un métier sans faire fixer le prix par la commission, si le frère l'ignore ; de prendre sans une augmentation d'un dixième une pièce pour laquelle un fabricant a refusé de donner le prix fixé, etc. Des amendes de cinquante ou de cent francs sont portées contre les frères délinquants ; pour en garantir le payement, chaque frère souscrit un bon de cinquante francs par métier, payable à la réquisition de trois membres nommés à cet effet et agissant sur les ordres de la commission.

l'*Echo de la Fabrique*[1], une partie, formant la minorité, se retira et fonda au mois d'octobre l'*Echo des Travailleurs*, afin de continuer la doctrine de l'ancien *Echo de la Fabrique*[2] ; le nouveau journal eut comme gérant Sigaud aîné, et comme principaux rédacteurs Falconnet et Chastaing, le plus actif de ses collaborateurs ; d'une façon générale, le personnel de l'*Echo de la Fabrique* fut renouvelé. La raison donnée par les dissidents pour la création de l'*Echo des Travailleurs* fut que « les fabricants non mutuellistes avaient besoin d'un organe, le jour où l'*Echo de la Fabrique* tombait sous la dépendance immédiate du Mutuellisme par le choix d'un gérant-rédacteur qui lui appartient[3] » ; ce n'est plus le journal de tous les prolétaires, ni même celui de tous les ouvriers en soie ; c'est seulement « l'Echo du Mutuellisme[4] ».

Ce reproche, qualifié « d'imposture » par le journal mutuelliste, n'est aucunement fondé, comme le montrera le récit des faits ultérieurs, si on l'applique aux idées et à la propagande qui furent celles de l'*Echo de la Fabrique* sous la direction effective de l'Association ; car il ne cessa pas, bien au contraire, de défendre les intérêts de toutes les catégories de

---

1. Le 16 mai 1834, le commissaire central de Lyon communiqua au procureur général près la Cour des Pairs une liste des actionnaires, au nombre de quatre-vingt-onze, de l'*Echo de la Fabrique;* cette liste, non datée, avait été établie sous la gérance de Berger, par conséquent entre le mois d'août 1832 et le mois d'août 1833. Presque tous les actionnaires étaient des chefs d'atelier, et parmi eux se trouvaient six conseillers prud'hommes ; de plus « Rivière cadet, imprimeur sur étoffes, correspondant du *Phalanstère*, collaborateur », deux négociants et un médecin, enfin l'anglais Bowring (Arch. nat., CC 631). Ce dernier (devenu plus tard Sir John Bowring), après avoir échoué aux élections anglaises de 1832, était venu en France faire une enquête sur l'industrie de la soie ; il dut séjourner à Lyon du mois d'avril 1832 au commencement de 1833; en avril il était à Nantes; peu après on le retrouve en Belgique, chargé d'une mission commerciale officielle (voyez *Dictionary of national biography* et *Autobiographical recollections of Sir John Bowring*, 1877).

2. *Tribune prolétaire*, 10 mai 1835. — Nous avons déjà dit que cet article devait être attribué à la plume ou à l'inspiration de Falconnet, premier gérant de l'*Echo de la Fabrique*. — Voyez, dans le même sens, la note de la rédaction, même journal, 4 janvier 1835, note 1.

3. *Echo des Travailleurs*, 30 novembre 1833.

4. *Ibid.*, 23 novembre 1833.

travailleurs, quelques critiques, du reste, que certaines fractions des ouvriers lyonnais aient pu faire de sa compréhension des intérêts prolétaires et des moyens qu'il employa pour en assurer la défense. Mais, à partir du mois d'août 1833, l'*Echo de la Fabrique* fut bien « l'Écho du Mutuellisme » en ce sens que dès lors l'Association en assuma seule la direction et les frais ; à ce dernier point de vue, une résolution fut prise d'après laquelle chaque loge était tenue de prendre une action et quatre abonnements[1].

Fortifiée par l'adoption d'une organisation complémentaire particulièrement propre à la lutte industrielle, devenue maîtresse d'un journal hebdomadaire qui allait exprimer ses seules aspirations, l'Association des Mutuellistes vit encore sa puissance s'accroître par le résultat des poursuites correctionnelles entamées contre quatorze ouvriers en soie en raison de leur participation à la coalition du mois de juillet. Les deux audiences (27 et 28 août) que cette affaire occupa furent remplies beaucoup moins par les préliminaires ordinaires d'une condamnation que par la divulgation des faibles prix de façons que payaient certains fabricants, par la critique de l'article 415 du Code pénal, par l'apologie que fit Jules Favre, un des avocats des prévenus, du principe d'association, et par sa défense des droits des prolétaires. Le procureur du roi soutint l'accusation avec une modération inattendue. Quatre des inculpés furent acquittés, et les dix autres condamnés à vingt-

1. Lettre adressée à Bouvery, secrétaire du conseil de surveillance du journal; la date, « 23 tutélaire an VI », est postérieure, au moins, au mois de novembre 1833, car le Conseil exécutif, dont il est question à plusieurs reprises dans cette lettre, ne fut créé qu'en décembre 1833. On voit dans ce document que, la situation pécuniaire de *l'Echo de la Fabrique* étant gênée, il avait été question d'une souscription de dix francs (par loge?) pour recueillir de nouveaux fonds. Mais ce moyen fut écarté; et on aima mieux augmenter le nombre des actions pour le rendre au moins égal à celui des loges ; par là seulement on pouvait imposer à toutes l'obligation de prendre une action, sans parler de la clause des quatre abonnements par loge, qui était loin d'être généralement observée. Il semble bien qu'il existait encore des actionnaires non mutuellistes (*Cour des Pairs, Affaire du mois d'avril 1834*, Annexes au rapport de Girod (de l'Ain), t. IV, p. 244, et déposition de Bouvery sur cette lettre, *Affaire du mois d'avril 1834*, t. VII, p. 141).

cinq francs d'amende seulement. Après le prononcé du jugement, le président adressa aux condamnés une allocution toute paternelle où il fit la critique de l'article 415, mais engagea les ouvriers à l'observer tant que le pouvoir législatif ne l'aurait pas abrogé [1].

L'effet produit par ce jugement fut considérable, à Lyon et hors de Lyon. Cette indulgence frappa d'autant plus les esprits qu'une condamnation également légère avait été prononcée, quelques semaines auparavant, à Valenciennes, contre des mineurs d'Anzin prévenus, dans des conditions qu'on verra plus loin, de coalition ; elle enhardit les ouvriers et leur fit croire que l'article 415 allait tomber en désuétude.

Quant à l'*Echo de la Fabrique*, fier du succès obtenu, il avoua pour la première fois l'existence de l'association dont il était l'organe en intitulant son compte-rendu : « Procès des Mutuellistes et des Ferrandiniers. » Il définit en même temps le caractère nouveau du Mutuellisme : des dépositions de nombreux témoins, écrivait-il, « et surtout des explications des prévenus, il est résulté que les chefs d'atelier se sont associés entre eux, d'abord dans un but purement philanthropique ; poussés par la force des choses, il se sont occupés ensuite de leurs intérêts avec les négociants. »

Ces événements, survenus au cours des huit premiers mois de l'année 1833, n'avaient point absorbé les ouvriers en soie au point de leur faire oublier les liens qui les unissaient aux travailleurs des autres corporations. L'*Echo de la Fabrique* inséra, avec des commentaires sympathiques, des détails sur les principaux faits de la vie ouvrière : coalition des charpentiers de Paris, coalition des mineurs d'Anzin [2], etc ; mais surtout il s'offrit aux divers corps d'état de Lyon comme une tribune ou comme un moyen de publicité ; et « les ouvriers en soie », collectivité volontairement imprécise derrière laquelle se dis-

1. *Courrier de Lyon*, 29 août ; *Echo de la Fabrique*, 1er septembre.

2. Le 14 juillet 1833, l'*Echo de la Fabrique* annonça qu'il ouvrait une souscription au profit des mineurs d'Anzin condamnés pour coalition et invita ses lecteurs en termes très chaleureux à y prendre part.

simulait alors le Mutuellisme, leur apportèrent, aux moments difficiles, un concours moral et parfois pécuniaire, sur lequel nous aurons l'occasion de revenir, et qui n'était que le prélude d'une entente plus complète.

L'*Echo de la Fabrique* avait continué à publier des articles favorables au Saint-Simonisme ; il faisait une propagande active pour les doctrines sociétaires, que Rivière cadet, correspondant du *Phalanstère*, exposait fréquemment aux lecteurs du journal; il discutait la légalité de la coalition, la valeur et les conséquences du principe d'association, et d'une façon générale s'efforçait de répandre les idées d' « émancipation des prolétaires » qui depuis deux ans avaient fait déjà tant d'adeptes. A ce point de vue du moins, les idées de l'*Echo de la Fabrique* et du Mutuellisme ne s'étaient pas modifiées.

Mais ce qui, au cours des quelques mois envisagés dans ce chapitre, changea d'une façon remarquable, ce fut l'attitude politique des ouvriers en soie en général : leur détachement à l'égard du trône de Juillet, si populaire parmi eux en novembre 1831, puis le développement de leurs sympathies pour l'idée républicaine s'affirmèrent en traits de plus en plus nets. Déjà en décembre 1832, c'est-à-dire après l'adhésion de son gérant, Berger, au Mutuellisme, le dédain que l'*Echo de la Fabrique* avait si souvent manifesté pour les questions politiques avait disparu en partie ; il avait reproduit par extraits un discours de Voyer d'Argenson à la Chambre ; il avait commencé à publier une « revue législative », en indiquant toutefois qu'il éviterait les questions politiques et n'examinerait les autres « que dans leurs rapports avec l'industrie et les intérêts de la classe prolétaire », distinction parfois subtile que l'*Echo de la Fabrique* fut loin de toujours observer ; elle fut même ruinée dès le 6 janvier 1833 par un de ses rédacteurs qui, sans d'ailleurs faire allusion à la république, indiqua que la réforme politique était la condition préliminaire et indispensable de l'émancipation des classes laborieuses.

Quelques jours plus tard avait lieu une élection au Conseil des prud'hommes ; le président du bureau prétendit exiger de chaque électeur qu'avant de voter il prêtât serment de fidélité au roi ; deux chefs d'atelier s'étaient déjà soumis à cette formalité quand survint Berger, gérant de l'*Echo de la Fabrique*, qui refusa de faire de même. Le préfet, à qui l'incident fut aussitôt soumis, répondit qu'il n'y avait pas lieu d'insister sur la prestation du serment[1].

Les représentants du pouvoir commençaient d'ailleurs à remarquer une opinion politique en formation parmi les ouvriers en soie ; le 26 février, au cours du procès en diffamation intenté par deux fabricants contre l'*Echo de la Fabrique*, le procureur du roi se livra « à une diatribe violente contre les doctrines républicaines que professent les rédacteurs et gérant » du journal[2]. Un banquet offert à Garnier-Pagès par l'Association lyonnaise pour la liberté de la presse devait avoir lieu le 5 mai ; l'*Echo de la Fabrique* annonça que des billets se trouvaient dans ses bureaux. Le même jour il ouvrit une souscription au profit de la *Tribune*, condamnée à dix mille francs d'amende pour avoir imprimé que la Chambre était *prostituée*[3]. Le 28 juillet il reproduisait le prospectus de *Paris révolutionnaire*.

Le 1er septembre, c'est-à-dire le jour même où, pour la première fois, l'*Echo de la Fabrique* affichait pour ainsi dire le Mutuellisme et triomphait du résultat de l'affaire de coalition intentée contre quatorze ouvriers en soie, on put lire dans ses colonnes les lignes suivantes : « Nous sommes de l'avis de la *Glaneuse* lorsqu'elle dit que « toute réforme sociale qui ne « sera pas basée sur une organisation politique *républicaine*, « c'est-à-dire juste et harmonisant les intérêts de tous, ne sau- « rait offrir pour l'avenir aucune garantie de stabilité ».

C'est précisément au mois de septembre que naissait l'Association lyonnaise des Droits de l'homme.

---

1. *Echo de la Fabrique*, 20 janvier 1833.
2. *Ibid.*, 3 mars 1833.
3. *Ibid.*, 28 avril 1833.

CHAPITRE X

Le mouvement ouvrier de janvier à août 1833, à Lyon (sauf dans la fabrique) et à Saint-Étienne.

A Lyon : la Société Galien et Musch (imprimeurs) ; les tullistes ; les tailleurs de pierre ; la Société Desloges (tailleurs d'habits). — Les passementiers de Saint-Étienne.

La reprise de l'activité industrielle et commerciale qui, durant les premiers mois de l'année 1833, avait eu pour résultat de susciter des demandes de la part des ouvriers en soie de Lyon, s'étendit successivement à toutes les branches de la production et entraîna dans de nombreuses régions ou localités l'augmentation des salaires[1]. Mais les effets de cette renaissance ne se firent pas sentir partout en même temps avec la même intensité ; d'autre part, les corps d'état ne subissaient pas tous au même degré l'influence des idées nouvelles de réforme sociale et, il est nécessaire d'ajouter, de réforme politique. Ces deux considérations expliquent sans doute comment, durant les huit premiers mois de l'année 1833, le mouvement ouvrier, si intense sur certains points (par exemple à Lyon), fut si insignifiant ailleurs (notamment à Paris).

Il n'était point alors de ville où leurs « prétendus intérêts communs » préoccupassent autant les ouvriers qu'à Lyon ; et ce souci se manifestait dans des formes originales, dont la constitution du Mutuellisme n'est qu'un exemple.

1. « Dans toutes les industries, la concurrence des maîtres et la reprise des travaux ont produit, depuis six mois, une hausse sensible dans le prix de la main-d'œuvre. » (*Tribune*, 10 juin 1833.) — « Certaines marchandises éprouvent en ce moment une hausse considérable. » (*Ibid.*, 8 juillet 1833.)

Le 1er janvier 1833, fut fondée, par acte sous seing privé, une association ouvrière d'une nature tout à fait nouvelle, la *Société d'assurance mutuelle contre la privation de travail, en faveur des ouvriers imprimeurs, sous la raison sociale Galien, Musch et Cie*. Aux termes de l'acte de fondation, la durée de la Société devait être de trente années, et son capital de 1,500 francs. « Des administrateurs choisis entre tous les associés géreront ; ils signeront pour Galien, Musch et Cie ; ils ne pourront contracter aucune dette, souscrire aucun engagement, mais seulement percevoir les fonds de l'assurance mutuelle et les affecter aux dépenses de la Société[1]. »

L'*Echo de la Fabrique*, en deux articles pleins d'enthousiasme[2], annonça cet acte, œuvre d'un nommé Gruardet, qui venait « de faire faire à la cause de l'émancipation des prolétaires un pas immense », et qui, en s'appuyant sur le Code de commerce, fournissait aux ouvriers imprimeurs « un moyen légal de sortir de leur ilotisme », puisqu'il leur permettait de « se coaliser au nom de la loi ». Bref, cet acte renfermait en lui seul « le germe d'une révolution sociale ». Quand l'ouvrier ne trouvera pas de travail, la Société lui donnera des secours. « Le salaire sera maintenu au taux convenable pour que l'ouvrier vive en travaillant ; et, dès lors, plus de concurrence ruineuse entre les maîtres, partant plus d'émeutes ni de coalitions. »

Cette Société fonctionna : lors des mises en interdit, suivies d'emprisonnements, qui furent prononcées en juillet 1833 par les ouvriers en soie, la « Société typographique Galien et Musch » offrit des secours aux tisseurs. L'*Echo de la Fabrique* refusa en leur nom, dans un article[3] où il louait hautement les imprimeurs associés d'avoir « compris que

1. Extrait de l'acte enregistré au greffe du Tribunal de commerce de Lyon. L'acte lui-même fut imprimé et publié (il est porté en 1833 au *Journal de la librairie*) ; mais je n'ai pu le retrouver.
2. 13 et 27 janvier 1833.
3. 21 juillet 1833.

tous les travailleurs sont solidaires ». C'est la dernière mention qu'on trouve de cette Société.

Au moment même où il en avait enregistré la naissance, l'*Echo de la Fabrique* avait entrepris de défendre la cause des ouvriers tullistes de Lyon[1]. « Toutes les industries, écrivait-il à cette occasion, se doivent un mutuel secours ; l'alliance des prolétaires est commencée. » Forcés, on se le rappelle, par l'Association des ouvriers tullistes de ramener les flottes à la longueur réglementaire, les négociants s'étaient vengés en réduisant de 1 fr. 25 à 1 franc le prix de la flotte. Les plus riches négociants, mettant à profit l'irritation des ouvriers, les poussèrent alors à abandonner le travail, espérant par là ruiner les petits marchands. Sur des promesses d'augmentation de salaire et de dons en argent, ils obtinrent, dans la seconde quinzaine de janvier, l'arrêt de tous les métiers. L'*Echo de la Fabrique* ouvrit dans ses bureaux une souscription en faveur des tullistes. La double coalition ayant été peu après constatée, cinq ouvriers tullistes et deux négociants furent traduits en police correctionnelle et condamnés, les premiers à cinq jours de prison, les seconds à trois mois. Sur appel, l'un de ces derniers fut acquitté et la peine de l'autre réduite à quinze jours.

Puis ce furent des tailleurs de pierre, emprisonnés sous l'inculpation de coalition, dont l'*Echo de la Fabrique* prit en mains les intérêts. Au début de mars, un tarif avait été présenté par les tailleurs de pierre à leurs maîtres, qui l'avaient accepté[2]. L'un d'eux ne tarda pas à violer l'engagement pris ; son chantier fut abandonné par ses ouvriers ; arrêtés, trois d'entre eux furent acquittés le 27 mars, sans même que le tribunal eût consenti à entendre leur défenseur. Pourquoi, demanda l'*Echo de la Fabrique,* ces arrestations préventives, alors qu'aucune n'a été opérée au cours de la coalition des

1. 20 janvier, 3 et 10 février, 3 mars et 16 juin 1833.

2. En même temps, les tailleurs de pierre s'étaient coalisés aux carrières de Villebois (Ain) et dans l'Isère ; on supposa que ces coalitions et celle de Lyon avaient été concertées. (*Précurseur*, 30 juillet 1833.)

tullistes, ni en novembre 1831 pendant la coalition des ouvriers en soie ? Voudrait-on laisser croire que ces derniers « n'ont dû leur liberté qu'à la crainte que leur nombre inspirait? » Puis, continuait le journal, le procureur du roi a interjeté appel de l'acquittement dont ont bénéficié les tailleurs de pierre[1] ; c'est son droit; mais n'est-il pas excessif d'appliquer la loi avec tant de rigueur? — Le procureur riposta par une lettre acerbe.

« Les tailleurs de pierre » envoyèrent alors une adresse signée de cinquante-cinq noms, « aux ouvriers en soie », pour les remercier, eux et leur journal, de la généreuse sympathie montrée à leurs frères détenus. « Le temps n'est plus, ajoutaient-ils, où nos industries se poursuivaient d'injures et de violences mutuelles ; nous avons enfin reconnu que nos intérêts sont les mêmes, que, loin de nous haïr, nous devons nous aider. » Et « les ouvriers en soie de Lyon » répondaient « à leurs frères les tailleurs de pierre » par l'intermédiaire de la commission de surveillance du journal, que l'*Echo de la Fabrique* avait été fondé « pour parvenir à former les liens de la confraternité des prolétaires » ; ils remarquaient, en outre, que « la sainte alliance des peuples naîtra de l'alliance non moins sainte des travailleurs[2] ».

L'*Echo de la Fabrique* prêta encore l'appui de sa publicité à une « Société de travail » formée par les tailleurs d'habits de Lyon et marquée d'un caractère fort nouveau, bien qu'il soit possible que ses fondateurs se soient inspirés partiellement des projets de maison centrale de fabrique que les ouvriers en soie discutaient depuis les derniers mois de l'année 1831. La *Société commerciale de travail de Desloges et Cie*, fondée par acte sous seing privé le 20 mai 1833, était en nom collectif à l'égard des sieurs Desloges, Ogier, Léger et Villeneuve, tailleurs d'habits, demeurant à Lyon, et en commandite à l'égard des autres actionnaires. Le capital prévu dans l'acte

1. Ils furent condamnés en appel à un mois de prison chacun.
2. *Echo de la Fabrique*, 7, 14 et 21 avril, 12, 26 mai 1833.

s'élevait à 20.000 francs, soit 200 actions de 100 francs, dont 50, réservées, ne devaient être émises que du consentement des actionnaires. La durée de la société était illimitée[1].

Les tailleurs d'habits, « eux aussi, étaient exploités, écrivait l'*Echo de la Fabrique* en annonçant la constitution de la Société[2]. Cette exploitation va cesser..... L'amélioration physique et morale de leur classe est le but qu'ils se sont proposé ». L'augmentation des salaires serait « le fruit naturel de leur union ». Au point de vue moral, il suffisait, continuait le journal, de faire connaître que la Société s'était déjà abonnée aux *Connaissances utiles*, au *Bon Sens* et à l'*Echo de la Fabrique*. A l'exemple des tailleurs d'habits, les ouvriers des autres états devraient, eux aussi, créer des sociétés de travail.

L'établissement reçut « un commencement d'exécution » le 25 septembre suivant. Au cours d'une coalition de tailleurs d'habits, qui se produisit dans les derniers jours d'octobre, les fondateurs de la Société de travail Desloges adressèrent à leurs confrères un appel qui donne quelques éclaircissements sur son caractère et son but[3]. Les mortes-saisons, disaient-ils, sont accrues par suite des confections qui maintenant sont envoyées de Paris; et l'ouvrier subit les conséquences de la concurrence, rendue ainsi plus acharnée, que se font ses exploiteurs; de là la nécessité pour les travailleurs de se concerter. Dans la Société Desloges (organisée comme il a été dit), les gérants délivreront, au prix fixé par le comité de surveillance, des marchandises à tous les actionnaires jusqu'à concurrence des 4/5 de leurs actions ou coupons (coupons de 25 francs), sans qu'ils perdent rien des bénéfices assurés aux actions et coupons, pourvu toutefois qu'ils ne gardent pas plus d'un mois les valeurs prises en marchandises.

Mais les avantages ainsi offerts par la Société n'auraient

1. D'après l'extrait de l'acte constitutif enregistré au Tribunal de commerce.
2. 26 mai 1833.
3. *Précurseur*, 7 novembre 1833.

profité qu'aux ouvriers tailleurs possédant des pratiques ; voici ce qu'on se proposait de faire pour ceux qui travaillaient à façon : dès que les fonds seraient suffisants, la Société entreprendrait les articles de confections pour occuper les chômeurs pendant la morte-saison ; et elle aurait un magasin d'habillements. Pour trouver la clientèle nécessaire, un appel serait fait à tous les travailleurs, surtout à ceux réunis en société.

On ne voit pas en quoi consista le « commencement d'exécution » qui fut donné à la Société le 25 septembre, et on ignore s'il fut suivi d'une organisation suffisante pour asseoir son fonctionnement et assurer son existence.

Dès les premières années de la monarchie de Juillet, Lyon exerçait une espèce de suprématie, d'ailleurs généralement reconnue, sur Saint-Étienne, et très marquée notamment au point de vue ouvrier ; il existait de fortes sympathies entre les huit mille chefs d'atelier tisseurs de Lyon et les huit mille chefs d'atelier rubaniers ou passementiers de Saint-Étienne ; et après Lyon, Saint-Étienne, avec sa population de plus de vingt mille ouvriers capables de porter les armes, sur un total de soixante-cinq mille âmes, était une des villes dans lesquelles les fluctuations de l'opinion populaire étaient suivies avec le plus d'attention par le gouvernement.

Comme à Lyon la classe des ouvriers en soie, à Saint-Étienne la classe des chefs d'atelier et ouvriers passementiers inspirait aux pouvoirs publics le plus de craintes. En mars 1831, le procureur du roi, écrivant au ministre de la justice au sujet de l'affaire des ouvriers canonniers, l'avait déclaré sans ambages[1] : « Il n'y a qu'une classe d'ouvriers fort nombreuse, les passementiers, contre lesquels nous devons sans cesse nous tenir en garde. Quant à ceux-là, s'ils levaient l'étendard de la révolte, ce ne serait que pour se livrer au pillage : leur misère est fort grande en ce moment, mais, heureusement, ils sont loin d'avoir l'audace et l'esprit

1. Lettre du 6 mars 1831 (Arch. nat., BB[18] 1194).

d'insubordination qu'en général on a toujours remarqué chez les ouvriers canonniers. » Aussi, dès le 25 novembre 1831, les autorités s'étaient empressées d'informer le gouvernement que l'insurrection de Lyon n'avait eu aucune répercussion à Saint-Étienne[1].

En janvier 1832, un passementier publia, sur la situation de la fabrique de rubans de Saint-Étienne, une brochure[2] dans laquelle il établissait la triste situation faite à l'ouvrier; soucieux d'éviter à Saint-Étienne une répétition des événements de novembre 1831, il invitait les fabricants à ne pas manquer de « porter une main réparatrice sur les abus », et l'ouvrier à ne pas écouter « toujours les suggestions subversives que peuvent lui inspirer les souffrances et les besoins dont il est assiégé ».

Au début de l'année 1833, l'idée d'association se répandit parmi les passementiers; la *Société mutuelle de secours formée par les chefs d'atelier passementiers de la ville de Saint-Etienne,* appelée aussi *Société mutuelliste,* fut constituée[3].

« Dès l'origine de la formation de notre Société, dit un témoin[4] dans l'Affaire des événements d'avril 1834, nous n'avions d'autre but que celui de créer une caisse de secours pour soulager ceux qui seraient sans ouvrage. Plus tard, on organisa la Société en syndicat, sections et comités. » Ce fut

1. Arch. nat., BB^{18} 1201.

2. *Exposition descriptive de la fabrique de rubans de Saint-Etienne*, par S. Drivon, passementier, Saint-Etienne, janvier 1832. — Deux frères Drivon étaient chefs d'atelier à Lyon et actionnaires de l'*Echo de la Fabrique;* l'auteur de cette brochure serait l'un d'eux, venu (seul ou avec son frère) se fixer à Saint-Etienne.

3. Sur l'histoire des passementiers de Saint-Etienne à cette époque, les documents sont principalement de trois sortes : 1° un dossier (mai-novembre 1833) aux Archives du département de la Loire (4 M^{20} n° 467); 2° la copie de diverses pièces saisies à Saint-Etienne, qui se trouve au Ministère de la guerre (Section historique, 24 février 1834); 3° les dépositions des témoins sur les événements de Saint-Etienne en avril 1834 (*Cour des Pairs, Affaire du mois d'avril 1834*, t. VIII); dans le rapport et le réquisitoire présentés à la Cour des Pairs lors de l'Affaire des événements d'avril, ces dépositions ont été peu utilisées, du moins en ce qui concerne les débuts des Sociétés de passementiers.

4. Chabany, syndic de la Société générale des passementiers.

la *Société générale des passementiers*. Son organisation ne mit pas fin à l'existence de la Société mutuelliste : « La Société générale, dit un autre témoin[1], avait pour but de former une caisse de secours et le maintien des prix de main-d'œuvre ou façons. La Société mutuelliste n'a d'autre but que de s'aider entre ouvriers de différents corps d'état, sous le rapport de l'industrie seulement. » Nous savons encore que, dans cette dernière, « les versements n'étaient pas obligatoires, et qu'on ne tenait point de note des secours[2] ».

Les deux organisations étaient donc nettement distinctes; l'adhésion à l'une n'impliquait nullement l'adhésion à l'autre[3]; cependant leur personnel devait être, en fait, sensiblement identique, en raison même des conditions dans lesquelles la Société générale s'était formée; bien souvent, du reste, ses membres étaient appelés mutuellistes. La Société mutuelle paraît être passée à l'arrière-plan dès que la Société générale fut constituée. Voici, d'une façon aussi précise que les documents permettent de l'indiquer, dans quelles circonstances cette constitution eut lieu.

Les relations entre les passementiers et les ouvriers en soie de Lyon avaient été fréquentes dès les premiers mois de l'année 1833. En avril, des délégués furent envoyés par les passementiers pour étudier l'organisation des Mutuellistes lyonnais. A ce moment, où la fabrique de rubans avait repris toute son activité, les passementiers pensaient à obtenir l'établissement d'un tarif : « L'égalité, disaient-ils[4], n'existe dans une convention que si les deux parties sont, l'une comme l'autre, en position d'accepter et de refuser; or, les ouvriers ne sont pas libres de refuser. » Le négociant, il est vrai, allègue le ralentissement des commandes pour réduire les salaires; « mais, parce que les commandes ne sont pas abondantes,

1. Perrellon, président du Syndicat de la Société des passementiers.
2. Déposition de Chabany.
3. Voyez les témoignages très catégoriques de Ruard, de Perrellon, etc.
4. Espèce d'exposé des motifs de la fondation de la Société générale, sous le titre de la Société mutuelle de secours. (Archives du Ministère de la guerre, etc., 24 mai 1834.)

s'en suit-il que le négociant doive mettre l'ouvrier dans une position à ne pouvoir vivre? » La preuve que la liberté pour l'ouvrier n'est qu'un vain mot, c'est que les prix payés pour un même article varient d'un marchand à l'autre, qu'il y a des abus fréquents dans les aunages, etc. « Si nous ne voulons pas tout à fait devenir esclaves ou être entièrement avilis, il nous faut des assemblées et, par suite, une association. »

Une réduction nouvelle dans les prix ayant été opérée par un négociant, les chefs d'atelier se réunirent en grand nombre à la Badouillère le 4 mai; pour faciliter l'œuvre d'organisation, ils donnèrent pleins pouvoirs à treize d'entre eux, qui s'adjoignirent sept autres chefs d'atelier et formèrent ainsi le « Conseil des syndics passementiers ». Les négociants s'émurent; l'un d'eux envoya une lettre au *Mercure ségusien* pour démontrer aux ouvriers l'impossibilité d'un tarif; un passementier influent parmi ses collègues, Granjasse, répondit : selon lui, les deux réunions faites jusqu'alors par les ouvriers avaient eu lieu « d'après le désir manifesté par des maisons de commerce de premier ordre », et la classe des ouvriers ne s'était assemblée « que pour inviter Messieurs les négociants à lui aider à cimenter un pacte d'amitié, qui fixe pour l'avenir les façons des divers articles de modes à un prix modéré[1] ».

Le 15 mai, le Conseil des syndics passementiers adressa aux négociants une circulaire[2], par laquelle il réclamait, en termes très modérés, l'établissement d'un tarif de façons. Le sous-préfet et le procureur du roi s'effrayèrent quelque peu, d'autant plus que, dans la commune d'Outrefurens, les mineurs s'agitaient, et que l'arrivée à Saint-Etienne d'apôtres saint-simoniens était signalée[3]. Mais les renseignements recueillis

1. *Mercure ségusien*, 11 et 13 mai 1833.
2. Voyez le texte dans le dossier des Arch. départ. et à la bibliothèque de la ville de Saint-Etienne; une partie de cette circulaire a été reproduite par l'Office du travail dans les *Associations professionnelles ouvrières*, t. II, p. 342.
3. Le préfet au maire, 7 mai (Arch. mun.).

sur les syndics étaient excellents ; et le sous-préfet, au lieu de sévir, les appela individuellement dans son cabinet, et put croire peu après que, grâce à ses conseils, et bien que les fabricants se fussent abstenus de répondre à la circulaire des syndics, toute agitation avait cessé[1].

Pourtant les syndics se mirent à organiser la Société générale. La ville fut divisée en neuf sections, au sein desquelles les passementiers se réunirent en comités de seize à dix-huit membres ; le Syndicat ou Conseil des syndics devait être nommé par les sections à raison de deux membres chacune ; les comités d'une même section communiquaient entre eux par l'intermédiaire de leurs présidents. Le droit d'entrée était fixé à 1 fr. 50, et la cotisation réglementaire à 1 franc par métier et par trimestre.

Les statuts interdisaient de « tolérer l'aunage, qui est un vol manifeste ; le sociétaire à la faiblesse duquel on l'aura arraché et ceux qui en auraient connaissance sans informer la Société seront rayés des registres de l'Union ». Lorsqu'un passementier, y voyons-nous encore, aura à se plaindre d'un négociant, il exposera son cas à son comité ; de là l'affaire passera à la section, puis au Syndicat, qui statuera. Le sociétaire a droit à un secours si la Société lui impose l'arrêt de ses métiers, et aussi en cas de maladie et de chômage involontaire[2]. « Il était interdit de parler politique dans les réunions de la Société (générale), et même dans celles des Mutuellistes. Celui qui en parlait était puni de peines sévères[3]. »

A l'exemple des chefs d'atelier, les ouvriers passementiers s'étaient organisés. Les Compagnons ferrandiniers de Lyon étaient parvenus, après un premier échec en 1832, à prendre pied à Saint-Étienne ; mais l'hostilité décidée qu'ils rencontrèrent de la part des ouvriers stéphanois empêcha leur groupe de se développer. Les ouvriers passementiers se cons-

1. Dossier des Arch. départ.
2. Dossier du Ministère de la guerre.
3. Déposition de Chabany.

tituèrent en une autre association, sur laquelle on trouve peu de détails; on sait seulement que la Société générale des chefs d'atelier avait pris, au nom de ses membres, l'engagement qu'ils n'embaucheraient que des ouvriers appartenant à cette association, et, d'autre part, que la Société générale communiquait à la Société des ouvriers les décisions prises à l'égard de tel ou tel négociant qui ne payait pas les prix courants[1].

A Saint-Chamond, il existait une Société « mutuelliste » de chefs d'atelier passementiers, qui, dans le cours de l'été, conclut une entente avec celle de Saint-Étienne pour le maintien de prix uniformes dans les deux localités[2]. Comme société proprement ouvrière, il n'y avait que celle des Ferrandiniers, qui paraît avoir été assez forte, et dont les membres livrèrent bataille à plus d'une reprise aux Mutuellistes[3].

Avec les Mutuellistes lyonnais, les passementiers n'avaient que des rapports « purement amicaux », et les deux Sociétés se bornaient à échanger des renseignements « sur l'industrie »; il n'existait aucun engagement entre elles[4]. L'accord, en tous cas, était étroit, et les échanges de visites, faites par des délégations, fréquents. Ainsi, dans le troisième trimestre de 1833, les passementiers envoyèrent à Lyon deux commissions, et firent à une délégation des Lyonnais une réception (dans les derniers jours d'août) qui coûta à la Société 264 fr. 90. Certaines expressions employées par des passementiers dans leurs dépositions au cours du procès des accusés d'avril donnent encore à penser que les Mutuellistes lyonnais ai-

---

1. Dépositions de Perrellon, de Chabany et de Chassegros. Le droit d'entrée dans la Société des ouvriers était de 2 francs, la cotisation de 0 fr. 50 par mois.

2. Dépositions de Perrellon et de Chabany et dossier du Ministère de la guerre.

3. Dépositions de Perrellon, de Chabany et de Chassegros. Sur les rixes du 9 et du 23 mars 1834, voy. le *Mercure ségusien* du 13 et du 27. A Saint-Etienne eut lieu, également le 23 mars, une lutte sanglante entre Mutuellistes et Ferrandiniers (*Mercure ségusien*, 27 mars et 4 avril.)

4. Dépositions de Perrellon et de Chabany. Willesme dit, au contraire, que la Société de Saint-Etienne vota presque à l'unanimité des sections sa réunion avec l'Association des Mutuellistes de Lyon.

dèrent de leurs conseils à la constitution définitive de la Société générale.

Cette organisation fut, dès l'origine, connue des représentants du gouvernement à Saint-Étienne[1]. Malgré les apparences, ils craignaient qu'elle eût un but politique; aussi, le 30 juin, le commissaire de police fut-il invité à « avoir à prix d'argent un homme à lui dans cette réunion d'ouvriers ». Peu après, il informa le sous-préfet que la Société se composait de quatre-vingt sections (c'est-à-dire comités) de seize à dix-huit membres. Le préfet voulait que des poursuites fussent intentées contre la Société; le sous-préfet hésitait, trouvant les charges insuffisantes.

Au début du mois d'août, un ouvrier refusa de livrer, comme précédemment, treize aunes pour douze à un négociant, Colard, premier adjoint au maire de Saint-Étienne; et il lui déclara que, s'il refusait de le payer selon l'aunage réellement fourni, dès le lendemain les cent métiers qu'il occupait seraient arrêtés. Pressé de commandes, Colard céda et remit même à l'ouvrier une promesse écrite de ne plus exiger désormais la treizième aune. L'arrêt de quatre-vingts métiers eut cependant lieu, mais il ne dura que deux heures. Sur la plainte de Colard, le procureur du roi décerna six mandats d'amener contre les membres les plus influents du Syndicat. Mais le conseil municipal craignait qu'en cas de troubles la garde nationale refusât de marcher; et les mandats d'amener furent transformés en simples mandats de comparution. Il faudrait plus de troupes, écrivait le sous-préfet au ministre; de plus, il conviendrait d'« acheter deux au moins des ouvriers. Ils se vendront cher [2] ».

Les ouvriers avaient, sans qu'ils s'en doutassent, un défenseur en la personne du capitaine commandant la gendarmerie de la Loire. Dans une lettre du 16 août, cet officier fit le procès des négociants, qui « ne répugnent jamais à employer les moyens les plus odieux pour bénéficier sur les salaires »,

1. Ce qui suit, d'après les pièces du dossier des Archives départementales.
2. Arch. nat., BB[18] 1215.

trompent les ouvriers sur le poids de la matière première, se font livrer treize façons alors qu'ils n'en payent que douze, parfois en billets « pour escompter ensuite ces billets à des taux usuraires ». L'ouvrier, ignorant et craintif, se défend en faisant des associations secrètes; mais « il n'est personne qui n'avoue que les fabricants ont, par leurs exactions, rendu nécessaires tous les moyens de garantie pris contre eux ». Malheureusement les associations sont dangereuses en ce sens qu'elles peuvent devenir des instruments aux mains des partis politiques; puisqu'il n'a pas été possible jusqu'ici de dissoudre celle des passementiers, ne pourrait-on pas « la faire servir comme moyen d'établir l'influence du gouvernement sur ces masses d'ouvriers? »

Précisément, le 16 août, une lettre anonyme, envoyée par des passementiers au procureur du roi, protestait que les ouvriers ne voulaient nullement s'occuper de politique, mais seulement de questions industrielles. « Nous ne pensons pas à nous battre; mais je crois que toute la troupe que vous pourrez faire venir ne pourra jamais nous forcer à travailler à des prix que nous ne voudrons pas, et ils n'empêcheront pas de nous soulager les uns les autres. »

En août et au début de septembre, quelques mises en interdit furent prononcées contre des négociants. L'enterrement de deux passementiers fournit à la Société l'occasion de passer, dans le plus grand ordre, la revue de ses troupes, alors fortes de quinze cents à deux mille hommes.

Les autorités n'osaient user de rigueur. Le préfet envoyait au sous-préfet des instructions pour l'engager à surveiller, à admonester, à céder même, et, en dernier lieu seulement, à sévir, s'il pouvait prendre sur lui de le faire.

« Le gouvernement, avait écrit le capitaine commandant la gendarmerie de la Loire, peut être tranquille sur Saint-Etienne tant que Lyon ne bougera pas. » Mais le sous-préfet de Saint-Etienne, qui était en correspondance régulière avec le préfet du Rhône, savait qu'à Lyon les craintes des autorités ne cessaient de grandir.

CHAPITRE XI

LE MOUVEMENT OUVRIER DE JANVIER A AOÛT 1833, SAUF A LYON ET A SAINT-ETIENNE.

A Nantes : les tisserands, les typographes et ouvriers imprimeurs, les compagnons cordonniers. — Les travailleurs agricoles des environs de Montpellier. — Coalition des mineurs d'Anzin. — Autres coalitions dans les départements. — A Paris : coalitions et associations ; coalition des ouvriers fondeurs. — La Société des Droits de l'homme et les ouvriers.

A Nantes plusieurs corporations s'agitèrent dans le printemps et l'été de 1833. En avril, les tisserands[1] faisant le mouchoir se coalisèrent pour obtenir une augmentation de 25 centimes par douzaine. Presque tous les fabricants refusèrent de la leur accorder ; l'un d'eux, écrivant à la municipalité le 26 avril, affirma que cette augmentation rendrait la concurrence du dehors impossible à soutenir : « S'il dépend, en effet, des ouvriers de se faire augmenter quand ils le voudront, ils ne se feront faute, quand ils se verront tous occupés, d'employer les moyens par eux déjà mis en œuvre pour obtenir une nouvelle augmentation et finiront par nous mettre dans la nécessité de ne plus faire fabriquer. »

Cette coalition fut régularisée par la constitution d'une société de bienfaisance, destinée à secourir les adhérents qui se trouveraient dans le besoin pour quelque cause que ce fût. A la fin de mai, un certain nombre de fabricants cédèrent. Quelques violences avaient été commises ; le maire fit venir devant lui les principaux membres de la Société et les admo-

1. Arch. départ. de la Loire-Inférieure, série M ; Arch. municipales de Nantes, série I².

nesta. Comme elle n'avait rien de politique, l'autorité la laissa subsister, tout en la surveillant.

Les ouvriers imprimeurs et typographes de Nantes[1] avaient déjà fait plusieurs essais infructueux pour la création d'une société quand, le 26 mai 1833, ils parvinrent à fonder définitivement l' « Association typographique pour l'établissement d'une caisse de secours mutuels et de prévoyance dans la ville de Nantes », plus communément appelée « Association typographique et philanthropique ». Le règlement adopté ce même jour fut signé par tous les sociétaires présents, soit soixante-quinze. Le temps est venu, portait le préambule, où les ouvriers doivent s'associer; saisissons l'occasion, « et disons à MM. les maîtres imprimeurs : Nous n'envions ni vos fortunes ni vos plaisirs, non ! mais un salaire capable de nous procurer un lit modeste, un gîte à l'abri des vicissitudes du temps, du pain pour nos vieux jours et votre amitié en échange de la nôtre... Pourquoi ne nous assemblerions-nous pas pour parler paisiblement de nos affaires, de l'existence de nos familles et des intérêts de notre industrie ? »

L'Association devait allouer des secours à ses membres en cas de maladie ou d'accident et dans leur vieillesse ; elle se chargeait des frais d'enterrement ; elle accordait, en outre, un secours de route à ceux de ses adhérents qui seraient forcés de quitter Nantes par manque de travail. L'article 13 des statuts promettait encore l'appui de l'Association à tout membre qui serait renvoyé d'une imprimerie pour n'avoir pas voulu accepter « des usages contraires à ceux qui existent » ; tous les adhérents s'engageaient, en effet, « à ne rien exiger de ce qui n'était pas établi et à refuser tout ce qui serait contraire à

1. Arch. départ. de la Loire Infre, série M, et Arch. municipales de Nantes, séries I2 et Q2. L'Association typographique fondée à cette époque, et qui porte aujourd'hui le nom de Chambre syndicale typographique et Société philanthropique de Nantes, a fait copier à mon intention tous les procès-verbaux et documents en sa possession qui pouvaient m'intéresser ; ces pièces m'ont été très utiles. Je tiens à remercier ici la Chambre syndicale et particulièrement celui de ses fonctionnaires à qui a été confié la tâche longue et ennuyeuse de faire la copie qui m'était destinée.

leurs intérêts et à leurs droits ». Pour que cet article ne pût « être suspect en rien ni pour rien, dans toute l'étendue de sa teneur, nous rapportons, écrivaient les rédacteurs des statuts, comme preuve, à sa suite, les articles 414, 415 et 416 du Code pénal, qui doivent nous servir de gouverne ». Enfin il était stipulé que le règlement serait soumis à l'autorité. « Dans l'intérêt de la Société, M. le maire aura le droit d'inspecter deux fois par an, de six mois en six mois, toute sa comptabilité. »

Le 24 juillet, l'Association envoya « dans les diverses imprimeries qui se trouvent dans un rayon de cinquante lieues et dans plusieurs grandes villes de France » une circulaire[1] où elle précisait son caractère purement défensif et se vantait de son premier succès : le samedi 13, un maître imprimeur, Busseuil, avait, sans avertir, diminué certains prix ; le lundi, la cessation de travail concertée entre tous les ouvriers l'avait forcé à rétablir l'ancien taux et à signer un tarif. Mais, continuait la circulaire, les efforts, si utiles, de l'Association seraient contrecarrés d'une façon déplorable si, en cas de conflit, des ouvriers étrangers à la ville acceptaient l'offre des maîtres de venir y travailler. Aussi l'Association exprimait, en terminant, l'espoir « que de telles circonstances ne se présenteront pas », et que les typographes de..... « s'empresseraient de former parmi eux une association semblable à la leur, et qu'ils engageraient les villes circonvoisines à en faire autant ».

En août et septembre, l'Association eut l'occasion d'agir de nouveau pour la défense des droits acquis à la corporation : trois pressiers ayant été renvoyés de l'imprimerie Mangin et Busseuil, tous les ouvriers l'abandonnèrent, en alléguant qu'ils ne faisaient ainsi qu'obéir au règlement de la Société ; les ouvriers de l'imprimerie Mellinet, non adhérents à la Société, soutinrent leurs confrères. A cette occasion, les typographes de la première imprimerie furent pris à partie dans la presse ;

1. L'exemplaire de la circulaire envoyé aux typographes de Limoges tomba aux mains de la police.

pour leur défense ils rédigèrent une réponse, qui fut publiée aux frais de l'Association ; celle-ci avait également fourni des secours réguliers aux ouvriers congédiés[1]. L'un des deux patrons abandonnés par les ouvriers avait demandé assistance au maire et lui avait envoyé les noms de vingt-deux « révoltés », en appelant son attention sur la personne de Renou, président de l'Association ; mais il avait ajouté : « Ce n'est point une plainte que je vous adresse ; un esprit de paix et de conciliation guide seul ma plume. »

Le 13 octobre, l'assemblée générale adopta un article additionnel aux statuts pour régulariser les cessations de travail[2] et prit connaissance d'une lettre des typographes de l'imprimerie Simard, à Bordeaux, qui demandaient le règlement de l'Association nantaise pour en établir une semblable. En répondant au nom de ses confrères, le 21 octobre, Renou informa les typographes bordelais que l'autorisation venait d'être refusée à l'Association par le ministre de l'intérieur, auquel une décision avait été demandée par le préfet ; aussitôt le Conseil avait consulté plusieurs avocats : « Tous furent d'accord qu'aucune loi ne pouvait nous atteindre tant que nous ne sortirions pas des bornes de la légalité. » En conséquence, les typographes avaient décidé qu'ils continueraient à « aller leur train », et que les statuts seraient imprimés.

---

1. Au même moment l'Association faisait encore imprimer (à 200 exemplaires) un discours de son président, Renou ; je n'en citerai que ce passage : « Voyons maintenant notre conduite dans le monde : en public, conservons ce décorum qui peut seul, sans chercher à jeter ici aucune défaveur sur les autres professions, nous distinguer et faire rejaillir sur nous et la noble profession que nous exerçons ce lustre éclatant de la bienveillance et de l'estime publiques. »

2. « Lorsqu'une discussion s'élèvera entre un ou plusieurs typographes et un maître imprimeur, le Conseil s'assemblera dans la journée pour examiner si l'objet de la discussion touche à l'intérêt général de l'Association. Dans le cas d'affirmative, les travaux ne pourront cependant pas être abandonnés avant les huit jours exigés par l'usage, à moins de la volonté expresse du maître. Pendant ces huit jours, le Conseil devra prévenir toutes les imprimeries des autres villes pour empêcher les ouvriers de venir travailler en remplacement de ceux de l'atelier abandonné. »

« Soyez bien persuadés, poursuivait Renou, que nous désirons vivement voir multiplier les anneaux qui doivent composer la chaîne typographique qui nous liera tous d'une extrémité de la France à l'autre. Si cela vous est agréable, une correspondance s'établira entre nos deux Sociétés.

« Nous avons reçu une lettre de Lyon, qui nous annonce l'établissement d'une société typographique, établie sur des bases bien plus larges que la nôtre ; mais, tout en approuvant leur intention, nous sommes décidés à conserver notre indépendance, et des rapports d'amitié seulement existeront entre nous.

« Je termine en espérant que, par votre première, j'apprendrai l'établissement de votre Société. »

En novembre, une circulaire fut envoyée dans diverses villes, et notamment à Nantes, par une « Commission provisoire de la Réunion typographique de Paris », pour inviter les confrères de province à se faire représenter à la première assemblée [1]. Renou, ne pouvant se rendre à Paris, envoya aux membres de la Commission ses encouragements : « Profitez de la circonstance actuelle, leur écrivait-il le 12 novembre, pour vous former, car c'est de l'effervescence publique que naissent ordinairement les réunions et, par suite, les associations. »

En janvier 1834, un nouveau règlement, conçu d'après les mêmes idées que celui du 26 mai 1833, mais plus développé et perfectionné, fut adopté en assemblée générale. Il fixait minutieusement la procédure à suivre à l'occasion de conflits avec un ou plusieurs maîtres imprimeurs ; il indiquait les divers cas où il y a chômage d'intérêt général et stipulait l'indemnité allouée (3 fr. par jour, dimanches non compris) ; il déterminait les conditions des secours de route (variant de

1. Les relations entre typographes de diverses villes n'étaient pas chose nouvelle. On sait que de 1789 à 1791 il exista de très nombreux clubs (ou sociétés) typographiques et qu'il fut même question d'une affiliation entre certains d'entre eux. (Voy. Radiguer, *Maîtres imprimeurs et ouvriers typographes*, p. 149 et suiv.)

15 à 30 fr. suivant la durée des versements opérés par l'adhérent), les conditions des secours de maladie et d'accident. Un secours de 10 francs était également promis à l'ouvrier arrivant d'une autre ville avec un livret en règle d'une société similaire, et qui ne trouverait pas de travail à Nantes. En outre, tout ouvrier étranger à la ville, appelé en vue de remplacer un adhérent renvoyé pour une cause d'intérêt général, et qui, apprenant cette circonstance, refuserait de travailler, recevrait une indemnité de route correspondante à la distance qu'il aurait parcourue.

L'impression de ces statuts fut suspendue le 2 mars, à l'annonce du projet de loi sur les associations ; la Société, qui, le 31 janvier, avait envoyé à la Chambre des députés une pétition contre le projet de loi sur les crieurs publics, prévoyait l'approche des mauvais jours ; elle décida que provisoirement un exemplaire manuscrit du règlement serait déposé dans chaque atelier entre les mains du membre du conseil d'administration de cet atelier. Peu après, le fonctionnement de la Société fut suspendu ; il ne paraît avoir repris que plusieurs mois après le vote de la loi de répression du 10 avril 1834[1].

A Nantes, on trouve encore à signaler, en 1833, une coalition d'un caractère tout particulier, qui eut lieu en juillet. Les Compagnons cordonniers[2] avaient fait le projet d'expulser de Nantes, par la violence, les *margageats*[3], en bien plus petit nombre qu'eux ; le moyen adopté fut d'interdire aux maîtres de les occuper ; ceux qui refusèrent de renvoyer les marga-

---

1. L'Association typographique de Nantes (dont je regrette de ne pouvoir reproduire plus en détail les statuts définitifs, si remarquables surtout pour l'époque) redevint bientôt prospère, les autorités s'abstenant d'ailleurs de toute tracasserie à son égard. Telle était sa stabilité qu'en 1849 son bureau ne se composait encore, sauf une exception, que de fondateurs. Elle forme aujourd'hui le 65e section de la Fédération des Travailleurs du Livre. Elle comptait cent soixante-deux membres payants en janvier 1907.

2. Arch. municipales de Nantes, série I2.

3. Surnom méprisant donné par les Compagnons cordonniers aux membres d'une *Société de bienfaisance* formée en opposition avec le Compagnonnage.

geats virent leurs boutiques désertées par les Compagnons. D'après ces derniers, il s'agissait simplement d'attribuer à chaque Société des boutiques où ses membres seraient seuls employés ; par là prendrait fin un contact dangereux entre deux catégories d'ouvriers qui ne pouvaient s'entendre. Les Compagnons ajoutaient que la plupart des maîtres approuvaient cet arrangement. Quoi qu'il en soit, les travaux étaient interrompus. Une intervention du maire suffit à les faire reprendre.

En dehors de Lyon, de Saint-Etienne et de Nantes, le mouvement ouvrier paraît, d'après les documents que nous possédons, avoir été assez faible dans les départements durant les huit premiers mois de 1833. Quelques-unes de ses manifestations sont pourtant à signaler.

C'est le cas de la coalition des « ouvriers agriculteurs » de Montbazin, dans l'arrondissement de Montpellier. Leur salaire était, paraît-il, inférieur à celui des ouvriers des communes voisines ; l'augmentation qu'ils demandaient leur fut refusée. Ils se réunirent alors, le 23 février, établirent un règlement appelé *la loi* et le publièrent au son du tambour dans tout le village. « Tout *citoyen brassier*[1] de la commune, portait l'article 1er, sera tenu de travailler depuis telle heure jusqu'à telle heure, au prix de... ». Le *citoyen brassier* obéira à tous les ordres du propriétaire, « mais il ne pourra travailler pour lui à aucun autre service, passée l'heure ci-dessus fixée » (art. 2). Aux termes de l'article 3 : « Tout *citoyen brassier* ne devra rester que demi-heure à déjeuner, demi-heure à la buvette, demi-heure à dormir », etc. Tous les ouvriers, rassemblés sur la place, jurèrent fidélité à cette

1. *Brassier*, ouvrier travaillant de ses bras, par opposition au *laboureur*, qui conduit les chevaux et est supposé travailler plutôt de ses jambes. Cette distinction, qui en fait est loin d'être absolue, se retrouve par exemple dans la convention qui a mis fin à la grève des ouvriers agricoles et viticoles de Beaufort (Hérault), en mars 1904. (Voyez Direction du travail, *Statistique des grèves* de l'année 1904, p. 468.)

loi; l'un d'eux, agitant en l'air un gros bâton ferré, disait : « Voilà la justice pour ceux qui manqueront à leur serment. »

Effrayés, les propriétaires cédèrent. Mais bientôt ils engagèrent des ouvriers d'une commune voisine, à des prix inférieurs à ceux exigés par les hommes de Montbazin. Le 24 avril, une troupe de ces derniers attaqua et blessa grièvement douze ouvriers étrangers à la commune et venus pour y travailler. Treize des agresseurs furent arrêtés, dont dix furent condamnés pour coalition et coups et blessures par le tribunal correctionnel de Montpellier[1].

Ces incidents paraissent n'avoir constitué qu'un épisode d'une agitation plus considérable, car, au mois de janvier 1834, des travailleurs de terre de Montpellier se transportèrent « dans diverses campagnes de différents propriétaires de la ville » pour faire cesser les travaux et augmenter, par ce moyen, les salaires. Plusieurs des promoteurs et membres de la coalition furent, peu après, condamnés à l'emprisonnement par le tribunal correctionnel de Montpellier[2].

Au mois de mai, des incidents graves eurent lieu à Anzin, au cours d'une coalition des mineurs qui, comme en 1824 et en 1830, réclamaient le rétablissement de leur ancien salaire, diminué de « quatre sous » par la Compagnie. Les troubles durèrent dix jours; pendant cinq jours, trois mille mineurs furent en pleine insurrection, et des événements tragiques d'autant plus à craindre que les ouvriers étaient armés. Cependant aucune collision ne se produisit entre eux et les troupes envoyées sur les lieux[3].

Le 24 juin, dix-neuf mineurs comparurent devant le tribunal correctionnel de Valenciennes. « Ce n'est pas aux dix-neuf ouvriers prévenus, écrivait la *Gazette des tribu-*

1. *Gazette des tribunaux,* 16 juin 1833.
2. *Ibid.*, 5 février 1834.
3. Dans une lettre au ministre de la guerre, le lieutenant-général commandant à Lille se plaignait, le 20 mai, qu'à Valenciennes seize gardes nationaux seulement se fussent présentés pour aller aider au rétablissement de l'ordre. (Arch. du Ministère de la guerre, etc., à sa date.)

naux[1], en commençant son compte rendu des débats, que semble appartenir le rôle d'accusés; c'est la Compagnie d'Anzin elle-même qui paraît sur la sellette; c'est son procès qu'on instruit. » L'excès de ses maux a seul pu faire sortir de son calme et de sa résignation habituels la population d'Anzin, « population qui n'a jamais connu de nos lois que leur impuissance à la protéger contre ce long et insolent monopole qui, seul de tous les abus et privilèges d'un autre âge, a su résister, on ne sait comment, à deux révolutions générales ».

Six seulement des prévenus furent condamnés, à un mois, quinze jours et huit jours de prison, sur des considérants qui, en réalité, comportaient un acquittement moral : le tribunal reconnaissait l'existence d'une coalitition, dont les membres avaient arrêté des machines d'extraction et d'épuisement et empêché l'expédition du charbon; mais il relevait comme « bien remarquable » que les autorités avaient toujours été respectées, qu'aucune insulte ou menace n'avait été faite, qu'aucun dégât n'avait été commis dans les fosses; il insistait avec complaisance sur « la bonne conduite antérieure, l'ancienne et profonde misère de ces courageux ouvriers, la plupart chargés d'une nombreuse famille ».

Après avoir lu avec une « émotion visible » le texte du jugement, le président prononça une allocution : en des termes pleins de bienveillance, il appela l'attention des ouvriers sur ce qu'il y avait eu de blâmable dans leur conduite et termina par ces mots : « Toutes les autorités forment des vœux sincères pour l'amélioration de votre sort; la voix de l'humanité ne tardera pas à se faire comprendre; les propriétaires des riches établissements de mines ne peuvent être vos tyrans, non, il ne peuvent l'être; un titre plus digne leur est réservé : ils ne laisseront pas à d'autres le mérite d'être vos bienfaiteurs[2]. »

1. 27 juin 1833. Voy. aussi la *Tribune* du 28 juin.

2. Une augmentation de salaire fut accordée peu après aux ouvriers mineurs. (*Constitutionnel*, 1er novembre 1833.)

L'affaire des mineurs d'Anzin eut un immense retentissement. De ce conflit industriel, survenant après des troubles ou difficultés du même ordre à Lyon, à Paris, etc., la *Tribune*[1] tira cette conclusion « qu'il fallait une organisation nouvelle ; que chaque ouvrier devait être appelé au partage des fruits du travail; qu'au lieu de replacer l'exploitation entre les mains de quelques riches propriétaires, il fallait saisir l'occasion d'intéresser chaque travailleur au succès des efforts de tous ».

En juin, on peut noter la coalition des gantiers de Chaumont: ils voulaient ainsi s'opposer à l'emploi, par une maison de cette ville, de la main-d'œuvre que pouvait fournir la maison centrale de Clairvaux[2] ; — en juillet, la coalition des maçons, des menuisiers et des maréchaux du Havre, qui réclamaient une augmentation de salaire[3] ; celle des imprimeurs sur étoffes de Nîmes, dont le but était d'obtenir le renvoi des apprentis qui n'étaient pas fils ou frères d'ouvriers[4] ; celle des tisserands de Sainte-Marie-aux-Mines, motivée par une retenue de 20 centimes pour le dévidage, et qui dégénéra en émeute : quatre cents ouvriers, armés de pierres, de pavés et de bâtons, allèrent briser les fenêtres des fabricants. « Ils avaient arboré une cravate ou un morceau de mérinos noir en guise de drapeau. Ils allaient ainsi, chantant *la Parisienne* et criant : *Vive la misère! Vive le drapeau noir!* » écrivait le procureur général près la Cour de Colmar, le 17 juillet. Le 10 août, en annonçant au garde des sceaux le renvoi en cour d'assises de dix ouvriers arrêtés, il remarquait : « Cette affaire paraît agiter les passions locales. Elle révèle de nouveau les

1. 30 juin 1833.

2. *Journal des débats*, 12 juin; *Echo de la Fabrique*, 23 juin; lettre du ministre du commerce au ministre de la guerre (Arch. du Ministère de la guerre, etc., 28 juin); *Journal du commerce*, 12 juillet.

3. *Peuple souverain*, 14 juillet; *Journal du commerce*, 15 juillet; *Moniteur*, 29 juillet.

4. Arch. du Ministère de la guerre, section historique, lettres, en date des 5 et 7 juillet, du lieutenant-général commandant à Montpellier au ministre. — Les ouvriers reprirent le travail sans avoir obtenu satisfaction. « Ils disent, écrivait le lieutenant-général, qu'ils agiront légalement et qu'ils trouveront bien les moyens de forcer les fabricants à respecter ce qu'ils appellent leurs droits. »

symptômes déjà connus d'une dissidence entre la propriété et l'industrie. Les fabricants ont vu dans les démonstrations leurs intérêts compromis, leur sûreté menacée. Les propriétaires, voyant les effets, ont réfléchi aux causes : la misère des ouvriers et les exigences des maîtres. De là, malgré le juste sentiment de l'ordre, un zèle moins vif de leur part à réprimer ce mouvement. Les rapports de la gendarmerie m'annoncent qu'une quinzaine de commis-négociants ont donné un charivari au sieur Farny, propriétaire, commandant de la garde nationale, coupable, à leurs yeux, du tort d'être venu à Colmar visiter les prisonniers. » Cinq ouvriers furent condamnés à trois mois de prison, pour fait de coalition seulement[1].

Pendant les huit premiers mois de l'année 1833, le mouvement ouvrier à Paris resta fort en arrière de ce qu'il était alors à Lyon et à Saint-Étienne par exemple. La constitution de quelques associations pour le maintien des salaires et l'allocation de secours de chômage (Société fraternelle des ouvriers en papiers peints, fondée le 14 avril[2]; Société des imprimeurs en taille-douce, créée en mai, etc.), et un certain nombre de coalitions peu importantes pour augmenter les salaires et imposer des tarifs aux maîtres (en juin, celle des fileurs du faubourg Saint-Marceau[3] et celle des doreurs[4] etc.), ou pour la réduction de la journée de travail (coalition des tailleurs sur cristaux en juin[5]), — voilà à peu près tout ce qu'on trouve à Paris durant la période que nous envisageons actuellement[6]. Il n'y a guère lieu de parler avec quelques

1. Arch. nat., BB18 1217; quelques détails se trouvent dans une lettre et un rapport du 16 juillet au Ministère de la guerre (à cette date).

2. Signalée par le *Journal de la librairie* en 1833.

3. *Tribune*, 21 et 22 juin; *Gazette des tribunaux*, 20 et 21 juin, 6 septembre.

4. *Tribune*, 26 juin.

5. *Gazette des tribunaux*, 12 octobre; *Courrier français*, 13 octobre. Les tailleurs sur cristaux réclamaient une diminution de deux heures de travail; ils avaient conclu une entente sous le nom de *Coalition Saint-Laurent*.

6. Mais le nombre des sociétés ouvrières nées pendant ce laps de temps a dû être beaucoup plus considérable qu'il ne paraît.

détails que de la coalition des ouvriers fondeurs, formée en mai 1833[1].

Une difficulté ayant éclaté, au début de ce mois, entre les ouvriers d'une fonderie et leur maître, nommé Simonet, celui-ci réunit un grand nombre de ses confrères, et leur fit prendre, sous condition de réciprocité à l'occasion, l'engagement de n'occuper aucun ouvrier qui sortirait de chez lui. Le lendemain, il envoya à chacun de ces maîtres une lettre qui renfermait les lignes suivantes : « Conformément à notre convention d'hier, de n'occuper aucun ouvrier qui sortirait de chez l'un de nous par cabale, je vous envoie ci-contre la liste des miens. » Simonet accorda peu après la modification au règlement d'atelier pour l'obtention de laquelle son personnel avait quitté le travail ; mais, bien que ses confrères ne se fussent pas montrés, après réflexions, disposés à tenir l'engagement qu'il leur avait demandé, les ouvriers fondeurs furent fort émus de cette tentative de coalition des maîtres ; et ils jetèrent les bases d'une *Bourse auxiliaire,* destinée à aider pécuniairement les ouvriers qui se trouveraient sans travail pour quelque raison que ce soit.

Un mois après, un charivari donné à un contremaître fournit à Simonet l'occasion de dénoncer la coalition de ses ouvriers; des arrestations furent opérées, et cinq ouvriers condamnés à trois jours d'emprisonnement. En appel (au début d'octobre), leur défense fut présentée par leur camarade Alexandre Dumoulin, dans un mémoire dont lecture fut donné à la Cour. L'auteur insistait sur l'accord conclu entre les maîtres, et condamnait toute mise à l'index des ouvriers par les chefs d'établissement coalisés; s'appuyant sur l'autorité de Jean-Jacques Rousseau, il proclamait la liberté de l'ouvrier, qui ne veut être « l'ouvrier de personne », mais prétend changer de fabrique quand bon lui semble; il

1. *Tribune*, 26 août; *Gazette des tribunaux*, 28 août; *National*, 5 octobre. — *Mémoire justificatif de la conduite des ouvriers fondeurs, publié à l'occasion d'un procès de coalition intenté à treize d'entre eux, par Alexandre Dumoulin, ouvrier fondeur*, Paris, 1833.

soutenait que « le prix du travail dans la profession de la fonderie doit être débattu individuellement entre le maître et l'ouvrier », et qu' « il faut que la diversité des prix augmente l'émulation que détruirait l'uniformité du prix du travail, qui tuerait la profession de la fonderie ».

Cette défense, si peu conforme du reste aux opinions courantes des ouvriers de l'époque, et dont les tendances furent hautement applaudies par certains organes du *juste milieu*, réussit près de la Cour ; les cinq ouvriers fondeurs furent acquittés. Au mois d'octobre, la *Bourse auxiliaire* fut définitivement créée ; elle avait pour but de fournir des allocations aux adhérents qui refuseraient de subir une réduction de salaire, ou qui souffriraient « pour le soutien des intérêts de la profession » ; elle mettrait à même la corporation « de pouvoir, lorsqu'une discussion s'élèvera entre un maître et les ouvriers, opérer un rapprochement à l'amiable » ; enfin, elle secourrait les chômeurs involontaires et les malades [1].

De ce qui vient d'être dit dans ce chapitre et dans les deux précédents, il résulte, en somme, que l'agitation ouvrière ne paraissait pas avoir, à la fin d'août, une importance suffisante pour que le gouvernement en prît ombrage : il n'avait guère à surveiller de près que la population industrielle de Lyon et, accessoirement, celle de Saint-Étienne ; quant à celle de Paris, elle ne lui inspirait pas de craintes sérieuses depuis plusieurs mois.

Il est vrai qu'au point de vue politique l'extension que prenait la Société des Droits de l'homme dans la classe populaire était de nature à inquiéter le pouvoir. Composée surtout d'étudiants au début, la Société [2] avait su attirer à elle les ouvriers, non seulement en inscrivant dans son programme la réforme sociale, mais encore grâce au soin qu'elle avait pris

---

1. Pour plus de renseignements sur la *Bourse auxiliaire*, voy. Office du travail, *Associations professionnelles ouvrières*, t. III, p. 334 et suiv.
2. G. Weill, *Histoire du parti républicain*, p. 100 et suiv.

d'organiser parmi eux la propagande (ce que n'avait pas fait la Société des Amis du peuple[1]). Par ses brochures, par les journaux qu'elle soutenait dans nombre de départements ou qui recevaient d'elle leur direction, et aussi par l'action des sociétés plus ou moins indépendantes qui suivaient sa politique, la Société des Droits de l'homme avait rallié au parti républicain, qui s'identifiait avec elle, tous les prolétaires qu'agitaient des idées de réforme sociale.

Deux tendances s'étaient manifestées, au sein de la Société, et incarnées dans deux comités opposés : le « comité Raspail », qui représentait les Girondins, préférait l'emploi de moyens détournés et ne croyait la réforme sociale possible qu'après la réforme politique; le « comité Lebon », qui jouait le rôle de la Montagne et préconisait le recours à la force. Quand, en octobre, la Société se reconstitua, ce furent les tendances du comité Lebon qui l'emportèrent; et l'on verra qu'un accord, ou tout au moins un contact, s'établit alors entre les corporations ouvrières organisées et cette fraction, la plus forte et la plus révolutionnaire du parti républicain, qui exaltait l'égalité et s'inspirait du Babouvisme.

---

1. La *Tribune* ayant été condamnée le 23 septembre 1833 à 22.000 francs d'amende, cette somme fut obtenue au moyen d'une souscription, dont les dons minimes (1 fr. 50 ou 1 fr.), provenant pour la très grande majorité d'ouvriers, constituèrent le principal élément. Fréquemment ces dons étaient accompagnés de lettres ou de formules qui témoignaient des sentiments républicains des souscripteurs. Entre tous se distinguaient par leur nombre les garçons tailleurs; puis les imprimeurs, les cordonniers, les bijoutiers, les confiseurs, les chapeliers, les corroyeurs, etc. (Voyez les listes de souscription publiées par la *Tribune* à partir de la fin de septembre.)

CHAPITRE XII

Les coalitions ouvrières du début de septembre au milieu d'octobre 1833.

Coalitions diverses. — A Paris, coalitions des ouvriers charpentiers, des ouvriers ébénistes du faubourg Saint-Antoine, des ouvriers layetiers-emballeurs. — Coalition des ouvriers porcelainiers de Limoges.

Dans la seconde moitié de l'année 1833, l'activité industrielle était devenue générale, et ses effets se faisaient sentir par tout le pays ; cette circonstance, favorable, et même indispensable à la marche en avant de la classe ouvrière, ne tarda pas à être mise à profit par elle.

Du début de septembre aux premiers jours de décembre, Paris fut le théâtre d'un important mouvement ouvrier, qui eut dans les départements une répercussion très marquée [1]. Déjà inquiétant durant la première partie de cette période par le trouble qu'il jeta dans certaines industries, il revêtit, à partir du milieu d'octobre, un caractère d'exceptionnelle gravité, moins peut-être par le nombre inusité des ouvriers qui y prirent part, que par l'essai qui fut fait de formes nouvelles et perfectionnées d'organisation ouvrière, et surtout par certaines relations qui se nouèrent, au moins à Paris, entre le parti républicain et les groupements de métier dans lesquels les idées politiques et sociales étaient le plus avancées.

---

1. Durant l'année entière, il y eut quatre-vingt-dix poursuites pour coalitions et cinq cent vingt-deux ouvriers prévenus de ce chef (voyez le tableau des coalitions poursuivies de 1825 à 1848, établi par l'Office du travail, d'après les statistiques du Ministère de la justice, *Associations professionnelles ouvrières*, t. I, p. 27). Ce chiffre de cinq cent vingt-deux prévenus est, par comparaison avec les années voisines, exceptionnellement élevé. Nul doute que le plus grand nombre de ces poursuites ne se réfèrent aux quatre derniers mois de l'année.

Pendant la première de ces deux périodes, c'est-à-dire entre le début de septembre et le milieu d'octobre, quatre coalitions suivies de cessation de travail se produisirent qui, intéressantes chacune à un point de vue différent, méritent un examen particulier : ce sont, à Paris, celles des ouvriers charpentiers, des ouvriers ébénistes du faubourg Saint-Antoine et des ouvriers layetiers-emballeurs ; à Limoges, celle des ouvriers porcelainiers. Des autres coalitions qui se formèrent durant ce même laps de temps, il n'y a guère à dire que ceci : les ouvriers de plusieurs corps d'état, dont certains furent entraînés par l'exemple, notamment, des charpentiers et des ébénistes, quittèrent le travail pour obtenir, soit une augmentation de salaire, comme certains tailleurs et scieurs de pierre de Paris [1], les raffineurs de sucre de Paris [2], les ébénistes et menuisiers de Tulle [3], les cordonniers de Calais [4], etc. ; soit une réduction d'une heure sur la durée du travail journalier, comme les serruriers et mécaniciens de Paris [5], les menuisiers [6] puis les serruriers de Caen [7], etc.

La *grève* [8] des ouvriers charpentiers de Paris éclata le 4 septembre ; elle présenta les mêmes caractères généraux que la coalition qu'ils avaient faite l'année précédente ; cependant l'arrêt du travail fut plus brusque et plus général, car, en un ou deux jours, cinq mille ouvriers charpentiers désertèrent les

---

1. *Gazette des tribunaux*, 11 août et 11 septembre.
2. *Ibid.*, 11 septembre.
3. *Courrier français*, 10 octobre.
4. Arch. nat., BB^{18} 1219, lettre du procureur général près la Cour d'appel de Douai au ministre de la justice, 30 septembre.
5. *Populaire*, 22 septembre. Ils réclamaient la journée de onze heures. « Cette mesure, disaient-ils, a moins pour objet de satisfaire un intérêt personnel que de procurer du travail à des ouvriers sans emploi. »
6. *Courrier français*, 13 octobre.
7. *Journal des débats*, 28 octobre ; reproduction d'un article du *Mémorial du Calvados*. Ce journal espère que les chefs d'atelier et les ouvriers se feront quelques concessions réciproques ; « l'accord se rétablira entre eux, et si la justice est obligé de sévir, ce sera uniquement contre quelques agitateurs, dont l'état prospère de l'industrie trompe les espérances coupables. »
8. Ce mot, d'un usage peu courant, à cette époque, en dehors de certains corps d'état, fut alors employé à plusieurs reprises par la presse.

chantiers ; malgré l'importance de ce conflit, il ne fut marqué par aucun incident notable. Comme la grève de 1832, la grève de 1833 fut dépourvue de toute tendance sociale : à lire les lettres que les deux parties envoyèrent aux journaux, ou encore les procès-verbaux de la Société des maîtres charpentiers, on reconnaît sans peine que les idées nouvelles de dualisme des classes, d'opposition entre maîtres et ouvriers, etc., n'avaient fait, depuis l'année précédente, aucun progrès dans l'industrie de la charpente. Quant aux opinions politiques des ouvriers charpentiers, elles étaient au-dessus de tout soupçon ; sur ce point le lieutenant-général commandant la 1re division militaire écrivait au ministre de la guerre le 25 septembre [1] : « ... Les mêmes renseignements que j'ai reçus disent que l'esprit de toute la classe des charpentiers est bon, qu'entre eux ils ont juré de faire justice des charpentiers qui voudraient troubler l'ordre public ou se vendre aux partis ennemis du gouvernement, qu'ils veulent, disent-ils, soutenir. »

Mettant à profit la prospérité générale, les deux sociétés compagnonniques d'ouvriers charpentiers s'entendirent pour réclamer, entre autres améliorations, le prix minimum de 4 francs pour la journée de travail. L'augmentation de 0 fr. 50 que comportait cette demande leur fut accordée après une interruption de travail de plus de trois semaines, mais à la condition que le chiffre de 4 francs représenterait seulement le salaire ordinaire et courant [2]. Cet accord résulta d'une lettre par laquelle les délégués des entrepreneurs déclaraient accepter les propositions des ouvriers, et qui fut remise à ces derniers ; d'autre part, du serment prononcé devant l'assemblée des maîtres par deux compagnons, parlant, l'un « au nom du faubourg Saint-Germain », l'autre « au nom du faubourg Saint-Martin », et de la déclaration de levée de grève que comportaient ces serments. Copie de l'arrangement inter-

1. Arch. du Ministère de la guerre, correspondance générale, à sa date.
2. Pour plus de détails, voy. Office du travail, *Associations professionnelles ouvrières*, t. IV, p. 18.

venu fut déposée à la Société des maîtres et à la préfecture de police; la lettre des entrepreneurs resta aux mains des ouvriers [1].

Ce qui doit arrêter l'attention dans la grève des ouvriers charpentiers, ce sont, moins les causes et les phases du conflit lui-même, que l'attitude prise par les autorités en cette circonstance, que le remuement d'idées qu'elle occasionna et dont la presse des différentes fractions de l'opinion porte témoignage.

La Société des maîtres charpentiers entretenait, on l'a déjà vu, des rapports étroits avec la préfecture de police. A peine l'abandon des chantiers fut-il signalé qu'elle demanda au préfet, Gisquet, de lui prêter son concours [2]. Gisquet ne donnait pas tout à fait tort aux ouvriers. Une délégation envoyée près de lui par les maîtres rapporta ce qui suit : « Tout en blâmant les ouvriers de la suspension de leurs travaux, M. le préfet semblait les excuser en partie, prétendant que le prix de leur journée n'était peut-être pas assez élevé en comparaison de la journée de certains autres ouvriers. » Toutefois, il promit « de prêter main-forte à ceux des entrepreneurs qui réussiraient à faire rentrer leurs ouvriers dans leurs ateliers » pour protéger le travail de ces ouvriers. En effet, une trentaine d'arrestations furent opérées quelques jours après; mais ce fut Gisquet qui avança les 4,000 francs exigés comme caution pour la mise en liberté de huit des charpentiers incarcérés: cette somme lui fut remboursée dans la quinzaine au moyen d'une souscription des ouvriers [3].

Comme le travail ne reprenait pas, les entrepreneurs écrivirent au ministre de la guerre pour lui demander de mettre à leur disposition, pendant dix jours au moins et au prix de 3 fr. 50, de cent à cent vingt charpentiers appartenant aux troupes du génie; ils alléguaient que « cette mesure pourra

1. Procès-verbaux (manuscrits) de la Société des maîtres-charpentiers.
2. Ibid., séance du 14 septembre.
3. Gisquet, *Mémoires d'un préfet de police*, t. III, p. 172.

contribuer à rappeler à la raison et au devoir des ouvriers égarés, et qu'on évitera ainsi les graves dommages qui résulteraient, l'hiver, pour tous les genres de travaux, de la cessation des ouvrages de charpente ». Le ministre fit établir une liste de deux cent quarante-quatre militaires charpentiers ; au moment où il allait mettre ces ouvriers à la disposition des entrepreneurs, la grève prit fin ; il en fut informé par une lettre de son collègue du commerce, qui ajoutait : « Si les ouvriers se coalisaient de nouveau, j'aurais encore recours à votre obligeance en vous demandant de permettre qu'ils soient remplacés provisoirement par des ouvriers militaires de la garnison[1] » Les maîtres charpentiers de Paris ne perdirent pas de vue l'expédient auquel ils avaient songé, et ils s'en servirent ultérieurement[2]. Nous verrons qu'il ne tarda pas à être expérimenté ailleurs.

L'acquiescement donné par le ministre de la guerre à la demande des maîtres charpentiers souleva de vives discussions dans la presse. Le *Journal des débats* soutint que l'appel à la main-d'œuvre militaire, dans des circonstances analogues, ne pouvait avoir que des avantages : « C'est par cette concurrence qu'en respectant les droits des ouvriers qui se montrent trop exigeants, on parviendra à faire disparaître toute contestation pour le salaire de la journée. Du moment que les entrepreneurs seront assurés de trouver des bras pour le prix qu'ils ont coutume de payer, on verra bientôt les ouvriers les plus difficiles redemander de l'emploi.[3] »

La Tribune répondit[4] : « Vous procurez aux entrepreneurs des ouvriers au prix qui leur convient : à merveille ! Procurez donc aussi aux charpentiers des entrepreneurs qui leur accordent le salaire dont ils ont besoin » ; ou bien alors, que les pouvoirs publics abandonnent à elles-mêmes les parties intéressées.

1. Arch. du Ministère de la guerre, etc., lettre du 4 octobre, à sa date. Diverses pièces relatives à cette coalition existent aux Arch. nat., F^{13} 947.

2. Au cours de la grève de 1845.

3. *Journal des débats*, 19 septembre.

4. 20 septembre.

Une polémique eut lieu également entre ces deux journaux sur le principe même de l'augmentation du prix de la journée réclamée par les ouvriers; et la question, déjà posée lors de la coalition des tailleurs de pierre de Bordeaux, en novembre 1831, du maintien du taux des salaires dans les adjudications, fut de nouveau discutée. La *Tribune* partageait l'opinion ainsi exprimée par les ouvriers dans une lettre qu'ils lui avaient envoyée[1] : « Nous pensons que notre demande (d'augmentation de salaire) est juste, car si beaucoup d'entrepreneurs ont fait dans leurs marchés des rabais trop considérables, nous ne croyons pas être forcés de prendre sur notre nécessaire pour les tirer du mauvais pas où ils se sont mis. » Le *Journal des débats*[2], défendant la thèse des maîtres charpentiers, remarquait qu'ils allaient être en perte « s'il leur fallait, pour les frais de main-d'œuvre, dépasser leurs prévisions, déjà si rigoureuses, grâce à la concurrence extrême qu'on a vu s'établir, dans ces derniers temps, entre les nombreux soumissionnaires de ce genre d'entreprise ». Or, ajoutait-il, la ruine des maîtres serait celle des ouvriers. Ceux-ci, d'ailleurs, ne sont pas excusables de réclamer une augmentation dans les circonstances actuelles : « Pendant que le prix du pain est tombé à un taux qui assure à peine un encouragement suffisant à l'agriculture, les travaux se multiplient sur tous les points et dans tous les genres, par les soins du gouvernement et aussi par la renaissance de la prospérité générale. C'est ce moment que des ouvriers ont choisi pour pousser leurs compagnons dans une coalition : ils seront mal venus, après cela, à lancer contre les maîtres les reproches d'égoïsme et de spéculation intéressée. »

Les organes de la presse la plus avancée critiquaient, d'une façon générale, le gouvernement, dont toute la politique, en matière de conflit industriel, se résumait dans la répression pénale. Ils défendaient le droit de coalition des ouvriers, aussi respectable, disaient-ils, que celui des maîtres. Surtout,

1. 18 septembre.
2. 20 septembre.

ils tiraient de la grève des charpentiers des conclusions favorables au principe de l'association, mais, comme il arrivait si souvent, sans spécifier quel en devrait être le caractère.

Le *Journal du commerce*[1] eut cependant des vues plus précises. Après avoir détaillé les phases du conflit, montré qu'il avait été conduit des deux côtés par une association et qu'il s'était terminé par la conclusion solennelle d'un accord, il remarquait : « Voilà deux associations organisées en défiance l'une de l'autre, et qui systématisent, en quelque sorte, la guerre industrielle. On ne peut pas les supprimer, et même il est nécessaire qu'elles existent... Mais on peut opérer un rapprochement entre ces deux associations, qui ont un même but : le travail... Ne pourrait-on pas régulariser les représentations informes de ces deux classes de travailleurs et les fondre dans une même représentation, de façon à faire quelque chose d'analogue aux conseils de prud'hommes, mais beaucoup plus étendu[2] ? »

La coalition des charpentiers n'était pas encore terminée quand des pourparlers — qui n'avaient été précédés d'aucune suspension de travail — commencèrent, au faubourg Saint-Antoine, entre les *gros-maîtres* menuisiers-ébénistes pour meubles en noyer et leurs ouvriers. Les maîtres s'étaient coalisés « pour délibérer sur leurs intérêts communs », dit un ouvrier[3] ; leur but était de « *couler* les *petits-maîtres*, qui vendent à plus bas prix qu'eux », et, en même temps, de cesser de fournir, comme par le passé, la chandelle à leurs ouvriers. Apprenant ce concert secret, ces derniers se coalisèrent à leur tour, rédigèrent un tarif et le proposèrent aux maîtres.

---

1. 2 octobre.

2. « La grève de 1833 se termina par une convention *signée*. C'était une innovation importante, puisqu'elle était, en fait, une reconnaissance aux ouvriers du droit de débattre *collectivement* le prix et les conditions de leur salaire. » (Julien Blanc, *La grève des charpentiers de Paris en 1845*, Paris, 1845, p. 89.) Les ouvriers prétendirent même que, par suite d'un engagement verbal, ce traité avait été fait pour dix ans. (*Ibid.*, p. 106.)

3. Hoctor, président de la commission des ouvriers. (*Populaire*, 15 et 22 septembre, 6 octobre 1833.) Voyez de plus la 7e publication du *Populaire : Moyen d'améliorer l'état déplorable des ouvriers.....* 1833.

Des négociations suivies eurent lieu entre les délégués, régulièrement nommés, des deux parties, sans que les maîtres aient fait, à ce qu'il semble, aucune objection, soit à la coalition des ouvriers, soit au principe d'un tarif discuté d'un commun accord. L'entente finit par s'établir sur le tarif présenté par les ouvriers et atténué à la demande des maîtres. Ces incidents terminés, les ouvriers fondèrent une société philanthropique pour le placement et l'allocation de secours de chômage.

L'affaire des ouvriers layetiers-emballeurs, au commencement d'octobre, fut plus compliquée et ne se termina pas dans le même esprit de conciliation. Le 29 septembre[1], quatre-vingts d'entre eux, réunis à la barrière des Amandiers pour s'occuper « des intérêts communs de leur état », discutèrent trois propositions : la réduction de la journée de travail à onze heures en été et dix heures en hiver, l'établissement d'un tarif de prix, la création d'une caisse d'épargne pour venir au secours des ouvriers qui se trouveraient sans ouvrage « par suite de l'arrangement qu'on établira ». Dans une nouvelle réunion, le 6 octobre, deux cents layetiers estimèrent que, de tous les moyens proposés pour améliorer leur position, « la réduction d'une heure était le plus doux, le plus conforme aux besoins des ouvriers », et, « considérant que si la concurrence et la baisse d'ouvrage ont fait baisser le prix des caisses, ce que nous demandons offrira un prétexte pour augmenter leur prix », ils décidèrent qu'à partir du lendemain, la journée serait réduite à onze heures (été) et dix heures (hiver), et que le tarif des travaux aux pièces, diminué en 1830, serait rétabli.

Une douzaine de maîtres, dès le 7 octobre, acceptèrent ces conditions ; les autres reçurent fort mal les délégués des ouvriers (ce qui amena quelques voies de fait), et prirent

1. Voy. surtout, dans la *Tribune* du 17 novembre 1833, le compte rendu du procès correctionnel auquel donna lieu la coalition ; accessoirement la *Tribune* du 8 octobre, le *Courrier français* du 13 octobre et le *Journal des débats* du 16 novembre.

ensemble l'engagement de ne pas céder à leurs exigences, à peine d'une amende de 500 francs. Quelques-uns même ayant renvoyé leur personnel, tous les layetiers quittèrent alors le travail. Quatre d'entre eux allèrent voir le préfet de police et lui firent approuver un plan qui fut exposé dans une circulaire adressée le 11 aux négociants : comme les ouvriers l'avaient dit au préfet de police, ils avaient l'intention de ne point nuire aux opérations commerciales ; dans ce but, ils avaient décidé d'ouvrir des ateliers « jusqu'à ce que MM. les maîtres veuillent bien nous rendre nos occupations. Nous prenons l'engagement formel d'abandonner nos ateliers aussitôt qu'ils auront donné leur adhésion à notre demande. Les ateliers seront formés dans tous les quartiers de Paris et dirigés par les premiers ouvriers de chaque maison qui sont habitués à vous servir ».

Les maîtres furent-ils effrayés par cette menace d'une nature tout à fait nouvelle ? Toujours est-il que le même jour l'un d'eux saisit le procureur du roi d'une dénonciation contre les ouvriers layetiers, coupables, d'après lui, de coalition, de mises en interdit et de violences. « Comme citoyens, écrivait-il, comme gardes nationaux, les maîtres layetiers ont assisté le gouvernement comme ils devaient le faire ; le colonel de la 6me légion, dans laquelle je suis capitaine, pourrait vous attester si j'ai fait mon devoir ; et la première faveur que je viens vous demander avec confiance, c'est la protection de la loi dans un moment pénible pour nous autres, maîtres layetiers. »

En même temps, les maîtres proposèrent aux ouvriers une augmentation de salaire, s'ils voulaient continuer à travailler le même nombre d'heures qu'auparavant ; cette offre fut acceptée (12 octobre) ; mais quand les layetiers rentrèrent dans leurs ateliers, ils trouvèrent un quart des places prises ; ils réclamèrent ; des arrestations mirent un terme à toute l'affaire.

Le 15 novembre, deux ouvriers layetiers furent condamnés à six mois de prison et quatre autres à deux mois. Sans doute les débats avaient nettement établi que des violences étaient imputables aux inculpés; mais, en ce qui concerne le fait de coalition, le préfet de police avait eu connaissance des réunions des ouvriers et ne s'y était nullement opposé; et le jugement n'indiquait pas si le tribunal les avait considérées comme répréhensibles. Quant aux maîtres, les débats démontrèrent qu'ils s'étaient coalisés, non seulement en octobre 1833, mais aussi en 1830 pour abaisser les salaires; ils ne furent pas inquiétés. Les condamnations infligées aux ouvriers furent jugées excessives par une partie de la presse [1].

La dernière des coalitions dont nous ayons à parler pour la période qui va du commencement de septembre au milieu d'octobre 1833 est celle des porcelainiers de Limoges. Ces ouvriers, qui s'étaient coalisés dans la première quinzaine de septembre, parvinrent à faire signer par les fabricants, après une interruption de travail de six semaines, un tarif concédant une augmentation de salaire de 20 % environ [2].

Si jamais une coalition fut dépourvue de violences et d'incidents d'aucune sorte, ce fut bien celle-là : les ouvriers restaient chez eux, ou se promenaient isolément; ils gardaient l'attitude la plus paisible, en attendant que les fabricants eussent fait leurs réflexions et leur accordassent les prix demandés [3]. La police ne savait quel parti prendre : « Il est beaucoup de personnes, lisons-nous dans un rapport de police [4], qui pensent que le débat doit se vider entre les fabricants et les ouvriers, et que l'autorité doit y rester étrangère, tant qu'il n'y aura ni violences, ni menaces de la part de ces derniers, — que l'intervention de la justice irrite les hommes et les pousse à des actes coupables, — que cet état de choses ne peut durer, et que les ouvriers, forcés par la nécessité, viendraient se soumettre d'eux-mêmes. D'autres pensent, au

1. Voyez par exemple le *Constitutionnel* du 16 novembre.

2. Pour les détails sur la marche de cette grève, voy. Office du travail, *Associations professionnelles ouvrières*, t. III, p. 523.

3. *Tribune*, 30 septembre.

4. Rapports de police, feuilles journalières, 15-16 septembre 1833. (Archives départementales de la Haute-Vienne.)

contraire, que l'autorité ne doit jamais tolérer le plus petit désordre, — que ne pas se servir de l'action des lois, quand les lois sont enfreintes, c'est montrer de la faiblesse et encourager les perturbateurs. »

Le préfet était de cette dernière opinion : la coalition des porcelainiers l'inquiétait d'autant plus qu'elle survenait peu après une coalition des fileuses de la manufacture Pétiniaud et Jabet et une coalition des maîtres bouchers[1] ; et la crainte des suites que pouvait entraîner cette « déplorable affaire », ne tarda pas à l'affoler : « Ayez, de grâce, l'œil ouvert partout, écrivait-il au maire de Limoges le 21 septembre, et par tous vos agents, afin que nous puissions sévir à la moindre perturbation et en déférer les coupables aux tribunaux. Dans l'état actuel, vous devez sentir que la moindre étincelle pourrait allumer un grand incendie. » De plus, le préfet faisait augmenter les postes par la gendarmerie, la police et la garde nationale; il adressait des communications au général commandant le département de la Haute-Vienne et au colonel commandant le régiment en garnison à Limoges[2]. Mais le parquet ne partageait pas ces alarmes, et il jugea politique de ne pas entamer des poursuites.

« Le parquet a montré qu'il ne restait pas étranger au mouvement qui entraîne la société », remarquait le *Patriote de la Haute-Vienne*[3] à propos de cette abstention. Et s'élevant de la coalition des porcelainiers à des considérations sur « l'avenir industriel du pays », il affirmait que l'heure était critique. « Si, ajoutait-il, l'on ne se hâte pas de donner au travail une nouvelle organisation et de régler les nouveaux rapports qui

1. Voulant protester contre un droit d'abatage perçu depuis la construction récente d'un abattoir, les bouchers de Limoges s'étaient entendus au mois d'août pour ne plus tuer de veaux, et ils s'abstinrent, en effet, pendant une douzaine de jours. Le procureur du roi fit appeler quatre d'entre eux et leur signifia qu'ils allaient immédiatement être traduits en police correctionnelle. Dès le lendemain, l'abatage des veaux fut repris. (Lettre du procureur général près la Cour de Limoges au garde des sceaux, 16 septembre 1833, Arch. nat., BB^{18} 1218.)

2. Arch. munic., série I^2.

3. 5 octobre (*Courrier français* du 9).

doivent lier entre eux tous les travailleurs, du sein même des travaux pacifiques de l'industrie, des usines et des ateliers sortira une anarchie d'un nouveau genre, non moins funeste que tous les autres. La transition, qui, dirigée par des mains habiles, aurait pu se faire, sinon sans secousse, au moins sans déchirements, livrée au hasard, deviendra d'autant plus dangereuse qu'elle rencontrera plus d'obstacles, et renversera bien des fortunes qui se croient maintenant hors de toute atteinte. Elle finira par s'opérer au milieu d'une catastrophe générale dans l'industrie, qu'une sage prévoyance aurait pu, et peut sans doute encore, éviter. »

Ces prédictions ne touchaient guère les représentants de la justice et de l'administration départementale ; quand le travail eut repris, l'organe de la préfecture, les *Annales de la Haute-Vienne,* se borna à remarquer[1] : « Les ouvriers ont eu le bon esprit d'isoler leurs prétentions de tout ce qui pouvait ressembler à l'émeute, à l'agitation politique ».

Les autorités durent regretter leur inaction quand elles apprirent, quelques mois plus tard, que cette coalition si inoffensive était le fait d'une association secrète, et que cette association était en relations avec les ouvriers porcelainiers de Paris, de Vierzon et peut-être d'autres villes encore. Au cours d'une perquisition opérée en décembre 1833, à Vierzon[2], chez un des principaux membres d'une coalition de porcelainiers, on trouva des lettres établissant qu'il existait à Paris, rue Popincourt, 34, un bureau qui entretenait des rapports suivis avec les diverses villes porcelainières et donnait le signal des cessations de travail : ainsi, le 29 octobre, les fabriques de Conflans et de Chantilly avaient été arrêtées; et, le 7 novembre, le bureau avait annoncé l'arrêt d'une fabrique à Paris et déclaré qu'il se proposait d'y réaliser « ce que l'on a déjà obtenu à Limoges ». D'après d'autres documents, la société secrète existant en cette dernière ville, société philanthropique d'abord, se serait transformée, à la suite de l'admission d'un

1. 27 novembre.
2. Voyez divers documents sur cette affaire, Arch. nat., BB[18] 1220.

nommé Astier, en une association destinée à fixer les salaires, aurait préparé la coalition de septembre à Limoges et envoyé des émissaires dans d'autres villes porcelainières, au moins à Vierzon (où Astier se rendit). Quoi qu'il en soit, il est certain, d'après les lettres saisies, qu'au début de novembre, le bureau de Paris exerçait son influence sur plusieurs fabriques de porcelaine, qu'il organisait alors une société dont chaque fabrique, pourvue d'un conseil, formait une division, et qu'il recevait de province des cotisations. La coalition des porcelainiers de Vierzon, en décembre, fut, on le verra, le résultat d'encouragements donnés par le bureau de Paris et la société de Limoges.

Du 1er septembre au 15 octobre, les coalitions ouvrières avaient été relativement nombreuses et importantes ; surtout, la presse, — la presse de tous les partis — s'y était intéressée d'une façon inaccoutumée ; elle en avait relaté et commenté les causes, les incidents et les résultats. Le gouvernement s'inquiéta. Vers le milieu d'octobre, l'annonce officieuse fut faite que Barthe, ministre de la justice, présenterait au début de la session suivante, un projet de loi sur les ouvriers et sur les coalitions[1].

Ce n'était là qu'une partie du programme que le garde des sceaux se proposait de soumettre aux Chambres : il devait leur demander en même temps de voter certaines mesures pour restreindre la liberté de la presse, et d'autres pour assujettir les écrits criés sur la voie publique à un timbre triple des frais de poste.

Ces deux derniers projets visaient évidemment la propagande républicaine : existait-il dans l'esprit de Barthe un rapport entre eux et son projet sur les coalitions ?

---

1. *Journal du commerce*, 17 octobre 1833.

CHAPITRE XIII

La « commission de propagande » et les premières coalitions attribuées a l'influence directe du parti républicain.

(Octobre-Novembre 1833.)

La Société des Droits de l'homme; reconstitution et programme social; la *Commission de propagande*. — Brochures républicaines destinées spécialement aux ouvriers : l'*Instruction*, de Lebon ; les *Réflexions d'un ouvrier tailleur*, de Grignon ; les deux écrits de Marc Dufraisse sur l'association. — Coalitions, à Paris, des ouvriers cambreurs, des ouvriers bijoutiers, des garçons boulangers.

Dans la seconde quinzaine d'octobre 1833, la lutte entreprise par le parti républicain contre le régime de Juillet prit une intensité nouvelle. La Société des Droits de l'homme, dont, dans les mois précédents, la propagande avait rencontré le succès, osa jeter publiquement le gant à la monarchie, comptant s'appuyer, pour vaincre, principalement sur la classe ouvrière[1].

Vers le 15 ou le 20 octobre, la Société procéda à la réélection de son comité central. Le 23, la *Tribune* publia l'*Exposé des principes républicains de la Société des Droits de l'homme*. La Société y adoptait, de nouveau et solennellement, « comme expression de ses principes, la déclaration présentée

1. Il y avait, dans la Société, des sections professionnelles : celles, par exemple, qui s'appelaient *Droit de revision, de la Montagne, Lebas*, étaient formées complètement, ou presque complètement, de garçons tailleurs ; dans celles qui portaient le nom de *5 et 6 juin*, *Mucius Scœvola, Paix aux chaumières*, les ouvriers cordonniers dominaient. Il convient de remarquer qu'on ignore la date de fondation de ces sections. (Annexes au rapport de Girod, de l'Ain, p. 282 et suiv.)

à la Convention nationale par le représentant du peuple Robespierre ». Un projet de constitution républicaine suivait; on y trouvait, entre autres dispositions, l'annonce d'un système financier qui, « en ne se bornant pas à dégrever le pauvre, le travail, l'industrie », serait « pourvu des ressources nécessaires pour les aider et les commanditer »; puis la Société prévoyait « l'établissement de fonctions industrielles qui contribuent à réaliser ces deux grands principes : la meilleure division du travail, la meilleure répartition des produits, qui accélèrent l'émancipation de la classe ouvrière, etc. »; le projet visait encore l'exercice du droit d'association, pour « combiner la liberté individuelle avec la réforme des désastreux effets de l'isolement ». Enfin la Société appelait « à concourir à son œuvre toutes les associations existantes..... L'Association comptera principalement sur l'appui de ceux qui, déshérités de leurs droits politiques, à peine protégés par les lois faites par les riches et pour les riches, succombent sous l'excès du travail et le fardeau des charges publiques ».

A peine entré en fonctions, le nouveau comité central créa une *Commission de propagande*[1], qui paraît avoir exercé une certaine influence sur le mouvement ouvrier pendant la période d'intense agitation qui prit fin avec le premier tiers du mois de décembre; cependant des doutes subsistent, tant sur la composition que sur l'objet précis de cette Commission.

D'après les républicains, elle se composait seulement de trois membres, appartenant au comité central : Napoléon Lebon, étudiant en médecine; Vignerte, avocat, et Berryer-Fontaine, interne à l'Hôtel-Dieu ; et elle était chargée de se mettre en rapport avec les ouvriers pour répandre parmi eux les opinions républicaines. D'après la théorie de la police et de la justice, la Commission comprenait, outre

---

1. Le jugement rendu en avril 1834 contre les membres de la Commission en fixe la date de fondation au milieu d'octobre.

Lebon, Vignerte et Berryer-Fontaine, dix-neuf individus, tous sectionnaires de la Société des Droits de l'homme : Recurt, docteur en médecine ; Mathé, étudiant en droit ; Marc Dufraisse, licencié en droit ; de plus, des ouvriers dont la plupart étaient fonctionnaires de sociétés philanthropiques : quatre cordonniers, trois compositeurs en caractères, un imprimeur en taille-douce, un imprimeur en papiers peints, un ébéniste, un fileur de coton, un gantier, un corroyeur, un serrurier, un bonnetier et un autre ouvrier dont les documents n'indiquent pas la profession[1]. Sur tous, l'influence de Lebon, de Vignerte et Berryer-Fontaine était considérable. Quant au but de la Commission de propagande, il aurait été « d'engager les ouvriers des divers corps d'état à former entre eux des coalitions partielles et à se fédérer ensuite en une coalition centrale, qui aurait son centre d'action dans un comité central, composé des commissaires délégués par les coalitions particulières ».

Cette thèse, destinée à porter un nouveau coup à la Société des Droits de l'homme, fut soutenue par des arguments trop visiblement tendancieux pour qu'on puisse l'accepter. L'explication présentée pour leur défense par les membres, vrais ou prétendus, de la Commission, quand ils furent traduits en justice, est plus admissible, à la condition d'y apporter un correctif : si Lebon, Vignerte et Berryer-Fontaine composaient seuls la Commission réellement formée dans un but de propagande républicaine, il faut admettre cependant que, lorsque des coalitions commencèrent à éclater, nombreuses et graves, dans des corps d'état dont les chefs étaient sectionnaires, la Commission dut se trouver amenée

1. La Commission, si on admet que telle était sa composition, ne possédait aucun tailleur. Au cours des poursuites dirigées plus tard contre elle, le principal chef des garçons tailleurs, Grignon, membre de la Société des Droits de l'homme, entendu comme témoin, affirma qu'il ignorait l'existence de la Commission. — Sur la Commission de propagande, voyez le compte rendu des poursuites correctionnelles intentées contre elle (*Moniteur*, 1834, p. 1040, 1054, 1037 et 1084) et Gisquet, *Mémoires d'un préfet de police*, t. III, p. 171, 172.

à appuyer moralement un mouvement social pour lequel elle éprouvait, sans aucun doute, une vive sympathie. Il y a plus : le simple fait de relations suivies existant entre des ouvriers dirigeant des associations de métier et des républicains comme Lebon et Vignerte, disciples convaincus de Babeuf, permet de conclure à une certaine influence politique de ces derniers sur les ouvriers avec lesquels ils se rencontraient, influence qui, au point de vue spécialement ouvrier et social, put très bien être réciproque. Mais la Commission n'avait pas provoqué ce mouvement général, elle n'en assuma pas la direction effective, et, quant à l' « appui » qu'elle lui aurait apporté, les preuves fournies dénotent tout au plus une certaine complicité morale, sur laquelle on ne pouvait fonder qu'un procès de tendances.

L'institution de la Commission de propagande ne fut pas la seule mesure prise par la Société des Droits de l'homme pour rallier à elle le plus grand nombre possible d'ouvriers; parmi les brochures qu'elle répandit alors à profusion, un certain nombre s'adressaient spécialement aux ouvriers. Déjà deux ou trois semaines avant la création de la Commission de propagande, on avait distribué, dans un banquet de la septième section de la Société, une *Instruction*, signée par Napoléon Lebon, où, après avoir noté que les ouvriers de plusieurs corps d'état étaient occupés à délibérer sur la conduite à tenir envers leurs maîtres, l'auteur déclarait : « Mais la question des relations à établir entre les ouvriers et les entrepreneurs doit être traitée à part ; signalons seulement le *bon esprit*, l'esprit d'association qui se développe dans cette occasion ; jusqu'à présent les ouvriers du même état s'étaient soutenus mutuellement. Cette réciprocité de secours commence à s'établir dans les différents états[1] ».

Dans le courant du mois d'octobre parut un opuscule intitulé : *Réflexions d'un ouvrier tailleur sur la misère des*

---

1. *Temps*, 8 octobre 1833. Cf. *Cour des Pairs*, *Affaire du mois d'avril 1834*, t. V, acte d'accusation, p. 46-47.

ouvriers en général, la durée des journées de travail, le taux des salaires, les rapports actuellement établis entre les ouvriers et les maîtres d'atelier, la nécessité des associations d'ouvriers comme moyen d'améliorer leur condition. Cet écrit était signé du nom de « Grignon, ouvrier tailleur, membre de la Société des Droits de l'homme ». En réalité Grignon, comme il l'avoua plus tard, n'en était pas le rédacteur, mais seulement l'inspirateur ; la brochure avait du reste été imprimée pour le compte de la Société des Droits de l'homme[1]. Elle parut au début de la coalition des ouvriers tailleurs, et nous l'analyserons plus loin.

En novembre, Marc Dufraisse, licencié en droit, membre, dans l'opinion de la police, de la Commission de propagande, publia deux écrits spécialement destinés aux ouvriers. Dans l'un, intitulé *Société des Droits de l'homme, Association des travailleurs,* il s'efforçait d'abord de démontrer la complète inefficacité des cessations de travail comme moyen de lutte contre les maîtres : « L'expérience, disait-il, a prouvé aux ouvriers que ces mutineries ne leur procurent aucun avantage... ; le remède est pire que le mal. » De même des tarifs : c'est « un contrat tout au préjudice de l'ouvrier », car il peut être contraint à s'y conformer, mais non le maître. Il ne reste à l'ouvrier qu'un moyen, c'est l'association, « l'association considérée non plus comme coalition afin d'obtenir un tarif, mais l'association coopérative, c'est-à-dire l'association de bras travaillant ensemble pour la société ». Les ouvriers ne peuvent obtenir d'amélioration sérieuse à leur sort qu'en « formant des associations de travailleurs exploitant eux-mêmes leur industrie ». Il est vrai que l'argent leur man-

1. Le maître imprimeur qui l'avait exécutée dans sa maison affirma le fait lors du procès de la Commission de propagande. Le même jour (26 avril 1834), Grignon, entendu comme témoin et interrogé sur les *Réflexions d'un ouvrier tailleur*, déclara : « Mes idées sont dans la brochure, et c'est un autre qui les a mises en bon style... C'est un de mes amis, et je pourrais lui nuire en le nommant ». L'ami en question n'aurait-il point tout simplement demandé à Grignon sa signature, comme (on va le voir) Marc Dufraisse demanda la sienne à un ouvrier cordonnier, Efrahem ?

que ; c'est parce que les impôts pèsent trop lourdement sur la classe pauvre ; d'où il résulte que « la réforme industrielle... ne pourra, je pense, s'accomplir sans une révolution politique ; et la réforme politique amènerait nécessairement la révolution industrielle ». En attendant l'avènement d'un gouvernement vraiment populaire, qui « réalise ce consolant espoir d'une association de travailleurs », groupez-vous étroitement, concluait Marc Dufraisse ; « et quand le peuple sera bien convaincu qu'il ne trouvera d'amélioration que dans l'exercice de sa souveraineté, alors un jour, un beau jour, tous les prolétaires feront grève pour revendiquer leurs droits d'homme et de citoyen. »

La seconde brochure de Marc Dufraisse, *De l'association des ouvriers de tous les corps d'état,* fut publiée sous le nom d' « Efrahem, ouvrier cordonnier » ; il l'avait signée, déclara-t-il plus tard[1], tout simplement parce qu'il en approuvait les idées. C'est encore une apologie, à l'usage des ouvriers, de l'association ; mais l'auteur en précise la nature en même temps qu'il lui assigne un champ d'action plus étendu. Le premier pas à faire, dit-il, c'est que dans chaque profession tous les travailleurs se groupent en un seul corps et nomment une commission « qui discute avec les maîtres les intérêts du corps d'état, ou qui reçoive de la main des consommateurs l'ouvrage à faire et le distribue aux associés ». L'auteur insiste seulement sur la première de ces attributions : quand les ouvriers auront des raisons de juger leur salaire insuffisant, la commission prendra en mains leurs intérêts ; « à un jour, à une heure, à un signal donné par elle, tous les ouvriers abandonneront leurs ateliers et chômeront pour obtenir des maîtres l'augmentation de prix réclamée ». C'est ce que nombre de corps d'état ont déjà compris, remarquait Marc Dufraisse, qui écrivait au moment où, à Paris, l'agitation ouvrière battait son plein.

1. Devant le tribunal correctionnel, au cours des débats sur l'affaire de la Commission ; Marc Dufraisse s'y reconnut, du reste, l'auteur de cet opuscule. Chez Lebon on avait saisi le bon à tirer pour 6000 exemplaires.

Mais il se hâtait d'ajouter : ce n'est pas suffisant; toutes ces associations par corps d'état, il faut les unir entre elles, « et faire de ces corps isolés un tout, une association générale ; il faut donner à ce grand corps d'ouvriers un comité central composé des délégués représentant les associations particulières[1] ».

Exposant les avantages de cette organisation générale, Marc Dufraisse notait qu'un corps d'état en lutte avec les maîtres pour une question de salaire pourrait arriver à user leur résistance grâce à l'appui d'une caisse centrale, alimentée sans cesse par les versements des corps d'état qui continueraient à travailler. Et il insistait sur l'urgence d'effectuer ce groupement général : « Hâtons-nous, citoyens, d'exécuter ce projet. Il faut que cette organisation soit complète et harmonieuse avant peu de jours. » Il convenait, en effet, que les ouvriers fussent groupés en sociétés par fractions de vingt avant que le projet de loi contre les coalitions d'ouvriers fût voté.

Et Dufraisse concluait : « En attendant que la réforme politique amène la grande réformation industrielle et sociale, il ne faut remettre qu'à nous-mêmes le soin d'améliorer notre sort physique et moral. Je crois vous en avoir exposé les moyens ; c'est à vous, citoyens, d'en faire l'application. »

Cette idée d'une entente générale de tous les corps d'état, qui se trouve déjà indiquée d'une façon sommaire dans l'*Instruction* de Napoléon Lebon, et que nous rencontrerons, pour ne parler que de Paris, chez les tailleurs et les cordonniers surtout, était certainement en conformité avec les tendances de la classe ouvrière depuis 1830. Peu de temps après les journées de Juillet, on pouvait déjà noter la naissance et le développement rapide de l'idée de la solidarité ouvrière, entendue tantôt au point de vue économique, tantôt au point de vue à la fois économique et politique. Dufraisse se borna-t-il à mettre au point un plan d'organisation centrale dont il

---

1. On remarquera que c'était précisément ce programme d'organisation que la Commission de propagande était accusée de vouloir exécuter.

aurait été entretenu par ses amis ouvriers, trop peu instruits pour l'exposer eux-mêmes ; ou l'idée de ce plan lui fut-elle inspirée par le spectacle d'un nombre inusité de corporations menant dans un même temps une même lutte? En d'autres termes, le projet d'une fédération de tous les ouvriers de France fut-il essentiellement le produit de la pensée républicaine ou la conséquence presque logique de la pratique ouvrière? C'est ce qu'on ne saurait dire.

On a peut-être remarqué qu'il existe une contradiction entre les deux opuscules de Marc Dufraisse : dans le premier, la coalition et l'abandon du travail pour l'obtention de salaires plus élevés sont condamnés; dans le second, au contraire, ils sont recommandés. Quelle était sur ce point l'opinion de la Commission de propagande? Les documents nous laissent dans le doute. Plus tard, devant le tribunal correctionnel, ses membres soutinrent que la Société des Droits de l'homme cherchait à décourager les coalitions, parce qu'elle les considérait comme nuisibles à ceux qui les formaient, et qu'elle trouvait beaucoup plus utile de grouper les ouvriers en associations politiques; d'autres membres de la Société, appelés comme témoins, confirmèrent en général cette thèse; mais il y en eut tel autre, Voyer d'Argenson par exemple, dont les réponses embarrassées fournirent bien des raisons de douter. Il faut remarquer, du reste, que la diversité des opinions, au sein de la Société des Droits de l'homme, était assez marquée pour que le recours à la coalition pût y trouver à la fois des partisans et des adversaires.

Une fois surtout, le comité central de la Société manifesta publiquement sa sympathie pour les coalitions ouvrières; c'est dans un ordre du jour adressé aux sections le 24 novembre[1] : « Citoyens, déclarait-il, vous avez tous applaudi aux tentatives qu'ont faites les ouvriers pour améliorer leur position et briser le joug des exploiteurs, leurs maîtres ;» la cause

1. *Cour des Pairs, Affaire du mois d'avril 1834, Rapport de Girod* (*de l'Ain*), t. Ier, p. 81.

des associations poursuivies est celle de la Société des Droits de l'homme ; aussi le comité central a-t-il décidé qu'une souscription en leur faveur serait ouverte dans toutes les sections.

La coexistence d'une propagande républicaine si active et du mouvement intense de coalitions qui se manifesta à Paris spécialement du milieu d'octobre au début de décembre frappa les autorités, et, plus que jamais, elles s'attachèrent à cette idée que l'agitation ouvrière trouvait sa raison, sa seule raison, dans l'agitation politique. Il n'y eut guère, alors, de coalition, même formée avant la constitution de la Commission de propagande, qui n'apparût comme due à l'action occulte du parti républicain. Cependant, pour certaines de ces coalitions, on pourrait même dire pour le plus grand nombre, il est rien moins que prouvé qu'il en ait été réellement ainsi. C'est le cas, par exemple, pour la coalition des ouvriers cambreurs, la première en date de celles qui furent attribuées, certaines plus ou moins ouvertement du reste, à une influence politique.

Au mois de mai 1833[1], les ouvriers cambreurs avaient fondé une Société philanthropique, qui, comme tous les groupements ainsi dénommés, visait beaucoup moins à l'allocation de secours de maladie ou d'invalidité qu'à la protection des intérêts corporatifs de ses membres. Son règlement, en date du 1er octobre, interdisait aux adhérents de prendre le travail refusé par l'un d'eux pour cause de diminution de salaire, déterminait certaines restrictions à l'apprentissage[2], etc.

---

1. *Gazette des tribunaux*, 1er et 2 décembre 1833 ; *7e publication du* Populaire, *Moyen d'améliorer l'état déplorable des ouvriers, 1833.*

2. « Art. 7. — Il ne sera fait d'apprentis avant trois ans, à dater du 1er octobre 1833, à moins que la Société en ait reconnu la nécessité ; alors la Société sera convoquée, et les façonniers ou contremaîtres qui auront l'intention d'en faire le feront savoir ; et ils tireront au sort ; dont l'apprenti versera à la caisse de la Société la somme de 100 francs et donnera six mois de son temps à celui à qui tombera le sort ; or, le fils, le frère, sont exempts de toutes ces formalités ; également le fils de femme veuve de cambreur. »

Le jour même où ils adoptaient ces statuts, les ouvriers cambreurs quittaient le travail, les maîtres corroyeurs et les maîtres bottiers ayant refusé de leur accorder une augmentation de salaire. Au bout d'un certain temps, quelques maîtres cédèrent; les autres, qui avaient formé une coalition (on ne peut dire si ce fut avant ou après celle des ouvriers) furent mis à l'index, et leurs ouvriers reçurent des secours de leurs camarades et d'ouvriers d'autres professions.

Au milieu de novembre, la Société philanthropique eut recours, pour venir à bout des maîtres qui résistaient encore, au procédé essayé par les ouvriers layetiers-emballeurs et, après eux, comme on le verra, par divers autres corps d'état, notamment par les garçons tailleurs : elle décida de fonder un vaste atelier de fabrication, dans lequel les cambreurs se réuniraient pour travailler; et, en faveur de cet atelier, elle demanda aux maîtres et au public des commandes et des souscriptions. Cet établissement fut ouvert, mais rien n'indique que son existence ait eu quelque durée.

La coalition des ouvriers cambreurs, dépourvue de tout incident violent et peu considérable (le nombre des cambreurs travaillant à Paris ne dépassait pas trois cents), ne fut guère connue du public que par les peines sévères qui atteignirent ses principaux membres : neuf furent condamnés, dont quatre à trois mois de prison. Les circonstances de la cause ne semblaient pas motiver une telle rigueur; et la presse[1], à l'exception des organes ministériels, l'attribua à l'impression des juges que la coalition avait un caractère politique. Pourtant la justice ne possédait pas de preuves que des relations existassent entre le parti républicain et les cambreurs. Ce fut après le jugement, au cours de perquisitions faites chez les membres de la Commission de propagande, qu'on en découvrit quelques traces: chez l'étudiant en droit Mathé, on trouva seulement une lettre d'un ouvrier cordonnier considéré comme membre de la Commission de propagande, dans

1. *Tribune*, 2 décembre; *Courrier français* et *Constitutionnel*, 3 décembre, etc.

laquelle il était question d'une réunion à tenir avec le président et le secrétaire de la Société des cambreurs.

L'échec rapide de la coalition des ouvriers bijoutiers sauva peut-être ses principaux chefs de rigueurs analogues à celles qui avaient atteint quelques cambreurs. A ses débuts, avec le chiffre très élevé des membres qui en faisaient partie (quatre mille, d'après Gisquet) ou qui se rendaient à certaines réunions (de douze à quinze cents, selon Louis Blanc), elle paraissait exposée à des mesures de répression.

Les ouvriers bijoutiers demandaient une réduction d'une heure sur la durée de la journée de travail. Le 20 octobre, ils constituèrent une « Association de secours mutuels », dont le vrai caractère, celui d'une « société philanthropique », ressortait suffisamment de la répartition de ses adhérents en « divisions » de vingt, de la constitution d'une commission de cinq membres chargée de traiter avec les fabricants, de l'allocation de secours de chômage (sans indication de la nature du chômage), etc.

Les fabricants ayant refusé d'accéder à la demande qui leur était faite[1], la coalition tomba ; c'est à peine si le travail fut interrompu dans deux ateliers. Le tribunal correctionnel prononça contre la majorité des ouvriers bijoutiers inculpés de coalition des condamnations relativement légères qui, en appel, furent réduites ou infirmées.

La première des coalitions attribuées aux menées du parti républicain qui préoccupa gravement le gouvernement et l'opinion fut celle des garçons boulangers. Le 24 octobre, huit cents d'entre eux, réunis à la barrière du Maine, décidèrent de demander à leurs maîtres une augmentation de salaire de 0 fr. 50 par jour et l'emploi dans chaque boulangerie d'un nombre de garçons correspondant au nombre des fournées effectuées ; en cas de refus, ils menaçaient, dit

1. *Constitutionnel*, 4 novembre 1833. — On trouvera des renseignements plus circonstanciés dans les *Associations professionnelles ouvrières* (Office du travail), t. III, p. 19.

un journal[1], de ne plus travailler et « d'affamer Paris au milieu de l'abondance ». Pour répondre à cette déclaration, l'autorité fit annoncer qu'en cas de besoin le maréchal Soult mettrait à la disposition des maîtres boulangers tous les soldats de Paris qui savaient pétrir. Pourtant le mouvement se généralisa, et, si l'on en croit Gisquet, trois mille ouvriers désertèrent les boutiques. Le 30 octobre, les électeurs de la boulangerie, assemblés pour délibérer sur « l'insurrection générale des *pétrisseurs* et des *gindres* », chargèrent leurs syndics d'arbitrer le différend[2].

Une entrevue eut lieu entre les syndics et les délégués de la société que les garçons venaient de former; le contrôleur de la halle était présent. D'après le compte rendu publié par l'*Echo de la halle aux blés*[3], il fut reconnu dans cette réunion qu'en raison de la variété du travail et des aptitudes différentes des ouvriers, un tarif de prix uniforme ne pouvait être adopté. Mais il fut décidé que les syndics engageraient, par une circulaire, les boulangers « à examiner les griefs de leurs garçons et à y faire droit toutes les fois qu'ils en reconnaîtraient la justice ». De plus, les syndics promirent « de se former en comité arbitral, au moins une fois la semaine, en s'adjoignant, s'il était nécessaire, toute autre personne au fait de la question. Ce comité jugerait, en qualité d'amiable compositeur, après avoir entendu les parties, les différends qui pourraient survenir entre les maîtres et les ouvriers ». Dans une circulaire adressée à leurs confrères[4], les syndics précisèrent la nature de la mission dont ils s'étaient chargés : quand un maître et un ouvrier, disaient-ils, en débattant de gré à gré les conditions du contrat qui les lie, seront en désaccord, « un arbitrage amiable pourra tempérer sagement les exigences qui seraient

1. *Echo de la halle aux blés*, 27 octobre (reproduit par le *Constitutionnel* du 28).

2. Les boulangers de Paris élisaient alors quarante-huit d'entre eux (un par quartier), et ces électeurs nommaient les quatre syndics chargés de la surveillance de l'industrie de la boulangerie.

3. 3 novembre (reproduit par le *National* du 5).

4. *Constitutionnel*, 6 novembre.

excessives, corriger des abus obstinés en amenant des concessions raisonnables. Nous proposons donc à tous, ouvriers et maîtres, cette juridiction d'équité et de paix ».

Les syndics se flattaient que, par cette attitude conciliante, comme par la mise en liberté, qu'ils avaient obtenue, d'un certain nombre de garçons arrêtés depuis le 24 octobre, ils mettraient fin au conflit : il n'en fut rien, les travaux demeurèrent suspendus, et la signature d'un tarif resta la réclamation unique des ouvriers, qui redoublèrent d'efforts pour rendre l'arrêt du travail absolument général, ou du moins pour empêcher les maîtres de se procurer des garçons à d'autres conditions que celles du tarif projeté. Un des procédés qu'ils employèrent pour y parvenir fut d'installer à poste fixe chez les placeurs des commissaires qui permettaient ou défendaient l'envoi de tel ou tel ouvrier dans une boutique ; l'ouvrier qui était autorisé à aller travailler était accompagné jusque chez le maître par des commissaires du deuxième degré, qui ne lui remettaient, pour ainsi dire, l'ouvrier, que s'il consentait à signer le tarif[1].

Bien plus, douze commissaires se présentèrent un jour au bureau des syndics pour leur demander, au nom de la majorité des garçons boulangers, d'arrêter avec eux le tarif. Les syndics refusèrent, en faisant observer qu'il aurait fallu, pour conclure un accord, que les délégués fussent envoyés, non pas par la majorité, mais par l'unanimité des garçons boulangers, et d'autre part qu'eux-mêmes n'avaient pas qualité pour le signer. Les commissaires se retirèrent alors, « annonçant pour le lendemain des mesures énergiques, la retraite de tous les garçons boulangers hors Paris, pour faire cesser le travail partout à la fois ».

Cette idée d'exode fut en effet discutée dans une réunion d'ouvriers, mais abandonnée, l'unanimité n'ayant pu se faire. Dans ces circonstances critiques, les syndics voulurent consulter de nouveau les électeurs de la boulangerie. Le 13 novem-

1. *Echo de la halle aux blés*, 7 novembre.

bre, ceux-ci approuvèrent à l'unanimité le refus des syndics de signer le projet de tarif présenté par les commissaires, se déclarèrent eux-mêmes dépourvus de toute qualité pour l'accepter et votèrent une résolution ainsi conçue : « L'assemblée pense que, vu la dépendance étroite dans laquelle la boulangerie est placée, le prix du pain étant fixé chaque quinzaine par l'autorité supérieure, et l'augmentation des salaires devant réagir nécessairement sur le prix du pain, nulle augmentation générale, sous la dénomination de tarif ou toute autre, ne pourrait être débattue et fixée sans le concours de l'administration[1]. » En effet, faisait remarquer un journal[2], si les boulangers avaient reconnu la nécessité d'augmenter les salaires, n'auraient-ils pas été en droit à leur tour « de venir réclamer à M. le préfet de police une augmentation dans la prime de cuisson qui leur est allouée et qui est calculée sur des bases aujourd'hui détruites? » Donc, en définitive, la question de l'augmentation des salaires dépend de la police, « qui taxe et qui a placé le pain sous sa dépendance ». Pourtant, bon nombre de maîtres avaient déjà accordé des augmentations à leurs garçons.

Le jour même où s'était tenue la réunion des électeurs de la boulangerie, une nouvelle assemblée de garçons eut lieu à la barrière du Maine; des lanciers, des dragons et une compagnie de la garde nationale y furent envoyés; tous les garçons qu'on trouva occupés à délibérer, soit deux cent vingt-cinq, furent arrêtés et ramenés dans Paris au milieu des troupes. Le lendemain, le *Bulletin du soir*[3] s'efforça de justifier cette rafle : les coalitions des mois précédents, dit-il, avaient été suscitées par « les ennemis de nos institutions »; et « il paraît que les anarchistes avaient surtout spéculé sur les désordres qui pouvaient naître de la mutinerie des garçons boulangers;... les instigateurs de toutes ces coalitions n'ont rien négligé pour les rendre universelles et pour leur donner

1. *Echo des halles et marchés*, 17 novembre.
2. *Echo de la halle aux blés*, 7 novembre.
3. Cité par le *Journal des débats* du 15 novembre.

un caractère politique », car ils étaient en général membres de sociétés populaires et « sans doute reçoivent le mot d'ordre du comité directeur ».

La majeure partie des garçons boulangers arrêtés avaient été incarcérés; au bout de quelque temps, ils furent relâchés, à l'exception de soixante-deux, qui furent traduits en police correctionnelle, au début du mois de février 1834; le tribunal en condamna trente à des peines allant de quinze jours à un et deux ans d'emprisonnement; pourtant, le ministère public n'avait relevé contre les inculpés que le fait de leur coalition et quelques atteintes, accompagnées de violences, à la liberté du travail; en réalité, les accusés ne furent frappés si sévèrement que parce que leur coalition avait paru empreinte d'un caractère politique.

Que la Commission de propagande ait été pour quelque chose dans cette coalition, on ne saurait l'affirmer ou le démentir. Du moins, voit-on clairement que les maîtres boulangers ne se firent pas faute d'attirer sur la monarchie les critiques de l'opposition démocratique, en montrant que la réglementation de la boulangerie mettrait obstacle à la libre discussion des conditions du travail entre maîtres et garçons. Les feuilles républicaines, soit au moment de la coalition, soit plus tard, prirent plus d'une fois plaisir à dresser la liste des monopoles que le régime de Juillet tolérait ou même protégeait, alors qu'il ne manquait jamais de réprimer les coalitions au nom de la liberté du travail ou de la liberté de l'industrie[1].

---

1. Accessoirement, les garçons boulangers avaient articulé contre les placeurs des plaintes dont les journaux ne donnent pas le sens précis. — A Marseille, des poursuites avaient été intentées, au mois de juillet, à la requête du ministère public, contre un nommé Pourrière, préposé par le Syndicat des boulangers de Marseille au placement des ouvriers ; pour être placés, les ouvriers devaient fréquenter la maison de jeu dont il était l'associé. Pourrière fut condamné à deux mois de prison et à deux ans de surveillance. (*Peuple Souverain*, 6 et 12 juillet 1833.)

CHAPITRE XIV

Le mouvement des ouvriers tailleurs d'habits a Paris et dans les départements

(Octobre-Novembre 1833.)

Coalition des garçons tailleurs de Paris. — Les *Réflexions d'un ouvrier tailleur*. — Coalition des maîtres. — L'« établissement » des ouvriers. — Le comité Schwartz. — Le comité Riesz. — Arrestations et condamnations. — Les ouvriers tailleurs à Lyon, à Marseille, à Nantes, etc.

La coalition des garçons boulangers avait paru d'autant plus grave qu'elle avait coïncidé avec celles des cambreurs et des bijoutiers, et que, peu de temps après sa formation, les travaux furent également arrêtés dans de nombreux corps d'état : tailleurs d'habits, cordonniers, typographes, chaudronniers, cloutiers, gantiers et bien d'autres.

La coalition des garçons tailleurs et celle des ouvriers cordonniers se présentèrent comme de beaucoup les plus sérieuses. D'abord elles affectaient, d'après Gisquet, la première huit mille ouvriers, la seconde six mille. Puis elles étaient dirigées, sinon par la Société des Droits de l'homme, du moins par des sectionnaires convaincus et ardents. D'un autre côté, l'association que possédait à Paris chacun de ces corps d'état entretenait, dans les départements, des rapports avec des sociétés similaires, dont plusieurs provoquèrent, vers le même moment, des coalitions. Enfin, pendant que durait cette intense agitation, le groupement de toutes les sociétés ouvrières de France dont il était question dans l'écrit publié sous la signature d'Efrahem fut sur le point d'entrer dans la période de réalisation.

Les garçons tailleurs de Paris[1] avaient fondé, on l'a vu, en 1831, une Société philanthropique, qui fut réorganisée au cours de la coalition de novembre 1832. En 1833, ils créèrent deux autres associations, la *Société de l'Aigle* et la *Société du Progrès*, sur lesquelles les détails manquent ; on a cependant quelques raisons de croire que cette dernière dissimulait des tendances politiques sous des apparences humanitaires. Au mois de septembre, les trois sociétés fusionnèrent, en vue d'une action générale contre les maîtres; il semble bien que cette réunion s'opéra au profit de la Société philanthropique.

Les garçons tailleurs désiraient obtenir une augmentation de 2 francs par pièce, et, pour les journaliers, 0 fr.50 de plus par jour avec une diminution d'une heure dans la durée quotidienne du travail. Ils n'attaquèrent point les boutiques en masse, comme en 1832; ils présentèrent leurs demandes à quelques maîtres qui, pressés d'ouvrage, leur accordèrent satisfaction; puis ils passèrent à d'autres, et ainsi de suite, retirant la main-d'œuvre aux récalcitrants. La plus grande partie d'octobre fut employée à l'exécution de ce plan.

Dans le courant du mois parut l'écrit intitulé *Réflexions d'un ouvrier tailleur*, que nous avons déjà signalé, et dont Grignon, ouvrier tailleur et membre de la Société des Droits de l'homme, doit être considéré, si l'on s'en tient strictement aux documents, comme l'inspirateur.

« En attendant, porte cet opuscule, qu'un gouvernement populaire soulage l'extrême pauvreté aux dépens de l'extrême opulence par un meilleur système d'impôts et par une sage organisation du travail, unissons-nous pour resserrer les liens de la fraternité, pour fournir des secours aux plus nécessiteux, pour fixer enfin nous-mêmes le maximum de la durée du travail et le minimum du prix de la journée, c'est-à-dire pour prendre l'engagement de ne travailler que pendant le temps

1. La presse renferme de nombreux renseignements sur cette affaire ; voy. surtout la *Tribune*, le *Journal des débats* et la *Gazette des tribunaux* (notamment le 30 novembre et les 2-3 décembre).

et pour les prix déterminés par nous; appelons nos frères des autres corps d'état à suivre notre exemple; alors il faudra bien que le maître accepte la loi de l'ouvrier. » Un salaire suffisant, un temps de repos tel que l'exigent la conservation de la santé et le développement de l'instruction de l'ouvrier, enfin, des rapports d'indépendance et d'égalité avec les maîtres, tels étaient les trois points du programme à réaliser. Les garçons tailleurs, disait Grignon, devront arriver progressivement à la journée de dix heures, avec un salaire de cinq ou six francs. Passant à la question d'organisation, il proposait qu'une commission permanente fût chargée de recevoir les plaintes et les propositions, et qu'elle eût le droit de prendre toute mesure générale jugée nécessaire, sauf la ratification des membres de la Société; il demandait de plus « qu'elle se mette en rapport avec les divers comités des associations d'ouvriers; qu'elle provoque la nomination d'un comité central dont l'action s'étendra sur tous les corps d'état à la fois ».

En attendant, il convenait : d'abord, de limiter la durée de la journée de travail; puis de s'opposer absolument à toute réduction de salaire; enfin, de protéger l'ouvrier contre toute injustice, contre toute humiliation même, qui serait le fait de son maître, en retirant à ce dernier toute main-d'œuvre.

Mais il ne faudrait pas que l'ouvrier se tienne pour satisfait s'il arrivait à gagner six francs par jour, car les prix augmenteraient alors. Ce sont, remarquait Grignon, moins les maîtres que les lois qui s'opposent à l'amélioration de l'état des ouvriers; il y a les impôts sur les objets de première nécessité, les monopoles, etc. « N'oublions pas que les riches seuls font la loi, et que nous ne pourrons nous affranchir définitivement du joug de la misère qu'en exerçant comme eux nos droits de citoyen. » En résumé, l'action corporative ne devait pas faire négliger l'action politique.

Ce manifeste, présenté comme l'exposé des idées d'un corps d'état dont la forte organisation avait déjà remporté une victoire l'année précédente et qui venait de rentrer en campagne, décida les maîtres tailleurs à prendre des mesures de défense. Ils tinrent, avec l'assentiment de la police, deux réunions au cours desquelles ils s'engagèrent à refuser toute augmentation de salaire à leurs ouvriers; les maîtres qui avaient accueilli les demandes de leur personnel promirent de se rétracter; de plus, une commission de sept membres fut nommée pour agir contre les ouvriers par tous les moyens qu'offraient les lois. Aussitôt après, plusieurs maîtres renvoyèrent les garçons tailleurs qu'ils occupaient.

La Société philanthropique se tenait prête à engager un combat général. Dès le 29 octobre, trois mille garçons tailleurs, réunis à la barrière du Maine, après avoir flétri la coalition des maîtres, prirent les résolutions suivantes, destinées à secourir ceux d'entre eux qui refuseraient de travailler dans les maisons où l'augmentation demandée n'aurait pas été consentie : la Société mettait ses fonds à la disposition de son conseil « afin de créer un établissement de travail dans lequel la confection sera de premier ordre; l'établissement ne vendra que strictement le prix coûtant de la marchandise prise de première main; la façon ne sera comprise qu'au taux des réclamations faites aux maîtres tailleurs ». D'autre part, « les ouvriers seront organisés par compagnies de vingt pour la distribution des secours qui leur seront nécessaires; dans chaque compagnie, les ouvriers de cette corporation provisoire se nourriront à l'instar des militaires; ceux qui ne travaillent pas seront chargés du travail culinaire ». Les ouvriers auxquels les maîtres avaient accordé l'augmentation promettaient de faire des versements fixes au profit de leurs camarades sans travail.

Au même moment, la Société philanthropique prit le titre, peu employé du reste, de Société de l'Union philanthropique, qui rappelait, semble-t-il, la fusion des trois sociétés de tailleurs, et elle réforma sur divers points son règlement[1], no-

1. *Règlement de la Société de l'Union philanthropique des ouvriers tailleurs.*

tamment en ce qui concerne le fonctionnement de sa commission exécutive. D'après les dispositions nouvelles, la commission était élue tous les trois mois ; elle se divisait en trois fractions, dont chacune, qui fonctionnait un mois, avait un secrétaire par l'intermédiaire duquel elle communiquait avec les deux autres ; et « les secrétaires des deux tiers en réserve de la commission étaient tenus d'assister à toutes les séances du tiers exécutant ». Par cette combinaison, les tailleurs cherchaient à assurer l'existence et le fonctionnement de leur Société au cas où ceux qui la dirigeaient effectivement viendraient à être arrêtés. Cependant, quand le conflit avec les maîtres se fut généralisé, un comité exécutif de cinq membres fut en outre formé ; son président fut Grignon.

Un article nouveau déterminait les conditions de faveur faites, pour l'admission, aux adhérents des associations de tailleurs existant en province : « Comme tout fait espérer que les villes des départements formeront aussi des sociétés, puisque déjà nous sommes en relations avec Lyon et Marseille... », lisait-on au début de cet article.

Enfin, une série de dispositions réglaient le fonctionnement de « l'établissement », c'est-à-dire de l'atelier. Les fonds nécessaires seraient obtenus par le versement de la moitié des excédents mensuels des recettes de l'Union philanthropique, et, au besoin, au moyen d'actions de 5, 25 et 50 francs portant intérêt à 5 %. L'atelier devait être administré par un gérant et deux sous-gérants, sous le contrôle de la Société ; les gérants ne pouvaient s'établir dans Paris que « dans un temps égal à celui de la durée de leur gestion, laquelle ne pourra excéder une année » ; un dédit serait stipulé par acte notarié ou sous-seing privé. Pour l'atelier lui-même, un acte de société serait passé dans la même forme, conformément aux stipulations du Code de commerce, et les contestations sur cet acte « réglées par arbitres, en dernier ressort, à l'exclusion de tout recours légal ». Avec le capital social on créerait une maison de secours pour les associés, de plus « une maison culinaire, dans laquelle il sera fait aux ouvriers l'avance de leur nourriture pendant les époques où les travaux cessent. Les ouvriers associés s'acquitteront envers la Société durant les époques de travail par des retenues graduées qui leur seront faites sur leurs journées. Le prix de la nourriture sera réglé par la commission ».

Les décisions prises le 29 octobre et la nature des modifications apportées au règlement de la Société témoignent que les ouvriers n'envisageaient pas leur lutte avec les maîtres comme un simple conflit corporatif, mais bien comme un conflit social. Du reste, en envoyant à la *Tribune*[1] le texte des résolutions votées à la barrière du Maine, l'Union philanthropique l'accompagna de considérations qui ne laissent aucun doute sur ce point et dont il convient de citer en partie les termes mêmes : « Personne n'a oublié les réunions nombreuses et pacifiques de chaque corps d'état après les journées de Juillet. Il semblait au peuple, après ce combat de trois jours dont il était le héros et le vainqueur, que la pensée de nos législateurs se tournerait vers les classes laborieuses... On répondit alors par de superbes déclamations en faveur des ouvriers, et l'on vota quelques millions pour éviter les émeutes que le désespoir rendait inévitables. » L'ouvrier a accepté avec résignation les diminutions de salaire qu'on lui a imposées en alléguant la crise industrielle ; quand le travail a repris, les salaires n'ont pas été augmentés ; on n'a tenu à l'ouvrier aucun compte des sacrifices qu'il avait consentis. « Il faut que ces faits aient un caractère incontestable de vérité, puisqu'ils ont engendré ces coalitions nombreuses qui se maintiennent précisément dans ce moment où les ateliers sont encombrés de demandes. »

Les garçons tailleurs avaient exposé au public leur situation et leurs desiderata ; les maîtres, dont un grand nombre venaient

1. 31 octobre 1833. Ce document a été réimprimé dans une brochure intitulée *Lettres adressées au journal la* Tribune *par les ouvriers tailleurs, boulangers, cordonniers, concernant leurs demandes en augmentation de salaire, et réglement des ouvriers tailleurs pour former des compagnies d'ouvriers* (1833).

de fermer leurs ateliers, se servirent également des journaux pour expliquer leur attitude : dans une lettre, leurs sept délégués (le *comité Schwartz,* comme on dit bientôt) dénoncèrent la coalition, longuement préparée, des ouvriers, s'efforcèrent de démontrer l'exagération des demandes présentées et n'hésitèrent pas à attribuer au parti républicain la responsabilité du conflit : la grande majorité des garçons tailleurs sont honnêtes, remarquaient-ils, mais « ils obéissent en tremblant à une minorité turbulente, qui est elle-même dominée par des agitateurs plus habiles. Voyez ces autres coalitions d'ouvriers qui éclatent en même temps à point nommé, et demandez-vous de bonne foi si elles ne sont pas la suite d'un plan combiné dans de plus hautes sphères ».

A ces accusations, les ouvriers ripostèrent en dénonçant de nouveau la coalition des maîtres et en contestant le bien fondé des prix de journée indiqués par ces derniers. En même temps ils annonçaient l'ouverture de leur « atelier national », rue Saint-Honoré, 99. « Là, ajoutaient-ils, nous recevrons toutes les communications que les citoyens qui veulent l'émancipation des prolétaires voudront bien nous faire[1]. »

Les autorités avaient reçu du comité Schwartz une dénonciation formelle contre la coalition des garçons tailleurs ; elles étaient d'autant plus disposées à y donner suite que cette corporation était connue comme la plus républicaine de toutes. Le 6 novembre, sous prétexte d'un rassemblement contraire à l'ordre public, des sergents de ville envahirent le local occupé par la Société, rue de Grenelle-Saint-Honoré ; vingt ouvriers furent arrêtés ; la plupart faisaient partie de la fraction de la commission exécutive qui était alors en fonc-

1. A la suite de ces déclarations des garçons tailleurs, la *Tribune* du 5 novembre reproduisit une lettre d'un typographe, nommé Baunet, qui, à propos de la coalition des tailleurs, traitait « la question générale commune à tous les corps d'état ». Après de longs détails sur le droit d'association et sa légitimité, il écrivait : « Nous appellerons aussi tous les ouvriers de l'Europe à cet affranchissement pacifique, dont les ouvriers anglais, d'ailleurs, nous ont donné l'exemple ; car qui ne sait qu'en ce moment il y a dans la Grande-Bretagne plus de cent mille ouvriers qui travaillent *coopérativement ?* »

tions; cette fraction fut remplacée immédiatement par la fraction suivante. En peu de temps, trente nouvelles arrestations furent opérées. L'irritation des ouvriers devint extrême; tous quittèrent le travail, même ceux dont les maîtres avaient augmenté le salaire.

Ces derniers maîtres se formèrent alors en comité *(comité Riesz)* et rédigèrent une pétition, destinée au procureur du roi et au préfet de police, dans laquelle, après avoir approuvé les réclamations présentées par les garçons tailleurs, ils demandaient la liberté de ceux qui venaient d'être incarcérés. Ils convoquèrent les maîtres du comité Schwartz pour obtenir leur signature au bas de la pétition, déjà revêtue de quatre cents noms. La réunion, à laquelle trois délégués des ouvriers assistèrent, fut orageuse; les membres du comité Schwartz se retirèrent avec éclat; trois jours après, ils publièrent une lettre où ils le prenaient de très haut avec les adhérents du comité Riesz, dont ils parlaient « comme d'une ressemblance de maîtres ».

Restés seuls avec les délégués des garçons, les membres du comité Riesz décidèrent de constituer une association entre maîtres et ouvriers. Le projet qui fut établi peu de temps après[1] était trop imprécis pour que la réalisation en fût possible : l'association devait « régler et maintenir à l'amiable les intérêts respectifs des soussignés,... provoquer l'émancipation calme et régulière » des garçons, constituer une caisse de secours et un service de placement pour le bénéfice des deux parties; les statuts faisaient état des associations semblables qui se formeraient dans les départements; bien plus, comme le programme des ouvriers, ils prévoyaient l'établissement d'une association dans chaque corps d'état et l'entente de toutes ces associations, donc de tous leurs membres : ce serait la fin « de tant de discordes et de divisions malheureuses ».

Le 15 novembre, quatre cent cinquante sergents de ville et

1. Arch. nat., CC 603, dossier Thomas.

soldats cernèrent l'atelier des garçons tailleurs et le siège de leur société; cent cinquante ouvriers furent arrêtés sans résistance. On n'a jamais bien su la raison de cette opération de police; le prétexte invoqué fut le redoublement des atteintes à la liberté du travail. Quatre jours plus tard, les garçons tailleurs annoncèrent qu'ils allaient former une société commerciale et ouvrir un second établissement dans le but de remédier à l'arrêt, qui se prolongeait, des travaux, «et aussi pour prévenir les besoins du public».

Après la rafle du 15 novembre, plus de deux cents garçons tailleurs étaient en prison (où, on s'en souvient, deux cent vingt-cinq garçons boulangers se trouvaient depuis l'avant-veille), et leur nombre s'augmenta encore les jours suivants[1]. Tous les papiers de l'Union philanthropique avaient été saisis. Le comité Riesz, dénoncé à la police par le comité Schwartz, cessa de se réunir après que son secrétaire, Riesz, appelé à la préfecture de police, eût été questionné de près et détenu pendant trente heures.

L'Association républicaine pour la liberté individuelle et pour la liberté de la presse[2] avait, dès le 7 novembre, invité ses membres à se servir chez les ouvriers tailleurs. Son comité d'enquête et de défense avait publié, le 15, un procès-verbal[3] où il notait les causes et les phases du conflit. Mais le parti républicain ne pouvait rien de plus pour aider les garçons tailleurs; et même ces deux manifestations avaient eu cet inconvénient de souligner les sympathies républicaines que

---

1. Gisquet dit que le total des garçons tailleurs arrêtés fut de trois cents; il ajoute qu'il fournit le cautionnement nécessaire pour la mise en liberté de six d'entre eux, et qu'il en fut remboursé. « Ils se plaignaient avec raison, continue-t-il, de l'exigence des placeurs, lesquels se faisaient remettre jusqu'à 30 francs par chacun de ces pauvres ouvriers placés par leur entreprise. Je leur permis d'ouvrir un nouveau bureau de placement et d'établir un tarif modéré. » (*Mémoires d'un préfet de police*, t. III, p. 172.)

2. Parmi ses adhérents se trouvaient des membres de la Commission de propagande: Lebon et Berryer-Fontaine, et d'autres républicains connus : Cavaignac, Cabet, Raspail, Voyer d'Argenson, Carrel, Garnier-Pagès, etc.

3. Reproduit dans la *Tribune* du 17 novembre; il était signé par Pagnerre.

rencontrait leur coalition. Incapables de résister plus longtemps, les ouvriers rentrèrent peu à peu chez les maîtres, qui annonçaient la création, à leur profit, d'une caisse de secours. L'atelier de la rue Saint-Honoré, dont le directeur avait été arrêté le 24 novembre, fonctionna quelque temps encore.

Le jugement des ouvriers arrêtés commença le 29 novembre et se continua par une série d'affaires pendant tout le mois de décembre. La première de ces affaires fut la plus importante : elle était relative à l'organisation de la Société, accusée d'avoir préparé et conduit le mouvement. Sept garçons comparurent devant le tribunal correctionnel sous l'inculpation d'avoir été chefs ou membres de la coalition; six maîtres s'étaient portés parties civiles, tant en leur nom qu'au nom de leurs confrères; soixante-quinze témoins furent appelés à l'appui de la prévention.

Les débats eurent lieu avec ampleur. L'avocat des parties civiles eut soin, dès le début de son plaidoyer, de marquer le caractère du conflit en le rattachant « à la grande guerre qui a été déclarée, non seulement à toute forme quelconque de gouvernement régulier, mais encore aux bases éternelles de tout ordre social : la sûreté individuelle, la propriété et la liberté ». Cette guerre, ce sont les ouvriers tailleurs qui l'ont ouverte, ce sont eux qui dirigent le mouvement des autres états. « Je suis effrayé, s'écria-t-il, quand je vois toutes les sociétés philanthropiques se changer en conspirations et en rébellions contre les fabricants et entrepreneurs. » Lorsque les maîtres tailleurs s'entendirent pour résister à l'oppression dont, comme les maîtres, les ouvriers étaient victimes (car à qui persuadera-t-on que, de leur propre mouvement, de huit à dix mille garçons aient quitté le travail ?), ils savaient qu'ils « rendaient service à toutes les industries et à la liberté en général ». Enfin, l'avocat du comité Schwartz condamna les violences commises, tourna en ridicule la prétention des ouvriers, qui croyaient pouvoir se passer des maîtres, les montra comme des naïfs qui se laissaient diriger autocratiquement par un comité de cinq membres, dont le président,

Grignon, ne s'était pas présenté [1], et appela l'attention sur les relations, prouvées par l'instruction, entre les garçons tailleurs de Paris et ceux de diverses villes des départements.

L'avocat des prévenus entreprit de démontrer que la coalition des garçons tailleurs était pure de toute tendance politique, qu'elle avait été exempte de toute violence (les faits signalés ayant été individuels), et que, par conséquent, elle n'était pas punissable. Il fit remarquer que les maîtres étaient favorisés par la législation civile, politique et criminelle, ce qui constituait une provocation, dont le résultat nécessaire était l'agitation, et enfin que, dans les conflits industriels, le gouvernement, au lieu de maintenir l'équilibre entre les deux parties en se portant du côté le plus faible, se portait, sans jamais y manquer, du côté opposé.

Les maîtres du comité Schwartz avaient, par l'organe de leur avocat, remercié la police et le parquet, qui leur avaient prêté « un loyal concours » ; le tribunal correctionnel ne s'acquit pas moins de titres à leur reconnaissance. Le jugement fut rendu le 2 décembre : pour les magistrats, la coalition des ouvriers était surabondamment établie ; car, non seulement il y avait eu entente entre eux pour faire enchérir leurs travaux, mais encore cette entente avait reçu un commencement d'exécution ; de plus, des violences avaient été commises envers certains garçons tailleurs ; et « cette circonstance, non essentielle pour constituer le délit, en est une aggravation ». Sans doute quelques maîtres s'étaient réunis un an auparavant et avaient conclu un accord pour ne pas augmenter les salaires ; mais ils ne prétendaient que résister à la coalition des ouvriers ; et, d'autre part, cet accord des maîtres n'avait pas reçu d'exécution, puisque chacun d'eux avait alors cédé aux exigences de ses ouvriers ; enfin, si les mesures prises

1. Lecture fut donnée à l'audience de la pièce suivante, saisie dans une perquisition : « Le citoyen Grignon sera consulté et invité à conserver ses fonctions jusqu'à ce qu'il soit arrêté. Le citoyen Dubois, dans le cas où le citoyen Grignon serait arrêté, remplira sa place jusqu'à ce que lui-même soit arrêté. »

par les maîtres avaient constitué le délit de coalition prévu par l'article 414, «les ouvriers auraient dû se borner à dénoncer cette coalition à l'autorité compétente et n'auraient pas été autorisés pour cela à commettre le délit de coalition». Donc la coalition des ouvriers en octobre 1833 n'était nullement justifiée par une prétendue coalition des maîtres.

En conséquence, Grignon fut condamné, par défaut, à cinq ans de prison et cinq ans de surveillance, deux autres prévenus à trois ans de prison, trois à trois mois, deux mois et six semaines, et deux acquittés.

Le lendemain, le tribunal correctionnel, ayant à statuer sur certains faits particuliers se rapportant à la coalition des garçons tailleurs, rejeta, en termes aussi exprès que la veille, cette théorie, présentée si souvent par les avocats d'ouvriers accusés de coalition sans avoir jusque-là été nettement écartée, que la cessation concertée du travail n'est pas un délit quand elle n'est pas accompagnée de violences : « Attendu, portait le jugement, que la loi n'exigeait pas qu'il y eût menaces et violences, mais seulement concert pour faire augmenter le salaire.... ». Et il condamna.

D'autres affaires, nées également de la coalition des garçons tailleurs, furent jugées en décembre, mais les débats auxquels elles donnèrent lieu offrent peu d'intérêt. Il suffira de noter que, d'après la *Gazette des tribunaux*, le nombre de ces affaires (en y comprenant les deux premières, dont nous venons de parler) fut de quinze ; que, dans quatorze d'entre elles, il y eut soixante-dix-sept ouvriers poursuivis, dont vingt-quatre furent condamnés ; les peines les plus fortes qui furent prononcées furent, sans parler des emprisonnements de cinq et trois ans infligés le 2 décembre, trois condamnations à deux ans de la même peine.

Dans les affaires dont nous nous abstenons de parler en détail, il n'y a à noter qu'un incident, qui se produisit à l'audience du 13 décembre et qui fut vivement relevé par la défense : parmi les inculpés se trouvait un nommé Barrye, en prison depuis près de deux mois ; quand il fut amené devant le tribunal, le maître tailleur sur la plainte duquel il avait été incarcéré préventivement ne le reconnut pas, et on dut constater qu'il y avait eu erreur [1].

Au commencement de décembre, après une perquisition sans résultat au siège de l'Association républicaine pour la défense de la presse et la liberté individuelle, des poursuites furent intentées contre ses secrétaires généraux, Marchais, Fenet et Etienne Arago, pour avoir engagé par lettre les adhérents à se fournir à l'établissement des tailleurs, et de plus pour avoir donné la liste des membres au directeur, qui voulait leur envoyer des circulaires [2].

En janvier et en février 1834, plusieurs des jugements prononcés furent portés en appel : notamment, le 22 janvier, celui par lequel Grignon [3] avait été condamné à cinq ans de prison et deux autres chefs de la coalition à trois ans de la même peine. A cette occasion, un certain nombre de pièces inédites furent produites : rapports des *factionnaires*, chargés de surveiller les démarches des ouvriers employés à la journée ; rapports relatifs à l'établissement culinaire, qui avait commencé à fonctionner rue des Prêcheurs, et où de cinq à six cents ouvriers tailleurs étaient venus chercher chaque jour leur nourriture avec des cachets distribués rue de Grenelle, etc.

1. *Gazette des tribunaux* et *Tribune*, 15 décembre.

2. *Tribune*, 18 décembre 1833. — L'Association avait en outre fait paraître un écrit pour protester contre la première condamnation qui avait frappé les garçons tailleurs : *Association républicaine pour la liberté individuelle et pour la liberté de la presse. — Publication du Comité parisien. — Appel au bon sens du peuple du jugement rendu par le tribunal de police correctionnelle contre les ouvriers.* — A propos de cette Association, notons qu'à la fin de l'année 1833, son Comité parisien adopta, sur le rapport de Voyer d'Argenson, un projet d'enquête industrielle à effectuer avec l'aide de tous ses comités des départements. Le questionnaire, qui devait être tiré à dix mille exemplaires, comportait 145 numéros et comprenait trois chapitres : de l'apprentissage (1-39), des ouvriers (40-101), des maîtres (102-145). Une commission spéciale recevrait les délégations de maîtres et d'ouvriers ; avec les procès-verbaux des réponses faites et les questionnaires remplis qu'elle centraliserait, elle rédigerait un rapport d'ensemble. Le vote de la loi du 10 avril 1834, sur les associations, empêcha la mise à exécution de cette idée. (*Revue républicaine*, novembre 1834, p. 231.)

3. Il avait été arrêté le 8 décembre, le même jour que divers membres de la Commission de propagande.

Grignon prononça un long discours[1], où il exposa la situation malheureuse des ouvriers de son corps d'état, les origines de la Société philanthropique et les phases de la coalition. « Ne craignez-vous pas, s'écria-t-il en faisant allusion à l'insurrection de 1831, qu'avant qu'il soit longtemps, si l'on ne fait droit à nos réclamations, le cri des ouvriers de Lyon ne soit répété par les ouvriers de la capitale ? »

La peine de Grignon fut réduite de cinq à trois ans d'emprisonnement, et celle des deux autres appelants de trois à deux ans. Mais quatre ouvriers acquittés par le tribunal correctionnel furent condamnés, sur appel du ministère public, à plusieurs mois de prison, « pour avoir, porte la *Gazette des tribunaux*, créé un atelier dit national, qui n'était qu'un moyen de favoriser le développement et la durée du désordre ».

Nous avons noté sommairement que la Société philanthropique était en rapport avec les ouvriers tailleurs des départements. De nombreuses pièces saisies au local de ses réunions montrent qu'elle entretenait une correspondance suivie avec les garçons tailleurs, notamment de Lyon, de Rouen, du Havre, de Bayonne, etc. ; elle engageait ceux de certaines villes à suivre son exemple en désertant les boutiques ; elle recevait des renseignements sur les projets des garçons tailleurs d'autres localités et sur leurs efforts vers une situation meilleure.

Durant le mois de novembre, une agitation se manifesta dans cette profession sur tous les points de la France : à Angers[2], à Autun[3], à Bayonne[4], à Dax[5], à Limoges[6], au

1. Le texte complet se trouve notamment dans l'*Echo des travailleurs* du 5 février 1834.

2. *Journal des débats*, 8 novembre 1833.

3. *Quotidienne*, 25 novembre 1833.

4. *Tribune*, 19 novembre 1833.

5. *Constitutionnel* et *Gazette des tribunaux*, 20 décembre 1833.

6. Rapports journaliers de police, 25-26 et 28-29 novembre 1833. (Arch. départementales de la Haute-Vienne, série M.)

Mans[1], à Metz[2], à Orléans[3], à Rouen[4], à Tours[5], etc., les garçons tailleurs firent des tentatives, poussées plus ou moins loin, de coalition pour obtenir des augmentations de salaires; parfois il y eut des arrestations et des condamnations. Le mot d'ordre (journaux et rapports administratifs le signalent fréquemment) venait de Paris, et il était même apporté souvent par des émissaires de la Société philanthropique. L'écrit de Grignon, *Réflexions d'un ouvrier tailleur*, était répandu dans certaines villes, Lyon et Rouen[6] par exemple, et servait à la propagande, même parmi les ouvriers des autres corps d'état. Les garçons tailleurs de Tours envoyèrent des secours aux tailleurs de Paris pendant leur coalition; ceux de Lyon firent de même au profit de leurs camarades parisiens arrêtés au milieu de novembre.

Dans cette dernière ville[7], une Société philanthropique d'ouvriers tailleurs avait été fondée le 15 septembre sur des statuts identiques à ceux que la Société de Paris avait adoptés le 1er décembre 1832. Une coalition en vue d'une augmentation de salaire fut formée à la fin d'octobre; les ouvriers protestaient, comme ceux de Paris, contre la coalition des maîtres; ceux-ci avaient, en effet, constitué un comité de dix-sept membres qui parlait et agissait « pour nous et pour nos confrères ». Mais l'hostilité n'était pas bien grande, à Lyon,

---

1. *Journal des débats*, 1er novembre; *Tribune*, 10 novembre 1833.
2. *Journal des débats*, 23 et 28 novembre; *National*, 24 novembre 1833; *Gazette des tribunaux*, 8 janvier 1834.
3. Lettre du procureur général près la Cour d'appel d'Orléans au ministre de la justice, 2 décembre 1833. (Arch. nat., BB18 1220.)
4. *Journal de Rouen*, 6, 7, 9, 13, 30 novembre; *Gazette des tribunaux*, 22 novembre 1833.
5. *Tribune*, 14 novembre; *Courrier français*, 17 novembre 1833.
6. Une lettre imprimée émanant de Grignon circulait également à Rouen, et le procureur du roi, requérant le 29 novembre contre sept garçons tailleurs, en fit connaître des extraits; en voici un : « Il faut faire la guerre aux riches, s'insurger contre le monopole qui interdit à tous l'entrée des professions lucratives, créer un gouvernement populaire qui force l'opulence à venir au secours de la pauvreté ; il faut imiter les ouvriers de Lyon et imposer la loi à des maîtres oppresseurs. » (*Gazette des tribunaux*, 2 décembre.)
7. Voyez notamment le *Précurseur*.

entre les deux parties; un arrangement amiable fut bientôt conclu, et les maîtres fournirent la caution pour la mise en liberté de sept ouvriers qui avaient été arrêtés[1]. Au cours de la coalition, la Société de travail Desloges et Cie avait, comme nous l'avons dit, publié un prospectus; il était accompagné d'une note où elle spécifiait qu'elle avait une existence indépendante de la Société philanthropique, mais qu'elle était « en rapports d'intérêts et d'affections avec elle[2] ».

Suivant l'exemple donné par les tailleurs d'habits de Paris et de Lyon, les ouvriers tailleurs de Marseille[3] créèrent une Société philanthropique, pour laquelle ils adoptèrent également le règlement établi à Paris le 1er décembre 1832. Ils se proposaient d'abord de faciliter leurs relations pour obtenir de l'ouvrage, puis de constituer un capital qui leur permettrait plus tard, soit de se secourir entre eux en cas de maladie, soit d'ouvrir une maison de travail exploitée avec leurs seules ressources.

A Nantes, les garçons tailleurs[4] avaient fondé, le 1er octobre 1833, une Société philanthropique organisée comme les précédentes; le 16 octobre, ils firent une demande d'autorisation que trente-deux adhérents signèrent. Le préfet fut informé peu après que cette création était la conséquence de l'arrivée

1. La Société philanthropique des garçons tailleurs de Lyon essaya à diverses reprises de se faire passer pour une simple société de secours mutuels (voyez notamment le *Précurseur* du 22 décembre 1833 et l'interrogatoire de son président, Marigné, au cours de l'instruction sur l'insurrection d'avril 1834, *Cour des pairs, Affaire du mois d'avril 1834*, tome VI, p. 69); mais la nature de sa correspondance avec la Société similaire de Paris et sa participation aux événements d'avril ne permettent aucun doute sur son véritable objet. — Au début de 1834, Marigné alla passer quelques semaines à Marseille; il y fut en rapports constants avec les membres les plus avancés de la Société philanthropique des garçons tailleurs de cette ville. (*Rapport de Girod (de l'Ain)*, t. II, *Faits particuliers*, p. 147.)

2. *Echo des travailleurs*, 2 novembre 1833.

3. *Peuple souverain*, 26 novembre 1833.

4. Je n'ai pas trouvé trace d'un essai d'association d'ouvriers tailleurs qui, au dire de Daniel Stern (*Histoire de la Révolution de 1848*, t. II, p. 174, note) aurait été fait à Nantes en 1832, et aurait échoué par mauvaise gérance.

à Nantes de délégués parisiens venus par Chartres, Le Mans et Angers, villes dans lesquelles leur passage avait été l'occasion d'une agitation plus ou moins grande. Il devait y avoir, écrivait le ministre de l'intérieur au début de novembre, un mouvement simultané des ouvriers tailleurs sur tous les points du pays; la Société des Droits de l'homme y poussait, dans l'espoir de profiter du désordre. Sur l'invitation du préfet, le maire de Nantes refusa d'autoriser la Société philanthropique. Le 12 novembre, le travail cessa; les maîtres en obtinrent la reprise en accordant « volontairement » diverses augmentations de salaires; les arrestations opérées ne furent pas maintenues. Les autorités avouaient pourtant que les livrets de la Société philanthropique se distribuaient malgré elles. En janvier 1834, le commissaire de police écrivait qu'il tenait d'un garçon tailleur que « tous les garçons tailleurs de Nantes étaient républicains[1] ». Leur société continua à fonctionner sans que l'on parvînt à la dissoudre. Il en fut de même pour les groupements de tailleurs créés dans d'autres villes.

1. Arch. départ. de la Loire-Inférieure, série M.

CHAPITRE XV

LE MOUVEMENT DES OUVRIERS CORDONNIERS A PARIS ET DANS LES DÉPARTEMENTS.

(Octobre-Novembre 1833.)

Coalition à Paris; la Société d'Amitié fraternelle; la Fédération de tous les ouvriers de France; arrestations et fin de la coalition. — A Lyon : la Société du Parfait Accord et l'Association des Frères de la Concorde. — A Chalon-sur-Saône : l'Union du Parfait Accord. — A Beaune, Dijon, Marseille, Toulon, Périgueux. — A Montpellier : l'Union du Parfait Accord.

En même temps que les garçons boulangers, les garçons tailleurs et les ouvriers de tant de corps d'état, les ouvriers cordonniers de Paris, au nombre de six mille (nous avons déjà donné ce chiffre d'après Gisquet), formaient une coalition; pour l'enrayer, il suffit aux autorités d'arrêter ses trois principaux chefs : Ephraïm (ou Efrahem), Péchoutre et un autre; du même coup, le projet d'organisation dont ils s'occupaient fut abandonné.

Leur mouvement eut le même caractère social et républicain que celui des garçons tailleurs d'habits, que l'on considère la personnalité de ses directeurs ou les tendances qui se manifestèrent au cours de la coalition. Quatre ouvriers cordonniers : Efrahem, Péchoutre, Courtais et Rigal, furent plus tard poursuivis comme membres de la Commission de propagande[1]; le premier, on se le rappelle, avait signé une bro-

1. Dans une perquisition, un règlement de la Société des ouvriers cordonniers fut trouvé chez Mathé, étudiant en droit, accusé de faire partie de la Commission.

chure de propagande ouvrière et politique, dont le véritable auteur était Marc Dufraisse ; antérieurement il avait été maintenu pendant deux mois en prison préventive, puis relâché[1] quelques jours avant la formation de la coalition des ouvriers cordonniers.

Cette coalition commença dans la première quinzaine d'octobre, mais c'est seulement à la fin du mois qu'elle se manifesta sous une forme précise. Le 29, Efrahem, dans une lettre à la *Tribune*[2], fit connaître qu'une commission des ouvriers cordonniers, dont il était le président et qui était chargée d'élaborer un tarif portant élévation des prix, venait de terminer ses travaux ; il conviait la corporation à s'assembler pour approuver ou modifier ce projet et pour nommer une commission qui irait présenter le tarif aux maîtres.

Le 5 novembre, une nombreuse réunion adopta, à la barrière Rochechouart, les différents articles du tarif et, de plus, le règlement de la *Société d'Amitié fraternelle* établi également par la commission. Cette association groupait, porte une communication à la *Tribune,* tous les ouvriers cordonniers, « partagés jusqu'ici entre plusieurs sociétés rivales ». Nous ignorons ce qu'étaient ces sociétés ; nous ne connaissons d'une façon certaine que celle des Compagnons cordonniers du Devoir ; mais son importance devait être bien faible si on en juge par le peu de traces qu'elle a laissées dans l'histoire ; et on peut affirmer que ce ne fut pas elle qui dirigea ce mouvement de concentration corporative, car l'influence compagnonnique est complètement absente du règlement de la nouvelle société, produit aisément reconnaissable des idées régnant parmi les membres ouvriers du parti républicain avancé.

Le titre de ce règlement est déjà significatif : *Fédération de tous les ouvriers de France. Règlement de la corporation des*

1. *Courrier français,* 1er octobre 1833.
2. Réimprimée à part, Bibl. nat., Lb51 1976.

ouvriers cordonniers[1]. Le préambule s'occupe des corporations ouvrières en général. En s'organisant par corporation, y est-il dit, les ouvriers ont en vue : en premier lieu, de mettre fin aux divisions entre sociétés rivales dans un corps d'état et entre les divers corps d'état (ceci vise évidemment le Compagnonnage), qui ont été pour les maîtres un puissant moyen de fortune et pour les ouvriers une source féconde de vexations et de souffrances ; en second lieu, de s'aider pour le maintien et l'élévation des salaires ; en troisième lieu, « de former un capital social qui servira à fonder un établissement où chaque membre de la corporation sera assuré de trouver de l'ouvrage et dont les profits appartiendront à la corporation ».

L'organisation de la corporation des ouvriers cordonniers était calquée sur la constitution de la Société des Droits de l'homme : des sections, désignées par un numéro d'ordre et administrées par un chef, un sous-chef et trois quinturions, étaient distribuées par arrondissement et par quartier ; un comité central exerçait les pouvoirs de direction générale. On a vu que la Société philanthropique des ouvriers tailleurs possédait depuis le 1er décembre 1832 un règlement auquel celui de la Société des Droits de l'homme avait également servi de modèle ; mais quelques différences existaient dans l'organisation de ces deux corporations, parce que celle des ouvriers cordonniers s'était appropriée les statuts revisés en octobre par la grande société républicaine.

Le comité de la Société d'Amitié fraternelle devait procurer de l'ouvrage aux sectionnaires et défendre leurs intérêts à l'encontre des maîtres ; mais il appartenait à la majorité des adhérents de modifier les prix portés au tarif et de fixer le taux de l'indemnité individuelle, allouée « dans le cas seulement de cessation complète de travaux pour l'élévation des prix du tarif ou pour l'intérêt de la corporation ».

Le règlement prévoyait la participation de la corporation à la formation du comité général de la « Fédération des ou-

1. Bibl. nat., Lb51 4783.

vriers », dont elle s'engageait à suivre les avis « dans l'intérêt de l'union et de la fraternité de tous les corps d'état » ; si le conseil général faisait un appel à tous pour secourir l'un d'eux, la corporation des ouvriers cordonniers verserait sa part de la somme demandée.

La réunion de la barrière Rochechouart fut suivie de l'arrestation d'Efrahem[1], et, huit jours plus tard, de celle de son ami Péchoutre[2], qui habitait avec lui, rue Tirechappe, un logement où se trouvait le siège de fait de la Société. Des perquisitions eurent lieu à leur domicile et chez quelques-uns de leurs amis[3].

Le successeur d'Efrahem à la tête de la corporation semble avoir été Courtais ; du moins c'est lui qui publia, dans la *Tribune* du 10 novembre, une note intéressante sur les projets de la corporation des cordonniers : on allait ouvrir, sous peu de jours, des ateliers où chaque ouvrier « serait assuré de trouver de l'ouvrage et où la consommation pourrait se procurer tous les objets de confection de leur état au prix courant » ; déjà des maîtres avaient offert leurs maisons pour cette exploitation. Les ouvriers, continuait Courtais, s'étaient engagés à faire accepter par les maîtres le tarif qu'ils avaient voté, et les maîtres qui voudraient se procurer des ouvriers devraient s'adresser désormais à la commission nommée par la corporation. « Ainsi se trouvera supprimé ce bureau de placement, établi par les maîtres, où l'on percevait un droit de cinquante centimes sur chaque ouvrier auquel on procurait de l'ouvrage, ne fût-ce que pour un jour ou deux. Cet établissement, utile en apparence, n'était qu'un moyen scandaleux de retenir sur le salaire une retenue de dix à vingt sous par semaine ». Et Courtais annonçait en terminant : « Les

1. *National* et *Tribune*, 8 novembre. — Quand Efrahem fut arrêté, il se trouvait chez lui en compagnie de quelques ouvriers membres de la *Société fraternelle des prisons*.
2. *National*, 21 novembre.
3. Notamment chez un nommé Lagarde, qui n'était pas cordonnier, mais que la police avait rencontré chez Efrahem au moment de son arrestation. (*Tribune*, 11 novembre.)

ouvriers cordonniers... ont demandé à fraterniser avec ceux des autres corps d'état, leur offrant secours et assistance réciproques. Ils se sont mis, par leur commission, en rapport avec le comité général de la Fédération des ouvriers. »

Certains maîtres avaient signé le tarif, mais l'arrestation d'Efrahem, puis de Péchoutre, enfin d'un troisième membre du comité (peut-être Courtais) jeta le désarroi dans la corporation. Le comité provisoire s'efforça de réagir : « Il ne faut pas croire, écrivait-il[1], que, parce qu'il y a trois membres du comité arrêtés, la corporation ne peut plus se maintenir. » Il annonçait qu'une commission prise dans son sein était chargée de recueillir les collectes en faveur des détenus ; au besoin, la caisse de la corporation compléterait la somme d'un franc par jour « à chaque citoyen de la corporation qui est ou sera arrêté ». Il y avait eu des plaintes contre le comité ; mais le comité « n'entendait pas s'imposer à la corporation, qu'il administrait provisoirement » ; et les membres donnaient leur démission pour que les sectionnaires pussent leur choisir immédiatement des successeurs. « Le comité, disaient-ils en terminant, vous recommande expressément de faire attention de ne pas recevoir de maîtres ; il faut que tous les associés soient des travailleurs à façon, afin que nous soyons tous égaux. Gardez-vous bien, citoyens, de vous attacher à un homme ; groupons-nous autour des principes, qui sont immuables, et non pas autour des individus, qui peuvent changer. »

Fut-il procédé à l'élection d'un nouveau comité ? Aucun document ne l'indique ; quoi qu'il en soit, la coalition des ouvriers cordonniers disparut.

Le mouvement des cordonniers de Paris fut accompagné ou suivi de mouvements analogues dans plusieurs villes des départements. On ne possède pas, comme pour les garçons tailleurs, les preuves des relations ayant existé entre Paris et

---

1. *Corporation des ouvriers cordonniers, appel du comité provisoire*, Arch. nat., CC 597.

les localités où les ouvriers cordonniers se coalisèrent pendant le mois de novembre[1], mais des indices sérieux donnent à croire que certaines au moins de ces localités entretenaient entre elles des rapports.

A Lyon, les ouvriers cordonniers se coalisèrent à la fin d'octobre. Ils avaient fondé[2] une association sous le nom de *Société du Parfait Accord*, où « compagnons, sociétaires indépendants, tous se tendaient la main », alors que naguère encore ils ne pouvaient « se supporter en face les uns des autres ». Cette entente avait été conclue dans le but d'obtenir des maîtres une augmentation de salaire ; la plupart la concédèrent[3], mais trois ouvriers furent poursuivis pour violation de l'article 415 du Code pénal, sur les coalitions.

A l'audience, le 27 novembre[4], ils reconnurent qu'ils faisaient partie d'une association d'ouvriers cordonniers ayant pour objet l'augmentation des salaires, et qu'ils avaient engagé, au nom de cette association, plusieurs de leurs camarades à abandonner le travail. L'organe du ministère public déplora « cette fièvre de coalition qui se manifeste parmi les ouvriers de toutes les professions » et qui entrave la concurrence illimitée de l'industrie, unique source de toute prospérité. A vrai dire, remarquait-il, ces prévenus n'étaient coupables d'aucune menace, d'aucune violence ; mais le délit de coalition existait, d'après la loi, en l'absence même de cet élément. L'avocat de la défense, Michel-Ange Périer, exposa la situation misérable des ouvriers cordonniers ; les coalitions d'ouvriers, dit-il, sont « un fait social » ; ce sont « le prélude et l'ébauche informe » des associations industrielles où l'exploitation de

---

1. Déjà des demandes d'augmentation de salaire, accompagnées de quelque agitation, avaient été présentées par les ouvriers cordonniers : en septembre, à Saint-Etienne (*Mercure ségusien*, 18 septembre) et à Calais (lettre du procureur général de la Cour d'appel de Douai au garde des sceaux, 30 septembre 1833, Arch. nat., BB18 1219) ; en octobre, à Dunkerque (*Courrier français*, 18 octobre ; *Tribune*, 22 octobre).

2. *Echo de la Fabrique*, 5 janvier 1834.

3. Les maîtres décidèrent alors d'ouvrir un bureau de placement, mais les ouvriers refusèrent d'y avoir recours. (*Glaneuse*, 14 et 17 novembre 1833.)

4. *Précurseur*, 28 novembre 1833.

l'homme par l'homme cessera, grâce à l'alliance de l'industrie, du talent et du capital. Actuellement, le travailleur n'est qu'une « machine à produire » aux mains des maîtres; « le salaire est calculé, non en raison de la valeur donnée à la matière première par le travail de l'ouvrier, mais à raison de ce qu'il faut strictement à l'ouvrier pour ne pas mourir de faim ». Le tribunal, faisant application de l'article 415, mais accordant aux prévenus, étant donnée l'absence de toute menace ou voie de fait, le bénéfice des circonstances atténuantes, condamna deux d'entre eux à quinze jours de prison et le troisième à huit jours.

La Société du Parfait Accord avait donc obtenu de la plupart des maîtres les avantages désirés; mais n'était-il pas à redouter qu'elle vînt à les perdre si une partie de ses adhérents, les croyant définitivement acquis, se retiraient de l'association? Cette crainte, des membres l'éprouvaient. Pour lier plus fortement les éléments qui avaient constitué la Société du Parfait Accord, ils formèrent l'*Association des Frères de la Concorde*, qui devait fonder le plus tôt possible une maison centrale de commerce. On voit que ce projet rencontrait de l'opposition au sein de la Société du Parfait Accord, car, en faisant connaître leur projet, les *concordistes* adjuraient les membres de la Société de ne pas « se méprendre sur leur but » et de bien comprendre qu'ils allaient travailler dans l'intérêt de la première association comme dans celui de la seconde; cependant, le « délégué » de la Société du Parfait Accord protesta publiquement contre l'appel des concordistes[1].

On ne trouve rien dans les documents de l'époque qui indique que les Frères de la Concorde aient exécuté le plan qu'ils avaient conçu. Ils avaient, du moins, prévu avec raison que les maîtres essaieraient tôt ou tard de revenir aux anciens prix, d'autant plus que l'augmentation consentie n'avait pas été absolument générale. Quand, au milieu de février 1834, cette tentative fut faite, la Société du Parfait Accord, fidèle au but

1. *Echo de la Fabrique*, 5 et 12 janvier 1834.

qu'elle s'était assigné, organisa la résistance, mais sans grand espoir, semble-t-il, d'arriver à l'emporter sur les maîtres[1].

A Chalon-sur-Saône, fut fondée, au début de novembre, une *Union du Parfait Accord des ouvriers cordonniers*, qui fit tenir une adresse[2] aux maîtres cordonniers et bottiers. Partout, y était-il dit, les travaux sont en pleine activité; partout les objets de première nécessité renchérissent; « dans un siècle régénérateur où l'on sent si vivement le besoin d'améliorer le sort des classes pauvres », les ouvriers cordonniers entendent ne plus mener une vie de privations. « Messieurs les maîtres, vos ouvriers ne veulent plus être les victimes de l'affreuse concurrence qu'un grand nombre d'entre vous exercent sans bornes »; ils réclament une augmentation qui est juste, et qui, de plus, sera à l'avantage des maîtres, car l'ouvrier, mieux payé, ne cherchera plus autant à travailler pour son compte; en outre, « l'ordre ne saurait exister lorsque l'ouvrier ne peut pas, en travaillant, suffire à ses besoins ».

A cette lettre était jointe une liste de prix. Les maîtres acceptèrent la plupart des demandes qui leur étaient faites, et le travail reprit après une interruption de quelques jours[3].

A Dijon, les ouvriers cordonniers, désirant, écrivait le procureur général au garde des sceaux[4], imiter leurs camarades de Paris et d'ailleurs, voulurent tenir une assemblée pour s'entendre sur les réclamations à présenter à leurs maîtres; le procureur du roi, auquel ils demandèrent l'autorisation de se réunir, leur donna lecture des dispositions du Code pénal punissant les coalitions, et leur fit observer « que, d'ailleurs, tout prétexte leur manquait, le grain et le vin étant à bas prix et l'ouvrage abondant; que tout portait à croire qu'ils étaient, à leur insu,

1. *Précurseur*, 15 février 1834; *Echo de la fabrique*, 23 février 1834.

2. *Adresse de l'Union du Parfait Accord des ouvriers cordonniers et bottiers de la ville de Chalon-sur-Saône à leurs maîtres. Tribune*, 20 novembre, 4 décembre 1833.

3. *Tribune*, 20 novembre et 4 décembre 1833.

4. Cinq lettres du procureur du roi et du procureur général relatives à cette coalition se trouvent aux Arch. nat., BB18 1220; *Courrier français*, 12 et 15 décembre 1833; *Patriote de la Côte-d'Or*, 12 et 17 décembre 1833.

excités par des agents secrets qui voulaient les pousser au désordre, dont ils seraient les premières victimes ». Dans une lettre au procureur général, le procureur du roi dénonçait, en effet, la coalition des ouvriers cordonniers de Dijon comme « l'œuvre du parti républicain ». Les maîtres accordèrent la moitié de l'augmentation réclamée; mais le travail ne reprit que quelques jours plus tard, quand les ouvriers furent convaincus qu'ils n'obtiendraient pas davantage. Quelques-uns avaient été arrêtés; ils furent remis en liberté sur la demande des maîtres réunis.

Le succès remporté par les ouvriers cordonniers de Chalon et les encouragements donnés par huit d'entre eux aux ouvriers de Beaune incitèrent ces derniers à demander, eux aussi, une augmentation de salaire; ils présentèrent à leurs maîtres une adresse[1] suivie d'une liste de prix. Sur le refus absolu des maîtres de leur donner satisfaction, ils quittèrent le travail, mais durent bientôt le reprendre aux anciennes conditions.

Puis ce furent les ouvriers cordonniers de Marseille qui, coalisés pour faire augmenter leur salaire, posèrent « les bases d'une association coopérative à l'instar de celle des garçons tailleurs de Paris et de Lyon » (exemple que d'autres catégories d'ouvriers se proposaient de suivre[2]) et bientôt après obtinrent satisfaction de leurs maîtres; — ensuite, quatre cent cinquante ouvriers cordonniers de Toulon, auxquels la municipalité promit son concours officieux auprès des maîtres; mais, en attendant, elle les empêcha de s'assembler au nombre de plus de vingt; la plupart des maîtres accédèrent à leurs demandes[3]: — d'autre part, ceux de Périgueux[4], dont le

1. Cette adresse, du 7 décembre, dont le *Patriote de la Côte-d'Or* donna une analyse, semble reproduire celle présentée par les ouvriers cordonniers de Chalon-sur-Saône; mais le journal n'indique pas si une *Société du Parfait Accord* avait été également constituée à Beaune. Voyez de plus la *Tribune* du 4 et le *Patriote* du 17 décembre.

2. *Peuple souverain*, 15 novembre.

3. *Journal des débats*, 27 novembre; *Courrier français*, 30 novembre et 3 décembre.

4. *Courrier français*, 8 décembre; *Journal des débats*, 11 décembre.

mouvement, d'ailleurs peu sérieux, échoua; — enfin, ceux de Montpellier.

Ces derniers avaient formé, comme leurs camarades de Lyon et de Chalon, une *Union du Parfait Accord;* ils remirent à leurs maîtres une adresse[1] reproduisant mot pour mot celle que l'Union des ouvriers cordonniers de Chalon avait envoyée aux maîtres cordonniers et bottiers de cette ville; mais les prix n'étaient pas absolument les mêmes. On ignore les résultats de cette démarche.

La simultanéité de ces coalitions, surtout l'analogie des demandes présentées et des associations formées, témoignent d'un certain accord entre les ouvriers cordonniers de différentes villes. Cette entente, si elle dura, n'a pas, à notre connaissance, laissé de traces.

1. *Adresse de l'Union du Parfait Accord des ouvriers cordonniers et bottiers de la ville de Montpellier et de ses faubourgs à leurs maîtres*, 1833.

CHAPITRE XVI

LE MOUVEMENT OUVRIER DANS DIVERS CORPS D'ÉTAT A PARIS ET DANS LES DÉPARTEMENTS (SAUF A LYON ET A SAINT-ÉTIENNE) EN NOVEMBRE-DÉCEMBRE 1833. — L'AFFAIRE DE LA COMMISSION DE PROPAGANDE.

Coalition de typographes à Paris ; projet d'imprimerie ouvrière.— Coalitions diverses à Paris ; constitution de sociétés philanthropiques et d'autres associations. — Coalitions dans les départements. — Arrestation et condamnation des membres de la Commission de propagande.

Au cours d'une coalition de typographes formée à Paris en novembre 1833, l'idée d'association, déjà creusée par divers corps d'état, se précisa encore. Un « Comité typographique[1] » avait été chargé par la corporation de préparer un projet de tarif qui serait présenté aux maîtres imprimeurs. Dans une des réunions tenues à cette occasion, le 10 novembre, un typographe, Jules Leroux, proposa l'établissement d'une grande imprimerie exploitée par les ouvriers seuls[2]. Peu de jours après parut une brochure où il exposait son projet[3].

« Les tailleurs nous ont donné l'exemple, disait-il : ils ont compris toute l'inutilité d'une stérile coalition[4]..... ; *ils se sont associés.* Ils ont fondé un vaste atelier, et ils entrent hardiment en concurrence, à leurs risques et périls, avec leurs anciens maîtres. En un mot, ils se sont affranchis.

---

1. Voyez p. 195.
2. *Echo des travailleurs*, 16 et 20 novembre 1833 ; *Tribune*, 18 novembre 1833.
3. *Aux ouvriers typographes. De la nécessité de fonder une association ayant pour but de rendre les ouvriers propriétaires des instruments de travail*, 1833. — Jules Leroux était frère de Pierre Leroux.
4. « Toute coalition est impossible, car elle serait profondément injuste, profondément immorale. »

« C'est là le but vers lequel doivent tendre tous nos efforts.

« Songez donc que la question n'est pas dans l'augmentation du salaire, arrachée, imposée par la violence à nos maîtres, augmentation que nous perdrons sans doute quand nos maîtres sentiront en leurs mains la première occasion propice. Songez donc qu'elle n'est pas même dans l'existence des machines, ou dans la création intempestive d'apprentis.

« La question est une question de propriété, d'affranchissement.

« Les mécaniques, les clichés, les stéréotypes, la formation d'apprentis ne nous sont nuisibles que *parce que tout cela est la propriété des maîtres.....*

« Faisons donc en sorte que *notre industrie soit à nous.* »

Pour commencer, il convient que les typographes forment une vaste association dont le but sera, quant à présent: 1° de fixer le salaire, d'accord avec les maîtres; 2° de régler le mode d'apprentissage et le nombre des apprentis ; 3° de fournir autant que possible de l'ouvrage aux adhérents; 4° de leur donner des secours s'ils refusent de « travailler à des prix au-dessous du cours », ou s'ils se trouvent en chômage dûment constaté, ou s'ils sont malades.

« Aucune loi en France ne nous défend de nous associer : tous les journaux sont d'accord sur ce point. » Que les quatre à cinq mille typographes parisiens mettent chacun un franc par semaine; ils arriveront à constituer une « imprimerie colossale », qui pourrait même faire un jour crouler toutes les imprimeries des maîtres.

Ce projet fut accueilli, paraît-il, avec faveur; et huit jours plus tard un journal annonça que l'association était en voie d'organisation; mais on ne voit pas qu'elle soit parvenue à se constituer définitivement, du moins à ce moment-là[1].

---

1. On relève dans le *Journal de la librairie* de 1833 un *Règlement pour l'Association des typographes,* adopté le 24 novembre 1833; je n'ai pu le retrouver. Cette date correspondrait exactement avec celle de l'organisation de l'association de Jules Leroux; mais, en l'absence de tout autre renseignement, il serait téméraire de rien induire de certain de ce rapprochement.

Quoi qu'il en soit, les typographes, ayant établi leur projet de tarif, le présentèrent aux maîtres imprimeurs; ils leur envoyèrent (6 décembre) une circulaire qui contenait une série d'observations et de demandes « énoncées dans des termes pleins de modération »; il n'y eut même pas cessation de travail. Dans ces conditions il ne semblait pas que la police pût trouver l'occasion d'intervenir. Mais trois des principaux membres de la coalition, Dépée, Pasquier-Labruyère et Lemonnier, appartenaient à la Société des Droits de l'homme, et des mandats de comparution venaient d'être lancés contre eux au cours de l'instruction, récemment ouverte, contre la Commission de propagande[1]. La police avait l'œil sur les typographes.

Voulant mettre obstacle, s'il était possible, à des poursuites pour coalition qui paraissaient imminentes, Jules Didot l'aîné écrivit, le 18 décembre, aux membres du Comité typographique une lettre[2] qu'il les autorisait à rendre publique. Il rappelait les services rendus par les typographes en juillet 1830; puis il déclarait qu'il accueillait volontiers un tarif qui ne comportait pas précisément une augmentation des prix, mais une unification nécessaire pour que les maîtres pussent combattre entre eux à armes égales. « J'accepte hautement, répétait-il, vos intelligentes réclamations et la solidarité de vos démarches. Les hommes du pouvoir reculeront, je l'espère, devant l'idée de poursuivre, et ceux qui sollicitent avec convenance une régularisation de prix devenue nécessaire, et ceux qui l'acceptent en la considérant comme la sauvegarde des intérêts réciproques. » En terminant il faisait aux membres du Comité « la promesse qu'accusés il se placerait à côté d'eux pour partager leur sort ».

Seuls les trois typographes cités devant le juge d'instruction furent traduits en justice : comme membres de la Commission de propagande, ils furent impliqués dans les

1. *Courrier français*, 19 décembre 1833.
2. *National*, 19 décembre 1833.

poursuites exercées contre elle; Pasquier-Labruyère et Lemonnier furent condamnés, mais non pas spécialement en tant que chefs d'une coalition de typographes. Quant au tarif présenté aux maîtres imprimeurs et accepté par Jules Didot, on ignore ce qu'il en advint, mais on a tout lieu de croire que sa mise en vigueur fut abandonnée ou du moins ajournée.

Les coalitions qui eurent lieu à Paris au mois de novembre 1833, en dehors de celles dont il a déjà été question, ne présentèrent pas, à beaucoup près, la même importance; il suffira d'en dire quelques mots.

Les ouvriers chaudronniers firent un mouvement étendu, et, semble-t-il, couronné de succès, pour obtenir de leurs maîtres la journée de onze heures avec le salaire de douze; six d'entre eux furent condamnés à trois semaines de prison[1]; — les ouvriers cloutiers[2] cessèrent le travail pour obtenir une augmentation de salaire qui compenserait la suppression du couchage, opérée quelques années auparavant par les maîtres; — les ouvriers cordiers demandèrent aussi une augmentation de salaire, mais de plus une réduction des heures de travail; trois d'entre eux furent condamnés à l'emprisonnement, dont l'un à un mois[3]; — mêmes demandes de la part des ouvriers chandeliers, qui reprirent le travail sans avoir obtenu satisfaction; cinq d'entre eux furent condamnés à des peines relativement légères, plusieurs maîtres, porte la *Gazette des tribunaux*[4], « s'étant plu à rendre hommage à la moralité bien établie des prisonniers »; — les fileurs[5] échouèrent dans une tentative du même genre; leur coalition, que la Commission de propagande fut plus tard accusée d'avoir fomentée, parut, nous ignorons pourquoi, avoir un certain caractère politique; et, sur huit fileurs inculpés de coalition, sept furent condamnés à diverses peines, dont l'un à trois mois de prison; —

1. *Gazette des tribunaux*, 25 janvier 1834.
2. *National*, 3 décembre 1833.
3. *Gazette des tribunaux*, 12 janvier 1834.
4. 29 décembre; *National*, 6 et 17 novembre, 30 décembre 1833.
5. *Gazette des tribunaux*, 1er janvier 1834.

des ouvriers en toiles imprimées de la manufacture de Puteaux[1] se coalisèrent pour s'opposer au remplacement du travail à la journée par le travail aux pièces; — dans beaucoup d'autres corps d'état, notamment parmi les ouvriers selliers[2], bouchers[3], gantiers[4], tourneurs en chaises[5], etc., des coalitions se formèrent dans le but de faire augmenter les salaires.

Plusieurs de ces coalitions furent provoquées par des sociétés philanthropiques déjà existantes, ou bien furent accompagnées de la création d'une association de cette nature; d'autres corps d'état fondèrent une société philanthropique en dehors de toute coalition effective, dans le but plus ou moins apparent d'obtenir des améliorations aux conditions du travail; des sociétés furent ainsi constituées par les ouvriers ciseleurs[6], serruriers et mécaniciens, fondeurs en caractères[7], etc.

Pour contraindre leurs maîtres à leur accorder une augmentation de salaire, les ouvriers tourneurs en chaises[8] ouvrirent un atelier rue des Vinaigriers, 34, à l'enseigne : *Aux amis réunis, Suisses et Cie*. Dans une circulaire aux tapissiers et aux marchands de meubles, les ouvriers exposaient qu'ils s'étaient « vus dans la nécessité d'établir une concurrence pour exploiter leur industrie », et ils leur demandaient du travail.

Durant le mois de novembre, l'idée d'association apparut encore dans la corporation des employés de commerce. Le 17 novembre, fut adopté le règlement d'une *Association pari-*

1. *Gazette des tribunaux*, 20 avril 1834.
2. *Tribune*, 16 novembre et 1er décembre 1833; *Gazette des tribunaux*, 8 janvier 1834.
3. *Courrier français*, 9 novembre 1833.
4. *Tribune*, 17 novembre 1833.
5. *Gazette des tribunaux*, 10 janvier 1834.
6. *Tribune*, 20 novembre; *Courrier français*, 4 décembre 1833.
7. Ils obtinrent sans difficulté l'application d'un tarif qu'ils avaient présenté à leurs maîtres. (*Tribune*, 15 novembre; *National*, 16 novembre.)
8. *Tribune*, 9 et 18 novembre.

sienne des jeunes gens du commerce, organisée par séries d'arrondissement et qui se proposait essentiellement l'allocation de secours de chômage et de maladie aux adhérents. Un premier article du règlement stipulait l'exclusion de tout membre « qui accepte un emploi dans les administrations du gouvernement ». Les statuts prévoyaient ensuite la constitution d'une maison de commerce: quand les fonds sociaux seraient assez élevés, une partie pourrait être affectée « à commanditer un ou plusieurs membres de l'Association, dont la moralité obtiendrait les suffrages de la majorité des membres... et sous les garanties prises par arrêté du comité ; cette commandite ne peut servir qu'à élever une maison de commerce au profit de l'Association ». Notons encore un article aux termes duquel le comité était autorisé à se mettre en rapports avec les associations semblables qui pourraient se former dans les villes de province.

La *Tribune,* en publiant ce règlement[1], applaudit aux tendances qu'elle y découvrait: l'Association, remarquait-elle, est, à n'en pas douter, républicaine; ainsi elle répugne à toute alliance avec ce qui appartient au gouvernement; son si intéressant projet de maison de commerce, « c'est la république révélée, et dans la forme et dans le fond ». Et le journal républicain pressait les ouvriers de tous les corps d'état d'imiter les jeunes gens du commerce. Il ne paraît pas cependant que ceux-ci soient parvenus à faire fonctionner leur Association.

Il reste à montrer la répercussion immédiate, dans les départements, de l'agitation qui, à Paris, se manifesta par tant de coalitions, du milieu d'octobre aux premiers jours de décembre. Pour compléter les renseignements qu'on va lire, il conviendra d'y ajouter ce qui a déjà été dit sur le mouvement, en province, des tailleurs d'habits et des cordonniers, et d'y joindre, en outre, divers éléments empruntés à l'étude d'ensemble, que l'on trouvera plus loin, sur le mouvement

1. 5 et 7 décembre 1833.

ouvrier à Lyon et à Saint-Étienne à partir du mois d'octobre.

Cette double limitation restreint, en somme, d'une façon considérable les faits qu'il y a lieu de mentionner à cette place. On doit citer une menace de coalition des principaux corps d'état, à Toulon, pendant que les ouvriers cordonniers de cette ville étaient eux-mêmes coalisés[1]; — une interruption de travail des menuisiers de Chalon-sur-Saône[2] au moment également où les ouvriers cordonniers de cette localité réclamaient une augmentation de salaire, — et les coalitions suivantes, qui attirent davantage l'attention.

Une coalition des imprimeurs sur toile de Chantilly n'est intéressante que par une manifestation, d'une nature alors fort rare, dont elle fut accompagnée : de trois à quatre cents ouvriers se promenèrent dans les rues aux cris de: *Vive l'Empereur!* avec un drapeau portant le nom de Napoléon. Les autorités se montrèrent très émues de cet incident[3].

A Louviers, une coalition, qui eût pu avoir des conséquences graves, se produisit : une diminution ayant été opérée sur les salaires, les filatures furent successivement désertées à partir du 20 novembre; le nombre des ouvriers en chômage volontaire atteignit bientôt onze cents. Une usine fut envahie, et on fit approcher des troupes. Le désordre fut attribué aux émissaires des sociétés populaires[4] : sans doute, écrivait le procureur général près la Cour d'appel de Rouen au ministre de la justice[5], il est bien regrettable que les fabricants diminuent les salaires, mais ils s'y prétendent obligés par le ralentissement de leurs ventes. « Quoi qu'il en soit, cette diminution, n'étant que de deux à cinq centimes par kilogramme de fil en laine, ne peut occasionner un véritable

1. *Courrier français*, 30 novembre 1833.
2. *Tribune*, 4 décembre 1833.
3. *National*, 22 novembre.
4. *Journal du commerce*, 25 novembre 1833; de plus, *Journal de Rouen*, 23 et 27 novembre 1833.
5. 23 novembre 1833, Arch. nat., BB18 1220.

malaise pour les ouvriers, surtout si l'on considère qu'ils se trouveront reportés dans la position où ils étaient il y a un an et qu'actuellement l'ouvrage ne manque pas et que le pain est à très bas prix. » La vraie cause, c'est la publication, depuis quelque temps, d'« écrits incendiaires », de plus « le désir d'imiter les ouvriers de Paris, et l'influence exercée par les voyageurs de la propagande républicaine ». Quatre jours après l'arrêt du travail, la majeure partie des fileurs rentrèrent à l'atelier à l'heure accoutumée sans rien demander. Six d'entre eux furent condamnés, dont cinq à un mois de prison et un apprenti à dix jours; mais le tribunal avait bien vu qu'il ne tenait pas les meneurs [1].

En même temps que les fileurs de Louviers, les travailleurs du textile s'agitaient à Rouen et dans les localités voisines; à Darnétal, les ouvriers de deux établissements avaient cessé le travail à la suite d'une diminution de salaire; leurs camarades leur donnaient un secours de sept francs par semaine [2]. Ils se plaignaient, entre autres choses, de fraudes sur l'aunage et le bobinage [3]. Le calme revint difficilement à Rouen; quand, en février, ils apprirent la coalition des ouvriers en soie de Lyon, les tisseurs montrèrent quelques velléités de suivre leur exemple; les ouvriers teinturiers des localités voisines cessèrent même le travail pendant quelques jours. On attribuait cette agitation à une vive propagande républicaine [4].

A Paris, les autorités étaient convaincues, dès le mois d'octobre ou de novembre, qu'il ne fallait pas chercher ailleurs la cause des réunions, formations de sociétés et cessations concertées de travail que chaque jour voyait se produire; en

1. Lettre du lieutenant de gendarmerie au ministre de la guerre, 26 novembre, Archives historiques du Ministère de la guerre; *Gazette des tribunaux*, 19 décembre.

2. Lettre du procureur général, etc., 26 novembre, Arch. nat., BB^{18} 1220.

3. *Journal de Rouen*, 4 décembre 1833; il paraît que les mêmes abus existaient dans le pays de Caux et en Picardie.

4. Le procureur général de la Cour de Rouen au ministre de la justice, 25 février 1834; Arch. nat., BB^{18} 1221.

attendant que les Chambres eussent donné aux tribunaux des moyens plus rigoureux de répression contre les coalitions et les autres manifestations qui pourraient être jugées subversives de l'agitation ouvrière, la police parisienne exerçait une surveillance étroite.

Le 15 novembre, le ministre de l'intérieur adressa aux préfets une circulaire pour leur demander des renseignements détaillés « sur les sociétés secrètes démagogiques, carlistes et religieuses ». Il ajoutait : « J'en ai besoin pour l'ouverture de la session ; il faut donc qu'ils me parviennent le 10 décembre au plus tard[1]. » Nouvelle circulaire le 25 novembre[2] : le ministre annonçait que le préfet de police, Gisquet, préparait un rapport où, pour chaque coalition, il mettrait en lumière les manœuvres des partis politiques ; il convenait, d'après ce haut fonctionnaire, de rechercher surtout les individus qui avaient conduit le mouvement ouvrier et de parvenir à savoir les sommes que les ouvriers avaient pu recevoir de personnes étrangères à la profession.

Les renseignements recueillis par Gisquet lui parurent bientôt suffisants pour agir. Le 8 décembre, sur un mandat de perquisition et d'amener délivré contre « Lebon et les personnes qui se trouveraient chez lui », treize personnes réunies à son domicile, rue Jean-de-Beauvais, furent arrêtées comme membres de la Commission de propagande. Les jours suivants, de nouveaux mandats d'amener furent mis à exécution[3] ; et toute la Commission, ou plutôt tous les individus que la police affirmait en faire partie (et dont certains : Efrahem, Pechoutre, etc., étaient déjà sous les verrous) se trouvèrent aux mains de la justice, sans que l'opinion, même républicaine, paraisse s'en être aperçue ou émue[4].

1. Archives départementales de la Loire-Inférieure, série M.
2. Le ministre de l'intérieur à......., 25 novembre 1833, Arch. nat., BB18 1220.
3. De plus, il y eut des perquisitions, par exemple le 17 décembre, au siège de la Société philanthropique des ouvriers serruriers et mécaniciens. (*Tribune*, 19 décembre 1833).
4. La *Tribune* (12 décembre) se borna à signaler le fait.

« Ces mesures, écrit Gisquet, dans les *Mémoires d'un préfet de police*[1], rendirent aux ouvriers coalisés leur liberté d'action... Dégagés désormais du joug qui pesait sur eux, ne recevant plus de mauvais conseils et n'osant plus compter sur l'appui de leurs protecteurs républicains, les coalisés ne tardèrent pas à reprendre leurs habitudes laborieuses et paisibles. La fermeté de la magistrature, l'opportunité de mes actes, la force et la modération dont j'ai fait usage ont puissamment contribué à cet heureux dénouement. »

Il y a quelque apparence que Gisquet exagère en attribuant tant d'importance à l'arrestation des membres de la Commission de propagande. Il est de fait que les coalitions disparurent presque complètement à Paris après ces arrestations. Mais, avant même le 8 décembre, le mouvement général qui avait commencé au début de septembre et atteint son apogée aux environs du 1er novembre était entièrement sur son déclin : rares étaient, à la date du 8 décembre, les corps d'état en conflit avec leurs maîtres, soit que les arrestations en masse de tailleurs et de boulangers et les sévères condamnations déjà infligées aux ouvriers coalisés eussent découragé les corps d'état restés jusqu'alors paisibles ; soit plutôt que la classe ouvrière organisée à Paris eût déjà fourni tout l'effort dont elle était capable, étant données les circonstances. Tout au plus peut-on dire que les arrestations du 8 décembre et des jours suivants contrarièrent dans leur formation quelques sociétés philanthropiques en train de naître ou quelques coalitions à la veille d'éclore.

Les affirmations de Gisquet sont d'autant moins probantes que le caractère tendancieux de ses explications sur l'agitation ouvrière de cette époque s'accuse en d'autres détails d'une façon indéniable : ainsi il rend la Commission de propagande responsable de coalitions, celles, par exemple, des ouvriers charpentiers, des ouvriers cambreurs, etc., qui étaient antérieures à sa formation ; on sait, en effet, que la Commission

1. T. III, p. 171, 172.

fut créée seulement au milieu d'octobre, comme il fut établi par le jugement qui condamna ses membres et que Gisquet connaissait bien puisqu'il s'y réfère dans ses *Mémoires* ; quant aux coalitions des tailleurs, des cordonniers, etc., elles étaient déjà en pleine préparation ou avaient même reçu un commencement d'exécution quand la Commission fut constituée.

Nous avons déjà dit dans quel sens l'instruction fut dirigée : l'accusation rejeta la thèse des inculpés, à savoir que la Commission s'occupait uniquement de propagande républicaine et qu'elle ne comptait que trois membres ; pour les magistrats instructeurs, la Commission se composait de vingt-deux personnes, sectionnaires de la Société des Droits de l'homme, et était chargée de fomenter des troubles dans toutes les professions. Il convient d'ajouter que, d'après l'accusation, le rôle des prévenus ouvriers n'avait pas été seulement de servir d'intermédiaires entre la Société des Droits de l'homme (contre laquelle, au cours des débats, l'avocat du roi dirigea une partie de son réquisitoire[1]) et leur corps d'état : de concert avec les membres non ouvriers de la Commission, ils auraient préparé ou appuyé toutes les coalitions survenues du milieu d'octobre au 8 décembre.

C'est en s'appuyant principalement sur cette dernière partie de l'accusation et en visant spécialement la complicité des prévenus dans les coalitions formées à Paris par les tailleurs, les cambreurs et les fileurs que le tribunal correctionnel prononça, le 28 avril 1834[2] (c'est-à-dire quelques jours seulement après l'insurrection républicaine qui marqua le vote de la loi sur les associations) les condamnations suivantes : Napoléon Lebon, Mathé et Lemonnier (typographe), trois ans d'empri-

1. Malgré les protestations des accusés, qui firent remarquer à diverses reprises, soit au président, soit au ministère public, que la Société n'était pas en cause dans les poursuites dont ils étaient l'objet. Dans son réquisitoire, l'avocat du roi prit à partie les novateurs et les ambitieux qui cherchent des plaies à irriter, des douleurs à aigrir. « Il faut reconnaître, ajouta-t-il, que l'agitation causée par la Révolution de Juillet pouvait être facilement exploitée : aussi s'est-elle manifestée d'abord par des coalitions. »

2. Voyez le *Moniteur*, 1834, p. 1040, 1054, 1067 et 1084, et Gisquet, *loc. cit.*

sonnement; Vignerte, deux ans; Marc Dufraisse, six mois; Royer (ébéniste), Efrahem (cordonnier), Pasquier-Labruyère (typographe), Pérard (gantier) et Allard (serrurier), deux mois. Les autres accusés furent acquittés.

En appel[1], la condamnation de Mathé fut portée à cinq ans d'emprisonnement, celle de Marc Dufraisse à un an; Recurt, docteur en médecine, acquitté par le tribunal correctionnel, fut condamné à un an de prison[2]. Mathé, Lebon, Vignerte et Lemonnier furent, de plus, frappés de cinq années de surveillance de la haute police.

1. Audiences des 9 et 10 octobre 1834; voyez la *Gazette des tribunaux*.
2. Sur opposition à cet arrêt, Recurt fut acquitté le 18 mars 1836. (*Gazette des tribunaux* du 19.)

CHAPITRE XVII

Les coalitions d'octobre-décembre 1833 devant l'opinion.

Emotion causée par l'annonce d'un projet de loi sur les coalitions. — Interprétation courante de l'article 415 ; rigueurs inattendues. — Les coalitions imputées aux républicains par les ministériels ; les républicains en rendent responsable la monarchie. — La royauté accusée d'ingratitude envers les vainqueurs de Juillet. — Moyens proposés pour mettre fin à l'agitation ouvrière.

L'annonce officieuse d'un projet de loi sur les coalitions d'ouvriers avait été faite, on s'en souvient, au milieu du mois d'octobre. Le mouvement des coalitions s'étant généralisé peu après, les ministres se réunirent le 31 octobre au ministère de la justice pour s'entretenir des moyens de mettre fin le plus tôt possible à cette agitation ; et le bruit se répandit qu'ils étaient tombés d'accord pour avancer la date de la convocation des Chambres afin de faire voter d'urgence le projet de loi dont le gouvernement avait déjà adopté le principe. L'impression produite par cette nouvelle fut d'autant plus vive que l'élaboration du projet avait été confiée, non pas à Thiers, ministre du commerce, mais à Barthe, ministre de la justice : le ministère considérait donc que la question des coalitions était plutôt d'ordre judiciaire que d'ordre économique ?

L'attitude que prenait ainsi le gouvernement, puis les incidents qui, au cours du mois de novembre, marquèrent certaines coalitions, celle des garçons tailleurs notamment, enfin les condamnations exceptionnellement sévères qui frappèrent leurs chefs, soulevèrent une vaste discussion, à laquelle la presse entière prit part et qui dura environ cinq semaines.

A l'inquiétude ressentie par les libéraux de l'opposition et les républicains quand ils apprirent les intentions du ministère se mêla une certaine surprise. On croyait, en effet, que le gouvernement et les tribunaux se considéraient comme armés par l'article 415 du Code pénal d'une façon plus que suffisante, puisque les juges l'appliquaient rarement avec rigueur : ainsi les mineurs d'Anzin, les ouvriers en soie de Lyon n'avaient été condamnés qu'à des peines très légères; la répression exercée contre les ouvriers charpentiers de Paris coalisés avait été bénigne relativement à l'importance de leur agitation. D'autre part, la Cour d'appel de Paris, par un arrêt du 29 août 1833, avait reconnu en principe le droit des maîtres et entrepreneurs de se coaliser dans un but commercial : « La preuve que la presque totalité des commissionnaires de roulage de la capitale avaient formé entre eux une réunion générale » n'avait pas paru suffisante à la Cour pour qu'il leur fût fait application, comme le demandaient quelques-uns de leurs collègues, de l'article 419 du Code pénal[1]. En résumé, il y avait un accord à peu près unanime pour considérer que la coalition, quand elle n'était accompagnée ni de contrainte ni de violences, n'était pas punissable, ou ne pouvait être frappée que de peines légères. Le parti libéral et le parti républicain étaient donc fondés à penser et à dire que le projet du gouvernement visait bien moins les coalitions d'ouvriers que les manœuvres républicaines, et que le ministère voulait se faire accorder de nou-

1. D'après le *Peuple souverain* (15 décembre 1833 et 14 janvier 1834), l'exemple des coalitions avait été donné par les fabricants aux ouvriers. Comme preuve, le journal marseillais rappelait la coalition commerciale des fabricants de soude, qui avait duré de 1830 à 1832 et entraîné la fermeture de certaines usines moyennant des indemnités de 25 à 30.000 francs; celle des saliniers et marchands de sel en 1829; celle des fabricants de noir d'os en 1830; celle des fabricants d'acide et une tentative de coalition des marchands de savon. — A la fin de 1833 et au début de 1834, les tribunaux s'occupèrent d'une coalition de négociants lyonnais, tendant à faire monter le prix du sel. (*Gazette des tribunaux*, 7 mars 1834.)

veaux moyens de répression politique[1]. Cette opinion était exacte : on le vit bien quelques semaines plus tard.

Mais les libéraux et les républicains s'étaient trompés en s'imaginant que le gouvernement et les tribunaux reconnaissaient définitivement comme licites les coalitions faites sans violences ou menaces, et que les juges qui appliqueraient l'article 415 ne se décideraient jamais à en tirer des condamnations rigoureuses.

Le jugement qui, le 15 novembre, frappa six ouvriers layetiers de six et deux mois de prison commença à battre en brèche l'interprétation qu'on donnait généralement de cette disposition ; la question de savoir si une coalition non accompagnée de menaces et de violences devait être considérée comme licite n'y était pas clairement tranchée, mais les peines prononcées étaient exceptionnellement fortes[2].

La condamnation des cordonniers de Lyon le 27 novembre, mais surtout les condamnations « inouïes » prononcées, au début de décembre, contre les ouvriers cambreurs et les garçons tailleurs dissipèrent toutes les illusions : en déclarant punissables les coalitions non entachées de violences, en frappant avec une dureté tout à fait inusitée les chefs ou moteurs de coalition poursuivis, le tribunal correctionnel de la Seine montra quel parti on pouvait tirer du Code pénal, en attendant une nouvelle loi, plus rigoureuse, contre les adversaires du gouvernement. Car le caractère politique de

---

1. Voyez, par exemple, le *Courrier français* du 21 novembre.

2. Le 20 novembre, la *Gazette des tribunaux* donna son avis sur le sens de l'article 415 : la coalition était permise sous la forme de réunions pacifiques d'ouvriers pour la discussion de leurs intérêts ; mais elle cessait de l'être quand ils avaient recours à la coercition, en d'autres termes, « si, au lieu de *proposer* des conditions, ils cherchaient à les *imposer* ». Et la *Gazette* ajoutait : « Réduits aux seules voies de persuasion, les ouvriers ne sauraient soutenir longtemps des prétentions déraisonnables. » Dans des cas où l'intérêt général est affecté par la coalition, par exemple lorsque la subsistance de la population peut être compromise par une coalition de garçons boulangers, que le service soit assuré par des ouvriers militaires, « et les garçons boulangers pourront prolonger leurs assemblées délibérantes aussi longtemps qu'il leur semblera bon sans risquer d'affamer la capitale ».

ces affaires, soigneusement mis en évidence par l'accusation, avait dominé les jugements ; il n'y eut pas que les journaux antiministériels[1] qui soulignèrent cette circonstance : le *Journal de Paris* remarqua que les ouvriers prévenus de coalition qui avaient été frappés le plus sévèrement étaient ceux qui appartenaient à la Société des Droits de l'homme : « La République, ajoutait-il, a porté malheur à ces individus. »

C'est qu'en effet, pour le gouvernement, pour la presse ministérielle, le redoublement de l'agitation ouvrière, en octobre et novembre 1833, était le résultat certain d'un redoublement d'efforts de la part du parti républicain : comprendrait-on, autrement, remarquait le *Journal des débats*[2], que les ouvriers refusent l'ouvrage au moment où les affaires vont si bien ? Le parti républicain veut qu'ils souffrent, pour les avoir sous la main ; et « ceci n'est qu'une pièce de la grande conspiration formée pour soulever le pauvre contre le riche, celui qui ne possède pas contre celui qui possède, l'ouvrier contre le maître ».

D'autres organes, plus indépendants du pouvoir, avouaient que, quelle que fût la source des coalitions, elles demeuraient trop nombreuses pour qu'on pût se refuser à leur reconnaître une cause profonde[3] ; et, pour un peu, ils se fussent ralliés à l'opinion du *National*[4], qui mettait en pleine lumière le caractère social de l'agitation ouvrière des semaines précédentes : « Sous les noms de coalitions, d'associations philanthropiques ou de corporations si l'on veut, les travailleurs n'ont qu'un but, but mal formulé peut-être, mais dont leur position donne le secret, qu'ils ignorent eux-mêmes : ce but, c'est une résistance à l'organisation sociale qui les opprime[5]. »

1. Voyez, par exemple, le *Constitutionnel* du 3 décembre, le *National* du 4 décembre, le *Précurseur* du 6 décembre.
2. 27 novembre.
3. Par exemple, le *Constitutionnel* du 1er novembre.
4. 3 décembre.
5. Dans le même sens, voyez *Moyen infaillible de donner du travail et de l'aisance à l'ouvrier et de faire cesser les sociétés ou prétendues coalitions*, etc., 1833.

Mais, pour le *National* et surtout pour la *Tribune*, ces coalitions, ces manifestations d'ordre social avaient une cause politique : de même que le *Journal des débats* les mettait au compte des intrigues républicaines, de même les organes républicains en rendaient responsable la monarchie de Juillet. Les salaires, lisait-on dans la *Tribune*[1], sont des salaires de famine, parce que l'industrie est accablée d'impôts, de droits sur les matières premières, parce que des taxes de toute sorte doublent le prix des objets de première nécessité, etc. L'insuffisance des salaires engendre les coalitions ; les coalitions sont donc, en dernière analyse, imputables à la royauté.

Politique, l'agitation ouvrière de l'automne 1833 l'était encore en un autre sens : parce qu'à ce moment, tous les ouvriers que hantaient des préoccupations d'ordre social étaient arrivés à la pleine certitude que la classe la plus nombreuse et la plus pauvre, celle qui avait édifié le trône de Juillet, n'avait rien à attendre de la monarchie nouvelle. Depuis le dernier tiers de l'année 1830, où les ouvriers avaient commencé à comprendre qu'ils avaient joué un jeu de dupes en faisant les trois glorieuses, le sentiment de leur importance méconnue, le dépit de voir leurs services si entièrement oubliés avaient été pour beaucoup dans l'adhésion des plus avancés d'entre eux au parti républicain et perçaient dans nombre de leurs paroles et de leurs actes.

Durant les derniers mois de l'année 1833, au milieu de tant d'arrestations et de condamnations, les reproches adressés à la monarchie sur son ingratitude se firent plus fréquents et plus directs. On a vu comment la Société philanthropique des ouvriers tailleurs de Paris avait rattaché les coalitions d'octobre 1833 aux journées de Juillet et comment Jules Didot avait évoqué le souvenir de la Révolution de 1830 pour sauver les ouvriers imprimeurs de poursuites correctionnelles. Quel-

1. Par exemple, 3 et 28 novembre. Le *National* publia, le 26 novembre, un article sous ce titre : « C'est la royauté, ce sont les ministres qui ont donné aux ouvriers l'exemple des coalitions pour augmentations de salaire. »

ques semaines plus tôt, l'*Echo de la Fabrique,* organe des Mutuellistes lyonnais, avait rappelé le concours fourni par les ouvriers en soie aux fabricants pour accomplir la Révolution[1]; etc. De leur côté, les écrivains républicains reprenaient fréquemment ce thème; par exemple, les rédacteurs du *National*[2], Achille Roche dans son *Manuel du prolétaire*[3]; et Garnier-Pagès le développait à la tribune de la Chambre[4]: en 1830, disait-il, il y a eu une lutte entre les bourgeois d'une part, les nobles et les prêtres de l'autre; « quoiqu'elle n'intéressât pas immédiatement les artisans, on eût recours à eux... On est allé trouver les artisans dans leurs ateliers; nous qui étions à Paris, nous qui avons contribué à faire la Révolution, nous savons que les ouvriers se sont presque seuls battus pour la liberté. Ils furent vainqueurs; mais ils n'ont pas encore reçu leur récompense ».

Ils estimaient même qu'ils avaient été « trompés par les promesses de juillet 1830 », comme l'écrivait à Barthe, ministre de la justice, un ouvrier de Château-Salins en réclamant contre la fermeture des salines où il était employé. Et il ajoutait: « Louis-Philippe a dit: « Désormais la Charte est vérité. » Aujourd'hui l'on dit aux ouvriers: vous n'êtes pas des hommes comme les autres; occupez-vous de votre travail; ne lisez pas les journaux; une heure, deux heures, c'est souvent le pain de vos enfants; ne regardez pas plus haut que vous; contentez-vous de votre état; ne vous laissez pas exciter contre la propriété, vous en avez besoin, c'est votre soutien; ne croyez pas être plus heureux sous un autre gouvernement, les hommes sont toujours les mêmes; ne parlez pas; n'écrivez pas; reposez-vous sur vos gouvernants, ce sont des hommes sages... Je suis ouvrier, moi, qui travaille les bras retroussés; voyons voir si nos gouvernants veulent notre bien, nos vues, nos intérêts[5]. »

---

1. Voyez p. 31.
2. Entre autres articles, ceux du 2 et du 26 novembre 1833.
3. *Manuel du prolétaire,* p. 149-151.
4. 3 janvier 1834.
5. Arch. nat., BB18 1221; lettre en date du 8 décembre 1833.

Que le côté politique de l'agitation ouvrière fût en grande partie, et même pour la plus grande partie, la conséquence, directe ou indirecte, d'une souffrance économique et d'un malaise social croissant, c'était une idée que la royauté et ses soutiens se refusaient obstinément à admettre et même à discuter; pour eux le remède à cette situation troublée consistait dans une répression vigoureuse des menées anarchistes, cause de tout le mal, et dans le retour à la vérité économique: conventions libres entre maîtres et ouvriers; pas de tarifs, pas de conseils de prud'hommes, pas de tribunaux d'arbitrage, en un mot aucune intervention de tiers sous quelque forme qu'elle pût se produire: « Laissez l'industrie libre, fiez-vous à l'intérêt individuel pour, tantôt maintenir les salaires, et tantôt les élever »; aux ouvriers il faut prêcher « le travail, l'industrie, l'économie, dans leur intérêt même »; par là ils arriveront à la fortune; pas tous évidemment: « il y aura toujours des pauvres et des riches... Qu'y faire[1] ? »

Certains organes de la presse libérale antiministérielle estimaient que la politique du gouvernement à l'égard des ouvriers était peu heureuse, et ils lui conseillaient de proposer des mesures, non pas de répression, mais d'organisation, comme, par exemple, la loi anglaise de 1824 sur les coalitions. Reprenant l'idée émise par le *Journal du commerce* lors de la coalition des ouvriers charpentiers, ils proposaient (et le *National* avec eux[2]) le règlement des conflits industriels par des commissions mixtes, faisant remarquer qu'au cours de la coalition des garçons boulangers, les syndics avaient promis de se constituer en comité arbitral; ils voyaient dans cette

1. *Journal des débats*, 7, 9 et 29 novembre 1833. — Les coalitions sont nuisibles à ceux qui les font, remarquait de même Malepeyre dans son *Code des ouvriers* (1833) : « Il est impossible que les salaires ne prennent pas rapidement un niveau équitable par la seule force des choses, et les ouvriers doivent attendre l'amélioration si désirable de leur sort du développement de l'industrie et de la prospérité nationale. » — « Les coalitions d'ouvriers, lisait-on dans la *Quotidienne* du 29 novembre, ne sont pas autre chose qu'une organisation révolutionnaire et démocratique de l'industrie. »

2. 8 novembre.

initiative un début, bien imparfait sans doute, mais pourtant gros de conséquences. Dans la coalition des ouvriers bijoutiers, une discussion avait failli avoir lieu entre les délégués des deux parties. Du reste, les ouvriers tailleurs coalisés à Paris et à Lyon n'invoquaient-ils pas déjà « un premier et puissant moyen d'arbitrage, la publicité », quand ils exposaient dans les journaux, avec un tel luxe de détails, leur situation et leur demandes ? « Constituer, concluait le *Constitutionnel*[1], la discussion franche, approfondie, légale des questions de salaire, c'est leur enlever tout ce qu'elles portent en elles de subversif pour l'ordre et le travail quand on veut les étouffer ou les régler par l'emploi de la force. » C'est au gouvernement, écrivait un autre journaliste, qu'il appartient de découvrir et d'établir « une institution de paix et de conciliation » pour mettre fin à tous ces troubles ; en est-il, en effet, un seul qui ne se rapporte pas à quelque restriction économique ? Niera-t-on que le régime légal des soies, des houilles, des céréales et la taxation du pain, etc., ne soient, à des degrés divers, responsables des coalitions des tisseurs lyonnais, des mineurs d'Anzin, des garçons boulangers, etc. ? Or, si le gouvernement est intervenu dans l'industrie en faveur de la propriété et quelquefois de la fabrique, et cela aux dépens de l'ouvrier et du consommateur, il est fort mal venu à proclamer la non-intervention industrielle quand il s'agit du travail, qui est aussi une propriété[2].

La presse libérale d'opposition pensait aussi que le remède aux coalitions pouvait se trouver dans l'association ; mais quelle association ? Le principe d'association, remarquait le *Journal du commerce*, est un « principe d'excellente morale, mais d'autant plus difficile à faire entrer dans la pratique qu'on n'est pas encore parvenu à en donner une formule nette et applicable à notre état industriel ». Association de maîtres et d'ouvriers ? Mais celle qui venait d'être ébauchée par les

1. 4 novembre ; voyez aussi 1er novembre.
2. *Journal du commerce*, 8 et 21 novembre.

maîtres et les garçons tailleurs ne prévoyait, dans son règlement, aucun moyen de trancher les questions de salaire, outre que, comme association de secours, son fonctionnement paraissait impraticable[1]. Association sous la forme de « concurrence » aux maîtres? Par ce moyen, écrivait Blanqui[2], les ouvriers pourraient remédier à leurs maux, si tant est, du moins, que ces maux puissent être imputés aux maîtres; si la faute était imputable au système général des impôts, il leur faudrait avoir recours à des pétitions réitérées. En tous cas l'esprit d'association devrait être encouragé, car s'il arrivait à produire de fortes organisations, celles-ci seraient sages[3].

Les républicains n'avaient pas, semble-t-il, une conception beaucoup plus nette des moyens d'établir un *modus vivendi* tolérable entre maîtres et ouvriers; toutefois ils furent évidemment très frappés de l'initiative prise par les garçons tailleurs de Paris d'ouvrir un atelier, et leur idée de l'association y gagna en précision; il leur apparut que cette expérience, si elle était renouvelée fréquemment, pourrait en définitive aboutir à une importante transformation sociale[4]. Mais tandis que le *Précurseur*[5] semblait attribuer à Fourier l'idée première de l'atelier des garçons tailleurs, la *Tribune* faisait allusion à la théorie de Buchez[6], et pourtant louait, quelques jours plus tard, « l'instinct inventif de plusieurs corps d'état », qui avaient trouvé le moyen de mettre le capital lui-même dans les mains du travailleur. En face de ce résultat, la recherche des augmentations de salaire, même par voie d'une entente générale des ouvriers d'une profession pour quitter ensemble le travail lui paraissait un moyen de lutte inférieur, et, dans un supplément du dimanche destiné aux associations patrioti-

---

1. *Journal du commerce*, 21 novembre.
2. *Courrier français*, 5 novembre.
3. *Ibid.*, 7 novembre.
4. Voyez, par exemple, le *National* du 8 novembre.
5. 2-3 novembre.
6. 7 novembre : « C'est là le premier exemple de sociétés *coopératives* dont nous avons plus d'une fois parlé l'année dernière, que l'*Européen* avait également recommandées et dont il avait exposé les principales bases. »

ques et aux prolétaires (supplément dont un seul numéro parut), elle engagea les travailleurs à créer en grand nombre des associations de cette nature; ce qui ne l'empêchait pas, du reste, de revendiquer pour les ouvriers la liberté des coalitions, moyen pour eux de faire respecter leur droit au travail et leur droit à un salaire suffisant pour vivre [1].

Sur un point, du moins, les républicains ne variaient jamais: la solution du problème industriel, dont les coalitions n'étaient qu'un aspect, devait être précédée d'une réforme politique [2] et ne pouvait être opérée que par une « assemblée vraiment nationale », en violation par conséquent de toutes les institutions du 9 août. « Les républicains et les prolétaires vont au même but, écrivait la *Tribune* [3] : non pas seulement la destruction des principes monarchiques, mais l'établissement des moyens les plus propres à ce que le bien-être qui naît de la civilisation se répartisse entre le plus grand nombre d'hommes possible, au lieu de rester dans un petit nombre de mains. Le principe, après avoir eu sa part d'utilité dans les temps anciens, est aujourd'hui un obstacle invincible à tout progrès. »

En résumé, pour les républicains comme pour les ministériels, le mouvement ouvrier se rattachait étroitement au mouvement politique ; mais chaque parti concevait à sa manière la nature des liens qui unissaient l'un à l'autre.

---

1. *Tribune*, 7, 17-24 (supplément) et 27 novembre.
2. Voyez, parmi beaucoup d'articles, celui du *National* du 20 novembr et celui du *Précurseur* du 6 décembre.
3. 17-24 novembre (supplément).

CHAPITRE XVIII

LE MOUVEMENT OUVRIER DE DÉCEMBRE 1833 A AVRIL 1834, SAUF A LYON ET A SAINT-ÉTIENNE.

Le mouvement ouvrier à Marseille. — Coalition des ouvriers porcelainiers de Vierzon ; poursuites contre les membres du bureau de Paris. — Coalition des tisserands et fileurs de Lodève. — Dans les houillères des environs d'Aix.

Les discussions dont on vient de lire un résumé cessèrent vers le milieu de décembre, c'est-à-dire en même temps que la grande agitation ouvrière qui les avait suscitées, au moment aussi où se multipliaient les procès politiques dans les départements et où commençait l'affaire des Vingt-sept[1], nouvel et retentissant épisode de la lutte entre la monarchie et le parti républicain. Durant les semaines suivantes, la question ouvrière fut reléguée au second plan par la question politique, et il fallut l'inquiétante coalition des ouvriers en soie de Lyon (où du reste la politique tenait sa place), en février 1834, pour ramener l'attention publique sur les exigences des travailleurs et sur les moyens employés par eux pour obtenir satisfaction.

Le mois de décembre avait été cependant marqué par des coalitions nombreuses à Marseille et aux environs, par la coalition, qui ne manque pas d'un certain intérêt, des ouvriers porcelainiers de Vierzon et de Paris, sans parler de celles

1. On sait que vingt-sept membres de la Société des Droits de l'homme, accusés d'avoir formé, lors du troisième anniversaire des journées de Juillet, un complot contre la sûreté de l'Etat, furent acquittés par le jury en décembre.

des haleurs de bateaux du Nord, des tonneliers de Lunel, etc., qui constituèrent des incidents minimes.

A Marseille, le mouvement assez important qui dura depuis le milieu de novembre 1833 jusqu'en janvier 1834 paraît avoir eu pour point de départ la coalition et la constitution de la Société des ouvriers cordonniers et de celle des garçons tailleurs de cette ville, influencés sans aucun doute par l'exemple de leurs camarades de Paris. Il rencontra des facilités spéciales en raison de l'existence, de tout temps, de corporations organisées, connues sous des noms divers : *corps de métier, associations, réunions*, etc. ; ainsi la « réunion » des ouvriers tonneliers put obtenir, sans difficulté, semble-t-il, un tarif qui fut signé, en présence du maire, par tous les maîtres sans exception, affiché dans tous les ateliers et mis à exécution le 18 novembre[1].

Bientôt ces coalitions se multiplièrent dans le département des Bouches-du-Rhône et dans celui de la Vaucluse, sans, du reste, inquiéter encore les autorités. En ce qui concerne l'agitation ouvrière à Marseille, le lieutenant-général commandant la division écrivait, le 5 décembre, au ministre de la guerre une lettre[2] dont le passage suivant est à citer textuellement : « Les coalitions d'ouvriers continuent. Tous les jours, il y a quelques rassemblements, que la police dissipe facilement. Les agitateurs, désespérant de tirer parti de ces réunions, qui, jusqu'à ce jour, n'ont eu lieu que par corporation, cherchent maintenant à persuader aux ouvriers qu'ils ne doivent point agir séparément par classe, qu'il faut que tous les états agissent de concert, que ces masses compactes en imposeront aux autorités et aux chefs d'atelier, et qu'ils obtiendront plus facilement ce qu'ils demandent. Je ne pense pas, pour le moment, que toutes ces menées prennent un caractère sérieux, La classe ouvrière à Marseille est trop aisée, le commerce occupe trop de bras, et la prospérité se fait trop généralement sentir pour que ces réunions donnent de l'inquiétude. »

---

1. *Peuple souverain*, 10 janvier 1834.
2. A sa date, Archives historiques du Ministère de la guerre, correspondance générale.

Malgré les craintes exprimées dans cette lettre, les réclamations des ouvriers continuèrent à être présentées par chaque corporation isolément; c'est ainsi qu'après les ouvriers cordonniers et les ouvriers tonneliers, les ouvriers menuisiers firent augmenter leurs salaires.

Le 1er décembre, les anciens membres d'une société de secours mutuels d'ouvriers tanneurs, placée sous le patronage de saint Simon, dont la Révolution de Juillet avait achevé la ruine, la reconstituèrent sur d'autres bases et bientôt obtinrent de leurs maîtres un tarif et une fixité plus grande dans les heures de travail[1]. En même temps que les ouvriers savonniers manifestaient pour obtenir le renvoi des ouvriers génois qui leur faisaient concurrence, les ouvriers chapeliers formaient une association philanthropique et industrielle et ouvraient, dans les premiers jours de décembre, un atelier coopératif dont le succès paraît avoir été très grand dès le début[2]; puis une « Association commerciale des ouvriers tourneurs », nouvellement fondée, annonça au public qu'elle exécutait toutes les commandes avec un rabais de 12 % sur les prix ordinaires[3].

Quoique l'ordre public n'eût pas été troublé, l'autorité, ou du moins l'autorité militaire, cherchait à enrayer l'activité dont la classe ouvrière de Marseille faisait preuve pour l'amélioration de sa condition. Vers la fin de décembre, les ouvriers tailleurs de pierre s'étant à leur tour coalisés, on put craindre que leur absence des ateliers n'arrêtât bientôt les travaux des ouvriers maçons, serruriers et charpentiers, ce qui aurait infailliblement entraîné dans la coalition ces divers corps de métier. Les entrepreneurs demandèrent au lieutenant-général l'autorisation d'avoir recours aux ouvriers tailleurs de pierre qui se trouvaient dans les corps de la garnison; on le leur permit. « J'ai seulement imposé aux

---

1. *Gazette des tribunaux*, 14 mars 1835.
2. *Peuple souverain*, 4 janvier 1834; dépôt chez M. Sauvan, quai d'Orléans, 9
3. *Ibid.*, 5 janvier 1834; ateliers rue de Paradis, 47.

entrepreneurs, écrivait le lieutenant-général, la condition de ne point céder aux exigences de leurs ouvriers. »

L'emploi des tailleurs de pierre militaires commença le 27 décembre; le 3 janvier au matin, les ouvriers qui avaient quitté le travail rentrèrent sans condition dans les ateliers. Le ministre de la guerre, qui, dans une lettre du 4 janvier, avait approuvé la décision du lieutenant-général, lui écrivit, le 10, pour le féliciter du résultat et l'engager « à user de moyens analogues toutes les fois qu'il se formera de semblables coalitions[1]. »

Toutefois, un certain nombre de tailleurs de pierre n'avaient pas voulu capituler; voyant bien que leur remplacement par des soldats donnait la victoire aux entrepreneurs, ils formèrent une association pour exécuter directement les travaux qu'ils pourraient obtenir. « A compter d'aujourd'hui, portait une annonce insérée dans le *Peuple souverain* du 4 janvier sous ce titre « Association des ouvriers tailleurs de pierre », les ouvriers tailleurs de pierre n'ont plus rien de commun avec leurs sous-traitants. » Ils invitaient, en conséquence, les propriétaires et autres personnes intéressées à s'adresser au bureau de l'Association, place Saint-Louis.

Cette période d'agitation ouvrière à Marseille se termina au milieu de janvier 1834 par un conflit entre maîtres et ouvriers tonneliers. Trois maîtres, s'étant mis d'accord pour ne pas exécuter le tarif consenti le 18 novembre, renvoyèrent leurs ouvriers, qui s'étaient entendus pour résister; cette attitude des ouvriers fut considérée comme une coalition, et le président, le secrétaire et le trésorier de la « réunion » des ouvriers tonneliers furent arrêtés, relâchés presque aussitôt, puis traduits cependant devant le tribunal correctionnel; les ouvriers, de leur côté, portèrent plainte contre les maîtres en les accusant d'avoir violé l'article 414 du Code pénal, rela-

1. Lettres du lieutenant-général au ministre, 28 décembre 1833 et 3 janvier 1834; lettres du ministre au lieutenant-général, 4 et 10 janvier 1834. A leur date, Archives historiques du Ministère de la guerre, correspondance générale.

tif aux coalitions de maîtres. On ne sait quel fut le résultat de ces deux affaires[1]; toujours est-il que les maîtres continuèrent à ne pas payer les prix portés au tarif[2].

La coalition que formèrent au début de décembre les ouvriers porcelainiers de Vierzon présenta par elle-même peu d'importance; elle ne réunit qu'une partie des ouvriers[3] et l'augmentation de salaire dont le refus avait entraîné l'abandon partiel des ateliers pendant une quinzaine de jours ne fut pas obtenue; elle n'offre d'intérêt que par les relations que l'instruction judiciaire ouverte contre quelques-uns des ouvriers coalisés révéla entre les porcelainiers de Vierzon et ceux de Paris et de Limoges.

L'arrêt du travail à Vierzon fut effectué sur une invitation du bureau qui existait à Paris, rue Popincourt, 34; ce bureau, on l'a vu, avait été pour quelque chose dans la coalition des ouvriers porcelainiers de Limoges en septembre, et il avait fait cesser les travaux, en octobre et novembre, à Conflans,

1. *Peuple souverain*, 10, 11 et 18 janvier 1834. On voit à cette dernière date que les débats dans l'affaire provoquée par les ouvriers avaient été renvoyés au 27 février.

2. C'est ce qui résulte d'une communication insérée dans le *Peuple souverain* du 9 septembre 1834 sous ce titre : «Le moyen d'échapper aux inconvénients de la concurrence.» L'auteur disait aux ouvriers tonneliers, alors au nombre de sept cent soixante à Marseille : « Ouvriers, ce qui vous tue, c'est la concurrence, c'est la part trop minime que vous avez dans les produits des richesses que vous créez; mais cette part,..... ce n'est pas dans une augmentation de salaire que vous l'obtiendrez; c'est, au contraire, en détruisant le salaire, et le salaire, cette plaie de notre société, ne sera détruit que lorsque la réforme vous aura fait une part dans la confection des lois... L'association est un sûr moyen d'arriver à la destruction du salaire, parce qu'en vous obligeant à verser dans une caisse commune une petite somme mensuelle, elle peut en peu d'années vous permettre de faire concurrence à vos maîtres. » Que chacun fasse donc des versements réguliers (par exemple un franc par mois) à la caisse d'épargne, et plus tard on montera «un atelier où on placera les plus habiles pour faire concurrence aux maîtres. » Les associés continueront à « travailler au profit de la communauté », et les autres ouvriers de la profession « à leur verser leur épargne pour augmenter le capital social ». Avec le temps, les ouvriers arriveront « à ruiner les maîtres ou à les forcer à s'associer avec les ouvriers par le prêt de leurs capitaux. »

3. Les tourneurs, mouleurs et garnisseurs. Voy. diverses lettres sur cette coalition, Arch. nat., BB^{18} 1220. — Au même moment les ouvriers des forges de Vierzon se coalisèrent pour obtenir une augmentation de salaire.

à Chantilly et à Paris ; dans tous les établissements, les ouvriers réclamaient une augmentation de salaire.

A Paris (où ils demandaient en outre un engagement des fabricants de ne prendre pour élèves que des fils d'ouvriers), une entente amiable mit fin au conflit, après une courte suspension de travail. Mais les négociations avaient duré assez longtemps pour que le bureau central eût cru nécessaire de demander aux porcelainiers de Vierzon d'appuyer le mouvement des porcelainiers de Paris.

A Vierzon, une perquisition faite chez un ouvrier porcelainier qui correspondait régulièrement avec le bureau de la rue Popincourt amena la découverte de lettres démontrant ces intelligences ; on trouva, de plus, qu'une souscription était ouverte au profit des ouvriers de Paris, et on mit la main sur les 200 francs qu'elle avait déjà produits. Trois porcelainiers furent arrêtés et condamnés le 22 janvier 1834 à un mois de prison par le tribunal correctionnel de Bourges. La procédure contre eux n'avait signalé, écrivait le procureur général, « comme premiers instigateurs de la coalition, que d'autres ouvriers de Paris et de Conflans, sans prouver précisément que l'esprit de parti y eût porté sa funeste et déplorable influence ». Mais des poursuites intentées contre un individu appelé Astier (dont il a été déjà question à propos de la coalition de Limoges), que les prévenus avaient fait citer comme témoin à décharge et qui fut arrêté le jour même du jugement, ouvrirent de nouveaux horizons sur la coalition des porcelainiers de Vierzon.

Astier n'était pas porcelainier ; cependant il aurait été, d'après l'instruction, l'auteur principal de la coalition des porcelainiers de Limoges et le chef d'un comité institué dans cette ville, « à l'effet de propager l'insurrection et d'organiser en quelque sorte des coalitions dans toutes les manufactures de porcelaine ».

Dans les lettres que le procureur général écrivit au ministre sur cette affaire, l'existence d'un tel comité n'est nullement démontrée; on voit seulement que les ouvriers porcelainiers de Limoges étaient en relations suivies avec ceux de Vierzon, dont ils favorisaient la coalition. Rien ne prouve, d'autre part, qu'Astier, qui avait fait sans succès nombre de métiers, ait possédé une si grande influence : il apparaît bien plus comme un intermédiaire, à ce moment, entre les porcelainiers des deux villes ; il avait notamment été chargé par ceux de Limoges de remettre aux trois condamnés de Bourges une somme de 350 francs recueillie par souscription. L'instruction révéla qu'il avait fait parvenir aux destinataires 150 francs et gardé pour lui le reste. Elle révéla encore qu'à Limoges Astier, après s'être vu refuser une place dans le service de l'octroi, s'était « mis en rapport avec le journal légitimiste du pays ». Cette circonstance sembla grave au procureur général, qui écrivit au ministre, en conclusion, que « si les coalitions qui, à Limoges et à Vierzon, ont armé les ouvriers contre les maîtres n'ont pas pour unique principe l'esprit de parti, du moins il n'y est pas, à beaucoup près, resté étranger, et que l'amour du désordre, joint à l'espoir d'en tirer avantage, a fait le reste ». Le tribunal correctionnel de Bourges renvoya Astier de la plainte portée contre lui comme chef ou moteur de la coalition de Vierzon, mais il le condamna pour abus de confiance à six mois de prison et cinq ans d'interdiction de séjour.

La saisie, opérée à Vierzon, de lettres venant de Paris eut pour conséquence des perquisitions au bureau de la rue de Popincourt et des poursuites contre vingt-neuf membres du comité central des porcelainiers. Les débats démontrèrent que le mouvement dirigé par ce comité n'avait pour but que le relèvement des salaires, réduits d'un tiers en 1830, et qu'il ne possédait aucun caractère politique. Comme, d'autre part, les renseignements fournis sur les prévenus étaient excellents, le tribunal correctionnel se borna à en condamner onze à trois et deux jours de prison[1].

Du début de janvier 1834 à la promulgation de la loi du

1. *Gazette des tribunaux*, 8 mars 1834.

10 avril sur les associations, les manifestations extérieures du mouvement ouvrier, si on met à part les événements de Lyon et de Saint-Etienne, furent rares. Il faut signaler une coalition, d'une douzaine de jours, accompagnée d'incidents violents, qui fut formée à la fin de janvier par les tisserands et fileurs de Lodève[1]; le sous-préfet fut insulté et frappé, et « les investigations de la justice se firent au milieu de menaces nouvelles des ouvriers »; malgré l'arrivée de nombreuses troupes le rétablissement de l'ordre fut difficile; comme obstacle il trouvait, non seulement l'insubordination des ouvriers, mais aussi « la faiblesse, la peur et la jalousie des fabricants ». Le tarif proposé par les ouvriers fut accepté par tous les chefs d'établissement. On eut beaucoup de peine à exécuter les mandats d'arrêt lancés contre les ouvriers les plus compromis. « Ils sont, dit-on, dispersés dans l'Hérault, écrivait le lieutenant-général, vivant des secours que leur fait le comité des ouvriers de Lodève, comité dont on assure que des fabricants font partie. »

Une interruption de travail de deux jours, en février 1834, dans certaines exploitations houillères de l'arrondissement d'Aix, ne mériterait même pas une mention, n'étaient certains détails fournis par le procureur général au ministre, dans une lettre du 25 mars suivant[2]. Le procureur général faisait connaître que, sur dix-neuf ouvriers prévenus de coalition, l'un avait été condamné à trois mois d'emprisonnement et les autres à cinq jours. Il ajoutait : « Les ouvriers se plaignaient depuis longtemps de la modicité de leur salaire et du prix trop élevé de l'huile qu'on les contraignait d'acheter à l'administration locale de ces mines. En poursuivant le délit de coalition, j'étais bien aise que la publicité des débats fît jaillir la vérité sur les griefs dont se plaignent les ouvriers. Cette

1. Lettres adressées au ministre de la guerre par le lieutenant-général commandant la division de Montpellier (28 janvier et 17 février 1834) et par le préfet de l'Hérault (5 février). — A leur date, Archives historiques du Ministère de la guerre, correspondance générale.

2. Arch. nat., BB^{18} 1222.

vérité a été constatée; le tribunal a admis des circonstances atténuantes, basées sur la modicité des salaires que M. le comte de Castellane donne à ses mineurs et sur la sordide spéculation que ses agents font sur les huiles, qu'ils fournissent à des prix trop élevés. »

En réalité, depuis le commencement de l'année 1834, la région lyonnaise était le seul foyer de vie ouvrière; renforcée par son accord avec les passementiers de Saint-Etienne et avec diverses corporations lyonnaises, l'Association des Mutuellistes se présentait comme une force d'autant plus dangereuse que son alliance avec la Société des Droits de l'homme apparaissait chaque jour plus probable.

CHAPITRE XIX

PRÉLUDES DE LA CONCENTRATION OUVRIÈRE DANS LA RÉGION LYONNAISE.

(Septembre 1833 — Janvier 1834.)

Coalitions à Lyon en novembre 1833. — Groupement des associations ouvrières lyonnaises autour du Mutuellisme. — Le banquet de Givors. — *L'Écho des travailleurs* et le Mutuellisme. — Orgueil et menaces du Mutuellisme. — Fermentation parmi les passementiers de Saint-Etienne. — Le Conseil exécutif du Mutuellisme; action ouvertement républicaine; défi jeté au gouvernement.

Le mouvement ouvrier à Lyon et à Saint-Etienne, dont nous avons interrompu l'histoire au commencement du mois de septembre 1833, ne donna lieu à aucun incident jusqu'aux derniers jours d'octobre. L'inquiétude que causaient aux autorités les dispositions des ouvriers de ces deux villes persistait cependant; une correspondance active avait lieu entre les préfets du Rhône et de la Loire et le ministre de l'intérieur, au sujet, notamment, d'un projet de banquet, annoncé au mois de septembre, qui devait réunir à Givors des membres de l'Association des Mutuellistes et des membres de la Société des passementiers.

A la fin d'octobre commença à Lyon une série de coalitions qui durèrent pendant tout le mois de novembre. Dès le 6, le maire, Prunelle, rappela, par voie d'affiches, que les ouvriers qui avaient abandonné les ateliers devaient respecter la liberté du travail et se garder d'aucune violence; comme il s'abstenait de réprouver le fait même de coalition, son avis fut fort commenté[1].

1. Voyez, par exemple, le *Précurseur* pendant la première quinzaine de novembre.

Les premiers, les garçons tailleurs et les ouvriers cordonniers cessèrent le travail, en même temps, on s'en souvient, que leurs camarades de Paris; puis ce furent les coalitions, moins importantes, des ouvriers relieurs, des ouvriers serruriers (qui réclamaient une réduction de la durée journalière du travail), des ouvriers charpentiers, des ouvriers charrons, etc.

L'*Écho de la Fabrique* défendit les intérêts des ouvriers tailleurs et des ouvriers cordonniers. Il ouvrit ses colonnes aux maîtres et aux ouvriers charrons qui y exposèrent[1], sous forme de lettres, les causes de leur différend. « Il est un conseil de père que nous adressons à nos ouvriers, écrivaient les maîtres; ce serait de quitter cette habitude qu'ont la plupart de faire le lundi; ils y trouveraient une double économie : celle de la journée perdue et celle d'une dépense ordinairement plus forte ce jour-là; nous croyons, de plus, que leur moralité y gagnerait quelque chose. » Si nous n'augmentons pas, continuaient-ils, la journée de nos ouvriers, c'est qu'elle est déjà bonne et que nos bénéfices sont si minimes qu'en peu de temps vingt-cinq d'entre nous ont dû fermer boutique. Les ouvriers, groupés en une association, contestaient les prix de journée cités par les maîtres, attribuaient les mauvaises affaires de quelques-uns, comme, du reste, les salaires misérables, à la concurrence des maîtres entre eux, et refusaient de voir dans leurs rapports avec ces derniers autre chose qu'un accord conclu pour « échanger le travail et le talent contre quelques parcelles d'argent ». Ils terminaient en donnant les noms de quatorze maîtres qui avaient concédé l'augmentation demandée. C'est le dernier renseignement que nous possédions sur cette coalition.

Il n'y aurait rien à dire des autres, si un incident de celle des ouvriers charpentiers ne méritait une mention particulière. Les entrepreneurs envoyèrent une délégation au lieutenant-général pour lui exposer que l'arrêt du travail les obligeait

1. 1er et 8 décembre 1833, 5 janvier 1834.

à faire manquer le service des malles-poste et autres voitures publiques. « Conformément aux règlements, écrivait le lieutenant-général au ministre de la guerre[1], j'ai autorisé les chefs de corps à accorder des permissions pour aller travailler volontairement en ville à tous les ouvriers en bois qui en feront la demande ; peut-être que cette mesure fera cesser la coalition des ouvriers de cette profession. » Le ministre estimait, de son côté[2], que « cette mesure devait beaucoup contribuer à ramener dans le devoir les ouvriers civils », et il invitait le lieutenant-général à faire accorder des permissions aux militaires des diverses professions « tant que les ouvriers de cette ville seront en coalition ». Cet expédient, vraisemblablement emprunté à la défense des entrepreneurs de charpente de Paris contre les demandes de leurs ouvriers, fut aussi, on l'a déjà vu, utilisé plus tard à Marseille.

L'*Echo de la Fabrique* constituait depuis son origine un lien entre les ouvriers en soie et les autres corps d'état ; à partir du mois de novembre 1833, ce lien se resserra, et au parallélisme d'action des associations ouvrières lyonnaises succéda une espèce d'agrégation dont l'Association des Mutuellistes fut le noyau. La Société philanthropique des ouvriers tailleurs de Lyon était imprégnée des mêmes idées républicaines que les Mutuellistes ; elle avait la même foi dans l'association, la même volonté d'obtenir des libertés que depuis deux ans les ouvriers en soie réclamaient. Si, en ces dernières semaines de l'année 1833, il ne fut fait mention dans l'*Echo de la Fabrique* d'aucun accord entre les deux associations, c'est (des faits ultérieurs permettent de l'affirmer) qu'il était déjà considéré comme existant.

Au commencement de novembre, les tireurs d'or, guimpiers, passementiers et enjoliveurs formèrent une association sous le nom de *Frères-Unis*. « Depuis longtemps, écrivaient-

1. Lettre du 23 novembre 1833 ; à sa date, Archives historiques du Ministère de la guerre, correspondance générale.
2. Lettre du 28 novembre 1833, ibid.

ils le 7 novembre à l'*Echo de la Fabrique*[1], nous désirions nous associer, mais chacun désespérait de réussir. Il a fallu que les Mutuellistes aient commencé par nous montrer le chemin de l'émancipation. » Les *Unistes* avaient été poussés à s'associer par le désir de résister à leurs « exploiteurs » ; mais, pour mieux y réussir, ils sollicitaient « la haute faveur » de marcher avec le Mutuellisme « dans l'émancipation ». « Nous pensons, continuaient-ils, que si toutes les fraternités voulaient s'entendre et se donner la main pour se soutenir contre l'opression, elles seraient assez fortes pour arrêter le torrent dévastateur qui s'oppose aux progrès du siècle... Mutuellistes ! Déjà on sait de toutes parts que les Stéphanois sont unis avec vous ; veuillez ajouter notre union à la vôtre... *Unissons-nous*. D'autres associations fraternelles viendront se grouper autour de nous pour accélérer la solution du problème industriel. »

Trois jours après la rédaction de la lettre des Unistes, le 10 novembre, le banquet projeté depuis longtemps réunit à Givors cent ou cent cinquante Mutuellistes de Lyon, soixante passementiers de Saint-Etienne et vingt Mutuellistes de Saint-Chamond. On ne possède pas de détails sur les résolutions prises par les représentants des trois sociétés ; mais le libellé des toasts qui furent portés : « A l'heureuse réunion des Mutuellistes des trois villes », « Aux associations », « A l'union de toutes les classes de travailleurs[2] », est suffisamment suggestif ; et il n'est guère douteux que l'entente déjà existante entre les Lyonnais et les Stéphanois n'ait été resserrée dans cette rencontre.

L'exemple des Unistes fut bientôt suivi par les *Frères de la Concorde*, association d'ouvriers cordonniers sortie, on s'en souvient, de la Société du Parfait Accord, et qui se proposait de fonder une maison centrale de commerce. Ils écrivirent à

---

1. 17 novembre.
2. *Echo de la Fabrique*, 17 novembre 1833.

l'*Echo de la Fabrique*[1] pour « signer à leur tour un grand traité qui doit lier fraternellement les travailleurs de toutes les classes... Mutuellistes stéphanois, Unistes, et vous, Mutuellistes lyonnais qui, les premiers sur la brèche, avez reçu les premiers coups d'une législation rétrograde et donné le signal de l'émancipation des travailleurs! accueillez la famille des *Concordistes*. Elle vous demande aujourd'hui place au milieu de vous, comme bientôt, nous n'en saurions douter, viendront vous la demander d'autres associations, entraînées par l'exemple que nous-mêmes avons suivi ».

Les sympathies dont jouissait l'Association des Mutuellistes, la faveur que rencontraient parmi toutes les catégories d'ouvriers les idées qu'elle défendait, permettaient, en effet, cet espoir. On avait vu, du reste, quelques semaines auparavant, des travailleurs de tous les corps d'état assister, en grand nombre, aux deux services, l'un à Lyon et l'autre à la Croix-Rousse, que l'Association avait fait célébrer à la mémoire des victimes de Novembre et participer à la collecte au profit des blessés, des veuves et des orphelins[2].

Convaincu que la réalisation de la réforme sociale résulterait d'une entente générale entre les travailleurs, l'*Echo de la Fabrique* blâmait les dissensions intestines qui déchiraient certains corps d'état, et cherchait à faire comprendre aux fractions rivales leur communauté d'intérêts et la nécessité d'une solidarité étroite entre prolétaires. A plusieurs reprises il condamna les luttes d'une nature grave que se livraient alors les diverses compagnies de crocheteurs et de tonneliers qui exploitaient les travaux du port, en même temps qu'il critiquait le privilège exclusif possédé par certaines d'entre elles[3].

1. *Echo de la Fabrique*, 5 janvier 1834.
2. *Ibid.*, 1er décembre 1833.
3. *Ibid.*, 1er septembre 1833, 5 et 19 janvier 1834. — Le 22 septembre 1833, quatorze crocheteurs furent condamnés, pour voies de fait, par le tribunal correctionnel à deux ans d'emprisonnement et 200 francs de dommages-intérêts envers chacun des plaignants; de plus, à 5.000 francs d'indemnité envers une compagnie qu'ils avaient empêchée de remonter les bateaux d'après un procédé nouveau (*Gazette des tribunaux*, 29 septembre 1833.)

De même il réprouva les rivalités et les combats nés du Compagnonnage, et notamment les batailles, qui se renouvelèrent pendant plusieurs mois en 1833, entre les Compagnons tanneurs-corroyeurs et les Compagnons cordonniers. De véritables scènes de sauvagerie eurent lieu le dimanche 29 septembre[1]; la troupe dut intervenir à plusieurs reprises, mais ne put empêcher le sang de couler. L'*Echo de la Fabrique* déplora le « spectacle à la fois barbare et immoral qu'ont offert des Français, des industriels, des hommes enfin, se livrant un combat que nos mœurs réprouvent. » Quand, ajoutait-il, les ouvriers de toutes les industries voudront-ils comprendre que ces divisions particulières ne servent qu'à « river de plus en plus les anneaux de la chaîne dont les entourent l'égoïsme et la cupidité? »

Ces conseils n'eurent pas plus de résultat que l'action de la police et les condamnations des tribunaux: à la fin de mars 1834, c'est-à-dire au moment où la population ouvrière lyonnaise s'apprêtait à résister à la loi sur les associations, les Compagnons tanneurs et corroyeurs livraient au domicile de la *mère* des Compagnons cordonniers un nouvel assaut, des Compagnons forgerons se battaient avec des Compagnons charrons, etc.[2]

---

1. Les Compagnons corroyeurs voulaient obliger les Compagnons cordonniers à se rendre dans la plaine du Grand-Camp pour leur livrer une bataille générale; comme ceux-ci s'y refusaient, les corroyeurs allaient les provoquer jusque chez leur *mère*.

2. Sur ces faits, voyez le *Courrier de Lyon*, 1er et 23 octobre 1833, 1er avril 1834; le *Journal du commerce*, 2 octobre 1833; l'*Echo de la Fabrique*, 6 octobre 1833, etc. — A Sens et à Mâcon, la Saint-Crépin (25 octobre) fut marquée par des scènes violentes, les Compagnons cordonniers ayant émis la prétention de faire entrer le compas et l'équerre dans les insignes de leur profession. (*Annuaire historique*, 1833.) — Une lettre, en date du 22 juillet 1833, du lieutenant-général commandant la division de Bourges, donne des détails sur un tumulte occasionné à Nevers par des Compagnons: le 18 juillet, un charivari fut donné au curé de cette ville, qui avait refusé d'enterrer un ouvrier avec les insignes du Compagnonnage placés par ses camarades sur le cercueil; le lendemain soir, la porte et les fenêtres de sa maison furent brisées à coup de pierres et la porte de l'évêché enfoncée; il fallut faire appel à la troupe pour rétablir l'ordre. (Archives historiques du Ministère de la guerre, correspondance générale, à sa date.)

Cette entente entre prolétaires, que l'*Écho de la Fabrique* recommandait sans cesse, put pourtant paraître compromise dans la corporation des ouvriers en soie par la création de l'*Écho des travailleurs,* journal qu'une partie des actionnaires de l'*Écho de la Fabrique* avaient décidé de fonder, nous l'avons dit, au moment où ce dernier était devenu l'organe officiel du Mutuellisme. Dès les premiers numéros[1], l'*Écho des travailleurs* inséra plusieurs articles émanant de non mutuellistes et dirigés contre l'Association : ils y critiquaient « le mystère sur lequel le Mutuellisme repose » et qui « lui a enlevé des partisans notables » ; ils lui reprochaient un certain esprit d'exclusivisme : « Le grand tort des fondateurs de la Société a été de vouloir *choisir* leurs collègues au lieu de les *accepter* pour présenter toute la Fabrique unie en un seul faisceau. Cette Société a renoncé par là à être universelle, parce que, les exclusions n'étant fondées sur rien autre que des convenances personnelles et l'intrigue (ainsi que cela a lieu ordinairement dans les choses qui se font à huis-clos), ces exclusions ont empêché la majeure partie de ces mêmes hommes, exclus sans motifs, de se faire recevoir ». Comme ces lignes le laissent deviner, la scission d'une partie des actionnaires de l'*Écho de la Fabrique* s'était faite, non pas uniquement à cause de la nouvelle direction du journal, mais aussi (et peut-être principalement) sur des questions personnelles ; et la polémique des deux feuilles au sujet de certains actes de Marius Chastaing, ancien rédacteur en chef de l'*Écho de la Fabrique* et l'un des fondateurs de l'*Écho des travailleurs,* vient encore à l'appui de cette opinion.

Mais, d'autre part, dès le deuxième numéro de l'*Écho des travailleurs,* son gérant, Sigaud, avait marqué une certaine sympathie pour le Mutuellisme : « Nous sommes fâchés, avait-il dit, d'avoir eu à combattre une Société que nous estimons et avec laquelle nous serons complètement unis le jour où elle répudiera tout mystère. » Bientôt (dans les premiers jours

1. Notamment ceux des 20 et 23 novembre.

de 1834), les polémiques cessèrent. L'*Écho des travailleurs*, politiquement moins avancé et, au point de vue ouvrier, plus prudent, crut devoir, en certaines circonstances, critiquer, à la vérité avec beaucoup de ménagements, la ligne de conduite du Mutuellisme, mais il en subit l'ascendant, et son influence fut loin d'égaler celle de l'*Écho de la Fabrique*.

La Société des Mutuellistes était d'ailleurs devenue trop puissante pour que les attaques même d'une feuille prolétaire pussent l'ébranler. En ces mois de novembre et décembre 1833, l'orgueil de sa force déborde ; elle se complaît à détailler les avantages qu'elle a remportés, à comparer la situation qui est alors celle du chef d'atelier avec sa situation antérieure ; elle cite tous les corps d'état lyonnais qui, suivant son exemple, ont eu des coalitions victorieuses ou se sont constitués en association ; et l'*Écho de la Fabrique* reprend, sans jamais se lasser, l'éloge du principe d'association, source unique de toute amélioration corporative, et surtout unique instrument de la réforme sociale : les associations « mènent à l'égalité, à la démocratie... La misère enfante les crimes, l'association tue la misère. Poussons à l'association ; le peuple deviendra moral, le peuple sera heureux ! » En novembre, de nombreux corps d'état, à Lyon, Paris, etc., se coalisent et forment des associations : « Toute la classe des travailleurs s'ébranle et marche à la conquête d'un monde nouveau. » Quelques jours plus tard, l'*Écho de la Fabrique* précise sa foi et ses espérances : « Du sein des associations doit éclore une organisation prochaine ; ces associations, à cette heure dispersées sur le sol, sont des germes qui bientôt grandiront ; ce sont des matériaux que le présent apprête et amasse, que la main de l'avenir trouvera là, qu'elle ajustera et alignera pour fonder une administration générale du travail. » Et déjà la force des associations est telle que le gouvernement et les Chambres auront à compter avec elles si, comme on le prétend, un projet de loi contre les coalitions doit être bientôt voté : « Qu'on y réfléchisse sérieusement : tous ces traités d'alliance que forment à l'envi les travailleurs de toutes les industries sont une immense barrière contre laquelle se briseraient tous les efforts qui seraient tentés contre leur *liberté*, leurs *droits*, leurs *besoins* et leur *propriété !* Malheur à qui la feront, cette coupable tentative !... L'homme a droit à l'existence et, par conséquent, droit au travail ; et dire aux travailleurs qu'ils sont libres de discuter, en dehors d'une coalition, le prix de leur travail, c'est « une insultante dérision pour qui sait que, placés entre les besoins d'aujourd'hui et ceux de demain, ils sont évidemment forcés de subir la loi du plus fort, la loi du *capital* »[1].

Chez les passementiers de Saint-Étienne, la fermentation restait considérable ; une adresse, datée du 13 novembre, avait bien été envoyée au roi pour lui exposer les besoins des chefs d'atelier et ouvriers passementiers de la Fabrique de rubans ; mais les expressions « peu civiques » et la forme « humble et servile » adoptées par Philippe Hedde, conservateur du musée de Saint-Étienne, qui en avait rédigé le texte, d'autre part le mécontentement que ce document suscita parmi les passementiers lui enlèvent beaucoup de son intérêt[2].

Ce mécontentement, l'administration, dont les tergiversations continuaient, pensa à l'exploiter. Le sous-préfet de Saint-Etienne écrivit au préfet qu'il serait opportun de publier un avis pour soutenir ceux des membres de l'Association des passementiers qui pourraient être enclins à s'en détacher ; tous les deux voulaient faire prendre cette mesure par le maire qui, craignant de se compromettre vis-à-vis des ouvriers, trouva des raisons pour se récuser ; finalement ce fut le sous-préfet qui, le 15 novembre, signa l'avis : il y engageait les passementiers qui seraient l'objet de menaces ou de violences « pour avoir refusé de se conformer au règlement établi par de prétendus *syndics*, qui n'ont aucun caractère légal », à se plaindre, sans hésiter, à l'autorité. Cette proclamation fut peu après critiquée, dans un écrit, par Caussidière, qui profita de

1. *Echo de la Fabrique*, 10 et 17 novembre, 1er et 8 décembre 1833.
2. Le texte se trouve dans l'*Echo des travailleurs*, nos du 29 janvier 1834 et suivants ; l'*Echo de la Fabrique* en fit une critique dans son numéro du 15 décembre 1833.

l'occasion pour faire le procès du gouvernement. Elle n'empêcha nullement des ouvriers passementiers d'employer la menace, le 2 décembre, pour débaucher les ouvriers des frères Jamet, maîtres passementiers qui travaillaient pour une maison frappée d'interdit par l'Association. Cet incident parut assez grave à la justice pour que dix mandats de comparution fussent décernés. Au milieu de décembre, l'agitation, loin de s'atténuer, s'augmentait encore sous l'influence de la propagande républicaine[1].

Au même moment, une espèce de coup d'état intérieur portait à la direction de l'Association des Mutuellistes lyonnais le parti le plus avancé. Un Conseil exécutif de vingt-deux membres, soit deux par centrale, avait été constitué au début de décembre pour soulager le Conseil des présidents de centrale; mais « il y avait opposition entre les chefs de centrale et le Conseil exécutif, parce que les mesures violentes de ce dernier étaient combattues par les chefs[2] ». Il semble que le Conseil exécutif s'appuyait plutôt sur les syndicats de catégorie, groupements naturellement plus enclins à l'action que les loges[3]; au contraire, le Conseil des présidents de centrale, qui réagissait autant qu'il lui était possible contre l'abandon par la Société de son but primitif, dirigeait l'Association par le moyen des loges.

Peu de temps après la constitution du Conseil exécutif (c'était également au mois de décembre), une proposition fut faite de suspendre les travaux pour sept fabriques de peluche; elle fut combattue par le Conseil des présidents, qui refusa de mettre cet ordre du jour aux voix dans les loges; sa destitution fut alors demandée par le Conseil exécutif et décidée par la majorité. Il ne fut pas fait de nouvelles nomi-

1. Sur ces faits, voy. notamment le dossier, déjà indiqué, existant aux Archives départementales de la Loire; de plus, Arch. nat., BB18 1210, une lettre du procureur du roi et une lettre du préfet.

2. *Cour des pairs, dossier des Mutuellistes* (Arch. nat. CC 631), dépositions de François et de Duchamp.

3. *Ibid.*, notamment la déposition de Duchamp; elle ne permet pas, du reste, une affirmation catégorique.

nations, et le Conseil exécutif resta chargé, sans contrepoids, de la direction de la Société[1]. De ce jour, certains Mutuellistes fréquentèrent de moins en moins les loges. « Je m'étais aperçu, déclara l'un d'eux, que l'esprit général et celui du Conseil exécutif s'éloignaient de plus en plus de l'esprit de notre institution, d'après lequel il était essentiellement défendu de s'occuper de politique. » Les *initiateurs*, de leur côté, constataient que leur influence devenait nulle[2].

A partir de son premier numéro de 1834, l'*Echo de la Fabrique*, en effet, ouvrit d'une façon non dissimulée ses colonnes aux questions politiques ; ce ne sont pas seulement des aveux de sympathie pour la république, « pour les saintes aspirations de la Convention », etc., c'est une propagande ouverte et ardente. Le numéro du 5 janvier donne des détails sur la constitution définitive de la Société lyonnaise des Droits de l'homme. Les numéros suivants renferment une appréciation, assez violente, sur le procès des Vingt-sept, sous ce titre : *Indice de révolution sociale*, une biographie du « républicain Carnot » empruntée au *Populaire*, et d'autres articles républicains : *La propagande, Aux détracteurs du peuple, Des publications républicaines*, etc.[3]

Cet état d'esprit de la classe ouvrière à Lyon était généralement connu ; du reste, Garnier-Pagès l'avait indiqué, à la tribune de la Chambre des députés, le 3 janvier : « Si la politique n'a pas donné naissance aux coalitions d'ouvriers, elle en sera la conséquence. A Lyon, par exemple, la politique n'a été pour rien dans les événements de novembre 1831 ; mais,

1. *Cour des pairs, dossier des Mutuellistes.* Dépositions de Valentin, de François, de Duchamp, etc.

2. *Ibid.* Dépositions de Michel, de Millet, de Grand, etc.

3. Le numéro du 2 février reproduit sans commentaires un extrait d'une lettre de Londres, publiée par le *Populaire* et relative à un « projet de suspension générale du travail en Angleterre ». Il s'agissait de la réduction à huit heures de la journée de travail à la date du 1er mars : « On a souvent vu des suspensions partielles de travail, mais on n'a jamais vu une *suspension générale.* — Si, comme on l'espère, les ouvriers évitent la violence, s'ils n'emploient toujours que la persuasion et le consentement libre et volontaire, il est impossible de prévoir les conséquences de ce projet. »

maintenant, c'est la ville de France où les ouvriers s'en occupent le plus, où l'on désire le plus de changements importants dans l'organisation actuelle » ; les artisans n'y attendent plus la réforme sociale que de la réforme politique.

Ils comptaient, pour y parvenir, sur leurs associations, qui (écrivait l'*Echo de la Fabrique* le 9 février), « aujourd'hui compactes et fortes, n'ont rien à redouter de personne ; les gouvernements les plus hostiles seraient impuissants à les briser ». Par elles finira l'exploitation de l'homme par l'homme ; grâce à elles les ouvriers pourront traiter sans aucune infériorité avec les capitalistes, une égalité réelle sera inscrite dans les codes, les droits politiques conférés aux travailleurs et le gouvernement du peuple remis au peuple. Le Mutuellisme, avec ses cinq mille membres, s'efforce de réaliser ce programme. « Les autres professions l'ont bien compris ; aussi chaque jour de nouvelles demandes d'affiliation sont faites ; les Mutuellistes les accueillent avec joie,... et bientôt une immense association de tous les travailleurs de France réalisera en partie la grande pensée de Fourier, que quelques-uns regardent encore comme le rêve d'un homme d'esprit et de bien. »

CHAPITRE XX

L'ARRÊT GÉNÉRAL DES MÉTIERS DANS LA FABRIQUE LYONNAISE.

(Février 1834.)

Ralentissement de l'activité dans la Fabrique; arrêt des métiers de peluche, puis suspension générale du travail. — La Société des Droits de l'homme provoque les Mutuellistes à l'insurrection; elle échoue. — Attitude des chefs d'atelier non mutuellistes et des ouvriers. — Epouvante des fabricants. — Echec du mouvement. — Action tardive des autorités. — Lettre de Dupin aux Mutuellistes; réponse de l'Association.

Au début de l'année 1834, le Mutuellisme se trouva en face d'un nouveau et grave problème industriel. Depuis quelques mois le prix des soies s'était élevé, les commandes avaient diminué; au milieu de la stagnation des affaires, deux articles seulement s'était soutenus : les châles et les peluches pour chapeaux. Dans les premiers jours de février, des rabais furent annoncés sur les prix payés aux chefs d'atelier pour ces genres d'étoffes[1]. Sur la demande du Syndicat des peluches, le Conseil exécutif fit arrêter de sept à huit cents métiers de peluche le 7 ou le 8 février; pareille mesure fut prise, sur l'initiative du Syndicat des châles, à l'égard de la maison qui la première avait diminué l'article châle. Des pourparlers eurent lieu entre les ouvriers en soie et les négociants; ceux-ci refusèrent de rétablir les anciens prix[2]. C'était donc la baisse, non seulement sur ces deux articles, mais bientôt sur tous les autres, dont la situation était encore moins favorable. On assurait, du reste, qu'une coalition des fabricants s'était formée pour soutenir les baissiers.

1. Pour les peluches, il s'agissait de 0 fr. 25 par aune.
2. *Echo des travailleurs*, 15 février 1834.

Alors les Mutuellistes se rappelèrent « *Novembre* et sa hideur, et les angoisses du peuple, réduit à demander, sous le feu des canons vomissant la mitraille, du pain pour *vivre en travaillant* ! » A une situation si critique, l'Association crut qu'un seul remède existait : l'interdiction générale des métiers. Cette « résolution grave, désespérée » fut soumise par le Conseil exécutif aux petites loges, sans passer par les centrales, dont il craignait l'opposition[1] ; elle fut votée, le 13 février, par 1297 voix contre 1044, c'est-à-dire par une majorité de 253 voix[2] ; elle devait être mise à exécution le lendemain.

Dans cette mesure, d'un caractère tout à fait inusité, les autorités virent le prélude d'une insurrection, et d'une insurrection à tendances politiques. Depuis les journées de novembre de nombreuses précautions militaires avaient été prises à Lyon : la garnison considérablement augmentée, des fortifications élevées, la Croix-Rousse isolée par une muraille ; et « le pouvoir s'était ménagé des points fortifiés jusque dans l'intérieur[3] ». Aussi, dès que fut connue la décision des Mutuellistes, l'officieux *Courrier de Lyon*[4] n'hésita-t-il pas à les menacer d'une répression : « Si, poussés par leurs détestables conseillers, les ouvriers troublaient la paix de la cité par une démonstration quelconque, le pouvoir, qui est en mesure et qui est prévenu, leur donnerait immédiatement une leçon vigoureuse. » Les ouvriers lyonnais n'étaient pas d'un tempérament à reculer à l'annonce d'une « leçon vigoureuse », ni d'ailleurs à se laisser entraîner par ce que d'aucuns appelèrent les « infâmes provocations de l'incendiaire *Courrier* » ;

1. *Cour des pairs, dossier des Mutuellistes*, déposition de Barbezat.

2. L'Association était alors forte de deux mille six cents membres (*Courrier de Lyon*, 22 février 1834, et déposition de Doucet dans l'Affaire des accusés d'avril) ; d'après la déposition de Cornillon (même Affaire), l'effectif de la Société aurait été de trois mille adhérents ; mais ce chiffre dépasse l'effectif calculé d'après le nombre des loges alors existantes. On verra qu'au début d'avril deux mille cinq cent cinquante-sept Mutuellistes signèrent une protestation émanant de l'Association. En résumé, le chiffre de deux mille six cents à deux mille huit cents membres est le plus probable.

3. Louis Blanc, *Histoire de dix ans*, t. IV, p. 224.

4. 13 février 1834.

mais leur ressentiment fut profond, et ils l'exprimèrent à maintes reprises.

La Société lyonnaise des Droits de l'homme, qui comptait parmi les Mutuellistes de nombreux adhérents, vit dans l'arrêt général des métiers une circonstance propice à ses desseins. « Nous allons voir ce qui en résultera », écrivait, dès le 13 février, un sectionnaire de Lyon, Tiphaine, à Caussidière, chef de la Société à Saint-Etienne. Les provocations républicaines revêtirent dès le lendemain un caractère si pressant que le Conseil exécutif du Mutuellisme, qui se refusait à jeter l'Association dans une insurrection, adopta des mesures pour en paralyser les effets : par deux ordres du jour, datés des 15 et 17 *union* an VI du Mutuellisme, il engagea les centrales à prendre et à faire prendre, soit dans les loges, soit au dehors; toutes les mesures de prudence pour éviter les troubles et à « ne se mêler nullement de politique ». « Nous recommandons à nos frères, écrivait encore le Conseil, et sans nous lasser, de faire attention que l'on fait circuler dans des loges des imprimés des Droits de l'homme ; et ceci doit être repoussé dans la crise actuelle où nous sommes. » Par le même ordre du jour, le Conseil exécutif demandait, en raison de la gravité de la situation, qu'il fût procédé immédiatement à la nomination d'un membre par centrale pour l'aider dans ses travaux. Cette opération effectuée, il se trouva donc composé de trente-trois membres.

Le refus de l'Association des Mutuellistes de se prêter aux projets de la Société lyonnaise des Droits de l'homme résulte encore d'une lettre du 19 février signée Nivôse (Tiphaine) et adressée également à Caussidière : « Les ouvriers ne veulent pas travailler, mais ils ne veulent pas commencer; ils disent : C'est aux républicains! Ils se trompent. Au surplus, encore quelques jours, et le besoin les guidera où le patriotisme et le devoir auraient dû déjà les conduire[1]. » En réalité l'impossibilité d'obtenir à ce moment-là le concours des Mutuellistes

1. *Affaire du mois d'avril 1834 ;* réquisitoire du procureur général, p. 172 et suiv., et annexes, p. 75 et 76.

obligea les républicains à ajourner le soulèvement qu'ils auraient désiré effectuer durant la suspension générale des métiers.

Le 14 février, trente mille métiers environ cessèrent de battre. Les ouvriers en soie représentés par l'*Echo des travailleurs,* « étrangers pour la plupart au Mutuellisme, sans lui être hostiles, » avaient fait quelques réserves sur l'équité et l'opportunité de la mesure prise, mais s'étaient ralliés à la décision arrêtée par l'Association. Comme ils n'avaient pas été consultés, leur journal se mit en relations, en leur nom, avec le Mutuellisme, et « ces rapports, sur le pied de stricte égalité, furent à la satisfaction commune[1] ». Les Ferrandiniers avaient également résolu (on ignore par quelle majorité) de suivre le mouvement.

Un caractère de la coalition des ouvriers en soie frappait l'opinion publique tout entière, sans distinction de parti : l'interdiction prononcée ne portait pas seulement sur les étoffes dont les prix avaient été réduits, mais sur toutes les étoffes, même sur celles qui donnaient à l'ouvrier un gain qu'il jugeait suffisant. Ce n'est pas là, remarquait le maire de Lyon, Prunelle, dans une proclamation du 15 février, une de ces coalitions que prévoit l'article 415; ceux qui ont pu concevoir un pareil dessein « veulent troubler l'État par la guerre civile; ils rêvent la dévastation et le pillage; ils méditent des crimes que les articles 91, 92 et 96 du Code pénal punissent de mort ».

On connaissait l'entente qui existait entre les Mutuellistes, diverses corporations lyonnaises et les passementiers de Saint-Etienne; et on se demandait si l'arrêt des métiers n'allait pas être le signal d'un soulèvement général d'ouvriers. D'après le *Précurseur,* ce soulèvement devait avoir lieu le lundi 17 février. D'autres croyaient pouvoir annoncer que les cessations de travail se produiraient successivement, et que la prochaine serait celle des teinturiers.

1. *Echo des travailleurs,* 15 et 22 février 1834.

Le parti ministériel à Lyon s'attendait bien à quelque difficulté, soit industrielle, soit politique (et, dès le début de février, des ordres avaient été donnés pour l'envoi à Lyon, en cas de besoin, de troupes des divisions environnantes); mais la décision adoptée par les Mutuellistes, les développements que pouvait prendre un état de choses déjà si troublé épouvantèrent les fabricants et ceux qui partageaient leurs opinions politiques. Le 15 février, un propriétaire écrivait au ministre de la guerre pour lui demander de proclamer l'état de siège: « Nous préférons, affirmait-il, d'ètre (*sic*) protégés par la loi martiale que d'être pillés et assassinés par l'insuffisance de la loi civile... Réfléchissez-y sérieusement et promptement. »

L'effroi était tel que beaucoup de familles quittaient la ville ou s'apprêtaient à le faire, lisait-on dans le *Courrier de Lyon* du 16: « Un grand nombre de fabricants ont fermé leurs magasins et pris des passeports. On ne raisonne pas avec la peur... » Le *Précurseur* du 17 déclarait que, dans certains quartiers, l'émigration était presque générale; et le commandant de gendarmerie résidant à Lyon confirmait cette panique dans une lettre du 16 au ministre de la guerre: évidemment, disait-il, les fabricants de Lyon ont perdu le souvenir de ce qui s'est passé en novembre 1831: « Toujours même égoïsme, même entêtement de leur part; tout pour eux et rien pour le maintien de l'ordre... Hier plusieurs emballaient et faisaient partir de Lyon ce qu'ils avaient de plus précieux »; ils commettent la maladresse de vider leurs magasins au moment où les ouvriers de la Croix-Rousse, tranquilles jusqu'ici, deviennent menaçants.

Sur les démarches des ouvriers près du préfet et sur l'accueil qu'il leur fit, nous possédons une intéressante lettre du lieutenant-général au ministre de la guerre, datée du 17 février[1]. Les ouvriers coalisés sont toujours calmes, disait-il. Aujourd'hui une « députation des diverses classes d'ouvriers en soie »

1. Cette lettre et les deux précédentes, également adressées au ministre de la guerre, à leur date, Archives historiques du Ministère de la guerre, etc.

s'est rendue près du préfet et lui a demandé de provoquer une réunion d'ouvriers et de fabricants, sous sa présidence, pour faire un arrangement. Le préfet ayant répondu par un refus motivé, les délégués « lui ont annoncé qu'ils allaient s'occuper de la fixation d'un tarif qu'ils présenteraient individuellement aux fabricants, et que le travail serait repris immédiatement chez ceux qui l'accepteraient». Le préfet leur objecta que cette mesure serait arbitraire, et, en outre, probablement inutile, « tant parce que beaucoup de fabricants s'étaient éloignés de Lyon que parce que beaucoup de ceux qui y étaient se refuseraient à se lier par un engagement qui pourrait assurer leur ruine... Aux plaintes qu'ils ont portées au sujet des dispositions militaires que l'on voyait prendre et qui témoignaient du peu de confiance qu'on avait en eux, il a été répondu que l'autorité avait dû se mettre en mesure de faire exécuter les lois et de comprimer toute tentative de désordre; que la vigilance des autorités était d'ailleurs justifiée par les menées coupables des partis politiques, dont les ouvriers, sans s'en douter, étaient le jouet». Encore un peu de fermeté, concluait le lieutenant-général, et les fabricants auront gain de cause; quant à l'Association des Mutuellistes, elle « en est à trouver le moyen de faire une retraite honorable »; et les loges sont réunies pour discuter si le travail doit être ou ne pas être repris.

Conformément à l'avis qui avait été donné au préfet, des députations d'ouvriers en soie se rendirent dans quelques maisons de commerce, non pas, semble-t-il, pour demander le rétablissement des anciens prix, mais pour obtenir des fabricants des engagements de ne pas opérer de réductions pendant un certain délai; nulle part ils ne reçurent satisfaction.

Le parti, auquel s'était arrêtée l'Association, de prononcer l'interdit général des métiers pour venir à bout des fabricants d'une spécialité choquait, par sa nouveauté et sa rigueur, les conceptions qu'une fraction tout au moins du parti républicain et même des ouvriers possédaient sur les moyens de lutte dont la classe ouvrière pouvait se servir. Déjà le *Précurseur* du 16 février avait publié une lettre de quatre chefs d'atelier, membres du Conseil exécutif, qui avaient, en quelque sorte, plaidé les circonstances atténuantes pour le vote de l'interdiction générale : la concurrence que se font les négociants nous tue, écrivaient-ils ; nous voulons vivre ; si nous ne leur tenons pas tête, c'est fait de nous et même d'eux.

Le surlendemain parut dans le même journal une lettre adressée au Conseil exécutif du Mutuellisme ; l'ordre qu'il avait donné d'opérer la suspension générale du travail y était discrètement critiqué, et on l'invitait à rapporter cette mesure, qui ne pouvait qu'être fatale à la prospérité de la Fabrique. Ce document portait dix signatures, dont celles de Pétetin, rédacteur en chef du *Précurseur*, de Th. de Seynes, de Michel-Ange Périer, de Rivière cadet et d'autres hommes connus pour leur dévouement à la cause des prolétaires ; le lendemain le *Précurseur* publia l'adhésion à cette lettre d'Arlès-Dufour, de Jules Favre et de deux autres personnes[1].

Des troupes nouvelles entraient dans Lyon. Déjà la discorde était au camp ouvrier : elle existait principalement entre l'Association des Mutuellistes et la Société des Ferrandiniers ; elle fut démentie par une lettre signée de trois membres de chacune des deux organisations, mais elle a été affirmée par tant de documents[2] et démontrée par tant de faits qu'on doit passer outre à cette dénégation. Les premiers, les Mutuellistes avaient compris l'inutilité de prolonger l'interdit général dont ils

1. « La suspension, écrivait le 24 le *Précurseur*, ne devait avoir aucun résultat précisément parce qu'elle était générale », car un seul fabricant, s'obstinant, aurait pu la rendre éternelle, donc impossible pour les ouvriers ; elle reposait sur une autre erreur : les ouvriers s'imaginaient que les autorités s'interposeraient entre eux et les fabricants ; or le gouvernement désirait, au contraire, la résistance des fabricants.

2. Par exemple le *Précurseur* et l'*Echo des travailleurs* ne firent aucune difficulté pour signaler ce désaccord. Il est confirmé par l'espèce de résumé historique, rédigé année par année, dont les Compagnons tisseurs ferrandiniers m'ont donné lecture ; il y est dit que, quand les Mutuellistes décidèrent l'arrêt général des métiers, les Ferrandiniers résolurent de suivre le mouvement, malgré l'injustice qu'il y avait à frapper d'interdit les fabricants qui payaient de bons prix comme ceux qui en payaient de mauvais.

avaient pris l'initiative ; le 19 février, ils votèrent la reprise du travail par 1382 voix contre 545. Déjà des chefs d'atelier et des ouvriers avaient demandé que la liberté du travail leur fût garantie ; pour la maintenir, le maire, Prunelle, fit annoncer, précisément le 19 février, que des piquets d'infanterie seraient placés dans les rues principalement occupées par les ateliers de fabrication de soieries. Mais si la majorité des chefs d'atelier entendaient reprendre le travail, il en était autrement de la plupart des ouvriers ; quelques troubles, accompagnés de cris de *Vive la République !*, et des rixes eurent lieu place des Terreaux et surtout à la Croix-Rousse. Le 22, de nombreux métiers recommencèrent à battre, et les deux Associations décidèrent la fin de la suspension générale pour le 24[1] ; mais, pour sauver les apparences, elles annoncèrent qu'il s'agissait seulement de finir les pièces commencées ; ensuite les fabricants qui refuseraient d'accorder des conditions équitables seraient frappés d'interdit et leurs chefs d'atelier et ouvriers soutenus pécuniairement. Pour faire face à ces allocations éventuelles, la Société des Ferrandiniers vota immédiatement une cotisation de 25 centimes par jour et par métier en activité que posséderaient ses membres ; et l'*Echo de la Fabrique* ouvrit dans ses bureaux une souscription permanente. Le *Précurseur* du 23 février annonça que les Mutuellistes allaient suivre l'exemple donné par les Ferrandiniers ; et il fit observer qu'un fonds de réserve formé par ces versements pourrait permettre ultérieurement de constituer une maison centrale de fabrication pour les étoffes de soie.

Si courte qu'eût été l'interruption du travail dans la Fabrique, elle occasionna des manifestations de solidarité de la part d'autres corps d'état. La *Société mutuelle de la typographie lyonnaise* prit l'initiative d'une souscription en faveur des ouvriers en soie ; une première somme de 124 fr. 25, provenant de huit imprimeries, fut remise peu après au Conseil

1. *Précurseur*, 23 février ; Girod (de l'Ain), *Rapport*, t. I, p. 185. D'après le *Moniteur* (24 février), la reprise du travail aurait eu lieu, au contraire, par la seule détermination individuelle des ouvriers en soie.

exécutif des Mutuellistes. La Société mutuelle porta ce fait à la connaissance du public par la voie du *Précurseur*[1]; en même temps, elle exposa les sentiments qui l'animaient vis-à-vis de la classe des tisseurs : une association, écrivait-elle, n'est pas seulement favorable aux ouvriers qui la composent, mais à la société tout entière, puisqu'elle aide ses membres en cas de maladie et de chômage, qu'elle les soutient dans leur vieillesse, enfin qu'elle leur donne « des secours moraux et pécuniaires pour oser refuser l'ouvrage offert à vil prix lorsque ce refus est fondé sur la justice ». Tel a été le caractère des prétentions des ouvriers en soie : c'est pourquoi la Société mutuelle de la typographie « fait un appel à tous ses membres pour soutenir leurs frères les ouvriers en soie dans leurs droits et leurs besoins; elle invite enfin les ouvriers de toutes les professions à les imiter dans cet acte de philanthropie et de fraternité, car les ouvriers sont tous frères, quels que soient leur genre d'industrie et le pays qu'ils habitent. » Cette communication, signée par quatre « délégués », était suivie de ce *nota bene :* « La Société prévient ses frères les ouvriers en soie qu'elle sera toujours prête à voler à leur secours. » De son côté, la Société des Unistes avait communiqué au *Précurseur* une liste de souscriptions en faveur des tisseurs.

Les autorités lyonnaises avaient témoigné, à l'égard de la coalition des ouvriers en soie, d'une mansuétude que n'avait point montrée le préfet de police, Gisquet, en octobre et novembre 1833, pour les coalitions d'ouvriers à Paris. Au cours de sa déposition sur l'insurrection d'avril, le préfet du Rhône, Gasparin, fut amené à s'expliquer sur cette attitude : il avait voulu, déclara-t-il, tout en maintenant l'ordre, « laisser la grande épreuve s'accomplir »; c'était une « grande expérience économique », celle de savoir si, contre la nature des choses, une classe pouvait en opprimer une autre injustement; la preuve avait été faite que c'était impossible, puis-

1. 22 février 1834.

que l'interdit général n'avait pu être maintenu que quelques jours.

Il est vraisemblable que, comme le fait observer Girod (de l'Ain) dans son rapport, un sentiment de prudence fut pour quelque chose dans la ligne de conduite des autorités. Pendant la coalition aucune arrestation n'eut lieu; mais, après le rétablissement de l'ordre, des mandats de comparution furent lancés contre six membres du Conseil exécutif, qui dans la presse avait parlé en son nom, contre trois Ferrandiniers et contre quatre autres ouvriers.

La reprise du travail ne mit pas fin aux débats qu'avait soulevés l'interdiction générale des métiers. L'*Echo de la Fabrique* soutint que les coalitions sont « le prélude de la réforme qui, dans l'intérêt de tous, riches et pauvres, doit s'opérer bientôt dans notre organisation industrielle et commerciale » ; il tira des événements qui venaient de se produire une démonstration de la nécessité où se trouvaient plus que jamais les ouvriers « de s'occuper pacifiquement de l'organisation industrielle »; une fois de plus, il invita ses lecteurs à méditer les conceptions de l'École phalanstérienne, « parce qu'elle nous semble, disait-il, résoudre certains problèmes d'avenir pour lesquels nos populations européennes sont mises en émoi », et il recommanda une brochure écrite par un disciple de Fourier, Berbrugger, dont il avait souvent résumé les leçons sur la théorie sociétaire[1].

En même temps, répondant aux attaques du *Courrier de Lyon*, l'*Echo de la Fabrique* défendait la mesure prise d'arrêter tous les travaux de la Fabrique. Les ouvriers en soie, écrivait-il, n'ont pas voulu, pour briser la résistance des fabricants, avoir recours à la violence; ce n'est pourtant pas qu'ils aient reculé devant les troupes dont disposait l'autorité. « On sait assez, en effet, que le peuple n'est pas dans l'habitude de calculer les forces et le nombre de ses ennemis; et d'ailleurs

1. *Echo de la Fabrique*, 23 février 1834. — Berbrugger, *Conférences sur la théorie sociétaire*, in-8, 1834.

MM. du *Courrier de Lyon* savent bien quels puissants matériaux étaient entre les mains de l'Association, et qu'elle aurait pu opposer, dans cette lutte, l'immense concours de la population ouvrière de Lyon, sans distinction d'industrie ; car, il faut bien que chacun le sache, aujourd'hui tous les travailleurs se tendent la main[1]. »

Le 24 février, le *Moniteur* avait publié une lettre adressée « aux chefs d'atelier composant l'Association des Mutuellistes lyonnais » par Charles Dupin, « député, professeur des ouvriers et membre de l'Académie des sciences ». Dupin critiquait l'arrêt de tous les métiers de la Fabrique pour une difficulté qui n'intéressait que ceux d'une spécialité, et il faisait prévoir la ruine de l'industrie lyonnaise, soit par la concurrence étrangère, soit par l'établissement de la république. Cette lettre fournit aux Mutuellistes l'occasion de défendre une fois de plus, et solennellement, la décision qu'ils avaient adoptée, et en même temps d'exposer dans un langage ardent leurs conceptions sociales[2] : l'arrêt général des métiers avait été ordonné pour le plus grand bien des ouvriers en soie, tous menacés par la concurrence et l'état d'anarchie industrielle résultant de la liberté du commerce et du travail, et désireux d'une réorganisation basée sur les droits réciproques du *travail*, du *capital* et du *talent ;* les ouvriers en soie avaient été trompés par les promesses que le duc d'Orléans leur avait faites au moment d'entrer dans Lyon après les journées de novembre ; car, à quelques jours de là, Casimir Périer avait prononcé ces paroles à la tribune : « Il faut que les ouvriers sachent bien qu'il n'y a de remèdes pour eux que la patience et la résignation. » Rien n'avait donc été changé. Sans doute la perspective d'un gouvernement républicain n'effrayait pas les ouvriers en soie : « S'il fallait, pour affranchir le peuple de toutes les misères qui pèsent sur lui,... que de grandes fortunes fussent abattues, eh bien ! nous applaudirions à leur chute !

1. *Echo de la Fabrique*, 2 mars 1834.
2. *Ibid.*, 9 mars 1834.

Mais rassurez-vous;.. nous voyons le remède que nous cherchons ailleurs que dans la ruine des fortunes et l'abolition de la propriété... »

Dans sa lettre Dupin avait dit que la République avait déjà fait beaucoup de mal, et que Lyon notamment avait eu à se féliciter de son remplacement par l'Empire. Sur ce point les Mutuellistes répondirent : « Si le génie de notre époque, le grand Napoléon, eût vécu au temps où l'orage, bouillonnant au sein de notre cité, enfanta Novembre, il eût recherché, compris cette douloureuse catastrophe, car il aurait, lui, fouillé jusqu'au fond de la plaie, et l'existence du peuple travailleur aurait cessé, nous en avons l'intime conviction, d'être encore aujourd'hui un problème à résoudre. »

Mais déjà le projet de loi sur les associations avait été déposé; deux jours après la publication de cette lettre, il vint en discussion à la Chambre des députés. Les débats se poursuivirent au milieu d'une attention passionnée. De la part des républicains et des ouvriers, des protestations, puis des menaces s'étaient déjà fait entendre. Au moment du vote du projet, ils livrèrent bataille à la monarchie. Ce furent les insurrections d'avril.

CHAPITRE XXI

La loi sur les associations et les insurrections d'avril 1834.

Le projet de loi sur les associations; la discussion et le vote. — A Lyon: le *Comité d'ensemble;* audience du 9 avril; l'insurrection. — Les passementiers de Saint-Etienne; l'insurrection. — Jugement des Mutuellistes coalisés en février. — Affaire des accusés d'avril.

Le projet de loi, annoncé au milieu d'octobre, sur les coalitions d'ouvriers n'avait pas été déposé. Apercevant, non sans un fort grossissement, les relations qui existaient entre certains corps d'état et le parti républicain, le gouvernement avait changé ses plans. Du moment, en effet, que les coalitions apparaissaient comme le résultat des menées anarchistes, il était logique de s'en prendre de préférence aux associations républicaines qui les fomentaient, et dont, du reste, l'action révolutionnaire se manifestait alors de bien d'autres façons. Le projet sur les coalitions fut donc remplacé par un projet sur les associations.

Ce dernier fut élaboré (on le sut plus tard) avant la fin de l'année 1833; et il est permis de voir des mesures préparatoires à son établissement dans la circulaire du 15 novembre par laquelle le ministre de l'intérieur demandait aux préfets des renseignements sur les sociétés de leur département, et dans l'enquête qu'au même moment le préfet de police, Gisquet, faisait sur les rapports du mouvement ouvrier et du mouvement politique. Mais le ministère hésitait à saisir la Chambre, malgré l'audace croissante du parti républicain, malgré l'acquittement des Vingt-sept, qui eut pour conséquence de faire considérer le droit d'association comme tellement inattaquable que Gisquet, désormais, fit procéder aux arrestations politiques, autant que possible, sous la prévention de complot ou de rébellion[1].

Au cours de la discussion du projet de la loi sur les crieurs publics, les députés Augustin Giraud et Viennet réclamèrent[2] un projet de loi sur les associations. Il fallut de nouveaux troubles, tous imputés au parti républicain, — coalition des ouvriers en soie de Lyon, émeute (à laquelle les ouvriers ne prirent aucune part, le gouvernement lui-même le reconnut) à Saint-Etienne les 20 et 21 février, surtout les graves désordres qui, le 23 février, marquèrent l'exécution à Paris de la loi sur les crieurs publics, — pour amener le gouvernement à présenter le projet qu'il tenait tout prêt. Le dépôt en fut annoncé le 24, en réponse à une interpellation d'Augustin Giraud, et effectué le lendemain par Barthe, garde des sceaux.

On sait que le but précis de ce projet était de renforcer les dispositions relatives aux associations ou réunions illicites qui existaient dans le Code pénal : l'autorisation nécessaire aux associations de plus de vingt personnes serait exigée désormais pour toute association partagée en sections de moins de vingt membres ; la périodicité des réunions ne serait plus indispensable pour qu'une association tombât sous le coup de la loi; les pénalités étaient augmentées et menaçaient, non plus les chefs des associations inautorisées, mais tous les associés, etc.

Dans l'exposé des motifs, les associations politiques étaient seules visées ; pourtant nombre d'associations ouvrières de toute nature considérèrent leur existence comme également mise en danger. Nous n'avons pas à rappeler l'attitude que prirent les premières à l'égard du projet de loi; quant aux secondes, seules celles de Lyon, avec, à leur tête, l'Association

1. Gisquet, *Mémoires d'un préfet de police*, t. III, p. 291.
2. 5 et 6 février.

des Mutuellistes, avaient assez de puissance pour organiser la résistance, d'accord avec le parti républicain.

Dès le 6 mars, c'est-à-dire cinq jours avant le commencement de la discussion à la Chambre, la *Glaneuse* notait « l'indignation » qu'avait produite l'annonce du projet de loi chez les « francs-maçons, Mutuellistes, *Unistes*, Ferrandiniers, *Concordistes*, sociétaires des Droits de l'homme, de l'Union, de l'Indépendance, et tous les membres d'une multitude d'autres sociétés publiques ou secrètes ». « Une résistance vigoureuse, ajoutait la *Glaneuse*, va donc s'engager entre les gouvernants et les citoyens lorsqu'il faudra exécuter cette infâme loi. »

Quant à l'Association des Mutuellistes, reprenant pour elle-même l'attitude comminatoire qu'avait déjà assumée l'*Echo de la Fabrique*, elle déclarait, dans sa lettre à Charles Dupin, que la Chambre tenterait en vain d'élever contre elle une barrière, et elle invitait le « professeur des ouvriers » à dire du haut de la tribune que les ouvriers en soie pouvaient, « si la paix était repoussée, accepter la guerre ! »

Dans un article publié le même jour par l'*Echo de la Fabrique*, on lisait : « Que le serpent de la doctrine ne s'attaque pas à l'association ; car c'est une vigoureuse lime qui lui userait les dents avant d'être entamée. »

A la Chambre des députés, la discussion dura du 11 au 26 mars ; elle porta, naturellement, beaucoup plus sur les associations politiques que sur les associations ouvrières. Prunelle fit un historique du Mutuellisme dont l'*Echo de la Fabrique* critiqua, à bon droit, l'exactitude sur certains points ; puis le maire de Lyon montra les associations politiques cherchant à « s'appuyer sur les masses d'ouvriers qui, moins éclairés, sont plus faciles à séduire » et, comme les ouvriers en soie lors de la coalition de février, font leur jeu sans s'en apercevoir.

Gaëtan de la Rochefoucauld présenta un amendement tendant à excepter de la loi les sociétés de charité et de bienfaisance, mais ne put le faire adopter.

De Ludre rappela au gouvernement et au parti ministériel

la conduite du peuple aux journées de Juillet : « Le pouvoir, ajouta-t-il, a trouvé de l'or et des caresses pour tous les ennemis de la révolution ; quant au peuple, il a eu aussi son lot : de la misère quand il s'est tu, de la mitraille quand il a osé se plaindre. »

Fidèle à une opinion qui semblait inébranlable chez les ministres de Louis-Philippe, le garde des sceaux, Barthe, s'efforça de démontrer que l'agitation ouvrière était due aux seules intrigues républicaines. Les chefs des associations républicaines, dit-il, ont désespéré de la bourgeoisie, de la garde nationale, des corps municipaux : « Ce n'est pas là qu'ils espèrent recruter ; aussi ce n'est pas seulement d'une révolution politique qu'ils s'occupent, une révolution politique qu'ils annoncent, mais une révolution sociale ; et cela, parce qu'ils craignent que la classe ouvrière, que ceux qu'ils appellent des prolétaires, ne soient pas assez sensibles à des théories purement politiques. Aussi vers qui dirigent-ils leurs efforts ? Vers la classe ouvrière. »

Continuant, Barthe montra la main des républicains dans les coalitions de novembre 1833 à Paris, et dans celle de Lyon en février 1834. Les coalitions d'ouvriers, dit-il, « quand elles sont livrées à elles-mêmes, présentent sans doute un danger, mais un danger passager » ; au contraire, quand la coalition est « préparée par une grande association formée entre les ouvriers contre les maîtres », un signe suffit pour amener, comme à Lyon, le bouleversement de toute une industrie et accumuler les ruines. « Les associations politiques, conclut Barthe, n'ont été nullement étrangères à tous ces désordres ; elles les ont tous provoqués ; et, il faut que la Chambre le sache, c'est là qu'est le danger. »

A la Chambre des pairs, où la discussion ne dura que deux jours, le 8 et le 9 avril, on ne trouve guère à signaler que le discours de Dubouchage. Après avoir, comme de Ludre, souligné l'ingratitude de la monarchie à l'égard des combattants de Juillet, il invita le pouvoir à créer des associations d'état et de métier ; par là on évitera que les ouvriers se précipitent dans les associations politiques. « La véritable liberté, dit-il, n'existera que lorsque chaque métier, chaque état, chaque industrie, chaque commerce aura de ces associations, où les intérêts de tous seront appréciés et balancés, et lorsque chacun aura un organe, celui de son président ou de son syndic, pour présenter ses griefs, ses besoins ou une amélioration dans son existence, au pouvoir et aux chambres législatives. »

Pendant que la discussion se déroulait à la Chambre des députés, et à mesure que l'adoption du projet apparaissait plus certaine, l'*Echo de la Fabrique* se répandait en protestations violentes et en menaces ouvertes : « Les hommes, actuellement au pouvoir, y lisait-on,... veulent se faire octroyer une loi de suspects contre les travailleurs... Leurs lois se briseront contre le peuple. » Puis, reprenant un thème déjà développé par la *Glaneuse,* il montrait que la loi nouvelle voulait atteindre et atteindrait les associations purement industrielles et philanthropiques, celles des Mutuellistes, des Ferrandiniers, des *Concordistes,* des *Unistes,* etc.; et il ajoutait : « Le pouvoir sème donc des orages !.. Eh bien ! qu'il recueille des tempêtes ! Mais il y a plus : ces travailleurs qui ne s'occupaient que d'industrie.., ces hommes qui s'inquiétaient fort peu que vingt millions de liste civile fussent mangés par un homme ayant nom Charles ou Philippe n'arrêteront pas leur haine sur les premiers instruments de leur persécution, sur un commissaire central ; ils remonteront jusqu'aux ministres, jusqu'à la pensée immuable peut-être, et juillet pourrait bien une seconde fois donner à l'Europe le spectacle d'un drame aussi glorieux et plus fécond en résultats que celui de 1830. » Enfin l'*Echo de la Fabrique* annonçait que les associations ouvrières étaient prêtes à abandonner, s'il le fallait, « leur mission de paix et d'organisation pour une mission de guerre et de renversement[1]. »

Au même moment, la *Glaneuse*[2] écrivait que « la résistance

1. *Echo de la Fabrique,* 16 mars 1834.
1. 23 février.

devient une obligation sacrée et un besoin à la fois » ; et elle publiait une protestation de la Société lyonnaise des Droits de l'homme, portant que ses sections continueraient « à exister comme par le passé, quoi qu'il advienne ».

A Saint-Étienne, la situation, bien que moins tendue qu'à Lyon, inspirait de sérieuses inquiétudes. Sans doute, les efforts faits par les républicains pour entraîner les travailleurs lors de l'affaire des 20 et 21 février avaient complètement échoué; sans doute les ouvriers passementiers s'occupaient d'un projet de maison de commerce qui serait soumis préalablement aux autorités municipales, et qui, « tout en conservant les avantages que ce mode d'organisation présente aux classes ouvrières, en écarterait tout ce qui pourrait devenir une arme pour les factions et une cause de perturbation pour la société »; mais la propagande républicaine était devenue plus active depuis le commencement de la discussion sur les associations; les mineurs réclamaient une augmentation de salaire, et quatre puits avaient un moment été abandonnés par eux; les cordonniers, constitués en association, avaient quitté le travail pour forcer les maîtres à accepter un tarif, et plusieurs avaient été arrêtés[1]; ils avaient, il est vrai, affirmé qu'aucun d'eux n'appartenait à la Société des Droits de l'homme. Mais les autorités avaient été informées que, si la dissolution de l'Association des passementiers était opérée à la suite du vote du projet en discussion, les ouvriers se mettraient du côté des républicains[2]. La nécessité de surveiller de plus près la population ouvrière de Saint-Étienne était une des raisons que mettait en avant le préfet de la Loire pour obtenir du

1. *Mercure Ségusien*, 13 et 20 mars 1834. — Les ouvriers cordonniers étaient groupés en une « Association de bienfaisance » qui, formée dans le but exclusif de donner des secours de maladie et de chômage, finit par s'occuper du taux des salaires. En mai, son président fut condamné, pour délit de coalition, à trois mois de prison, et son secrétaire à quarante-cinq jours. (*Gazette des tribunaux*, 8 mai 1834.)

2. Lettre du lieutenant de gendarmerie au colonel de gendarmerie de Lyon, 17 mars 1834; Archives historiques du Ministère de la guerre, etc., à sa date.

Conseil général, alors réuni en session extraordinaire, le transfert de la préfecture dans cette ville[1].

Quand l'adoption du projet par la Chambre des députés fut connue à Lyon, ouvriers et républicains s'apprêtèrent à passer aux actes. Le 30 mars, le Conseil exécutif de l'Association mutuelliste soumit aux loges un ordre du jour « qui proposait l'affiliation de cette Association aux autres sociétés industrielles et la création d'un *Comité d'ensemble*[2] ».

Quoique cette affiliation fût présentée comme étrangère à la politique, elle alarma une partie des Mutuellistes ; ils l'estimaient contraire à l'esprit de l'Association, et ils la désapprouvèrent. Leur opposition, soutenue pas les *initiateurs*, n'eut aucun succès ; et « la même majorité qui, en février, avait fait suspendre les travaux, fit passer cette proposition[3] ». La minorité tenta, le lendemain (31 mars), d'opérer la réorganisation de la Société, de refaire des élections générales et surtout de rétablir le Conseil des présidents de centrale. « Cette réorganisation, déclara plus tard le chef des *initiateurs*, n'eut pas lieu, car cette proposition ne fut admise que dans une partie des loges. Il est bien à ma connaissance, et c'est une opinion générale, que cette réorganisation était une manière d'arriver au renversement du Conseil exécutif et d'y amener des personnes plus modérées[4]. »

La composition du Comité d'ensemble n'a jamais été exactement connue ; un Mutuelliste, déposant sur les affaires d'avril[5], a déclaré que le Comité « émanait de toutes les sociétés, soit des Mutuellistes, soit des Droits de l'homme, soit des autres ». D'après le commissaire central de Lyon, il

---

1. *Mercure Ségusien*, 27 mars 1834.

2. Arch. nat., CC 631, *Cour des pairs, dossier des Mutuellistes;* déposition de Pradelle. — Pour la préparation de l'insurrection d'avril, voyez principalement le rapport de Girod (de l'Ain) et le réquisitoire du procureur général.

3. *Ibid.* Dépositions de Barruel et de Millet.

4. *Ibid.* Déposition de Doucet. Valentin, dans sa déposition, dit qu'on espérait « arriver par là à une épuration », et que la proposition ne fut exécutée que dans la première centrale.

5. *Ibid.* Déposition de Cornillon.

se composait d'une douzaine de membres, dont Baune, président du Comité central de la Société lyonnaise des Droits de l'homme, président; Girard, président du Conseil exécutif de l'Association des Mutuellistes, Marigné, président de la Société philanthropique des ouvriers tailleurs. Il est permis de supposer (en l'absence, du reste, de toute preuve) que les sociétés des Ferrandiniers, des *Unistes*, des *Concordistes*, du Parfait Accord, des tullistes, des charrons, etc., qui toutes entretenaient des rapports étroits avec le Mutuellisme et subissaient son influence, étaient, pour la plupart au moins, représentées au Comité d'ensemble.

On ne sait pas non plus la date de constitution de ce Comité : d'après le commissaire central, la réunion de l'Association des Mutuellistes avec la Société des Droits de l'homme se serait effectuée le 5 avril. Il existe cependant quelques présomptions que sa formation était chose faite à cette date : déjà, dans les derniers jours de mars et les premiers jours d'avril, des rapports annonçaient que les Mutuellistes, les Ferrandiniers et les sectionnaires des Droits de l'homme étaient d'accord pour résister par la force à la loi sur les associations. Le 31 mars, le commandant de gendarmerie écrivait : « A la Croix-Rousse, le bruit court que tous les corps d'état doivent cesser dès aujourd'hui de travailler, et on parle d'un mouvement sérieux dans le courant de la semaine [1]. » En attendant, les ouvriers teinturiers abandonnaient le travail à la Guillotière pour obtenir une réduction de deux heures sur la durée journalière du travail et la limitation du nombre des apprentis à un par maison [2].

Ce qui est certain, du moins, c'est que le Comité d'ensemble était régulièrement constitué le 5 avril; on lit, en effet, dans

1. Lettre du 31 mars 1834 au ministre de la guerre; Archives historiques du Ministère de la guerre; à sa date.

2. Archives municipales, feuilles de police du 2 au 5 avril 1834. La coalition des ouvriers teinturiers durait encore au début de mai; une vingtaine d'entre eux furent arrêtés pendant qu'en grand nombre ils tenaient une réunion. (*Mercure Ségusien*, 8 mai 1834.)

une correspondance de Lyon relative à la loi sur les associations et expédiée à cette date[1] : « Tout le monde s'est uni pour cette grave question. Les sociétés industrielles, les Compagnonnages, les sociétés politiques ont formé un acte fédératif; l'unité règne! Tous les citoyens, à quelque corps qu'ils appartiennent, se considèrent comme attaqués : la défense sera solidaire! »

Les chefs d'atelier et ouvriers poursuivis en raison de la coalition de février devaient être jugés le 5 avril. Le 3, le procureur du roi reçut une lettre par laquelle vingt membres du Conseil exécutif des Mutuellistes affirmaient leur solidarité avec les six membres du Conseil impliqués dans l'affaire et avec les autres prévenus : « Nous vous requérons, écrivaient-ils, de vouloir bien nous comprendre dans les poursuites dirigées contre nos co-associés. »

Le même jour, le *Précurseur* publia une protestation, émanant de la Société des Mutuellistes et couverte de 2557 signatures, contre la loi sur les associations, « œuvre du vandalisme le plus sauvage », qui nie un droit résultant « des vœux et des besoins de l'humanité écrits dans un code providentiel. En conséquence, les Mutuellistes protestent contre la loi liberticide des associations et déclarent qu'ils ne courberont jamais la tête sous un joug aussi abrutissant, que leurs réunions ne seront point suspendues... Ils sauront résister avec l'énergie qui caractérise des hommes libres à toute tentative brutale et ne reculeront devant aucun sacrifice pour la défense d'un droit qu'aucune puissance humaine ne pourrait leur ravir. »

Le 5, jour fixé pour le procès, ouvriers et républicains étaient mobilisés. Ne parvenant pas à maintenir l'ordre dans le prétoire, le président prononça le renvoi de l'affaire au 9 avril. L'attitude des assistants devint alors telle, que les membres du tribunal durent s'échapper par une porte dérobée. Des actes de violence furent commis. Un piquet d'infanterie faillit entrer en conflit avec les ouvriers ; mais son chef

1. *Tribune*, 10 avril 1834.

le retira, craignant de ne pouvoir exécuter sans effusion de sang les ordres qu'il avait reçus.

Le lendemain dimanche, de huit à dix mille ouvriers en soie, travailleurs des autres corps d'état et sectionnaires des Droits de l'homme trouvèrent, dans l'enterrement d'un Mutuelliste, l'occasion de déployer leurs forces. Le lundi et le mardi, un grand nombre de fabricants firent leurs préparatifs de départ.

Le mardi 8, veille du jugement, les autorités lyonnaises tinrent conseil et prirent leurs mesures. Ainsi firent les chefs de la Société des Droits de l'homme, et ainsi les centrales de de l'Association mutuelliste. Ces dernières reçurent du Conseil exécutif un ordre du jour qui prescrivait l'arrêt général des métiers pour le lendemain et convoquait tous les Mutuellistes pour ce même jour, à huit heures du matin, afin de recevoir de nouvelles instructions.

L'arrêt général du travail dans tous les corps d'état avait dû être résolu par le Comité d'ensemble, en même temps qu'avait été définitivement conclue l'entente en vue d'une action commune : car, le 9, le *Patriote de Chalon-sur-Saône* publia une correspondance de Lyon, datée de la veille, où on lisait : « Les sociétés industrielles ont eu le mérite de faire elles-mêmes le premier pas vers les hommes politiques... ; l'union a été immédiatement formée entre tous les chefs des divers corps ». Et ceci en *post-scriptum :* « Les travaux de tous les corps d'état de la ville de Lyon et de ses faubourgs ont dû être suspendus mercredi à neuf heures du matin. »

L'audience du 9 s'ouvrait à neuf heures. A huit heures, le Conseil exécutif de l'Association mutuelliste qui avait, de sa propre autorité, décrété l'arrêt général des métiers, renouvela l'ordre donné la veille ; passant outre aux droits des *initiateurs*, il remplaça le mot d'ordre du mois, *patrie*, par un nouveau mot : *association, résistance, courage ;* et il répartit les Mutuellistes en trois groupes, qui devaient se rendre devant le palais de justice, devant la préfecture et devant la mairie. A la même heure, les membres de la Société des Droits de l'homme, réunis dans leurs sections, adoptaient les mêmes dispositions et le même mot d'ordre ; et sans doute les autres sociétés affiliées au Comité d'ensemble en faisaient autant[1].

Quelques instants plus tard, Jules Favre défendait les Mutuellistes accusés de coalition, quand un coup de feu interrompit sa plaidoirie.

Ce fut le signal d'une insurrection qui dura six jours et qui se termina, on le sait, par la défaite des républicains et des ouvriers lyonnais et par le rétablissement du drapeau tricolore sur les monuments où avaient flotté les couleurs rouge, noire ou verte des insurgés[2]. Lorsque l'ordre fut rétabli, quatre cents arrestations environ furent opérées ; une centaine de mises en liberté furent effectuées après un premier interrogatoire[3]. Entre temps, la loi sur les associations avait été promulguée.

A Saint-Étienne[4], la première nouvelle de l'insurrection lyonnaise trouva la population ouvrière dans un état de surexcitation d'autant plus grand qu'un conflit récent causait beaucoup d'irritation parmi les passementiers. A la fin de mars, leur Association avait décidé que tous les fabricants devraient s'engager, par une affiche placardée dans leurs ateliers, à payer les prix fixés par elle. Deux fabricants s'y étant refusés, les métiers employés par l'un d'eux furent arrêtés le 1er avril. Le 2, le Conseil des prud'hommes déclara résolues les conventions existant entre ces négociants et leurs ouvriers et condamna ces derniers à des dommages-intérêts.

L'annonce des événements survenus à Lyon le 5 avril, puis le 9, accrut encore l'agitation. Le 10, l'interdit général des

1. Tout ceci d'après le rapport de Girod (de l'Ain).

2. Le drapeau rouge fut hissé, par exemple, sur l'église Saint-Polycarpe, le drapeau noir sur le clocher de Saint-Nizier; sur la tour de Fourvière, un drapeau rouge et noir avait été déployé; ailleurs on vit un drapeau vert orné d'une cravate tricolore, etc. (Voyez les dépositions des témoins dans l'Affaire des accusés d'avril.) — D'après Girod (*Rapport*, t. II, faits particuliers, p. 81), le drapeau noir aurait été le symbole de l'Association des Mutuellistes.

3. Monfalcon, *ouvr.*, *cit.*, p. 306.

4. D'après le rapport de Girod (de l'Ain).

métiers de la Fabrique fut prononcé, non pas par le Syndicat, « mais bien, déposa un témoin[1] dans l'Affaire des accusés d'avril, par la masse des ouvriers, d'une manière spontanée, sans assemblée. Ce sont les événements de Lyon qui en sont cause ». Le but, ou le prétexte, de cette mesure générale, c'était d'obtenir, sinon l'annulation de la décision du Conseil des prud'hommes, du moins la promesse écrite des deux fabricants de renoncer aux dommages-intérêts qui leur avaient été accordés; puis les passementiers s'efforceraient d'arracher des concessions à tous les négociants. Mais déjà des groupes d'ouvriers parlaient de se porter sur Lyon.

Le 11, de trois à quatre mille ouvriers manifestèrent en chantant des chansons républicaines; ils réussirent à faire cesser le travail dans une partie des mines de houille de la ville et des alentours. Epouvantés, des négociants en rubans engagèrent leurs deux confrères à accéder aux demandes des ouvriers; ils suivirent ce conseil, malgré l'avis du préfet. L'annonce de cette concession, faite par les syndics des passementiers, qui en même temps recommandèrent le calme, fut reçue par des cris violents : « *Aux armes! Marchons à l'Hôtel de Ville! Au secours de nos frères de Lyon! Les syndics ont trahi!* »

Se voyant débordés par un mouvement qui n'était plus que politique, les syndics, après de nouveaux efforts pour apaiser la foule, profitèrent du tumulte et s'esquivèrent. A partir de ce moment, ce fut l'insurrection. Un coup de main sur la manufacture d'armes échoua; il en fut de même d'une tentative faite par un parti d'ouvriers de se diriger sur Lyon. Les barricades furent enlevées par la troupe, qui bientôt resta maîtresse de la ville.

L'insurrection de Lyon eut aussi sa répercussion à Paris, le 13 et le 14 avril; le parti républicain fut écrasé; il suffit de rappeler le massacre de la rue Transnonain. Des troubles eurent lieu encore à Grenoble, à Marseille, etc. Mais ni à

1. Ruard.

Paris, où depuis le mois de décembre le mouvement ouvrier était arrêté, ni dans les autres villes, les corporations ouvrières organisées ne paraissent avoir participé aux troubles.

L'affaire des ouvriers en soie prévenus de coalition, dont les débats, le 9 avril, avaient marqué le début de l'insurrection à Lyon, revint devant le tribunal correctionnel le 21 avril et fut jugée sans incident. Douze prévenus seulement se présentèrent, le treizième ayant été tué durant les événements. Le tribunal constata, d'après les débats et les pièces produites, l'existence du Mutuellisme, « association créée d'abord dans un but de secours et de protection mutuelle, et qui a pris ensuite un caractère de coalition pour diminuer et régler les prix des façons » ; il reconnut que les six inculpés membres du Conseil exécutif s'étaient constitués les chefs de la coalition de février en prescrivant des mesures réglementaires et en promulgant des arrêtés ; mais il admit que le bénéfice des circonstances atténuantes devait leur être accordé parce qu'« il n'est pas prouvé qu'ils aient eux-mêmes présenté et converti en résolution la proposition de cet interdit; qu'il est, au contraire, établi que cette mesure a été l'effet d'une volonté de tous exprimée par un scrutin général ». En conséquence les six membres du Conseil exécutif (encore défendus par Jules Favre) furent condamnés à trente-cinq jours d'emprisonnement; trois autres ouvriers en soie, accusés d'avoir, par menaces et violences, mis des entraves à la liberté du travail, furent condamnés à deux mois, quarante jours et un mois de la même peine; les trois Ferrandiniers furent acquittés[1].

On sait que le gouvernement voulut voir dans les diverses tentatives insurrectionnelles d'avril 1834 le résultat d'un complot général dont l'âme aurait été la Société des Droits de l'homme, et que la Chambre des pairs fut saisie de cette affaire, qui donna lieu à deux mille arrestations et à quatre mille dépositions. Seule parmi les organisations ouvrières, l'Association des mutuellistes lyonnais fut poursuivie, en la

1. *Courrier de Lyon*, 22 avril; *Gazette des tribunaux*, 25 avril 1834.

personne des membres du Conseil exécutif et en celle des membres du Conseil d'administration de l'*Écho de la Fabrique;* mais de très nombreux ouvriers, notamment à Lyon : tisseurs, cordonniers, tailleurs, etc., furent mis en cause comme membres de la Société des Droits de l'homme ou pour leur participation effective à l'insurrection.

Le procès des accusés d'avril dura pendant l'année 1835 presque tout entière. Nous n'avons pas ici à relater les péripéties et la conclusion de cette affaire qui, dès le début, présenta un caractère exclusivement politique.

CONCLUSION

Aperçu d'ensemble sur le mouvement ouvrier, de la Révolution de Juillet à la loi du 10 avril 1834. — Les associations ouvrières et l'application de cette loi. — Préparation à la Révolution de 1848.

Le caractère social que le mouvement ouvrier a commencé à prendre au lendemain même des journées de Juillet est dû essentiellement à une modification des idées ouvrières, modification dont j'ai essayé de montrer le germe et de suivre le développement; et on ne peut le rattacher que fort accessoirement à des causes purement économiques : concentration industrielle, introduction des machines, etc.

Les dernières années du règne de Charles X et les premières années du règne de Louis-Philippe ne virent pas, en effet, de transformations économiques d'une importance exceptionnelle ou en nombre inusité ; et il est d'ailleurs à noter que les corps d'état qui s'agitèrent pour des fins particulièrement sociales, ceux, notamment, qui essayèrent ou projetèrent d'essayer la production coopérative, appartenaient presque tous à des industries que la transformation industrielle n'avait pas encore atteintes d'une façon sensible : ouvriers en soie, garçons tailleurs, ouvriers cordonniers, layetiers-emballeurs, porcelainiers, etc.

De même, quand Buchez, quelques jours après les événements de Juillet, exposa à la Société des Amis du peuple sa théorie de l'*association,* il s'inspira de considérations purement sociales et non point de considérations d'évolution industrielle, puisqu'il refusa, sauf exception, le bénéfice de cette solution nouvelle précisément aux ouvriers des industries concentrées ou envahies par la machine.

Quant aux ouvriers imprimeurs et typographes, il y avait

déjà quelques années que la question des presses mécaniques était posée devant eux ; ce fut la Révolution de 1830, tous les témoignages concordent sur ce point, qui les amena à la porter au jour ; ce furent les services rendus en Juillet qui leur donnèrent l'idée de se montrer « exigeants », suivant l'expression du *Moniteur*.

Sans doute, certaines circonstances économiques exercèrent une influence sur le mouvement ouvrier de 1830 à 1834 : c'est ainsi, pour ne citer qu'un cas, que la crise commerciale et les difficultés de la reprise des affaires en retardèrent l'épanouissement jusqu'au second semestre de 1833 ; mais il n'en reste pas moins que la nouvelle orientation de la pensée ouvrière à partir de 1830 résulta beaucoup moins de causes industrielles et matérielles que de la commotion de Juillet, qui aida à se dégager l'élément social contenu dans les revendications populaires.

La naissance et le développement des conceptions sociales chez les ouvriers se manifestèrent non pas tant, peut-être, par le succès, direct ou indirect, des doctrines saint-simoniennes, fouriéristes, etc., que par l'apparition de la *caste des prolétaires*, avec son instinct de solidarité ouvrière, — professionnelle et extra-professionnelle, nationale et même internationale —, déjà entière au point de vue moral avant, presque, d'avoir commencé à se manifester pratiquement. Les prolétaires, après Juillet, en viennent assez vite à affirmer que leurs intérêts sont communs, uniquement parce que prolétaires ; et ce qui cimente encore cette alliance, c'est le sentiment nouveau et général de l'importance de leur classe et de la dignité du travailleur, sentiment qui paraît dû bien plus à la Révolution de Juillet qu'aux effets de la propagande saint-simonienne.

Cet état d'esprit, dont les pages qui précèdent renferment maintes preuves, beaucoup de contemporains l'aperçurent ; mais nulle part il n'a été aussi bien analysé que dans le journal le *Semeur*, au moment où l'agitation ouvrière de 1833 battait son plein à Paris. Envisageant les coalitions « sous le point de vue moral et religieux[1] » le rédacteur du journal s'exprimait ainsi : « Depuis que la cause du peuple a été irrévocablement gagnée, les ouvriers ont eu conscience de leur force, puisque sans eux la grande victoire de Juillet n'aurait pas été obtenue, ni peut-être même disputée ; et ils ont confusément senti, de plus, que la bourgeoisie allait séparer son drapeau du leur, parce qu'elle cessait d'avoir besoin d'eux pour lutter contre les castes privilégiées. De là, sentiment d'orgueil dans les classes ouvrières, défiance contre les classes plus élevées, besoin d'obtenir des garanties, exigences pour le prix de la main-d'œuvre, émeutes et coalitions. »

L'expérience des trois dernières années avait appris au rédacteur que les coalitions éclataient, non point en temps de crise économique, mais en période de prospérité, et qu'elles étaient le fait, non pas des classes d'ouvriers les plus misérables, mais des corps d'état qui gagnaient le plus. Le motif véritable, quoique souvent non apparent, des coalitions et autres désordres du même genre survenus en 1833 notamment, c'est, continuait-il, que les ouvriers « sentent mieux qu'auparavant leur dignité personnelle, et qu'ils sont agités, surtout depuis que la cause du peuple a triomphé des prétentions de l'absolutisme, d'un profond besoin de monter plus haut sur l'échelle politique. Il est tout simple que les ouvriers qui marchent les premiers dans cette nouvelle carrière soient justement ceux qui souffrent le moins, qui gagnent le plus, et qui peuvent consacrer une partie de leur salaire et de leurs loisirs à la culture intellectuelle ». En résumé il y a, au fond des coalitions, « des sentiments de dignité personnelle, des idées morales, des besoins politiques »; la classe ouvrière réclame une émancipation plus grande, parce que la classe qui la précède immédiatement dans la hiérarchie sociale a fait quelques pas en avant[2].

1. Le *Semeur*, journal religieux, politique, philosophique et littéraire, 20 et 27 novembre 1833.

2. Dans le même sens, Daniel Stern a écrit quelques pages d'une rare profondeur. (*Histoire de la Révolution de 1848*, introduction, notamment p. XXXIX et suiv.)

En effet, la plupart des agitations et coalitions ouvrières, surtout à partir du milieu de l'année 1833, sont empreintes, à des degrés divers, de tendances sociales. D'un côté les demandes d'augmentation de salaire, de réduction de la journée de travail, etc., sont présentées sur un tel ton et avec de tels attendus qu'on peut dire, comme le *Semeur*, que le but poursuivi, c'est, en somme, « une nouvelle manière d'être dans les rapports des ouvriers avec leurs maîtres ». De plus, les prolétaires réclament aux autorités l'établissement de tarifs de main-d'œuvre avec minimum de salaire, la destruction des machines, l'organisation du travail, la liberté d'association, le droit de coalition, l'égalité économique, etc., bref un commencement de réforme sociale.

Pour arriver à améliorer leur sort, les travailleurs créent des sociétés, remarquables, moins par leur nombre, qui pourtant apparaît considérable, que par leur variété. La faveur ouvrière ne va guère aux formes les plus anciennes, qui sont du reste moins sociales, d'association : le Compagnonnage et la société de secours mutuels, mais aux formes nouvelles : la société philanthropique et l'*association* (souvent annexée à la société philanthropique), qui doivent servir à la préparation d'un ordre nouveau.

Le Compagnonnage a eu, de 1830 à 1834, un rôle relativement effacé. Dans l'ensemble, il est, en effet, resté fermé aux idées d'égalité et de solidarité prolétariennes et aux ambitions sociales ou politiques qui commencèrent à se manifester au début du règne de Louis-Philippe. La seule corporation compagnonnique qui attira sur elle l'attention (par ses grèves de 1832 et de 1833), celle des charpentiers de Paris, ne montra aucune tendance sociale. On voit encore que les Compagnons ferrandiniers et les Compagnons cordonniers prirent une part, du reste très secondaire, dans les agitations de leur corps d'état; ailleurs l'existence de sociétés compagnonniques n'apparaît même pas.

Ce sont, en effet, des corporations non compagnonniques qu'on trouve au premier rang dans la lutte sociale de 1830 à

1834 : en tête, les ouvriers en soie de Lyon, aux idées déjà si avancées en un temps où il n'était pas encore question de la Société des Compagnons ferrandiniers ; puis les typographes, dont l'action, surtout individuelle, aida tant à la diffusion des idées sociales ; les garçons tailleurs, si ardents dans la lutte politique et sociale ; les garçons boulangers de Paris[1], les ouvriers porcelainiers, les cambreurs, etc.

Pendant, comme avant et après notre période, la grande affaire des Compagnons, ce sont leurs rivalités, leurs luttes intestines, leurs batailles (dont j'ai omis à dessein de présenter le tableau). La réforme dont les plus clairvoyants des Compagnons, comme Perdiguier, vont s'efforcer de démontrer à leurs frères la nécessité, ce n'est pas la réforme sociale, c'est la réforme intérieure du Compagnonnage lui-même.

Sous la Restauration, les sociétés de secours mutuels avaient sensiblement augmenté en nombre ; mais, outre que la crise commerciale de 1830 avait jeté, au moins à Paris[2], un trouble profond parmi elles, leur faiblesse numérique, l'insuffisance relative de leurs ressources en face des charges fort lourdes que la plupart avaient assumées, enfin la surveillance que les autorités et leurs membres honoraires exerçaient sur elles en faisaient un mauvais instrument pour les revendications sociales. Il s'en fallait du reste de beaucoup que toutes les sociétés de secours mutuels fussent professionnelles[3]. Celles qui l'étaient cédèrent rarement à la tentation de s'occuper des salaires ; parfois la société de résis-

1. Les boulangers étaient organisés en Compagnonnage, mais leur Société n'eut un bureau à Paris qu'à partir de 1838.

2. D'après Barthe, il y avait à Paris 262 sociétés de secours mutuels autorisées au début de 1834. (Chambre des députés, séance du 12 mars 1834.)

3. Le plus souvent elles se formaient sur une base professionnelle ; mais, si le métier n'avait pas une importance spéciale dans la localité, les changements de profession des membres, les hasards du recrutement des nouveaux adhérents, etc., leur faisaient perdre très vite, dans bien des cas, tout caractère professionnel ; la composition primitive de la société n'était plus attestée que par l'appellation corporative qui avait pu lui être donnée et qu'elle conservait.

tance fut créée à côté; généralement elle fut constituée complètement en dehors.

Les sociétés de résistance réellement autonomes, c'est-à-dire la très grande majorité, se proposaient, elles aussi, des buts proprement mutualistes: secours aux malades, pensions aux vieillards, etc., soit qu'elles cherchassent à donner le change aux autorités en dissimulant autant que possible leur véritable caractère derrière la seule forme de société alors tolérée, soit parce qu'avec l'idée fort compréhensive que les ouvriers se faisaient à cette époque des objets de l'association, ils eussent réellement l'intention de soulager leur malades et d'aider les sociétaires vieux ou invalides, en même temps qu'ils s'occuperaient des intérêts corporatifs.

Quoi qu'il en soit, l'inscription dans les statuts de clauses, parfois vagues, parfois nombreuses et précises, relatives aux questions de salaire ne suffirait peut-être pas pour établir nettement le caractère de ces sociétés, car on pourrait les représenter comme des sociétés de secours mutuels étendues ou dégénérées. Leur nature vraie se révèle par d'autres signes: qu'il s'agisse de « sociétés philanthropiques », nom habituel des associations parisiennes et des associations de garçons tailleurs par toute la France, de « sociétés d'union du parfait accord », appellation adoptée en de nombreuses villes par les groupements d'ouvriers cordonniers, de « sociétés d'union fraternelle » ou « fraternités », comme s'intitulaient d'autres sociétés, notamment à Lyon, etc., presque partout, au moins à partir des derniers mois de 1832, on trouve les membres constitués en groupes de vingt, dans le but de tourner l'article 291 du Code pénal; l'emploi de ce moyen s'imposait d'autant plus, du reste, que le nombre des sociétaires devait dépasser de beaucoup les quelques douzaines d'adhérents auxquelles se limitait presque toujours l'effectif des sociétés de secours mutuels. Il n'est pas inutile de rappeler que, dans les associations républicaines comme dans les sociétés philanthropiques et autres groupements analogues on rencontrait cette constitution en sections de vingt membres.

A la différence encore des sociétés de secours mutuels, ces sociétés se gardaient, en général, de demander l'autorisation administrative ; et il est significatif qu'aucune d'elles[1] ne se fit connaître à la Société philanthropique, institution charitable qui, depuis le commencement du siècle, entourait de sa sollicitude les sociétés parisiennes de secours mutuels.

Parmi les associations de résistance, il y en avait de particulièrement originales : telle la société typographique Galien et Musch, de Lyon, dont la forme commerciale fut imitée plus tard par plusieurs corporations, notamment après la guerre de 1870 ; telle, surtout, l'Association typographique de Nantes, modèle dont, non seulement les syndicats de typographes formés depuis, mais même la Fédération des travailleurs du Livre semblent s'être fortement inspirés pour leur constitution.

S'il fallait un trait de plus pour distinguer des sociétés de secours mutuels les sociétés philanthropiques, on le trouverait dans la tendance de ces dernières vers la fédération corporative, et même vers la fédération extra-professionnelle. Sans doute, avant les tailleurs d'habits, les typographes, les porcelainiers, etc., chaque corporation compagnonnique possédait de nombreux bureaux entretenant entre eux des rapports, mais cette entente visait beaucoup plus à offrir toutes facilités aux voyageurs sur le Tour de France qu'à préparer ou simplement à rendre possible une offensive pour un relèvement général des salaires ; et à coup sûr elle n'avait rien de social, ni au point de vue de l'action, ni au point de vue de la propagande.

Quant au projet d'une association de tous les corps d'état lancé en novembre 1833, rien de plus opposé aux conceptions compagnonniques ; il était prématuré en ce sens que sa mise en pratique exigeait l'organisation, non encore accomplie, de chaque corps d'état en particulier ; mais il était bien en

1. Sauf, un peu plus tard, la Bourse auxiliaire des fondeurs en cuivre de Paris ; mais elle était alors devenue une société de secours mutuels ordinaire.

harmonie, j'en ai fait la remarque, avec les aspirations des ouvriers les plus avancés de l'époque. La « Fédération des ouvriers » devait intervenir pour soutenir tout corps d'état qui aurait décidé la cessation du travail pour l'ensemble de la profession ; l'appui fourni consisterait en subsides versés par les corps d'état qui continueraient à travailler. Cette méthode d'action, préconisée de divers côtés en novembre 1833, ne put être expérimentée intégralement durant les mois suivants (car la Fédération resta à l'état de projet), mais elle reçut un commencement d'application pratique dans les divers cas où certains corps d'état firent tenir des secours à d'autres corps d'état en lutte avec leurs maîtres.

L'idée n'existait-elle pas aussi d'une aide inter-professionnelle, autrement considérable, par le moyen d'un soulèvement général et concordant de tous les travailleurs ? Et n'était-ce pas le procédé auquel Grignon faisait allusion, quand, dans son pamphlet, après avoir énuméré les revendications des ouvriers tailleurs, il écrivait : « Appelons nos frères des autres corps d'état à suivre notre exemple : alors il faudra bien que le maître accepte la loi de l'ouvrier ? »

Quoi qu'il en soit du sens exact de cette phrase, l'arrêt général des métiers de la Fabrique lyonnaise, en février 1834, à l'occasion d'une difficulté qui n'intéressait qu'une catégorie des ouvriers en soie, est un cas caractéristique de l'extension donnée par les ouvriers à un conflit spécial. Les craintes extrêmes que cette mesure fit naître chez les négociants et dans le parti gouvernemental, les discussions de principe auxquelles elle donna lieu, suffiraient à en souligner la nouveauté et l'importance.

Rappelons encore que les divers corps d'état de Marseille pensaient, si l'on en croit les autorités, à employer ce moyen pour obtenir plus aisément satisfaction, au mois de décembre 1833 ; en fait, l'action de chacun d'eux resta distincte, comme on l'a vu ; et on n'est pas en droit de supposer qu'une entente fut effectivement conclue. Il faut toutefois remarquer que la simultanéité des grèves dans une localité donnée (par exemple à Marseille, à Toulon, à Caen, etc.) n'a guère pu être causée par la seule identité des moments économiques ; le sentiment, déjà fort en 1833, de la solidarité de tous les travailleurs (à défaut d'un accord positif) a vraisemblablement suffi pour inciter divers corps d'état à suivre l'exemple du premier d'entre eux qui avait cessé le travail.

Mais la grève avait déjà des détracteurs parmi les ouvriers ; certains croyaient apercevoir dans l'*association*, ou plus précisément dans l'*association coopérative* (expression apparue d'abord, autant que je puis savoir, en 1833, et d'ailleurs peu employée) un moyen autrement efficace et autrement rapide pour opérer la réforme sociale ; leur nombre, il est vrai, était relativement faible encore et leur conception rudimentaire. Le plus souvent, l'idée qui vint aux ouvriers d'exploiter eux-mêmes leur industrie leur apparut comme un simple expédient : il s'agissait de fournir du travail aux chômeurs involontaires, de procurer des ressources au groupement corporatif, surtout d'occuper les ouvriers en grève en créant une « concurrence » pour venir plus aisément à bout des maîtres, etc. ; bref, dans le plus grand nombre des cas, l'organisation coopérative forma comme un service de la société de résistance, dont elle était destinée à renforcer l'action et qui devait éventuellement recevoir les bénéfices réalisés. Quand elle fut autonome, elle posséda, en somme, le même caractère[1].

On voit donc que les « ateliers », « établissements », « associations coopératives » et « maisons centrales de commerce » de 1833-34 ne rappellent en rien, le principe mis à part, l'association comprise selon la formule buchézienne : on ne trouve, en effet, dans leur organisation, rien qui, de près ou de loin, évoque l'idée de ce capital social *perpétuel* et *inaliénable* sans lequel, d'après Buchez, il n'est pas de véritable association

1. La querelle survenue entre la Société du Parfait Accord des ouvriers cordonniers de Lyon et ceux de ses adhérents qui se proposaient, sous le nom de Frères de la Concorde, de créer une maison de commerce, vint de ce que les Concordistes étaient soupçonnés de vouloir travailler pour eux seuls. Ce conflit annonce déjà les discussions entre coopérateurs et anti-coopérateurs que les syndicats ouvriers devaient connaître plus tard.

ouvrière ; et ces essais ou projets de coopération se rattachent beaucoup plus à la conception de l'association exposée dans l'*Artisan* quatorze mois avant la publication du premier article où Buchez présenta ses idées.

Buchez n'a donc pas été, comme on le dit couramment, l'inventeur de l'association de production moderne : il a seulement présenté *un type* d'association qui, après de rares essais, et quelque peu atténué du reste, a rencontré, à la suite de la Révolution de 1848, un succès momentané dont ce n'est pas ici le lieu d'indiquer les causes et les circonstances. La théorie de Buchez paraît, au surplus, avoir été complètement ignorée des ouvriers pendant la période qui nous occupe, même des ouvriers lyonnais dont pourtant l'esprit était si ouvert aux idées sociales nouvelles : deux ou trois mois avant la publication de l'article de Buchez, les ouvriers en soie s'occupaient déjà, on s'en souvient, de la fondation d'une « maison spéciale de commerce par actions » ; bien que les rédacteurs de l'*Écho de la Fabrique* fussent, nous en avons la preuve, des lecteurs fervents de l'*Européen,* ils ne firent jamais la moindre allusion à la théorie buchézienne en annonçant ou en discutant les divers projets d'association qui furent présentés à Lyon en 1832 et en 1833 ; et quand enfin une association d'ouvriers en soie fut constituée (en octobre 1834), elle possédait un caractère purement commercial.

Il est vrai qu'en 1834 une association, celle des ouvriers bijoutiers en doré, fut fondée à Paris sur le modèle donné par Buchez ; cette société, remarquable surtout par sa longue existence, vécut d'une vie obscure jusqu'en 1848 ; à ce moment on en vanta l'organisation et l'esprit, mais on ne put louer, et pour cause, les résultats qu'elle avait donnés au point de vue social[1].

1. A plus d'un point de vue, les règles posées par Buchez pour l'association ouvrière furent violées dans la Société des bijoutiers en doré : ainsi elle compta rarement plus de dix membres et fut, en réalité, un petit cercle fermé ; ainsi encore l'Association, dont le caractère essentiel devait être la perpétuité, fut mise en liquidation en 1841 et reconstituée. (Voyez sur cette Association, Office du travail, *Associations professionnelles ouvrières*, t. III, p. 50 et suiv.)

En somme, malgré leur nombre restreint, malgré les insuffisances évidentes de leur constitution, malgré leur existence si éphémère, les divers groupements qui en 1833-34 essayèrent d'organiser la production coopérative apparaissent, bien plus que les associations fondées en 1834 et ultérieurement suivant le type buchézien, comme les précurseurs des associations ouvrières de l'époque moderne : chez eux, comme chez ces dernières, on trouve, en effet, ce caractère utilitaire, sinon mercantile (mitigé, il est vrai, par des aspirations, purement théoriques, vers la transformation sociale au moyen de la coopération) qui, d'après « l'Ecole de l'*Européen* », enlevait toute valeur sociale à une association d'ouvriers.

Quelle fut l'attitude de la monarchie de Juillet, du mois d'août 1830 au mois d'avril 1834, à l'égard des revendications, des coalitions et des associations ouvrières, il suffit de quelques mots pour le rappeler. Roi, ministres et autorités de toute sorte ne comprennent rien aux agitations populaires, ne les aperçoivent pas, ne veulent pas les apercevoir. Si les besoins moraux des prolétaires ne furent pas, du moins au début du régime, faciles à discerner, leurs besoins matériels ne pouvaient pas échapper à un examen même superficiel; cependant aucun remède à leurs maux ne fut réellement cherché ; bien plus, la monarchie et ses représentants ne trouvèrent pas un mot de sympathie vraie pour les souffrances de la classe ouvrière pendant les deux années de misère qui suivirent la Révolution.

Dans l'esprit des autorités (Barthe le dit d'ailleurs clairement à la Chambre au mois de mars 1834), toute action ouvrière devait être attribuée, soit à l'esprit de turbulence et au « manque de lumières » des classes inférieures, soit aux manœuvres des ennemis du régime nouveau; et suivant qu'elles croyaient en jeu l'ordre matériel ou la sûreté du régime, la répression variait.

Dans le premier cas, la force armée et les tribunaux faisaient leur devoir — tantôt sévèrement, tantôt mollement, selon les circonstances — presque toujours sans passion ni haine. Les ouvriers ne comprirent pas bien (et ils ne furent pas les seuls) les variations considérables qui eurent lieu, par exemple, dans l'application de l'article 415 du Code pénal, relatif aux coalitions d'ouvriers. Mais ce qu'ils virent nettement, c'est que l'article 414, qui punissait les coalitions de maîtres, restait complètement lettre morte, si patent que fût en fait leur accord; c'est que les maîtres avaient, en outre, aux moments de coalition ouvrière, la sympathie des autorités qui les conseillaient, les appuyaient moralement, leur donnaient parfois des soldats pour leur permettre de continuer leurs travaux[1], etc. La neutralité dans les questions de travail, dont le pouvoir prétendait s'être fait une règle, n'était donc que dans les mots. De même cette liberté du travail qu'on opposait toujours aux ouvriers comme un autre grand principe ; après comme avant Juillet, nombre d'industries : boulangerie, boucherie, imprimerie, etc., étaient étroitement réglementées; des compagnies de crocheteurs, de tonneliers, etc., se perpétuaient grâce à la protection bienveillante du pouvoir; bien plus, les maîtres ou entrepreneurs pouvaient en toute quiétude s'entendre dans des buts d'accaparement; bref, les monopoleurs restaient légion, sous ce prétendu régime de liberté du travail et du commerce.

Mais s'il arrivait que les autorités, à tort ou à raison, vissent dans une coalition ou dans une association quelque élément politique, toutes les forces sociales se dressaient contre les perturbateurs, considérés comme des adversaires dangereux de l'ordre de choses existant; et l'article 415, arme dont, à un moment, il fut fait usage avec si peu de vigueur qu'on la crut prête à tomber des mains du juge, servait alors à porter de terribles coups.

---

1. Cette tactique, dont les premiers essais avaient été appréciés par le gouvernement, fut mise en œuvre bien des fois après la loi du 10 avril : par exemple, lors de la coalition des tailleurs de Paris (juin 1834), lors de celle des tailleurs de Marseille (octobre 1834), etc., et au cours de la grève des charpentiers de Paris en 1845.

Cette interprétation abusive d'une disposition pénale dictée par les seules nécessités du bon ordre industriel apparut d'abord, semble-t-il, à l'occasion de quelques-unes des coalitions qui suivirent les journées de Juillet, et qui pourtant n'eurent rien de politique. On y revint dans l'automne de 1833 pour essayer de comprimer un soulèvement industriel d'autant plus grave, que cette fois il pouvait être attribué, avec plus de vraisemblance, aux menées du parti républicain.

Beaucoup d'ouvriers, en effet, étaient devenus républicains. Assez indifférents, au début du règne, aux questions de politique pure, ils s'en fussent vraisemblablement désintéressés encore davantage si la nouvelle monarchie leur avait accordé quelques droits économiques, celui de coalition par exemple, dont leurs frères anglais jouissaient depuis quelques années ; mais aucune concession de cette nature ne pouvait leur être faite par un régime pour lequel la question politique seule comptait. Ils furent donc amenés à se jeter dans l'opposition républicaine, en vue d'obtenir, d'un régime politique nouveau, les libertés économiques qui leur étaient indispensables ; en d'autres termes ils furent conduits à subordonner la réforme économique à la réalisation préalable de la réforme politique. On comprend donc très bien que, dans sa brochure sur l'*Association des travailleurs*, Dufraisse ait pu engager les ouvriers, groupés « autour d'un centre commun », à « faire grève pour revendiquer leurs droits d'homme et de citoyen ». Cette idée, les ouvriers lyonnais des différents métiers organisés tentèrent, d'accord avec les républicains, de la mettre à exécution quand, en avril 1834, ils décidèrent l'arrêt général du travail à l'encontre de la loi sur les associations.

En définitive, les considérations qui précèdent et les faits, notés antérieurement, sur lesquels elles sont appuyées, autorisent cette conclusion qui présente, semble-t-il, un intérêt historique considérable : c'est l'attitude prise dès le début par la monarchie de Juillet à l'égard du problème social qui a contribué le plus efficacement à jeter les ouvriers dans l'action politique, même révolutionnaire.

La loi du 10 avril 1834 fut, en réalité, bien moins une loi sur les associations qu'une loi contre les associations qui, quels que fussent leur forme et leur but avoué, combattaient les institutions existantes. Les paroles suivantes, prononcées par Barthe devant la Cour des pairs le 27 mars 1834, énoncent en termes clairs la pensée du gouvernement sur la portée de la loi : « Pour être efficace, la loi doit s'étendre à toutes les associations, quels que soient les objets dont elles s'occupent. Toute distinction entre les associations fondée sur la nature de l'objet, apparent ou réel, qu'elles se proposent, offrirait des moyens infaillibles de tromper les prévisions de la loi... Vous connaissez assez les intentions du gouvernement et sa marche habituelle pour que je n'aie nul besoin de vous dire qu'il mettra autant d'empressement à autoriser les associations utiles que de fermeté à prohiber les associations dangereuses. » C'est pourquoi, ajoutait le ministre, la Chambre des députés, entrant pleinement dans les vues du gouvernement, avait écarté toutes les exceptions proposées au principe de la loi, laquelle était essentiellement politique.

Ainsi, à l'égard des associations ouvrières qui s'attaqueraient ou seraient soupçonnées de s'attaquer, à la monarchie, le pouvoir, désormais, aurait, pour se défendre, une arme plus redoutable que les articles 291 et 415, dont l'usage était parfois difficile [1] ; mais, aux yeux du gouvernement, le vote de la loi n'entraînait nullement la dissolution générale des associations ouvrières, comme en 1791 ; car l'existence de certains *intérêts communs* était plus ou moins nettement admise, ce qui indique combien les idées s'étaient déjà modifiées, depuis la loi Le Chapelier, au sujet des groupements professionnels.

Les instructions que donna le gouvernement pour l'application de la loi du 10 avril aidèrent les autorités locales à faire le départ entre les associations à tolérer et les associations à

1. Dans l'intérêt des poursuites, les autorités s'étaient souvent servies, suivant les cas, de l'un ou de l'autre; on pouvait, en effet, considérer une association d'ouvriers comme une coalition permanente, et une coalition comme une association temporaire.

poursuivre. La circulaire suivante, adressée le 30 avril par le maire de Nantes et sur l'invitation du préfet aux commissaires centraux, jette une lumière complète sur les interventions du gouvernement[1] : « Le texte de cette loi frappe également toutes les associations sans distinction des motifs qui les ont formées ; mais son esprit s'oppose évidemment à ce que l'on poursuive celles qui sont totalement étrangères à la politique et qui conséquemment doivent être considérées comme inoffensives, au moins jusqu'au moment où vous acquerrez la certitude que leur caractère primitif a changé de nature en devenant hostile au trône de Juillet. » Sous cette réserve les commissaires centraux ne devaient inquiéter, entre autres associations, ni les sociétés de secours mutuels ni les sociétés compagnonniques.

Les premières avaient craint un instant pour leur existence ; mais, à Paris, le préfet de police[2], et, ailleurs, les maires, s'empressèrent de rassurer leurs administrateurs.

Les autorités témoignèrent la même bienveillance au Compagnonnage, oubliant, semble-t-il, que les agissements de certaines de ses sociétés avaient été pour beaucoup dans le vote de la loi du 14 juin 1791. Les documents suivants relatifs au Compagnonnage nantais sont, à ce sujet, fort significatifs. Dès le 17 avril, le procureur du roi écrivait au maire[3] : « Les anarchistes tentent de persuader aux Compagnons qu'ils vont être atteints par la loi sur les associations. Pour détruire le mauvais effet de cette manœuvre et la contreminer, ne pensez-vous pas qu'il serait bon de mander à la mairie les *pères* et *mères* des divers corps d'état du Compagnonnage et de leur donner l'assurance que cette loi respecte leurs associations et ne doit frapper que celles des ennemis du gouvernement ? »

---

1. Archives départementales de la Loire-Inférieure, série M. — Dans le même sens, voyez aux Archives départementales de la Gironde une lettre du ministre au préfet (29 avril).
2. Société philanthropique de Paris, rapport du 6 juin 1834.
3. Archives municipales de Nantes, série I².

Les commissaires de police reçurent du maire l'ordre de se rendre chez les *mères* pour rassurer les Compagnons; l'un d'eux, rendant compte de sa mission, écrivait peu après[1] : « L'esprit du Compagnonnage, qu'on ne pouvait trop juger parmi tant d'agitations, se dessine aujourd'hui : il paraît excellent; tous les jours j'acquiers la preuve de ses bonnes dispositions. La certitude, qu'ils ont maintenant, qu'on n'en veut point à leurs institutions les a mis à l'abri de toutes suggestions du parti républicain[2]. »

La production coopérative était chose trop compliquée pour pouvoir être organisée d'emblée au milieu d'une agitation ouvrière comme celle qui marqua, notamment, les six mois précédant le vote de la loi du 10 avril 1834; et il est très probable que tous les essais faits à ce moment échouèrent, si même ils reçurent un réel commencement d'exécution[3]. Quelques établissements auraient réussi à se constituer définitivement que la monarchie ne s'en fût pas autrement émue, au début du moins; car la classe dirigeante se refusait à prendre au sérieux ce genre d'association; et au cours, par exemple, de la coalition des garçons tailleurs de Paris, on avait tourné

1. 28 avril 1834, Archives départementales de la Loire-Inférieure, série M.

2. Cette tolérance parut souvent excessive. Ainsi, au cours de l'année 1838, des rixes nombreuses et plus graves que d'habitude ayant eu lieu, du fait des Compagnons, à Sens, à Mâcon et ailleurs, divers journaux, comme le *Bon Sens* et le *Patriote de Saône-et-Loire*, se livrèrent à de vives attaques contre le Compagnonnage; la seconde de ces feuilles mit même en cause le gouvernement (n° du 18 septembre 1838) : « Ce ne sont pas les lois, mais ceux qui sont chargés de les faire exécuter qui se montrent impuissants à réprimer les abus du Compagnonnage. On dirait, en vérité, que nos gouvernants ont du plaisir à voir les classes ouvrières lutter ainsi d'abrutissement et de férocité, tandis qu'ils ont mis tant de soin à les empêcher de se réunir pour s'éclairer mutuellement. » Le Compagnonnage, continuait le rédacteur du *Patriote*, a résisté à la loi de 1791, mais a été enrayé par l'Empire; depuis la Restauration, il « a repris faveur et a été toléré contrairement aux lois. La Restauration préférait voir les ouvriers s'occuper de leurs baroques mystères, se donner des coups et même s'assassiner, à les voir s'occuper de politique... Le gouvernement de Juillet s'est bien gardé jusqu'à présent de répudier un si bel héritage ».

3. A Marseille, des recherches faites, sur ma demande, au greffe du tribunal de commerce pour trouver trace des associations formées aux environs du 1er janvier 1834, ont été infructueuses.

en ridicule la prétention des ouvriers de vouloir se passer de maîtres. Quand donc, au mois d'octobre 1834, quelques chefs d'atelier de Lyon fondèrent, sous la raison Bonnard, Charpines, Lacombe et Cie, la société commerciale dont l'organisation était à l'étude depuis trois ans, les poursuites, à peine entamées, furent abandonnées. Le 31 janvier 1835, le procureur général, se référant à une lettre déjà envoyée le 5 janvier, écrivait à ce sujet au garde des sceaux : « Mon rapport de cette dernière date vous disait que dans l'opinion du préfet et de moi, cette entreprise était tombée et que d'ailleurs elle était d'une exécution impossible. C'est parce que l'Association est impossible qu'on a eu recours à un imprimé où l'on a vainement fait des appels de fonds : la Société n'a pas fait un pas de plus ; elle est encore sans existence réelle. Les chefs d'atelier sentent bien qu'ils ne peuvent pas marcher. Ils voudraient, non une autorisation, mais une adhésion de l'autorité administrative. Celle-ci a répondu avec autant de raison que de discernement qu'elle n'adhérerait pas à un établissement semblable, qu'elle laisserait faire en surveillant, et qu'elle poursuivrait aussitôt qu'elle découvrirait autre chose qu'une association commerciale[1] ».

Les autorités gardèrent la même attitude de tolérance soupçonneuse à l'égard d'une société de tullistes formée à Lyon en 1835 sous la raison Charvet et C[ie][2] ; — à l'égard de la société commerciale par actions fondée en 1836 par Dumoulin, l'ancien défenseur des fondeurs de Paris accusés de coalition en 1833[3] ; — à l'égard de la Société Lacrampe, constituée à la fin de mars 1838 entre un maître imprimeur, Lacrampe, et dix-neuf ouvriers typographes, « pour l'exploitation du brevet

1. Deux lettres à ce sujet (21 et 31 janvier 1835) se trouvent aux Arch. nat., BB[18] 1358. Les statuts de la Société et deux pièces la concernant sont aux Archives départementales du Rhône, série M.

2. *Union des travailleurs*, n° 3, septembre 1835 : « Ce sera, avec la Maison centrale pour la fabrique d'étoffes de soie, la seconde association qui réunira les trois conditions d'intelligence, travail et capital. » Comme on voit, ces derniers mots dénotent l'influence fouriériste.

3. Office du travail, *Associations professionnelles ouvrières*, t. III, p. 339.

d'imprimeur du sieur Lacrampe[1] », etc., toutes sociétés qui, ni au point de vue politique, ni au point de vue social, ne paraissaient dangereuses, et qui d'ailleurs eurent toutes une existence soit courte, soit obscure.

Mais quand, en 1841, les passementiers de Saint-Etienne constituèrent une *Société générale pour la fabrique des rubans,* qui devait réunir au moins deux mille membres, les autorités provoquèrent sa dissolution judiciaire et la condamnation de son principal promoteur, Laurent, vice-président du Comité pour la réforme électorale établi à Saint-Etienne. Si ce projet de société avait été réalisé, écrivait le ministre de l'intérieur à son collègue de la justice, il aurait placé « sous la direction de meneurs politiques une portion considérable de la classe ouvrière »[2]. A ce moment le pouvoir commençait du reste à se préoccuper sérieusement des progrès des idées d'*association* et à s'inquiéter d'un péril social.

Au lendemain de la loi du 10 avril 1834, la seule forme de groupement professionnel contre laquelle le gouvernement pouvait donc penser à employer l'arme nouvelle qui venait de lui être donnée, c'était la société de résistance. En fait il n'eut pas de poursuites immédiates à exercer, car, des associations

1. *Gazette des tribunaux*, 6 avril 1838. — Il y eut sans doute d'autres associations du type non buchézien avant 1840, car, dès son second numéro (octobre 1840), l'*Atelier*, journal fondé par des ouvriers disciples de Buchez, fit la description précise d'une espèce d'association formée en dehors de la formule buchézienne et en opposa les principaux traits aux siens. Mais les rédacteurs de l'*Atelier* se laissaient volontiers aller (bien des exemples pourraient le démontrer) à s'attribuer la priorité dans tout ce qu'ils soutenaient ou entreprenaient; et hardiment ils écrivirent plus tard (31 juillet 1850), à propos de l'Association des bijoutiers en doré : « Cette Association est la première qui se soit fondée, et au temps où personne n'en parlait encore dans les classes laborieuses, ni ailleurs, pas même chez Louis Blanc..... »

2. Arch. nat., BB^{18} 1390. J'ai analysé et résumé ce dossier dans la *Revue d'histoire de Lyon*, juillet-août 1907. — On a dit que ce projet d'association s'inspirait, à la différence des associations citées auparavant, des idées buchéziennes : sans doute on y trouve mentionné le fonds inaliénable et indivisible; mais cette disposition perd toute son importance si l'on considère que la durée de la Société était fixée à soixante ans et qu'un article réglait les conditions de la liquidation. D'autre part, l'organisation en fermes-modèles des immeubles que pourrait acquérir l'Association était prévue dans les statuts et révèle l'influence du Fouriérisme sur leurs rédacteurs.

de cette nature existant au début d'avril, les unes avaient disparu et la plupart des autres avaient suspendu leur fonctionnement.

Parmi les premières se trouvaient les sociétés ouvrières de Lyon, et notamment l'Association des Mutuellistes; elles avaient été complètement désorganisées par les arrestations en masse qui suivirent l'insurrection d'avril. Mais pendant longtemps la police exerça une surveillance étroite sur les principales classes d'ouvriers, et spécialement sur les chefs d'atelier et ouvriers de la Fabrique : quand, à la fin d'août 1834, d'anciens Mutuellistes se réunirent, au nombre de plus de vingt, pour fonder un journal (l'*Indicateur*, qui parut peu après), ils furent accusés de vouloir reconstituer le Mutuellisme, arrêtés et traduits devant le tribunal correctionnel, qui cependant les acquitta.

La Société des Compagnons ferrandiniers, fortement atteinte par l'arrestation d'un grand nombre de ses membres, n'avait plus de *mère*, et les adhérents qui lui restaient se réunissaient la nuit hors la ville[1]; plus apte que les autres associations ouvrières, grâce à son organisation secrète, à vivre en des temps troublés, elle survécut aux événements d'avril. Mais un incident d'ordre intérieur ayant révélé son existence, plusieurs compagnons furent condamnés par le tribunal, en janvier 1835, pour violation de la loi de 1834 et pour coalition; sur appel *a minima* du ministère public, les peines prononcées furent aggravées, et des prévenus, d'abord acquittés, condamnés. Cet arrêt fut impuissant à déterminer la disparition de la Société. Elle existe encore aujourd'hui, mais son importance, au point de vue corporatif comme au point de vue social, paraît avoir été nulle depuis 1834.

Pendant les années qui suivirent le vote de la loi sur les associations, la classe ouvrière lyonnaise semble être restée presque entièrement dépourvue d'organisations de métier;

1. D'après les notes, appartenant aux Ferrandiniers, dont j'ai parlé. Ces notes confirment que toutes les sociétés lyonnaises avaient disparu.

mais ses aspirations professionnelles trouvèrent jusqu'à un certain point satisfaction dans la publication de feuilles destinées aux prolétaires. L'*Écho des travailleurs* avait cessé d'exister dès la fin de mars 1834; l'*Écho de la Fabrique*, après une interruption du 6 au 27 avril, donna son dernier numéro le 4 mai; il reparut un moment en 1835, puis en 1841. Entre temps d'autres journaux : l'*Indicateur* (1834-1835), la *Tribune prolétaire* (1834-35), l'*Union des travailleurs* (1835), s'étaient donné la mission de reprendre l'œuvre, sociale et non politique, de l'ancien *Écho de la Fabrique*, journal purement « industriel ». Ces feuilles, et d'autres publiées ultérieurement, conservèrent, durant toute la durée de la monarchie de Juillet, le capital d'idées qui s'était formé dans la classe ouvrière lyonnaise, et particulièrement parmi les ouvriers en soie, de 1830 à 1834[1].

La Société des passementiers de Saint-Etienne ne survécut pas non plus aux événements d'avril. Au commencement de mai, une réunion des « ex-syndics et trésoriers de l'Association » eut lieu à la sous-préfecture et décida que les fonds restant en caisse seraient versés au bureau de bienfaisance[2].

Si rudimentaires que soient encore nos connaissances sur le

---

1. Cette presse fut pour beaucoup dans le maintien de la tradition du Mutuellisme, tradition qui aboutit à sa reconstitution; nombre d'anciens membres de l'Association écrivaient, du reste, plus ou moins régulièrement dans les journaux ouvriers ou à tendances sociales de Lyon. La Société, « violemment rompue en avril 1834 » (écrivait en 1844 Charnier, qui signait « ex-Mutuelliste-tisseur »), se reforma en octobre 1846 : le *Ban fraternel*, réuni pour la première fois depuis l'insurrection de 1834, revisa le règlement, mais sans rien changer d'essentiel à la constitution et au but du Mutuellisme; l'Association, notamment, garda son caractère secret et mystique, reconstitua une hiérarchie de sections de vingt membres (appelées désormais *petites fabriques, grandes fabriques*, etc.), reprit l'usage de l'*Ère de la Régénération*, supposée ininterrompue depuis 1828, etc. (Voyez, pour plus de détails, la brochure, déjà citée, de J. Reynier : *La Crise économique*, etc., et surtout un rapport, en date du 17 juillet 1850, du procureur de la République de Lyon, dont le texte a été publié par M. Tchernoff dans ses *Associations et Sociétés secrètes sous la deuxième République*. Ce rapport, fait en grande partie sur des documents originaux découverts au cours de saisies judiciaires, renferme, soit dit en passant, une erreur dans l'identification des dates de l'Ère de la Régénération.)

2. *Mercure Ségusien*, 11 mai 1834.

détail du mouvement ouvrier de 1834 à 1848, nous savons du moins que la loi du 10 avril fut totalement inefficace à l'encontre du corps d'état le plus républicain, peut-être, de tous : celui des garçons tailleurs. De nombreuses pièces d'archives, non encore publiées, permettent de suivre le développement de leur organisation et de leur action ; l'unité en est remarquable. En 1837, notamment, on trouve la Société philanthropique des tailleurs rayonnant dans trente départements, peut-être plus, si les découvertes faites alors par la police furent incomplètes ; le but qu'elle poursuivait n'était pas, à en croire la police, seulement professionnel ; le ministre de l'intérieur écrivait, en effet, au préfet du Rhône, le 20 août 1837[1], que l'instruction avait « révélé la tendance toute républicaine et les dispositions dangereuses des principaux affiliés et prouvé jusqu'à l'évidence que, sous l'apparence d'une association de secours mutuels, la Société philanthropique avait non seulement pour but de former une coalition générale contre les maîtres, mais encore qu'elle deviendrait hostile au gouvernement à la première occasion qui se présenterait ». Les condamnations prononcées peu après n'affectèrent pas d'une façon appréciable le fonctionnement des organisations de tailleurs d'habits.

Dans d'autres corps d'état : chapeliers, typographes, porcelainiers, etc., l'entente continuait de ville à ville par l'intermédiaire, soit de sociétés régulièrement organisées, soit de commissions plus ou moins officieuses. Certaines municipalités, celles, notamment, de Marseille et de Nantes, estimant, semble-t-il, qu'il y avait peu à craindre des ouvriers au point de vue politique, se montrèrent libérales dans l'application de la loi de 1834 et n'inquiétèrent pas les sociétés professionnelles qui ne furent pas trop turbulentes. Des recherches ultérieures permettront sans doute de reconstituer l'histoire, après le 10 avril 1834, des corps d'état qui tinrent les principaux rôles durant les trois années et demie précédentes.

1. Archives départementales du Rhône, série M.

Je me suis borné, dans les développements qui précédent à envisager les effets immédiats de la loi sur les associations. Pendant les premières années qui en suivirent le vote, le mouvement ouvrier, privé, par l'écrasement du parti républicain, de l'appui qui lui avait servi pour son action sociale, ne parut avoir en général qu'un caractère corporatif. En réalité l'éducation des prolétaires se faisait dans les sociétés secrètes d'où ils sortaient *socialistes* et *communistes*.

A partir de 1840, le mouvement ouvrier reprend dans toutes les directions son orientation sociale, et c'est alors qu'on peut voir lever les semences jetées de 1830 à 1834: la formule de l'*organisation du travail* devient fameuse ; l'*association* ne compte plus ses théoriciens, et les essais de réalisation s'en multiplient; la société de résistance, faute d'avoir personne pour l'ériger en dogme, se classe au second rang seulement, mais s'affirme pratiquement aux mains de différents corps d'état, notamment des typographes de Paris. Tandis qu'à Lyon la presse créée pour défendre les intérêts des prolétaires montre une nouvelle activité, à Paris de nouveaux journaux : la *Ruche populaire, journal des ouvriers rédigé et publié par eux-mêmes* (décembre 1839), puis l'*Atelier, organe des intérêts moraux et matériels des ouvriers* (septembre 1840), etc., apparaissent et parviennent à réaliser l'idée, dont l'application avait déjà été tentée en septembre 1830, d'une presse proprement ouvrière.

Cette presse discute avec ampleur tous les problèmes posés, soit par l'expérience quotidienne, soit par les nombreux penseurs socialistes; elle propose des solutions, discute celles qui sont offertes, bref, maintient la réforme sociale au premier rang des préoccupations publiques en même temps qu'elle réclame, sans se lasser, la réforme politique.

Au lendemain même de la loi de 1834, la classe gouvernante avait commencé à s'inquiéter de la situation des travailleurs. Les enquêtes se multiplient, quelques-unes remarquables, comme celle de Villermé ; les partis avancés s'emparent avec empressement des constatations qu'elles renferment ; leur presse et leurs propagandistes en tirent une nouvelle série d'arguments en faveur de la réforme sociale. Le gouvernement lui-même se trouve entraîné à faire quelque chose pour la classe ouvrière : tout en continuant à réprimer vigoureusement les coalitions d'ouvriers, il recueille les éléments nécessaires pour légiférer ultérieurement sur les sociétés de secours mutuels ; il fait voter, en 1841, une loi pour la protection des enfants employés dans l'industrie ; plus tard, il pense à une loi sur l'apprentissage et il prépare une revision de la législation sur les livrets d'ouvriers. Mais la demi-conscience à laquelle la monarchie est arrivée de la réalité d'un problème social — après en avoir si obstinément nié l'existence pendant la moitié, au moins, du règne de Louis-Philippe — la détermine bien moins à en étudier les éléments qu'à opposer à sa solution tous les obstacles en son pouvoir, et l'agitation sociale finit par la préoccuper plus que les autres menées des partis d'opposition.

A la veille des journées de Février, on trouve la classe prolétaire ralliée tout entière à l'idée de la réforme sociale et s'efforçant de la réaliser de son mieux — en attendant la réforme politique, qui en est le préambule indispensable — par les faibles moyens économiques dont elle dispose. Il est donc facile de comprendre qu'au lendemain des événements le peuple ait repoussé la République simplement *démocratique* et imposé la République *démocratique et sociale.*

Sur ce point capital — comme sur bien d'autres qu'un aperçu, impossible ici, du mouvement social de la Révolution de 1848 permettrait d'indiquer — les vainqueurs de Février se montrèrent les fidèles continuateurs des ouvriers qui, dès le début du règne de Louis-Philippe, avaient si fermement orienté le parti républicain d'alors vers les revendications sociales.

ERRATA ET ADDENDA

Page 4, ligne 2, *au lieu de :* était nées, *lire :* étaient nées.

Page 16, ajouter aux « travaux divers » l'article suivant : Festy (O.). *Un essai de « Société générale des passementiers de la ville de Saint-Étienne » en 1841. (Revue d'histoire de Lyon,* 1907, n° 6.)

Page 69, ligne 19, *au lieu de :* Odry, *lire :* Oldry.

Page 99, ligne 13, *au lieu de :* entraun, *lire :* entra un.

Page 128, ligne 22, *au lieu de :* construtive, *lire :* constructive.

Page 245, note 2, *au lieu de :* panaître, *lire :* paraître.

Passim, de la page 6 à la page 269, *au lieu de :* Archives du Ministère de la guerre, section historique, *ou de :* Archives du Ministère de la guerre, *lire :* Archives historiques du Ministère de la guerre, correspondance générale.

INDEX DES NOMS PROPRES [1]

1. De personnes et de lieux cités dans le texte et dans les notes. Les premiers sont en *italiques*, les seconds en caractères romains.

TABLE DES MATIÈRES

6846 — IMPRIMERIES RÉUNIES, LYON

www.ingramcontent.com/pod-product-compliance
Ingram Content Group UK Ltd.
Pitfield, Milton Keynes, MK11 3LW, UK
UKHW012008240726
13965UKWH00001B/233